鈴木 董
Suzuki Tadashi

文字と組織の世界史

新しい「比較文明史」のスケッチ

山川出版社

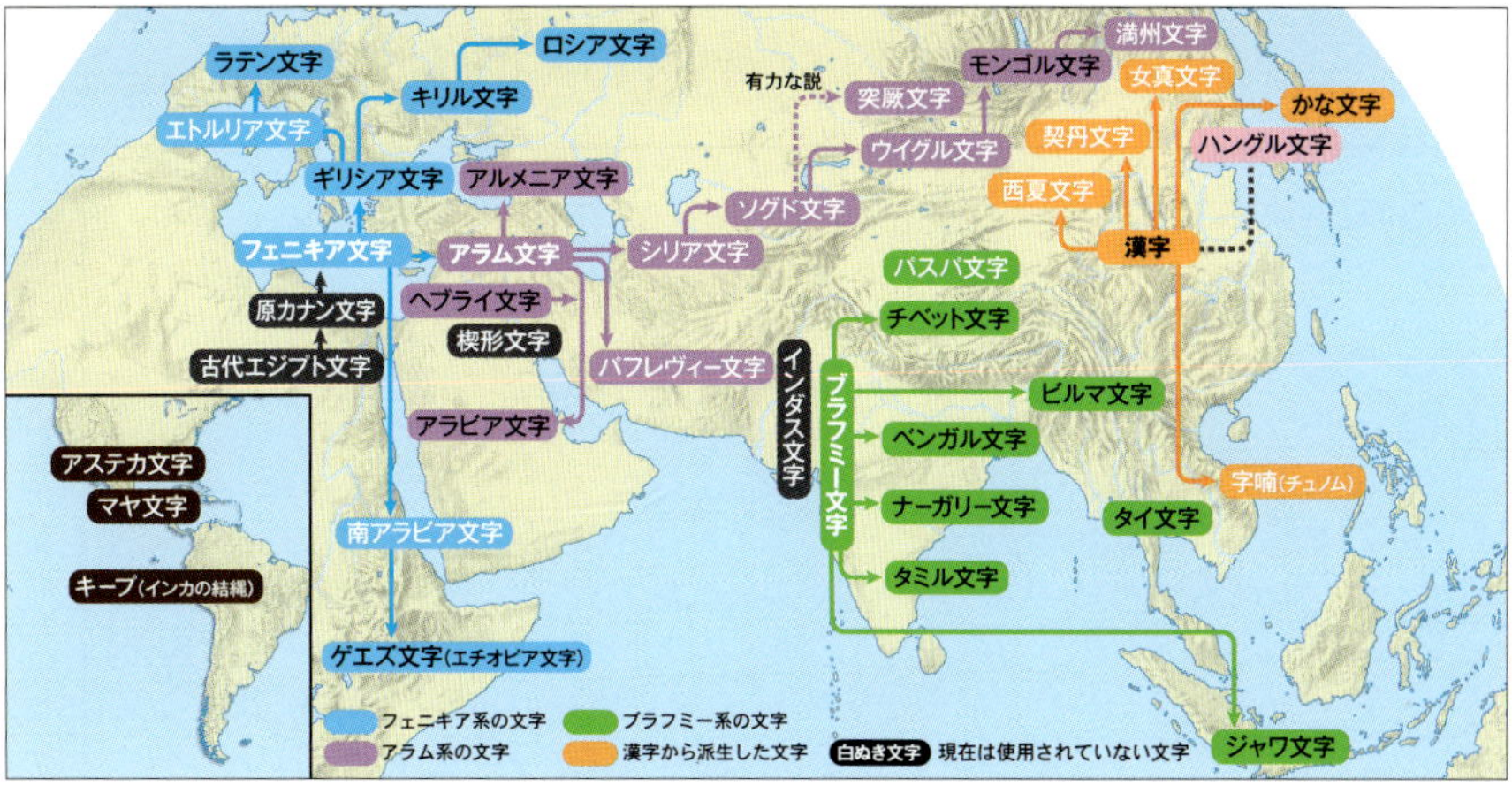

図１　文字の伝播の流れ

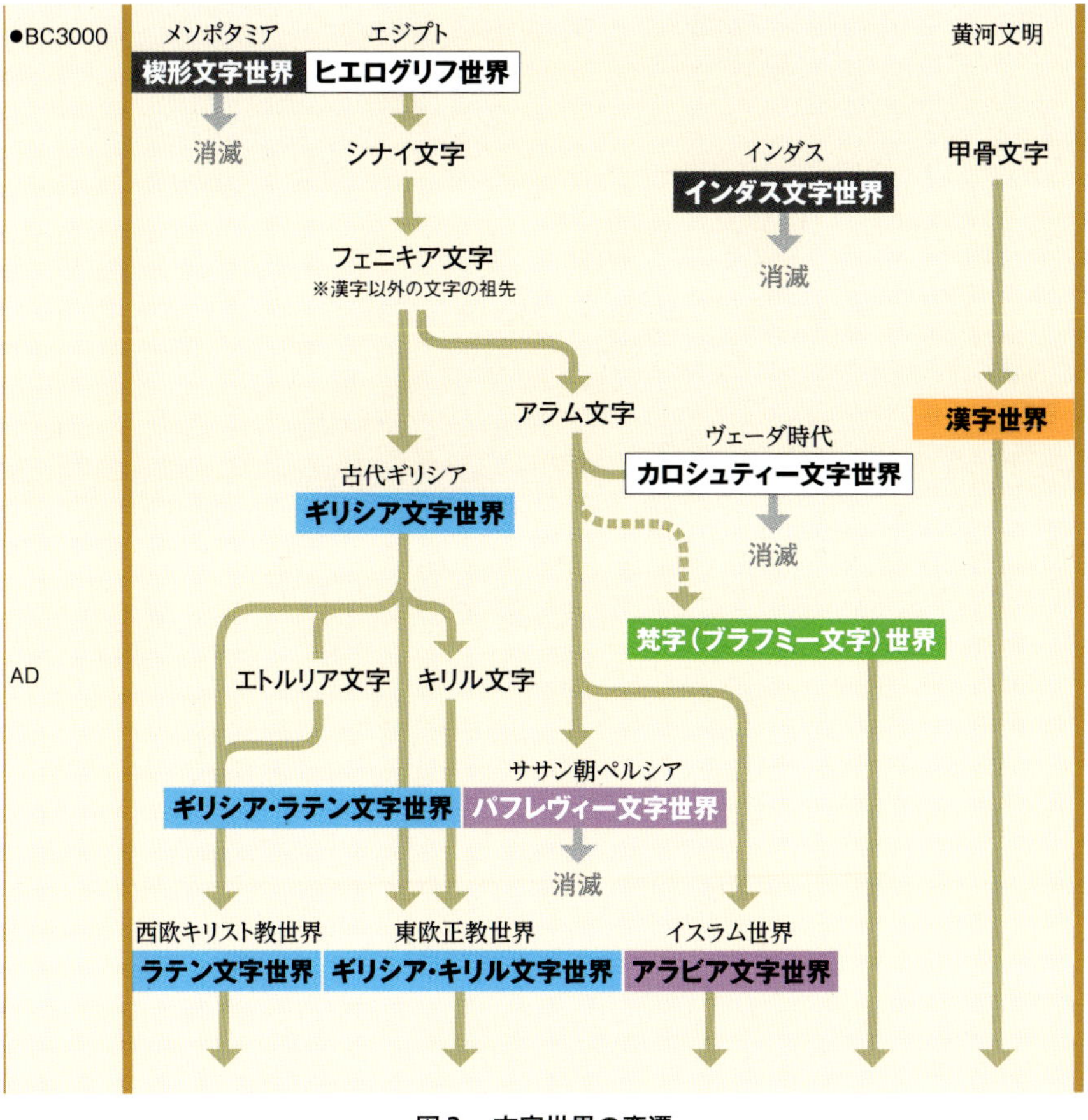

図２　文字世界の変遷

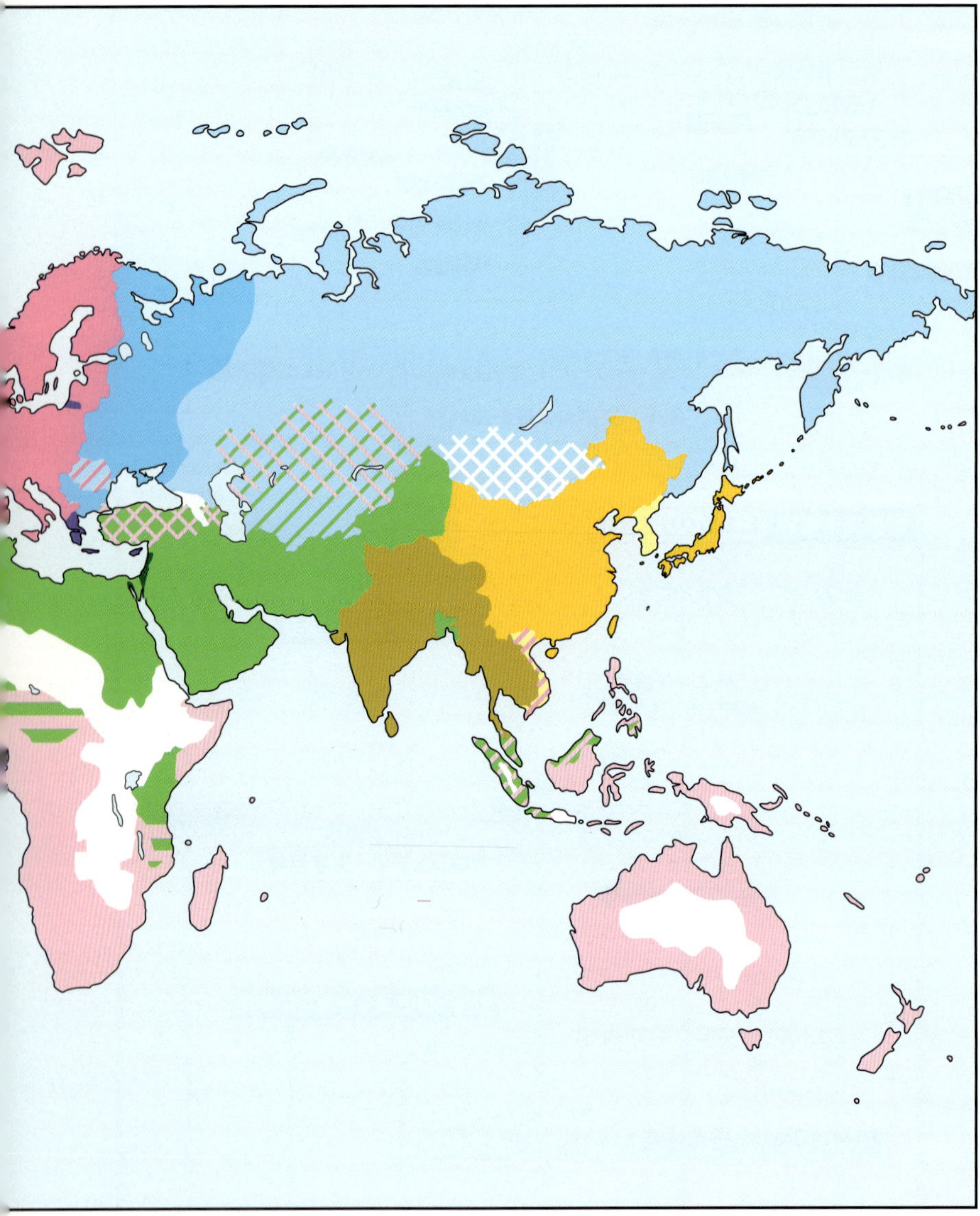

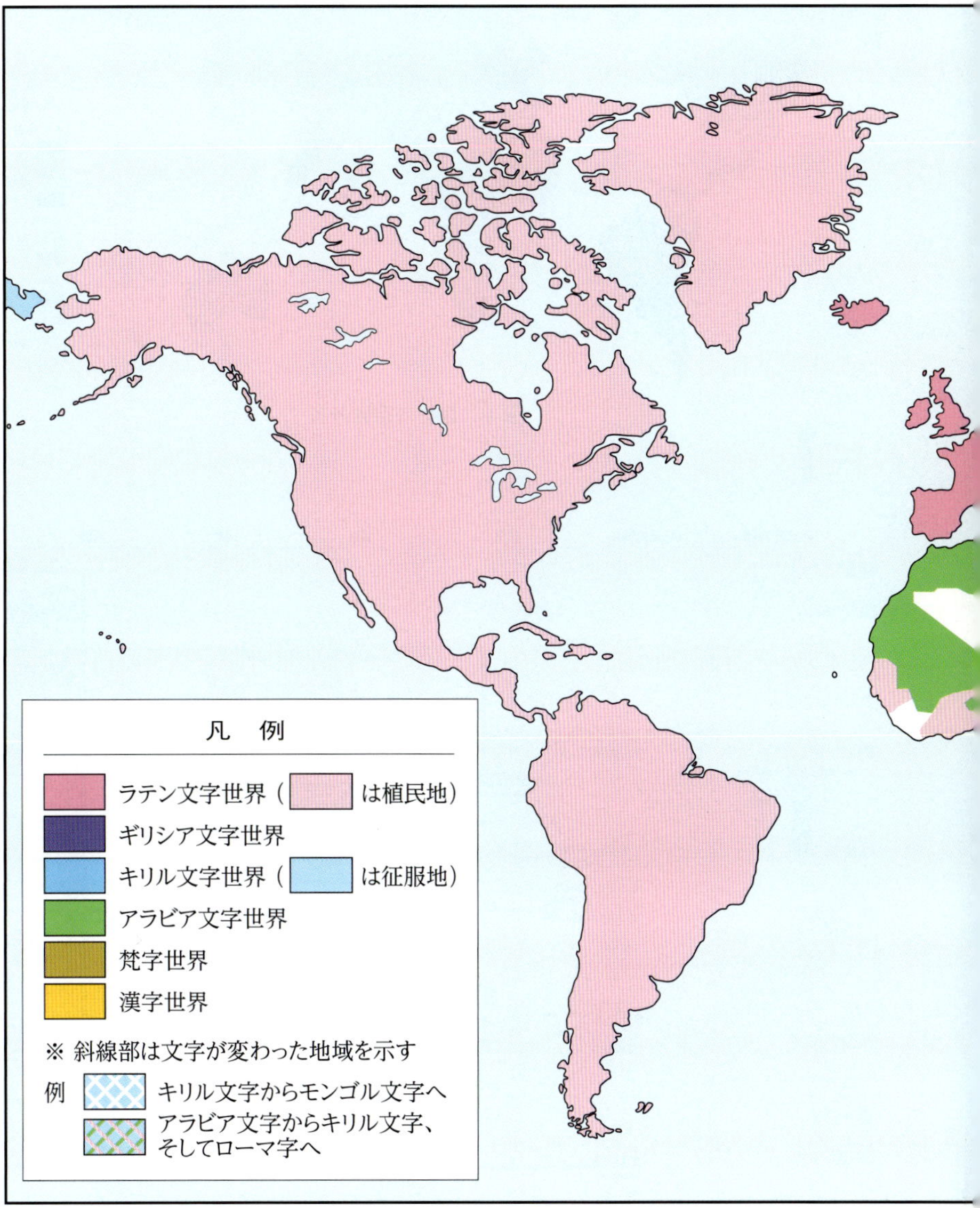
凡　例
ラテン文字世界（　　は植民地）
ギリシア文字世界
キリル文字世界（　　は征服地）
アラビア文字世界
梵字世界
漢字世界
※ 斜線部は文字が変わった地域を示す
例
キリル文字からモンゴル文字へ
アラビア文字からキリル文字、そしてローマ字へ

図3　文字世界図

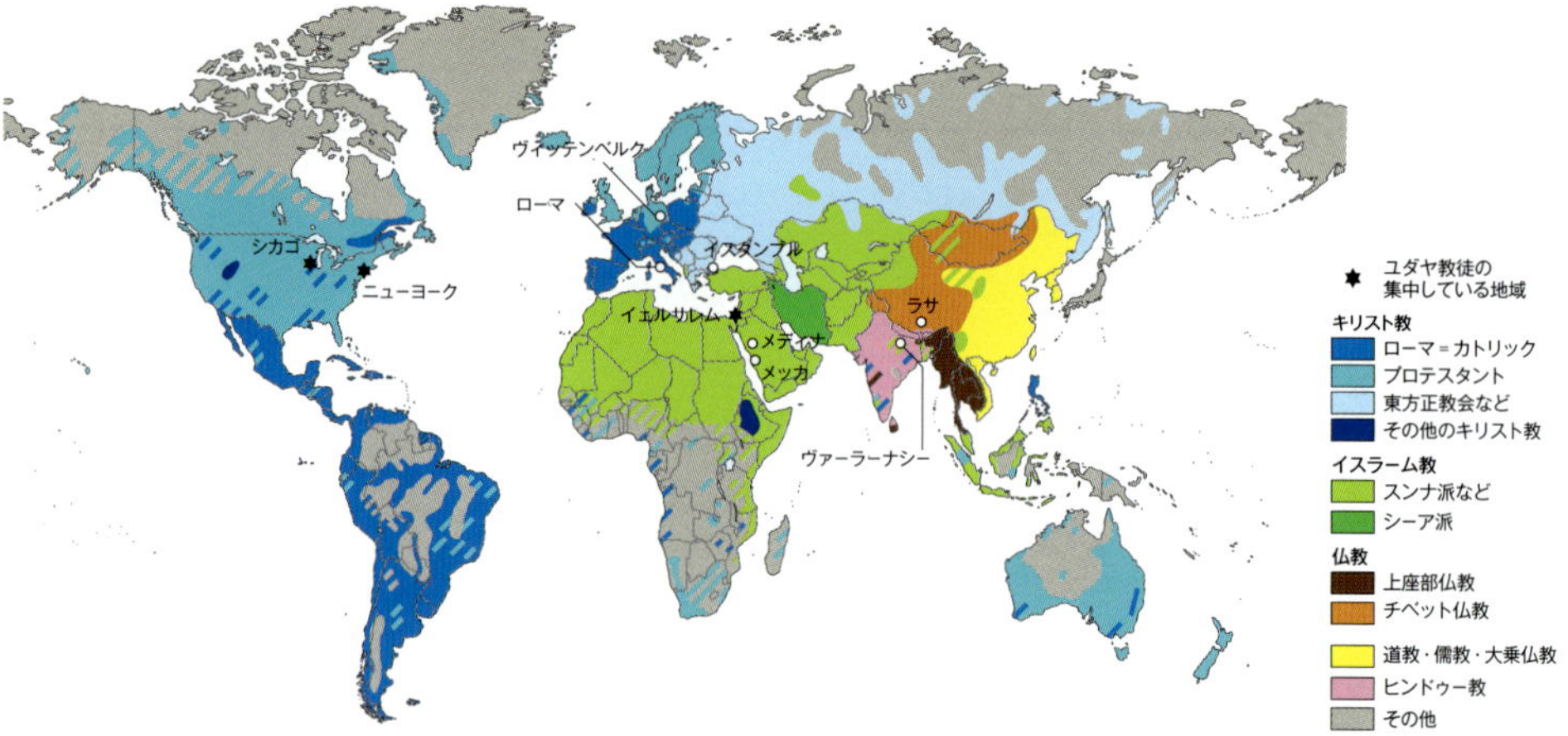

図４　世界の宗教分布

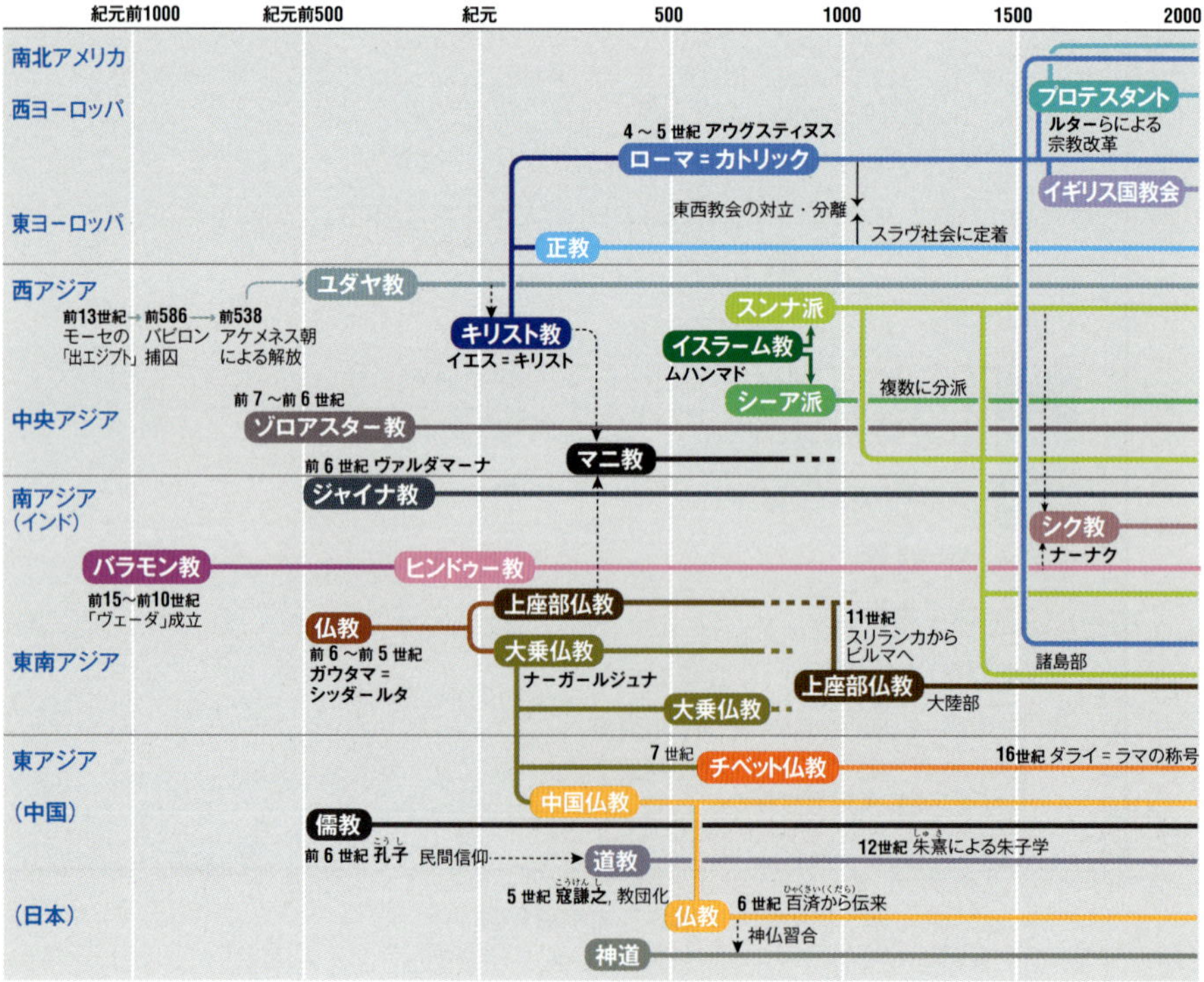

図５　おもな宗教の流れ

文字と組織の世界史

新しい「比較文明史」のスケッチ

目次

文字の変遷

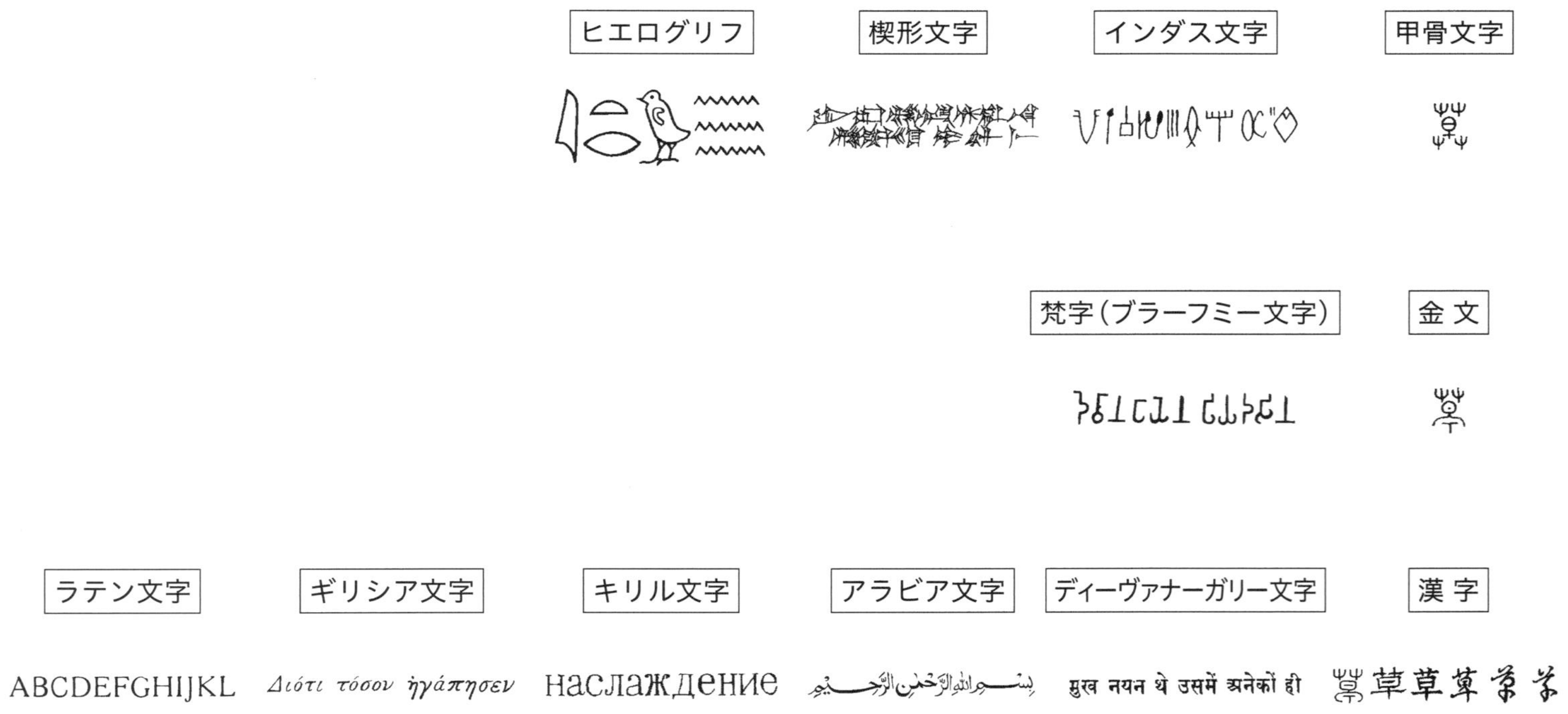

出典：『世界の文字の図典』（世界の文字研究会編、吉川弘文館）より

はじめに

——新しい「比較文明史」のスケッチ

グローバル・ヒストリーへの試み

今日、アジアの東端に位置する東京から、ヨーロッパの西端にあるロンドンまで、僅か一二時間余りの飛行機の旅で到達することができる。それどころか、地球のどこでおきた事件であろうと、インターネットを通じて瞬時に知ることができるようになった。

まさに全地球はしっかりと結びつけられ、全地球をおおう一つのシステム、すなわち「グローバル・システム」に包み込まれた。そして地球の一隅でおきた事件が、直ちに全世界に影響を拡げていくような時代に、人類は立ちいたったのである。

このような状況のなかで、ヒトすなわち人類は、過去をふりかえり、現代の視点による「過去」再現の試みとしての歴史を描くに際しても、また一つの国家、一つの民族、一つの地域の歴史について語るためにも、常に全世界の歴史をふまえながら語ることが必要である、との認識が生まれつつある。

そのことは、比較文明史の大先達である二〇世紀イギリスの歴史家で大著『歴史の研究』を著したアーノルド・トインビーのいう「理解可能な歴史の範囲」が、全世界（グローバル・システム）にまで拡がったことを意味している。

そして実際に、近代において主流となっていた「一国史」、「一民族史」の枠を越え、人々の歴史をグローバルにとらえようとする「グローバル・ヒストリー」と呼ばれる歴史研究の新しい試みも進んでいる。しかし、人間の住む世界を全体としてとらえようとする試みとしての「世界史」は、すでに遠い昔から追求されてきたのだった。

一神教世界の「世界史」構想

その一つは、主に一神教系の宗教を奉ずる人々によって生み出されてきた「世界史」の構想である。

ユダヤ教、その改革派としてのキリスト教、そしてこの二つの宗教の影響の下、アラビア半島で誕生したイスラムなどにおいては、唯一絶対の神がこの宇宙を、そして人類を、無から創造したと考える。そこから発して、過去をふりかえるにあたっても、「天地創造から今日まで」という「世界史」、あるいは「アダムとイヴから今日まで」という「人類史」を構想した。

さらにまた、自分たちの宗教の歴史をたどるときにも、「真の信仰の誕生から今日まで」という形で、「信仰者」の「世界史」としてこれを描き出した。

これらの「世界史」の試みは、一神教を奉ずる人々、とりわけキリスト教とイスラムを奉ずる人々の間で、遥か昔から盛んにとりくまれ、それぞれの宗教・宗派の人々にとり「世界史」の定番となってきた。

ただ、そこでできあがった「世界史」、「人類史」そして「信仰者の歴史」をみると、「真の信仰の誕生」までの歴史はつけたし的で、詳細さや現実の歴史との照応度が薄い傾向があり、実質的には、自らの宗教を信奉する人々の世界の歴史のみが、詳細で歴史的現実がより濃く反映されているのが通例であった。

主に一神教系の宗教の信奉者たちによって生み出された「世界史」は、実質的には主として自分たちの世界の歴史、すなわち「自世界の歴史と、せいぜいでそれとかかわる限りにおいての周辺異世界の歴史」を語るものにとどまったのであった。自世界のみの「世界史」の構想であれば、その実例は遥かに豊富となる。

自文化世界中心の「世界史」

今日、地球上の人類諸社会は、全地球を包み込む唯一のグローバル・システムにしっかりと結びつけられている。しかし、このような全地球上の全人類社会を包摂する唯一のグローバル・システムが成立したのは、近々、ここ二、三世紀のことに過ぎない。

それ以前においては、地球上には各々異なる文化に立脚し、各々相対的に自己完結的な複数の世界システムが併存していたとみる方が妥当であろう。そして、それら相対的に自己完結的な世界を、「文化世界」と名づけることができよう。もちろん、諸文化世界間でも絶えずヒト・モノ・情報の交流は存在していた。しかし、空間的距離のみならず文化的障壁にもさえぎられて、今日の唯一のグローバル・システムの場合にくらべ、文化世界間のヒト・モノ、とりわけ情報の交流は量的にも遥かに限られ、時間的にも遥かに長い時間を要することが多かった。

このような状況の下で、「世界史」はまた、自らの文化世界の歴史の形で語られることが多かった。すなわち、古代ギリシアにおけるヘレネス（ギリシア人）の自文化世界たるヘラス（ギリシア世界）の歴史、ローマ人のローマ世界（ローマ帝国）の歴史などがそれである。こうした「自文化世界の歴史」のなかで、最も体系的に、しかも最も長期にわたって書き継がれたのが、東アジアの「中華」世界の歴史であろう。

そして、全世界、全人類、全信仰者の歴史のつもりで語られたキリスト教徒やムスリム（イスラム教徒）の「世界史」もまた、実質的には「自文化世界中心の歴史」に他ならなかったのである。

真の世界史、真の人類史の構想は、全地球が唯一のグローバル・システムに包摂され、全世界をおおう近代世界体系が成立した後にようやく登場することとなった。

近代西欧世界による「世界史」構想

地球上の人類諸社会が互いに交流はもちながらも、まだ全地球をしっかりと包み込むシステムには組み込まれておらず、相対的に自己完結していた複数の諸文化世界が並立している状況を決定的にかえていったのは、一五世紀後半からの「大航海」時代に始まる西欧人たちの活動であった。

彼らが原動力となりつつ、交渉が限定的であったアジア・アフリカ・ヨーロッパの三大陸を中心とする「旧世界」と、それまではほとんど没交渉だった南北アメリカ大陸を中心とする「新世界」とが結びつけられていった。またそれまで比較的よく交通に利用されてきたインド洋に加えて、従来ごく部分的にしか利用されてこなかった大西洋と太平洋まで結ぶ航路が開発されていくなかで、まずはグローバル・ネットワークが形成されていった。これを基礎として、全地球上の全人類社会が唯一のグローバル・システムへと包摂されていったのは、ようやく一八世紀から一九世紀にかけてのことであった。

このような状況の下で、唯一のグローバル・システムとしての近代世界体系形成の原動力となった近代西欧では、「世界史」への新たな試みが始まった。

その一つは、人間の普遍性に着目した人類史・文明史の構想だった。その延長線上で、世界史の法則を追求しようとするマルクスの唯物史観も誕生した。

しかしこの時期の世界史・人類史は、唯一のグローバル・システム形成の原動力となり、様々のイノヴェーションにより人間活動の多くの分野で「比較優位」にたった西欧世界の形成発展史を中心とし、それ以外の文化世界の歴史は、この本筋とのかかわりにおいて触れられるにとどまる傾向が強かった。

その意味では、近代西欧世界の「自世界史」的な面を依然として強くもっていたといえよう。それに加え、西欧世界の発展過程を人類史全体の基準として、人類の歴史の発展段階をとらえようとしがちであった。異文化世界は、文化の違いよりは発展段階の違う世界としてとらえられがちであった。

比較文化史・文明史的「世界史」へ

もっとも西欧でも、世界のグローバル化の過程のなかで様々の異質の文化に触れ、世界史のなかで展開された相異なる様々の「文明」や「文化」の盛衰の歴史に関心を示す人々が現れた。そうした人々のなかからは、様々の文化や文明の歴史を特殊性において記述するだけではなく、再び普遍性に立ち戻り、人類の「文化」や「文明」の盛衰の法則をとらえようとする動きも生じた。

そこに比較文化史的、比較文明史的世界史が出現する。その嚆矢というべきなのは二〇世紀初頭、第一次世界大戦の頃に現れたオズワルド・シュペングラーであろう。シュペングラーは文化を有機体になぞらえ、一方で個々の文化の特性について論じつつ、他方では、文化の盛衰を文化のライフ・サイクルとして示そうとした。

この試みは、決して正鵠をえたものとはいえないであろう。しかし、その著書を『西洋の没落』と題したシュペングラーは、今日の西欧人たちが世界史の中心にすえている西欧もまた、ライフ・サイクルのなかで盛衰してきた様々の文化の一つに過ぎないと喝破した。

その上で彼がなそうとしていたのは「世界史におけるコペルニクス的転向」であり、西欧を世界史の中心とみる歴史の「天動説」から、西欧もまた太陽を巡る惑星に過ぎないとみる世界史の「地動説」というべきものを提唱したことは、まさに画期的意義を有していた。

このような提言をもふまえて、人類史のなかに現れた諸「文明」の興亡の歴史を、新たな視点からとらえなおそうとしたのが、先に触れた『歴史の研究』のトインビーであった。トインビーもまた、その主眼を「文明」の盛衰のライフ・サイクルを提示することにおいた。

確かに、非西欧の諸異文化世界についての実証的知見が急速に増加しつつあった時代にふさわしく、その視野は全世界に及んでいる。しかし、トインビーの文明史観もまた、そのモデル形成において、ギリシア・ローマからなるいわゆる古典古代世界と、そして自らの属する西欧世界の経験を範にとるという大きな限界をかかえていた。

ちなみに、文明や文化、国家や社会の興亡のサイクルについては、すでに古くから先駆者があった。その一つは、古典古代世界で紀元前二世紀頃に現れたギリシア系ローマ臣民のポリュビオスである。ただ、彼の議論は、「君主制から貴族制へ、貴族制から民主制へ」という政体変遷のサイクル理論にとどまった。

これに対し、一四世紀末から一五世紀初頭に活躍したイスラム世界の歴史家イブン・ハルドゥーンは、「田舎の人々が、その団結心をもって、都市に繁栄する王朝国家にとって代わるが、支配者の能力も三代で低下し、支配集団の団結力も都市の安逸の中で弱体化するため、強い団結力で結ばれた新たな田舎の人々の集団にとって代わられる。王朝国家は、三世代一二〇年しか存続しえない」との王朝興亡論を展開した。

この議論は、イスラム世界内でも後代、強い影響を与え、現代に入ってから、チェコ出身で英国人となった政治哲学者にして社会人類学者のエルネスト・ゲルナーも、『ムスリム社会』のなかでこれに頼るところが大きい。

しかしイブン・ハルドゥーンの文明論は、大著『省察すべき経験の書』の序説に過ぎず、『省察すべき経験の書』は序説とイスラム世界小史に続く部分が本篇で、この本篇は彼の故郷であるマグリブ、すなわち「北アフリカ西部」の歴史なのである。しかもイブン・ハルドゥーンが論じた文明史観は、もっぱらイスラム世界、とりわけその一部をなすマグリブの歴史に依拠しており、そのカヴァーする空間と時間も限定的であり、さらにイスラム世界以外の異文化世界は考察の外にあるのである。

未来を展望しうる新たな「世界史」を求めて

本書のめざすところは、人類文明史の垂直的な歴史の展開を、生きた空間と時間を異にする人々の集団が生み出した様々の文化の変遷と関連づけつつとらえ、「世界史」のマクロなスケッチを提示することにある。

私のスケッチは、人類の文明史の全体をとらえる試みではあるが自らの知的起源であるギリシア・ローマ世界に大きく依拠しがちであるトインビーの大著『歴史の研究』や、主著『西洋の興隆』を出発点としつつ、世界史叙述にとりくんだ労作ではあるが「西洋中心史観」の残り香の感ぜられるマクニールの『世界史』とは明確に異なり、自らの「非西洋人」としての立場をふまえ、人類史上、発展と変遷をとげてきた文明と文化を、全く新たな視点から、文字に着目して可視的にとらえ、「文字世界」としての大文明・大文化の歴史的変遷を、より客観的に展望しようというものなのである。

そしてこの試みによって、一方では、少なくとも一八世紀末から一九世紀中葉以来、世界中の人々に強い影響を与えてきた、近代西欧人の提示する近代西欧人の自世界史に過ぎない「世界史」に対し、よりバランスのとれた新たな「世界史」の見取り図を提供したいのである。

他方では、世界史の大転換期の一つのさなかにあるかにみえる二一世紀初頭の世界を、人類史としての「世界史」のなかに位置づけ、我々自身の「居場所」を確認することを通じて、未来への展望を切り拓いていくための一助としたいと考えるのである。さてここで、自分なりに世界史を論ずるに先立ち、「文明」と「文化」という二つの言葉をとりあげ、論じておくこととしよう。

第1章

「文明」と「文化」、そして「文字」とは

——「文字世界」として「文明」を可視化する

「文明」と「文化」ということば

世界史を論ずるときはもとより、今日の世界について語るときにも、「文明」とか「文化」ということばがよく出てくる。しかし、この二つのことばが何を意味するかについては、千差万別でどうもはっきりしない。

そもそも「文明」ということばも、「文化」ということばも、今日我々が用いているような意味で用いられるようになったのは、我が国では「開国」以降のことで、元来は舶来のごく新しいことばである。

原語といえば、英語なら「文明」は civilization、「文化」は culture、ドイツ語なら「文明」は Zivilisation、「文化」は Kultur であるが、実は、西欧でも civilization とか culture ということばが、今日我々が用いているような意味で用いられるようになったのは一八世紀のことで、両語ともにごく新しいことばなのである。

そして、西欧が原動力となって形成されていった唯一のグローバル・システムとしての近代世界体系のなかに、地球上の様々の文化世界がとり込まれていくなかで、civilization と culture ということばは、様々のかたちで翻訳され受容されて

いったのである。その我が国におけるかたちでは、漢字を用いて「文明」と「文化」ということとなった。

ただ、原語であるcultureやKulturという語は、西欧でも多種多様に定義されているし、「文明」と「文化」という二つの概念の関係についても諸説紛々としている。

西欧における「文明」と「文化」の概念

「文明」と「文化」という二つの概念の関係については、「文明」と「文化」を同列上におく、ないしは「文明」のみに重きをおく一元論というべきものと、「文明」と「文化」を別のものとして対置する二元論というべきものとが、近代西欧世界において成立してきた。

「文明」と「文化」の一元論は、これらのことばが生まれた一八世紀から一九世紀中葉まで、近代西欧世界の先進地域とみられていたフランスやイギリスで有力となった。そこでは、人類の普遍的発展がより強調される傾向があった。とりわけフランスの場合、「文明」の概念に圧倒的に傾斜した。

これに対し、一九世紀中葉まで近代西欧世界でより後進的であったドイツの場合、「文明」と「文化」をまったく異なるものとしてとらえる二元論が有力となった。そのなかで、ドイツの場合、文明は普遍的だが物質的であり、文化は特殊的だが精神的であるとの見方がでてきた。そしてさらには、物質的な文明より精神的な文化の方が貴いといった議論まででてきて、これが主流となるにいたった。このようなドイツ式の二元論は、近代西欧世界の後進地域であるドイツの、先進地域というべき英仏に対する自己主張という面が多分にあった。

東アジアの異文化世界の東端にあった我が日本では、明治維新後の「明治改革」の初期において、「文明」こそ良きものとされ、近代西欧をモデルとする改革の進行は「文明開化」としてとらえられた。「ちょんまげ頭をたたいてみれば　旧弊《きゅうへい》固陋《ころう》の音がする　ざんぎり頭をたたいてみれば　文明開化の音がする」などというざれ歌まで流行し、手放しで

「文明」が礼賛された。

もっとも、佐久間象山の「東洋道徳、西洋芸術」に始まり、「和魂洋才」にいたる、いわば近代西欧の技術と固有の精神を対比する論もあるにはあった。そしてその後、欧米列強との競争が熾烈化し、様々な面での遅れと比較劣位が自覚されてくると、今度は欧米の浮薄な文明に対し固有の精神文化が鼓吹《こすい》されるようになり、ついには第二次世界大戦末期の「竹槍精神主義」にまで堕するにいたったのであった。

本書における「文明」と「文化」の定義

本書で「文明」と「文化」という二つの概念をどう扱うかといえば、「文明」と「文化」を別のものとして二元論をとる。ただし、ドイツの一部の考え方のように「文明」と「文化」の上下優劣は問わない。むしろ「文明」と「文化」の両概念を相補うよう定義して用いるのが有益であると思うのである。

さてここで、「文明」については、

「人類の、マクロコスモスすなわち外的世界と、ミクロコスモスすなわち内的世界についての、利用・制御・開発の能力とその諸結果に対するフィード・バックの能力の総体とその所産の総体」

と定義したい。そうすれば「文明」は、何よりも時間と空間をこえて普遍的なものとしてとらえうる。このような意味での「文明」、とりわけその外的側面は、どちらがより有効性が高いかで客観的に比較優位、比較劣位を問いうることとなる。

そしてまた「文明」は、累積的たりうる。ただし「文明」については、発展のみに目がいきがちであるが、退行もありうるものとしてとらえたい。

これに対し「文化」については、

「人間が、集団の成員として後天的に習得する、行動のあり方、ものの考え方、ものの感じ方の『クセ』の総体とその所産の総体」

と定義したい。そうなると、「文化」については、特殊性の方に重点がおかれることになる。特殊的な「文化」の拡がりについては、ごく小さな集団で共有されるものから、巨大な拡がりをもつものまであるが、同一文化が共有され基調となっている空間を「文化圏」と呼びたい。「文化圏」のうち、とりわけ広大で相対的に自己完結的な世界となっている大文化圏を、「文化世界」と名づけたい。

近代西欧が原動力となって唯一のグローバル・システムとしての近代世界体系が成立する以前においては、地球上には複数の相対的な自己完結性を有する大文化圏、すなわち「文化世界」が併存していた。そして、唯一のグローバル・システムへと統合されていく過程のなかで、諸文化世界は、西欧世界そのものも含めて、次第に相対的な自己完結性を失い、文化世界から文化圏へと転化していった。

ここで、文化世界の拡がりをとらえるに際しては、各々で「支配的」であった文字に着目したい。人類の歴史のなかで、文字の発明と普及は、決定的な意味をもった。

文字の発明によって、情報の伝達と蓄積の可能性は、空間的のみならず時間的にも飛躍的に拡大していった。そして、有文字文化が、次第に文明的にも多くの面で無文字文化に対し比較優位を占めるようになっていった。実際、唯一のグローバル・システムへと統合される以前に大きな空間をおおっていた文化世界のほとんどは有文字文化であり、現代世界においても大きな影響力を保っているのである。

そこで有文字文化を各々の固有文字の空間の拡がりとしてとらえ、これを文字圏と名づけ、とりわけ巨大なものを文字世界と名づけたい。有文字文化に立脚した文化世界を文字世界としてとらえれば、そのときどきの文字世界の拡がりは、各々の空間における支配的文字に着目して可視的にとらえうることとなる。

「文字」からみえてくる国際情勢

この文字世界の「境」は、今日の国際関係においても、古くからの文化的伝統の違いに由来する重大な対立地点をなすことがある。

例えば一九四七年の分離独立以来、三度にわたる戦争を繰り返し、核保有競争を演ずるまでに対立してきたインドとパキスタンの関係は、今なおアジアにおける国際紛争の潜在的火種ともいえる。

インドの公用語であるヒンディー語と、パキスタンの公用語であるウルドゥー語はともにインド・ヨーロッパ語族に属し、サンスクリットを起源とする古代インドの俗語とされるプラクリットに由来することばであるが、ヒンディー語は梵字（ブラフミー文字）の流れをくむディーヴァナーガリー文字で綴られるのに対し、ウルドゥー語はアラビア文字で綴られる。

我々はムスリムのパキスタンとヒンドゥーのインドという宗教の違いについ目を向けがちであるが、同時にこの二つの国は、主要言語はほぼ同じ言語でありながら、異なる「文字世界」に属しているのである。

また「漢字世界」の中国においても、その周辺部には新疆ウイグル自治区やチベット自治区をかかえ、それらの地域では民族的対立からたびたび独立運動や、政府への不満からくる暴動などが発生するなどの火種を有している。これらの地域を「文字」でみるなら、トルコ系ムスリムのウイグル人はアルタイ系のウイグル語をアラビア文字で記し、チベット仏教を奉ずるチベット人のチベット語は梵字由来のチベット文字で記される。つまり、「漢字世界」とは異なる「文字世界」なのである。

一方で、国家同士の連合などの場合に、この文字世界が深く関わるケースもある。

例えば、かつてソ連の「東」陣営に位置してきたポーランドやチェコ、スロヴァキア、ハンガリーといったいわゆる「東西冷戦」下の「東欧」諸国八か国が二〇〇四年、ＥＵ（ヨーロッパ連合）に加盟した。

これも文字世界として「可視化」してみれば、そもそものＥＵの領域はラテン文字を使用する「ラテン文字世界」の中核地域であり、一時期は社会主義体制をとってソ連圏を構成していたこれら「東欧」八か国も、歴史的には中世以来西欧カトリック世界に属し、ラテン文字を用いてきた国々にほかならない。

詳しくは後章で触れていくが、このように「文字」に着目して世界をみていくと、我々に新たな視点をもたらしてくれる場合が少なくないのである。

歴史的に併存してきた五つの文字世界＝大文化圏

さてそれでは、現代世界において、大文化圏としての文字圏の分布はどうなっているのであろうか。

ここで、唯一のグローバル・システムが全世界を包摂する直前というべき一八〇〇年に立ち戻ってみると、「旧世界」のアジア・アフリカ・ヨーロッパの「三大陸」の中核部には、五つの大文字圏、文字世界としての文化世界が並存していた。すなわち、西から東へ「ラテン文字世界」、「ギリシア・キリル文字世界」、「梵字世界」、「漢字世界」、そして上述の四つの文字世界の全てに接しつつ、アジア・アフリカ・ヨーロッパの「三大陸」にまたがって拡がる「アラビア文字世界」の五つである。「新世界」の南北アメリカの両大陸、そして六つ目の人の住む大陸というべきオーストラリア大陸は、その頃までには、いずれも西欧人の植民地となりラテン文字世界の一部と化していた。

ここで、「旧世界」の「三大陸」中核部を占める文字世界は、文化世界としてとらえなおせば、ラテン文字世界は西欧キリスト教世界、ギリシア・キリル文字世界は東欧正教世界、梵字世界は南アジア・東南アジア・ヒンドゥー・仏教世界、漢字世界は東アジア儒教・仏教世界、そしてアラビア文字世界はイスラム世界としてとらええよう。そして、各々の文字世界の成立には、各々の文化世界内における共通の古典語、そして文明と文化を語るときに共用される文明語・文化語の書記に用いられる文字が基礎を提供した。

すなわち西欧キリスト教世界ではラテン語、東欧正教世界ではギリシア語と教会スラヴ語、南アジア・東南アジア・ヒンドゥー・仏教世界では、ヒンドゥー圏におけるサンスクリットと仏教圏におけるパーリ語、東アジア儒教・仏教世界では漢文、そしてイスラム世界においてはアラビア語が、各々の文化世界で共有された古典語、文明語・文化語であった。

文字の共有がもたらすもの

古典語・文明語・文化語の共有は、言語系統の差異をこえて文字の共有をもたらし、さらに多くの語彙の共有をももたらした。とりわけ語彙の共有は、思考と表現の媒体の共有であり、各文化世界内における文化的共通性を醸成していく際に、決定的な役割を果たしたのであった。

この役割は、近代西欧を原動力として唯一のグローバル・システムが形成され、諸文化世界を徐々に包摂していく過程のなかで、西欧世界に決定的な力と比較優位をもたらした「近代」的な様々の要素と概念を受容していく際にも発揮され、各文化世界では各々の文明語・文化語をベースにしながら訳語を与え、それらを受容・吸収していったのであった。

真新しい「舶来」の概念であるcivilizationの概念を、シナ・チベット語族とは言語系統をまったく異にし、アルタイ系に近い日本語を母語として用いる日本人が、漢字をもって「文明」と訳し、「文明開化」を標榜したのは、まさにその一例である。

「旧世界」の「三大陸」の中核地域に並立した五つの文字世界は、文化世界としての自己完結性は失ったものの、今日においてもまた、大文化圏に転身して大きな影響力を保っている。そのことは、アラビア文字圏としてのイスラム圏において、二一世紀に入った後も、「イスラム国」なるものが出現し、広くイスラム圏、否それをこえて世界各地に生きるムスリムすなわちイスラム教徒の間に、信奉者が続出した事態にも明らかである。

本書では、まずは人類の原初まで遡りつつ、人類の文明と文化がいかにして形成発展し、今日にいたったのか、そしてとりわけ唯一のグローバル・システムの成立後も存続している五大文字圏としての五大文化圏がいかにして誕生し現代にいたったのかを、解き明かしていくこととしたい。

第2章 文明としての「文字」と「組織」の出現

文明と文化はヒト固有のものか

前章で、文明と文化を相互補完的なものとして定義したが、文明も文化も、実をいえば、ヒトに固有ともいえない。文明についていえば、外物を道具として利用するのも、ヒトだけではない。チンパンジーも、アリを食べるために小枝を折りとって巣穴に差し込み、アリをつり出すという。はては、昆虫であるアリやハチも、立派な巣をつくる。ビーバーにいたっては、木を集めてダムをつくり、ムラまで「建設」するのである。しかし道具を用いて、道具をつくるところまではいかない。ヒトのみがこの道に入り、まずは打製石器から始めて、磨製石器までつくるようになり、後々には機械までつくり出すにいたった。

また、火の利用もヒト固有といえる。何かの拍子に動物が火で暖をとることはありうるかもしれないが、火のないところで火をおこし、これを用いたのはヒトだけであった。

火を使いこなせば調理ができるようになり、モノの食べ方が多様化し、食料となりうるものの種類も飛躍的に増大する。

また火を用い始めることで、鉱石を溶かして金属を利用しうるようにもなる。さらに、ヒトはエネルギーを人工的につくり出すようになった。この営みは、とうとう原子力の利用にまでいたりつく。

情報の伝達と蓄積についてみても、確かに動物たちも、音や身ぶりで情報を伝達する。なかには、かなり込み入った高度のものもあるようである。しかし、言語のような複雑な伝達の媒体、シンボルの体系は、ヒトのみがつくり出した。しかも言語を得たヒトは、それを可視化して伝達する媒体として、文字をつくり出した。文字の発明によって、ヒトの情報の伝達と蓄積の能力は、量的・空間的に、さらに時間的にも飛躍的に拡大した。

文字のかたちで残されているからこそ、何千年も昔のメソポタミアやエジプトの人々の暮らしや考えについて、詳しく知ることができる。確かにヒトだけが今のところ、極めて高度の文明をつくり出し得たのである。

文化についても、それは必ずしもヒトのみにみられるわけではない。ニホンザルの世界では、西日本のサルと東日本のサルではあいさつの仕方が異なるそうである。また、宮崎県の幸島では、イモを洗って食べるという新しいクセが生まれ、それが次第に拡がりつつあるという。サルにも「文化」があるのである。

しかしこれについても、ヒトのみが非常に高度で、複雑で、多種多様な「文化」をつくり出し得たのである。

それでは、そのようなはなはだ特殊な性質をもった動物としてのヒトは、いかにして誕生し、いかにして進歩してきたのであろうか。

サルからヒトへ

ヒトは、太陽系、そしてその一惑星である地球の展開過程のなかで、ごく近年に誕生した。しかも、地球の歴史のなかで生物が誕生し、動物となり、その一種としての哺乳類が誕生したのは、ごく新しいことなのである。

その哺乳類の一種として、サルとヒトとの共通の先祖が生まれる。そして、このサルとヒトとの共通の先祖から、サルとヒトが分岐したのは、地球の長い歴史からみればごく近年というべき、七〇〇万年から六〇〇万年前であったといわれる。

こうして生まれた猿人は、現在のところアフリカで出現したとされる。猿人であるアウストラロピテクスは、すでに道具をつくり使用していた。さらに時をへて、猿人よりもより現在の人類に近い原人が現れるが、この原人も、今のところでは、おそらくアフリカで誕生したとみられている。一部には原人たちが共通の母である「東アフリカのイヴ」をもつという説さえあるが、その真偽は今のところさだかではない。

アフリカで誕生したと考えられる原人たちは、旧石器の文明と文化を携えて、「旧世界」の「三大陸」へと拡がっていったといわれる。こうして、今まで発見されたところでは、ジャワ原人や北京原人などが知られるようになった。すでに道具をつくるようになっていた原人であったが、言語を用いていたかはさだかでない。ただ口喉の構造からいうと、すでに言語を使用することが可能なかたちとなっていたとされている。

そのうちに、三〇万年ほど前に原人よりもはるかに現生人類に近い旧人類が出現した。様々の旧人類が知られているが、特に有名なのはネアンデルタール人であろう。ネアンデルタール人は現生人類に非常に近く、交雑も行われていたとされる。そして、遺跡から知られる葬送・埋葬のあり方から、すでに抽象的なシンボル世界を有していたことが知られ、おそらくは言語も操るようになっていたとみられる。

現生人類は、様々の旧人類を淘汰していった。今日の我々が属する現生人類「ホモ・サピエンス・サピエンス」が現れたのは、およそ二〇万年前のことであったとされる。

二〇万年というと、ヒトの歴史のなかでは気の遠くなるような昔である。しかし、数十億年にわたる地球の歴史のなかでは、ごく最近の出来事に過ぎない。そして現生人類は、その暮らしのたて方において決定的な変化をとげることとなったのである。

文明的能力としての「組織」

これまで、現在のヒトや現生人類に先立つヒトの先祖たちは、もっぱら採集や狩猟という獲得経済に頼って暮らしてきた。獲得経済のなかでは、漁業は釣り針など特殊の道具を要するため、果実や木の実、植物の葉や茎や根を採る採集や、動物を狩る狩猟に比し、遅れて活動が始まったといわれる。ともあれ獲得経済は、その収量も限定され、維持しうる人口もかなり限定されていた。しかも生活は、より移動的であった。

しかし、有用植物を栽培するようになると、定住生活が可能となり食料調達もより安定的となっていった。加えて動物を飼育して家畜化する牧畜が始まると、生産物に新たな幅が加わる。

こうなるとヒトの個体数も増加し、より大きな集団として暮らすことが可能となる。しかも安定した定住生活のなかで、ヒトについては特別の発情期がなくなり、随時繁殖が可能になったという説もある。

こうしたなかで協力、協働の必要も高まり、ヒトによる「組織」も著しく発展していくこととなった。組織は、「文明」の極めて重要な一要素である。組織についても様々の定義があるが、ここでは、「目的達成のための協働のシステム」と定義しておこう。

意思をもつ二つ以上の複数の個体が存在するとき、つねに組織は成り立ちうる。となると、道具と同じく組織もヒトのみに属するものとはいえない。実際のところ、産卵のために動物の糞を丸めて運ぶ昆虫である「フンコロガシ」こと「タマオシコガネ」も、雌雄のつがいが糞の玉をつくりころがしていくのであるから、「目的達成のための協働のシステム」が立派に成立している。これがアリやハチとなると、はるかに高度で大規模な組織をつくり出す。

しかしその組織形成はもっぱら本能に基づいているため、臨機応変かつ高度な目的のために、多種多様な組織を形成することはない。これができるのはヒトのみなのである。

組織は、ヒトを成素とする「機械」となり、ヒトの文明的能力を飛躍的に拡大していくこととなった。都市文明論、技術文明論の巨匠であった米国人ルイス・マンフォードは、「巨大組織こそ、ヒトが創り出した最初のメガ・マシーン（巨大機械）であった」といっている。

生産力が向上し、個体が増加し、協働の必要性が高まっていくなかで、ヒトは集住して集落を形成するようになっていった。そして、その集落は、ムラからより規模の大きなマチへ、さらにより大きく設備の整った都市へと発展していった。

そのなかで、「文化」的にはより相似的であったヒトの諸集団は、より多様な環境に出合いながらより多様化し、言語もまたより高度化するとともに多様化していったことであろう。

社会の複雑化と宗教の出現

より多くの個体が集住する空間としての都市が生じてくると、社会のしくみも次第に複雑化し、一方では分業化が進行し始め、職業分化が生じていった。他方では生産力の高まりとともに余剰生産物が生じ、その配分が不均等化し、社会階層の分化も進行していく。そして、大規模化・複雑化していく社会の秩序を維持していくための指導者が生じていった。

当初このような指導者としては、知の担い手、神官というべきものがあたる場合が多かったようである。しかし、都市を外敵から防衛する必要が高まっていくなかで戦士層が生じてくると、指導者の地位は戦士へと移っていく傾向がみられるようになった。

ここで、原初におけるヒトの知の体系は、まずは「宗教」と名づけうるものとして現れた。だがその内容は様々な要素の混合物であり、神官といっても、今日的にみれば、宗教者であるとともに科学者としての側面も有していた。その後、人類の長い歴史のなかで、経験的に実証可能な知識は次第に宗教から分離し、まったく独立した「科学」の体系となっていったのである。

今日では純粋に自然科学の一部をなす天文学的知識も、かつては神官の領域であった。中世から近世にかけての西欧キリスト教世界で、天動説を奉ずるカトリック教会が科学的天文学者の地動説を厳しく弾圧したのも、その証左である。さらには、アメリカ合衆国の一部の州では今なお科学としての生物学の前提である進化論を公認していないことも、また一つの証左である。

ただ、この世界や人間存在、人の生死といったことの意味と、人の魂の救済にかかわる宗教は、その後長らく人類の歴史において、しばしば極めて重要な役割を果たしてきた。

「文字」文明の比較優位

言語の発展は、これを可視的に定着する媒体としての文字をもったとき、まったく異なる段階に入ることとなる。ただし文字を有さずとも、かなり高度な文明と文化をつくり上げることは可能である。その格好な一例は「新世界」のインカ帝国である。

ペルーを中心にチリからエクアドルにまで拡がる大帝国を建設し、壮麗なクスコやマチュピチュのような大都市をも造営したインカの人々は、数字を表すキープ、すなわち「結縄文字」は有していたが、言語を可視的に定着する媒体としての体系的文字をもつことはついになかったようである。

「旧世界」で顕著な例をとれば、ユーラシア中央部で活躍し、しばしば大帝国を建設した遊牧民たちである。文字をもつ周辺の諸文化世界を長らく脅かした遊牧民たちも、トルコ系の突厥帝国で八世紀に入り突厥文字が考案されるまで、文字をもたなかった。

また広大なモンゴル帝国を築いたモンゴル人たちも、その帝国形成期には文字をもたず、一三世紀も後半に入ってからようやく、チベット文字をベースとするパスパ文字と、ウイグル文字をベースとするモンゴル文字という二種の文字をもつようになったのである。とすれば文字をもたずとも、インカ帝国、匈奴帝国、突厥帝国そしてモンゴル帝国のような、巨大な政治体を形成し維持することができたのは確かである。

しかし文字をもつことは、文字をもつ人々に決定的な利点を与えたのであった。すなわち、音声としてのみの言語の場合、情報の伝達はヒトとヒトとの直接接触によってのみ可能となる。しかも直接接触によって伝達しうる情報量は、かなり限定される。これに加えて、音声としての言語による情報の蓄積もまた、ヒトの記憶による伝授によってのみ可能なのであり、ここでも情報量は限定され、永続性において不安定である。もちろん、かなり限定された情報量でやりくりできる社会では、これで済む。

しかし、文字を媒体として膨大な情報量を蓄積しうるようになった社会が、次第に文明の諸分野において「比較優位」を占めるようになっていったことも疑いないであろう。ユーラシアの東西における定住的農耕民と移動的遊牧民の力関係が、最終的には前者の優位に帰結した一因もまた、ここにあったとみてよいであろう。

ただ、音声としての言語を可視的なかたちに定着する試みが生ずるには、高度の文明的背景が必要であった。文字を生み出しうるような文明的環境の成立した地域は、非常に限定的なものとなった。

空間的にも東アフリカに限定され、かなり似通った文化をもった猿人から、「旧世界」の「三大陸」へと拡がった原人が文化的により多様化し、さらに旧人類から新人類、そして現生人類へと進化していったヒトは、より多様化・多極化へと向かっていったと思われる。しかし「文字」の発生がごく限られた文明的環境を要したことから、「旧世界」においても、「新世界」においても、有文字文明はごく限定されたかたちで誕生することになる。

「旧世界」における人類最古の文明といわれるメソポタミア、エジプト、インダス、そして黄河のいわゆる「四大文明」は、いずれも独自の文字を有する人類最古の有文字文明でもあった。

第3章

四大文明の形成①　メソポタミアとエジプト

――人類最初の「文字世界」、「楔形文字世界」と「ヒエログリフ世界」

史上初めての文字「楔形文字」の誕生

人類の文明が発展していくなかで、文字が初めて生み出されたのはメソポタミアにおいてであった。メソポタミアとは、ほぼ今日のイラクの地にあたり、ティグリスとユーフラテスの両大河の流域をさす。人類は、この地で両大河の水を利用しながら麦農耕を発達させていった。

紀元前六〇〇〇年期前半には、ティグリス川中流域におけるサマラ文化の下で灌漑農耕が始まった。南部では、紀元前五〇〇〇年から三五〇〇年頃まで続くウバイド期の後半で、灌漑農耕がさらに急速に発達し、南メソポタミアをこえて影響が拡がっていった。

それに続くウルク期になると、人間の集住のあり方でも、村落をこえて都市というべきものが生まれ、かつての小さな祭祀場も、神殿というべきものに発達していった。そして都市神を奉ずる諸都市では、王権が生まれ、シュメール人の諸王朝が成立した。

このようななかで、ウルク期の最末期、紀元前三一〇〇年頃に、人類史上初めての文字が現れる。この文字も、当初は絵文字であったものが、まもなく楔形文字となっていく。

なぜ楔形になるかといえば、料紙に粘土板が用いられたからである。良質の粘土を産するうえに、乾燥したメソポタミアの風土が、粘土板使用を思いつかせたのであろう。筆記用具としては、葦ペンが用いられ、軟らかい粘土板に文字を刻み込んでいったため、文字も楔形になったのである。

史上最初に文字で表記されたのは、シュメール語であった。シュメール語の言語系統は今のところ不明であるが、日本語やトルコ語のように、単語の語尾に接尾辞をつけて用いる膠着語であった。シュメール語は、初期諸王朝時代からウル諸王朝時代まで広く用いられた。

楔形文字は、紀元前二三〇〇年代に、メソポタミアの支配者がより北方のセム系のアッカド人に移った後も、言語系統の違いをこえて、料紙としての粘土板とともに受けつがれた。そして、シュメール語もまた、長らく様々の書式の手本としてアッカド語版としばしば併記された。その後、メソポタミアの支配者は同じくセム系のバビロニア人やアッシリア人へと変遷していったが、楔形文字と粘土板の使用は受けつがれ、しかも楔形文字で綴られるアッカド語はいわゆる「古代オリエント」の共通語となった。

メソポタミア北方のイラン高原には、紀元前八世紀頃に北方から印欧系のメディア人が侵入してメディア帝国を興し、後には同じく印欧系のイラン人が紀元前五五〇年にアケメネス朝ペルシア帝国を築いたが、ここでも楔形文字は継承された。さらに西方のアナトリア高原に、これも印欧系のヒッタイト人が東北方から侵入してヒッタイト帝国を樹立すると、彼らも粘土板と楔形文字を受けいれた。こうして、いわゆる「古代オリエント世界」の東北方ではメソポタミアを起源とし、イラン高原からアナトリアにまで拡がる「楔形文字世界」というべきものが成立した。

ただ楔形文字は、料紙が粘土板であるため、保存性は高いので今日まで史料も多量に伝わってはいるが、重くかさばるうえに、乾燥させるにも時間がかかる。料紙として獣皮などが用いられ始め、またいわゆる古代オリエント世界の南半をなすエジプトのパピルスも伝わるようになると、料紙としての粘土板は廃れ、粘土板使用を前提として発達した楔形文字も、書きにくさからであろう、次第に廃れていった。

「古代オリエント世界」における文字の興亡

すでにアケメネス朝ペルシア時代、当初は楔形文字と粘土板を使用しながら、国際共通語としてはアッカド語、国内的にはエラム語と「古代ペルシア語」が用いられていた。その後、遠祖がエジプトのヒエログリフに遡る、表音文字のアラム文字を考案したセム系アラム人の言語で、アラム文字で綴られるアラム語が次第に共通語化し、料紙としても獣皮、そしてパピルスの使用が一般化していった。

こうして楔形文字と粘土板は、利用の不便さからより簡便な文字と料紙にとってかわられたのである。とはいえ、楔形文字もアレクサンドロス大王の東征とアケメネス朝ペルシア帝国の滅亡といった波乱の時代を耐えぬき、紀元後一世紀までは細々ながら生き残っていたようである。

アレクサンドロス大王の東征でアケメネス朝ペルシアが滅び、アレクサンドロスも没した後、その部将セレウコスがアナトリア西半と南方のエジプトを除く旧アケメネス朝ペルシア帝国の大半を領有するようになると、ギリシア文字で記されるギリシア語が公用語化した。

しかし、セレウコス朝が衰え、アレクサンドロスの東征から一世紀半くらい後に、イラン高原でイラン系のパルティア人がアルサケス朝ペルシア、すなわちパルティアを興すと、ギリシア語は後退していった。パルティアでは、アラム文字で綴られるセム系のアラム語と、当初はアラム文字で綴られたが後にはアラム文字を土台に考案されたパルティア文字で綴られる「古代」ペルシア語が用いられるようになった。

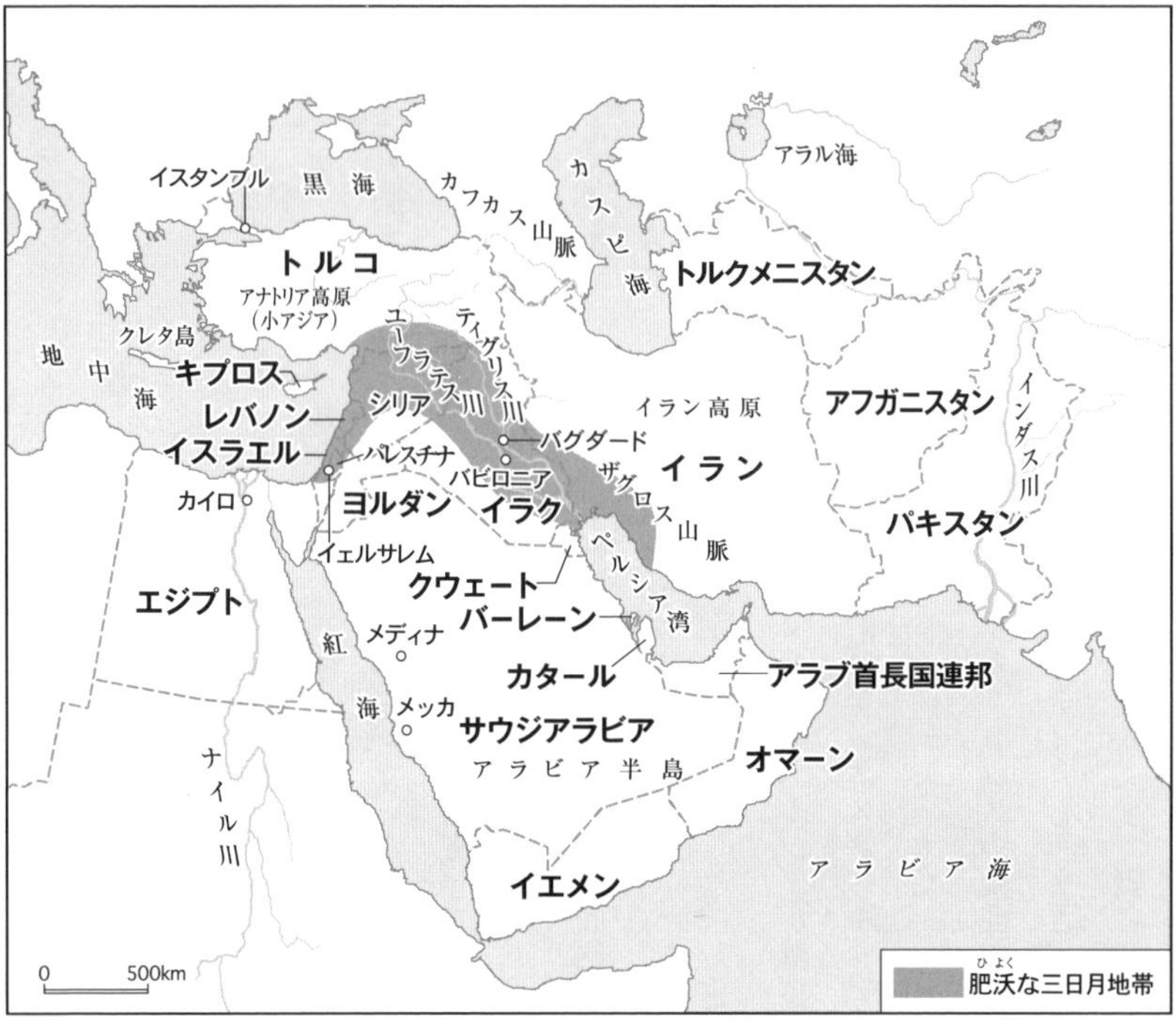

オリエント世界の風土と生活

そして紀元三世紀前半に、同じくイラン系のササン朝ペルシアが成立すると、「中世」ペルシア語というべきパフレヴィー語が用いられ、それがアラム文字を土台として考案されたパフレヴィー文字で綴られるようになり、七世紀中葉にアラブ・ムスリムの侵攻を迎えることとなる。

メソポタミアでは都市社会が成立し、それらが都市国家に発展し、各都市国家は都市の守護神を奉じていた。これら諸都市国家を統合して、まずはセム系のアッカド人によるサルゴン王の帝国、同じくセム系のバビロニア帝国が成立した。

そしてこれもセム系ながら、一時は「ヒエログリフ世界」とも呼ぶべきエジプトまで征服し支配したアッシリア帝国のような、大規模で文化的にも多元的な構成の政治体が生まれてきた。そこでは支配者集団の主神を最高神とするものの、基本的には多神教の世界で、征服された諸集団の神々の多くをもとり込んでいく傾向があった。

このことは一面からみれば、宗教的に寛容であったとも表現され得よう。言いかえるなら、宗教は支配者集団の統合の軸ではあっても、政治体における全構成員の統合の軸ではなかったのである。

しかし、アケメネス朝ペルシア時代に入ると、天地の創造者でもある光明の神アフラ・マズダーと暗黒の悪魔アフリマンとの闘争と、光明の神の勝利への展望とを軸とする二元論に基づくゾロアスター教が国教化した。ユダヤ教の発展にも影響を与えたといわれるゾロアスター教は、アレクサンドロス東征後のギリシア系支配者による支配から脱し、脱ギリシア化へと進むパルティアからササン朝ペルシアの時代にかけて、国教として確立していった。

両朝の下でも、異宗教への「寛容」は残り、キリスト教化後のローマ帝国から異端として追われたアリウス派やネストリウス派の亡命の地ともなった。しかし、ゾロアスター教の改革派ともいうべきマニ教への弾圧にもみられるように、後年、「旧世界」の「三大陸」の西半に鼎立するようになった一神教の三世界、すなわち東西キリスト教世界とイスラム世界につらなる面も生じてきたようにみえる。

メソポタミア文明の組織と技術

メソポタミア文明は、多くの大規模な政治体、帝国を生んだ。メソポタミア南部を支配したアッカド帝国、メソポタミア全域を支配したバビロニア帝国、そしてメソポタミアを中心に西方のアナトリア東南部からシリア、さらにはエジプトまで支配下に治めたアッシリア帝国は、いずれもセム系の人々を核として形成された。

そこでは、一方では社会の秩序と構成員の社会関係を規律すべく、裁判の規範となる法が整備され、アッカド帝国時代については前二三世紀の「サルゴン王の法典」、バビロニア帝国については紀元前一八世紀頃の「ハンムラビ法典」が今日まで伝わっている。そしてこれらの法典の条項は、さらに後代の諸社会の法にも影響を及ぼしていった。

「法」もさることながら、これら諸帝国が形成され存在しえたのは、何よりもそれにふさわしい「支配組織」を生み出しえたからであった。

アッシリア帝国に結実する中央集権的な支配組織のモデルとそれを支える諸インフラの遺産は、北方のイラン高原に興ったアケメネス朝ペルシアに、民族の違いをこえて継承され、発展していった。アケメネス朝で成立した中央集権的な地方支配のしくみとしての属州制度や、ヒトやモノの移動と情報の伝達を可能にする道路と駅逓の制度は、アレクサンドロスとその後継者たちのよるヘレニズムの諸帝国をへて、西方ではローマ帝国にも伝わっていった。

そして東方では、パルティアからササン朝ペルシア経由で、新生の「アラビア文字世界」としてのイスラム世界にも継受されたのであった。

道具の素材としては、メソポタミア文明は青銅器時代として始まった。しかし、紀元前一七世紀に北方から侵入したヒッタイト人は、その少し前からアナトリアで開発されかけていた鉄の利用を進め、鋼を大々的に利用した。鋼鉄の武器と軽量の戦車の活用は、ヒッタイト人に軍事技術的な比較優位を与えた。鉄の製法は秘密とされたが、ヒッタイト帝国衰亡後、紀元前一二世紀以降に各地に拡がり、鉄器革命をもたらしていくことになる。

「楔形文字世界」を生み出したメソポタミアの文明は、その長い歴史のなかで膨大な技術的蓄積と科学的知識をも生み出した。かなり不規則なティグリス・ユーフラテス両河の氾濫にあわせて、農事に必須の暦としては太陰暦が発達した。

この太陰暦の伝統は後代、イスラム世界にも影響を与え、太陰暦としてのヒジュラ暦、すなわち「イスラム暦」を生み出した。ただ、イスラム暦は純粋な太陰暦のため季節と照応せず、農事には太陽暦か太陰太陽暦を併用する必要があった。これに対し、メソポタミアの文明の暦は「うるう年」を考案し、季節に照応する太陰太陽暦であった。

暦法には計数を要するため、シュメール人は六〇進法を生み出した。この六〇進法はとりわけ時の単位とかかわりつつ、後代の諸文化世界に継承されていくのである。

生業としては麦農耕が中心をなし、両河に大規模な灌漑施設がつくられ、その建設と維持管理に必要な恒常的な「組織技術」を育んだ。ただ、両河の氾濫は不規則かつ短期的であり、恒常的な地力維持は困難であり、塩害を生ぜしめることとなった。この点は、百日近い長期にわたるナイルの氾濫により、ほとんど自動的に地力維持と塩害防止が可能となったエジプトとは、大いに事情を異にしていた。

「楔形文字世界」のその後

このように、メソポタミアに発し、北方のイラン高原、さらにはアナトリアにまで拡がっていった「楔形文字世界」は、すでにアケメネス朝時代に楔形文字中心の世界から、エジプトのヒエログリフを祖としつつ表音文字化した「アラム文字」の世界へと変容していった。

しかし、メソポタミアとイラン高原を中心とする空間は、その後もまとまりを保ち続けた。そしてイラン高原が「楔形文字世界」の外にあった時代にも、ときにアッシリアのように、アナトリアの一部からシリア・エジプトにも支配を及ぼす強力な国家が現れた。

後にはアケメネス朝ペルシアのように、イラン高原とメソポタミアを中心に、東方では今日のアフガニスタンから中央アジアの一部、さらに今日のパキスタン西部をも、また西方ではアナトリア、シリアからエジプトまでを支配した。

その後「アラビア文字世界」としてのイスラム世界が成立した後も、イラン高原に強力な王朝が成立すると、東はアフガニスタン、西南ではイラクがその版図に入るのがほとんど常であった。イラン高原とアフガニスタンの住民の多くの母語が印欧語に属するペルシア語系の言語となり、イラク住民の大多数の母語がセム語系のアラビア語となった後も、それは同様であった。

イランとイラクが、もはや住民の母語をまったく異にするようになった後も極めて密接に関連する政治空間であることは、二〇世紀末のイラン・イラク戦争にまで尾をひいている。

これに対し、ヒッタイト帝国以来、「楔形文字世界」に入り、かつてアケメネス朝ペルシア領となり、その後もイラン高原を本拠とする強力な王朝にしばしば支配されたアナトリアは、次第に独自の空間となっていった。そしてこれも、ときにイラン高原を本拠とする強力な勢力の支配下におかれた。

今日、シリア、ヨルダン、レバノン、イスラエル・パレスティナで構成される地域は、歴史的にはしばしば「歴史的シリア」、ないし「大シリア」と呼ばれる。

この「歴史的シリア」は第一次世界大戦後のオスマン帝国解体過程で、英仏により北半のシリア、レバノンと南半のパレスティナ、トランス・ヨルダンに「四分割」されることになったが、この地はむしろエジプトと密着する政治空間となっていった。

そのことは今日、かつての「歴史的シリア」の西南片にあたるパレスティナ情勢が、他の「歴史的シリア」の諸断片のみならず、エジプトとほとんど不可分に密着していることにもつらなっているのである。

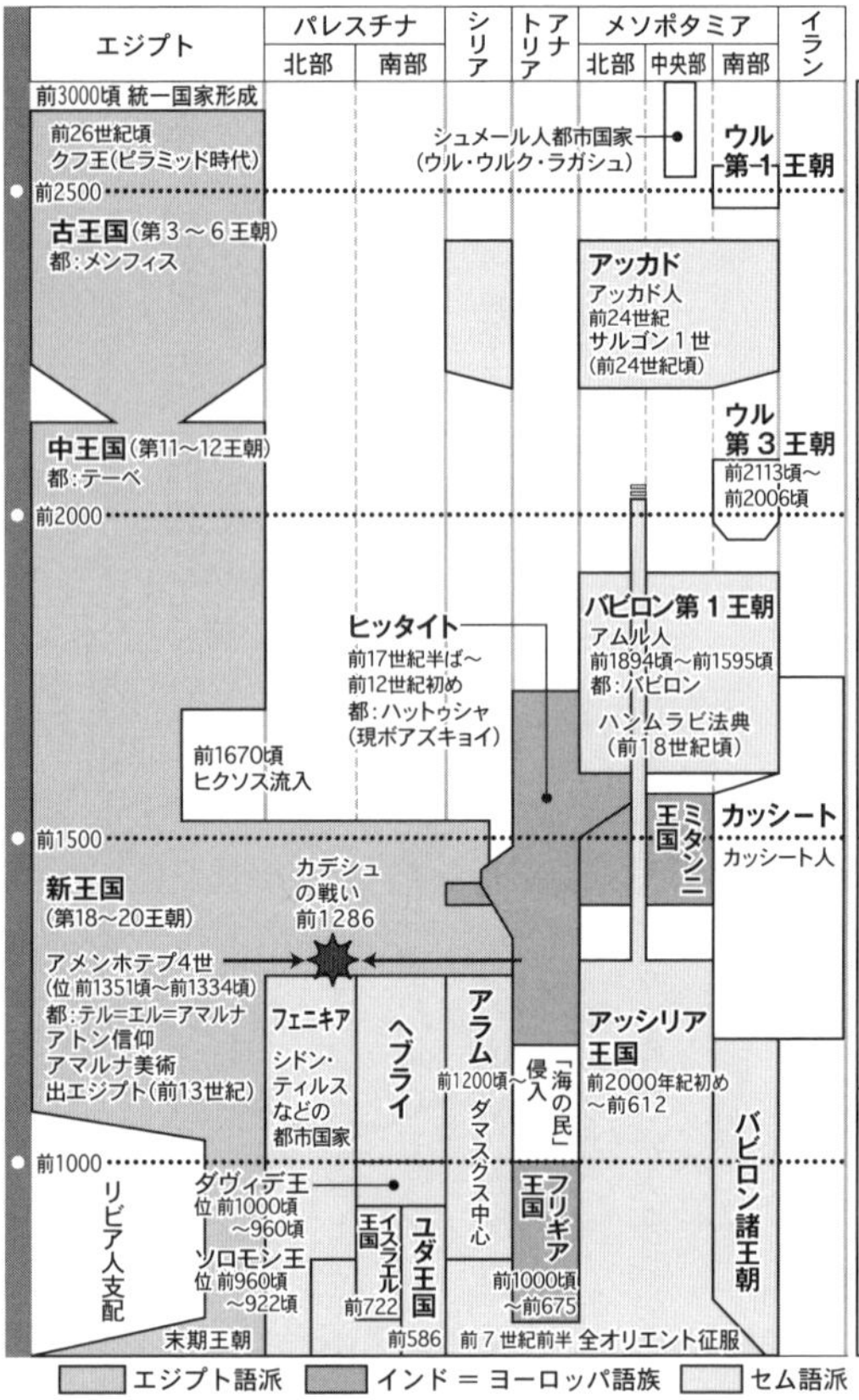

オリエント世界の動向

エジプト文明とヒエログリフ

文字を生み出した第二の大文明は、ナイル川流域に成立したエジプト文明であった。

エジプト文明の空間的環境は、メソポタミア文明とは著しく異なっていた。メソポタミア文明は、東西南北のすべてが外に対し開かれた空間で成立した。これに対してエジプト文明は、北は地中海とシナイ半島、東は紅海、西はリビア砂漠、南はヌビア砂漠に囲まれた、比較的閉ざされた空間のなかで誕生し、発展した。そして、この空間を南から北へと貫通して地中海に注ぐナイル川に多くを頼る文明であった。

気候的に乾燥してはいるが、規則的に雨期がある。その雨水を集めるナイルの水量を世界史上、極めてまれなほどに精妙な独自の灌漑システムを通して利用することで、ほぼ自動的に地力維持をはかり塩害を防ぎつつ、農耕することが可能となった。

塩害が問題となったのは、近代になりアスワン・ハイ・ダムが建設された後のことであり、いわゆる近代文明が、フィード・バック能力に余り関心をもってこなかったことの証左の一つといえよう。

言語、民族的には、少なくとも中核的部分はハム語族に属し、比較的同質的な人的構成をもつ閉ざされた空間の中で、多くの王朝が興亡した。ときにはヒクソスのように外部から侵入した異民族の王朝もみられたが、アレクサンダー大王の侵攻までは、殆どの王朝はハム系の王朝であった。アレクサンダーの帝国の崩壊後にエジプトを支配したのは、マケドニア人の部将プトレマイオスの開いたプトレマイオス朝であったが、この王朝も、ヘレニズム色を残しつつも、エジプト化していった。

エジプトにおいては、独自の象形文字「ヒエログリフ（神聖文字）」が生まれた。そして、料紙としては、ナイル河畔に産する長大な葦の一種パピルスを材料にパピルス紙が発明され、これに葦ペンとインクを用いて文字を書くこととなった。

ヒエログリフは表意文字であったが、一部は表音文字化した。書体としては「神聖文字」としてのヒエログリフを簡略化した大衆文字（デモティック）が生まれた。さらにシナイ半島では、神聖文字をごく簡略化したシナイ文字が生まれ、これを表音文字化することで、周辺の様々な言語を表記する文字が派生していった。

エジプトではナイル川中流の上エジプトと、下流の下エジプトで各々、農耕が始まり、王権が形成されていった。紀元前三〇〇〇年頃に上エジプトが下エジプトを支配下におさめたことで上下エジプトが統一され、第一王朝が成立した。巨大なナイル川の治水のためには、巨大な「組織」が必要となる。この地には早くから強力な王が現れて君主専制・中央集権的な統一国家となり、全国土は王に属するものとされ、王と神官と官僚が支配組織の中核となった。

神官の司る宗教は、太陽神を中心とする多神教であったが、一方で王は神の化身とされた。また、死後における来世生活に重点をおく信仰であり、王の来世生活のために、巨大なピラミッドや大規模な王墓が造営された。

農業に必須の天文については神官の司るところであったが、ナイル川の規則的な氾濫にあわせて太陽暦が発達した。この太陽暦はローマ帝国のユリウス暦をへて、近世西欧において「西暦」、すなわち「グレゴリウス暦」として継承され、今日世界的に普及することとなった。また計数法としては、一〇進法が用いられた。

ヒエログリフの文字の子孫たち

エジプト文明は、元来、ハム系の民族の担うところであり、文字的にはヒエログリフ世界であった。アレクサンドロスによる征服後、プトレマイオス朝下でギリシア語・ギリシア文字も利用されたものの、固有の信仰とともにヒエログリフも用いられ続けた。

だがその後ローマ帝国の支配下に入ると、紀元三〜四世紀頃にヒエログリフが用いられなくなり、書き手のみならず、読み手も姿を消していった。この事態の進展には、ローマ帝国下におけるキリスト教の公認、隆盛もかかわっていたのではあるまいか。とにかく、ヒエログリフがあらためて解読されるのには、一九世紀に入りフランスのエジプト学者シャンポリオンを待つこととなった。

またエジプト住民の母語、日常語については、とりわけ七世紀中葉以降、イスラム時代に入ってから徐々にアラビア語化が進行していった。従来のハム系言語はコプト教会（単性論派キリスト教）の典礼言語としてのコプト語としてのみ残ることとなり、これを綴る文字としても、ギリシア文字をベースとして新たに考案されたコプト文字が用いられるようになっていった。

ただ、言語と文字がかわったものの、エジプトのとりわけ土着の農民の多くは、系譜的にはかつてのハム（アフロ・アジア）系の、ファラオの民の子孫であると考えられる。

一方の楔形文字が子孫を残さずまったく消滅してしまったのに対し、エジプトのヒエログリフは、その簡易体の一つというべきシナイ文字が表音文字化することを通じ、セム系のフェニキア人がこれをベースとしてフェニキア文字を創案した。さらにこれをベースにアラム文字が生まれ、梵字については異論もあるが、フェニキア文字とアラム文字はおそらく漢字世界を除く「旧世界」四大文字世界の文明語・文化語における文字の、すべての先祖となったのである。

ヒエログリフ世界としていわゆる「古代オリエント世界」の南半を占め、北半の楔形文字世界に対峙したエジプトは、ナイルの恵みの故に、ローマ帝国の経済の約四分の一、東ローマ帝国の後身であるビザンツ帝国のそれのおそらく半分以上、そして、イスラム時代最後の世界帝国たるオスマン帝国のそれの約四分の一を占めた。

それらの巨大政治体による支配を免れえているときは、イスラム時代に入った後も、エジプトの閉鎖的空間に拠る諸王朝が継起した。とりわけ九世紀後半以降、アッバース朝が衰え、バグダードの繁栄にかげりが生じてイラクが地盤沈下し始めると、エジプトはアラビア文字世界としてのイスラム世界の社会経済・文化的中心となっていった。

イスラム世界が北半のイラン・トルコ圏と、南半のアラブ圏へと分化していくなかでエジプトは南半における中核の地位を保ち続け、近現代においても、アラブ圏の少なくとも政治・文化的中心としての地位を保っているのである。

フェニキア文字の世界史的な貢献

今日のシリア、ヨルダン、レバノン、イスラエル・パレスティナに四分されている地域が、「歴史的シリア」と呼ばれることについては先に触れた。

この「歴史的シリア」は、古くは地政学的に「楔形文字世界」と「ヒエログリフ世界」のせめぎあうところであった。とりわけイスラム時代以降になると、イラン高原で強力な王朝が成立するとイラクがその一端をなしたように、エジプトに強力な王朝ができると、「歴史的シリア」はその版図に加わることが多かった。

地中海東岸

「歴史的シリア」の特に西半、地中海に面する地域は世界史上、特別の重要性を有する。その地の北半は今日のレバノンにほぼあたるが、ここはかつてフェニキアであった。セム系のフェニキア人は地中海での海洋交易と植民活動で知られ、西地中海においてはカルタゴを建国し、形成期のローマ帝国にとって最大のライヴァルとなった。

フェニキアの世界史への最も大きな貢献は、フェニキア文字である。フェニキア人は、ヒエログリフの簡略化した形で表音文字化したシナイ文字をベースに、フェニキア文字を創出した。フェニキア文字は、南隣のユダヤ民族のヘブライ文字の祖ともなった。西方においてはギリシア文字のベースとなり、ギリシア文字をベースとして、さらに西方でエトルリア文字となった。そしてそれらをベースとしてラテン文字が創出された。またギリシア文字をベースとして、ビザンツ帝国下でキリル文字もまた誕生した。

東方では、シリア・イラン高原を結ぶ交易で活躍したセム系のアラム人のアラム文字のベースとなり、アラム語とアラム文字は、楔形文字世界の世界帝国となったアケメネス朝ペルシアで定着し、楔形文字の没落の一因となった。

そしてパルティアでペルシア語表記のための新文字のベースとなり、ササン朝下の「中世」ペルシア語というべきパフレヴィー語表記のための、パフレヴィー文字のベースともなった。

さらにフェニキア文字はアラム文字を通じて、イランと中央アジア、中国を結ぶ交易で活躍した印欧系のソグド人の母語であるソグド語表記のための、ソグド文字のベースともなった。ソグド文字は、さらに東方のトルコ民族がたてた突厥帝国における突厥文字のベースになったともいわれ、突厥にとってかわる、同じくトルコ系の「古代」ウイグル帝国で使用されたウイグル文字のベースとなった。

突厥文字は突厥帝国とともに滅んだが、元朝の下でモンゴル語を表記するための文字としてチベット文字をベースに考案されたパスパ文字と並び、ウイグル文字がベースとなってモンゴル文字が生まれた。このモンゴル文字は、ソ連邦崩壊後に社会主義体制を脱したモンゴル国で、それまでのキリル文字にかわる文字として復活した。

またモンゴル文字は、トゥングース系の満州人の満州文字のベースともなった。さらに、アラム文字は、ナバタイ文字を経由してアラビア文字のベースをも提供した。アラム文字は、東南方のインドにおける最初の文字、カロシュティー文字のベースともなっている。

インド系の研究者を中心に異論もあるが、欧米の学会では梵字世界の諸文字の祖となったブラフミー文字もまた、アラム文字の影響下に成立したのではないかといわれることが多い。もしそうであれば、インド亜大陸から東南アジアにかけて拡がる梵字圏の諸文字もまた、アラム文字をへて、フェニキア文字にまで起源をたどりうるのであり、現存の世界五大文字圏のうち、完全に独立した文字の系譜を有するのは漢字圏のみということになりうる。

一神教を育んだ「歴史的シリア」

他方、フェニキアの南隣パレスティナでは、セム系のユダヤ民族が建国するところとなり、ユダヤ民族は人類史上最初の本格的な一神教であるユダヤ教を生み出した。その「改革派」としてのキリスト教が誕生したのも、この地においてであった。

ユダヤ教自体は、ローマ帝国におけるイェルサレムからのユダヤ人の追放による「ディアスポラ（流離の民）」化によって、空間的分布はときを追って全世界に拡散していったが、その厳しい規律と閉鎖性によって信仰の普及拡大は極めて限定された。

しかし、その改革派というべきキリスト教は西方のローマ帝国に拡がり、ついにはその国教となった。西ローマ帝国の滅亡後、キリスト教はゲルマニアと西ローマ帝国領をあわせて形成されていった「ラテン文字世界」としての西欧キリスト教世界と、西半を失って生き残った唯一のローマ帝国としてのビザンツ帝国を核とする「ギリシア・キリル文字世界」としてのビザンツ世界の精神的支柱となった。またビザンツ帝国の滅亡とビザンツ世界の消滅後には重点を北方に移しながら、「ギリシア・キリル文字世界」としての東欧正教世界にもうけつがれた。

とりわけ、西欧キリスト教世界が一五世紀後半に始まる「大航海」時代をきっかけとして全地球をおおうグローバル・ネットワーク形成の原動力となり、西欧主導下にグローバル・システムが確立していくにつれて、キリスト教は「新大陸」の南北アメリカ大陸をも制覇し、二一世紀初頭において世界で最も多く信徒を有する宗教としての地位を保っている。

これに加えてキリスト教に次ぐ信徒数を擁し、二一世紀後半には最大宗教の座をうかがうイスラムであるが、その成立にユダヤ教・キリスト教が深くかかわっていることも考えれば、一神教の故郷としてのパレスティナと、漢字世界を除く他の四大文字世界の文字の中間的祖型フェニキア文字を生んだ旧フェニキアをともに擁する「歴史的シリア」は、いわゆる「古代」オリエント世界における「楔形文字世界」と「ヒエログリフ世界」の単なる交錯の空間であるにとどまらぬ、大きな意味を有していたといえよう。

第4章

四大文明の形成②
ヒンドゥー世界の拡大、唐朝「支配組織」の比較優位
――「インダス文字・梵字世界」と「漢字世界」の発展

インダス文明とインダス文字

四大文明の第三は、インダス文明である。

インド亜大陸もまた、北はヒマラヤ山脈、南はインド洋を擁し、東はわずかにヒマラヤ山脈とベンガル湾に挟まれた陸地を通じて、インドシナ半島につらなる。外部に広く開かれた空間は、西北部のみである。そして、この比較的閉ざされた空間をなす亜大陸の東北側をガンジス川、西北側をインダス川が流れ下っている。

このインダス川の流域で近代に入り、モヘンジョ＝ダロ、そしてハラッパーの遺跡が発見された。人類最古の文明の一つがここにも成立していたとされ、「インダス文明」として四大文明の一つに数えられるようになった。

モヘンジョ＝ダロやハラッパーは大規模な都市遺跡であり、神殿跡はあるが王宮などは残されておらず、強力な王の存在を示すものはない。だが高度の文明に達していたことは、固有の文字・インダス文字が存在していたことからも明らかである。ただ、インダス文字については主に印章が出土しているのみで、長文の文章は未発見であり、未解読のままである。

先行するメソポタミア文明との交易・交流で栄えたインダス文明は紀元前一八世紀ごろ、突然に消滅してしまう。その原因について、かつては北方からの、印欧系の言語を母語とするアーリヤ人の侵入によるといわれてきたが、近年の研究ではこの説も否定されつつある。アーリヤ人侵入説にかわる、インダス文明の消滅の原因についての定説はまだ確定していないようである。

インダス文明の担い手の末裔は、今日では主に南インドに分布するドラヴィダ人であったろうとされる。ということは、北方からアーリヤ人がインド亜大陸に入り拡がっていくなかで、ドラヴィダ人の祖先たちが、次第に南部へと追い込まれていったとみることはできよう。

ドラヴィダ人の言語は、単語に接尾辞をつけて活用する膠着語であり、その点で日本語とも共通性がある。このことに着目して、国語学者の故大野晋教授は、日本語の起源を南インドで有力な、ドラヴィダ語系のタミール語に求める説を提出したが、学界で一般的に承認されるにはいたっていない。

いずれにせよ、人類最古の四大文明の第三に挙げられてきたインダス文明の消滅後、その担い手の末裔とみられるドラヴィダ人は残り、ドラヴィダ語も母語として残ったが、インダス文字はインダス文明とともに消滅してしまったのである。

この点において、四大文明のなかで今日まで漢字が用いられ続けている「漢字世界」はもちろんのこと、メソポタミア文明のように、担い手はシュメール人からセム系諸民族、さらに印欧系のイラン人へと変化したが、連続した歴史的展開のなかで文字が楔形文字からアラム文字、さらにパフレヴィー文字へとかわっていった「楔形文字世界」とも、またローマ帝国の支配下に入った後も三〜四世紀頃までヒエログリフが保たれていた「ヒエログリフ世界」としてのエジプト文明とも、まったく異なる運命をたどった。

ブラフミー文字の誕生と梵字圏の形成

無文字世界へと戻ったインド亜大陸には、紀元前一五〇〇年頃から印欧系のアーリヤ人がまずは西北インドへと進出し、ヴェーダの世紀が始まるが、その後も長らく無文字状態にとどまり、バラモン教の諸聖典もすべて口伝で伝えられたとされる。

その言語は、印欧系で後のサンスクリットの祖となるヴェーダ語であった。この世界がようやく有文字世界となったのは紀元前四〜三世紀であったといわれ、当時のアーリヤ人の言語、サンスクリットを綴るために用いられた文字はカロシュティー文字であった。カロシュティー文字はアラム語をベースに創出されたとされるから、その遠祖はエジプトのヒエログリフということになる。

カロシュティー文字はまもなく用いられなくなり、それよりやや遅れて用いられ始めたブラフミー文字が定着していった。これが変化しつつ今日のインド共和国における公用語ヒンディー語を綴るのに用いられるディーヴァナーガリー文字をはじめ、インド亜大陸の非ムスリム系諸言語に属する諸文字となった。さらには漢字世界に包摂されたベトナムを除く東南アジアの非ムスリム系諸民族の諸言語もまた、ブラフミー文字を祖とする諸文字で綴られるようになった。

ブラフミー文字を起源とする諸文字が支配的文字となっている空間を、ここでは便宜上、「梵字世界」ないしは「梵字圏」と呼ぶこととしたい。

前述したようにブラフミー文字の起源については、インドの研究者を中心にまったく独自の文字であるとする説も根強いが、欧米では、ブラフミー文字もまたアラム文字をベースに生まれたとの説が強い。本書でも、ブラフミー文字は恐らくアラム文字がベースとなり生まれた文字とみておくこととしたい。

ブラフミー文字は、まずは金石文として現れ、その最初の例は仏教に深く帰依したことで知られるマウリヤ朝アショーカ王の碑文である。金石以外の素材としては、椰子の葉を乾燥させた貝葉が料紙として用いられ、これに硬く先を尖らせた木の棒や金属の棒で刻み込まれた。

刻み込む手法は楔形文字に似るが、ブラフミー文字とそこから派生した諸文字は、紙などが利用可能となると、その上に墨をもって書き記されるようにもなった。貝葉は、高温多湿で害虫も多い風土では残り難いのであろう。金石文以外の梵字の記された最古のものは、内陸アジア出土の紙に書かれた仏教の経典であるという。

インド亜大陸では、四大文明の一つであるインダス文明とインダス文字が少なくとも表面上は断絶し、新たに北方から進出した印欧系のアーリヤ人の文明と文化が育まれ、これが今日まで変容しつつ存続してきた。

仏教とともに東南アジアへ拡がった梵字圏

インド亜大陸では、メソポタミアやエジプト、そして黄河の諸文明と異なり、強力な王朝による政治的統一はなかなか成立しなかった。これにかわり、むしろ宗教としてのバラモン教に基づく社会成層システムと戒律が軸となって、統合が進んだ。

社会成層システムの基幹はヴァルナ制と呼ばれるもので、ヴァルナは「色」を意味し、社会の構成員を「バラモン（司祭）」、「クシャトリア（王侯・武人）」、「バイシャ（商人）」と「シュードラ（隷属民）」の四つの階層と、さらにその枠外の「不可触賤民」に分ち、厳格に世襲されるものとした。そして各ヴァルナは、さらに職能を中心とする、数多くのジャーティと呼ばれるグループに分かたれた。これがヴァルナの概念と結びついてできたのが「カースト制」である。

他方、ダルマとよばれるバラモン教の戒律があり、各人の生活と行動はダルマに厳格に従うことが求められた。これに加えて、ダルマは単に宗教上の戒律にとどまらず、裁判規範となりうる法律的部分をも含むものとされた。

ダルマに基づく儀礼を司るのはバラモンのみとされ、修行により輪廻転生の輪から救済されうるのはバラモンとクシャトリア、バイシャのみとされた。

このような戒律としてのダルマと、世俗的身分としてのヴァルナ・ジャーティ制を否定するバラモン教の改革派が、紀元前五世紀前後に現れたとされる仏教やジャイナ教であった。

ジャイナ教は現代のインドでも少数ながら存続しているが、大きな展開をみなかった。これに対し仏教は、紀元前三世紀頃、最南端を除く全インドをほぼ支配下においたマウリヤ朝アショーカ王の下で支配的宗教となった。

しかしその後、徐々に力を失い、バラモン教の「革新した後身」たるヒンドゥー教に圧倒され、インド亜大陸はヒンドゥー世界となっていった。ヒンドゥー教の聖典はもっぱらサンスクリット語で書かれ、インド亜大陸は、文字的には「梵字世界」となったのだった。

ヒンドゥー教は交流と植民を通じて東南アジアへも広く拡がり、「漢字世界」に包摂されていったベトナムを除く東南アジアの多くは、一時はヒンドゥー世界に包摂された。しかし、その後一世紀頃からインドで衰退・消滅していった仏教も流入し、仏教の経典言語となったパーリ語もまた、サンスクリットの簡易化したものであったことから梵字系の文字で綴られ、東南アジアは「梵字世界」となっていった。

ここで仏教についてみると、インド亜大陸では衰えていったものの、かつて「小乗仏教」と呼ばれた上座部仏教が南方のスリランカに伝わって定着し、スリランカは今日も仏教が有力な地域となった。そしてスリランカを主な起点とし、後に主として上座部仏教が東南アジアへと伝播し普及していくことになった。日本でいうところの「南伝仏教」がこれである。

北方でも、仏教は中央アジアをへて中国に入り、南北朝時代から唐にかけて多くの経典が漢訳され普及していった。

この方面に拡がったのは北伝仏教、すなわち「大乗仏教」であった。この大乗仏教は中国を起点として、漢訳仏典とともに南方ではベトナム、北方では朝鮮半島、さらには日本へと伝播し定着していった。ただ、ここでは仏教も中国での漢訳をへて伝播したため、梵字はほとんど継受されなかった。

バラモン教からヒンドゥー教へと変容していった信仰を軸として統合されたインド亜大陸であるが、政治的にはマウリヤ朝滅亡後、統一されることなく分裂が常態となった。しかしダルマとヴァルナ・ジャーティ制を軸に、広大なインド亜大陸はアーリヤ系とドラヴィダ系の多様な民族と言語を包摂しつつ、「梵字世界」としてのまとまりを保ち続け、今日にいたっている。

ただ一三世紀ごろを機にイスラムが西北方から浸透し、イスラムが浸透・定着していったインド北部の一部地域は「梵字世界」とは異なる空間に変容していった。その結果がインド亜大陸の東西に成立したかつての東西パキスタン、つまり今日のパキスタンとバングラデシュである。

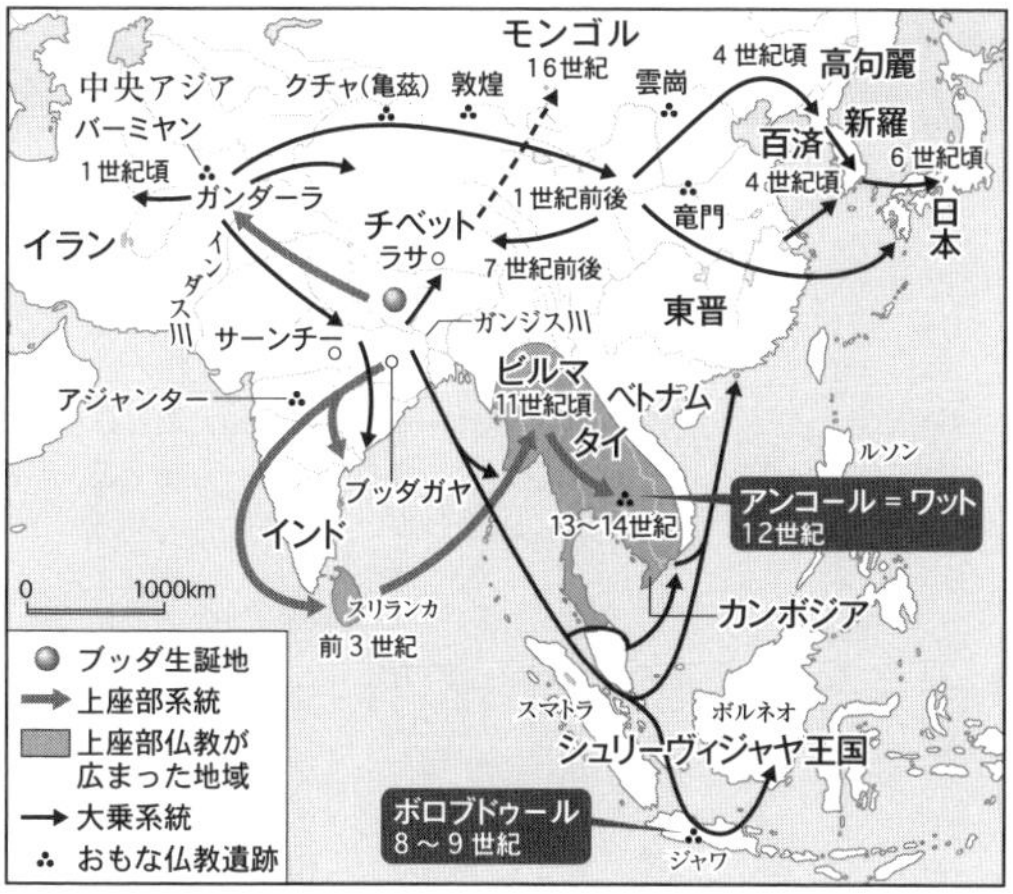

仏教の伝播

黄河文明と「漢字世界」の成立

人類最古の四大文明のうち、「旧世界」の「三大陸」の東端に、西方のメソポタミアやエジプトよりやや遅れて誕生したのが、黄河文明であった。

黄河文明を起源として形成され、「漢字世界」をつくり出していった中国は、エジプトに似て、閉ざされた空間に立地していた。北はゴビ砂漠、西は天山・崑崙の両山脈とそれに挟まれたタクラマカン砂漠とチベット・パミールの高原からなる。東と東南方は東シナ海と南シナ海に隔てられ、わずかに東北方の旧満州、今日の東北地方のみが比較的平坦な陸地でつながれている。また東南方のインドシナ半島とも、さほど険しからぬ山地を挟みつつ連なっていた。

このような空間のなかで、北寄りの内陸に位置する、相対的に乾燥した黄河流域で誕生したのが麦作を中心とする黄河文明であった。この文明は、より南寄りで湿潤な長江流域に興った米作中心の文明をも圧倒して、漢字世界形成の原動力となっていった。

この空間での農耕文明の成立は紀元前五〇〇〇年頃といわれるが、紀元前二〇〇〇年から一六〇〇年頃までには都市国家が形成された。伝説の夏王朝が実在したとすれば、このころであったろうとされる。

紀元前一五〇〇年代に入ると殷王朝が成立し、甲骨文字が生まれ、さらに金文へと発展していった。同じころ、何種かの別系統の文字も生まれたようであるがすべてが滅び、主に祭祀に用いられたとみられる甲骨文字のみが発展していった。紀元前一一世紀には周が興って殷を滅ぼし、大都市国家としての周が諸都市国家を支配するかたちで王朝が成立した。この諸都市国家の支配には、一族の者などが諸侯として封ぜられ、いわゆる封建の制が形成されていった。ちなみに「封建」の名は後代の日本でも、集権的な「郡県」の制に対する分権的な支配体制の称として定着し、近代に入り西欧世界の歴史についての知見が流入した際に、「中世」西欧のフューダリズムをも「封建制」と呼ぶようになり今日にいたっている。ちなみに廃藩置県以後の集権体制については、当初は「郡県制」としてとらえていた。

周王朝の下で、甲骨文字は「漢字」に発展する。四大文明の諸文字のうち、最も遅く出現した漢字であるが、その後はインドのインダス文字やメソポタミアの楔形文字がまったく滅び、エジプトのヒエログリフもそれ自体は滅んで表音文字化した子孫たちが全世界に拡がったにとどまるのに対し、漢字のみが「文字」として現代まで生き残ってきたのである。

紀元前七七〇年頃には周が分裂し、さらに春秋時代に入り分裂はより深まったものの、大都市国家が諸都市国家を支配するという王朝の構造に変化はなかった。

しかし紀元前四五一年に戦国時代に入ると、都市国家から領域国家へと発展して支配組織が強化され、漢字は宗教祭祀だけでなく行政にも用いられるようになっていった。戦国の列国が競い合うなかで人材も流動化し、支配者の助言者となろうとする人々も現れ、各国の有力者のなかには諸国から有為の人材を食客としてキープする者もでてきた。

このような状況下で思想も流動化し、諸子百家が現れた。そのなかでもとりわけ孔子を祖とする儒教は、漢代以降、王朝支配の支えとして突出した重要性を獲得していくこととなる。

生活文化でも発展がみられ、とくに食器として箸の使用が始まった。中国の周辺諸社会が漢字世界へと包摂されていくなかで、箸の使用は共通の食の作法として普及・定着していった。

今日でも、漢字を受容して「漢字世界」に包摂された朝鮮半島、ベトナム、日本、そして琉球(沖縄)は、食の作法においても「箸圏」を形成しているのである。

秦における漢字の統一

漢字を生んだ中国では、自らを文明の中心として「華」とし、他者を「夷」とする「華夷意識」が生じていった。ただ「華」と「夷」の差は文明化の度合いであり、「華」として文明の中心である中国は、普遍的政治体である「天下」の主であり、「華」から「夷」への拡がりは、文明の光源から未開の闇へと拡がっていく空間で、領域的な境界は意識されなかった。そして「夷」も「華化」すれば、「華」の世界へと包摂されるとした。

実際、戦国時代のいわゆる「戦国七雄」のうち、次第に有力化していったのが西方の秦と西南方の楚であったが、いずれも元来は「夷」であり、次第に「華」化していった。本来の「華」である群雄をしのいで天下統一に成功したのは、元来「華」化した「夷」としての秦であった。紀元前二二一年の天下統一後に史上初めて皇帝と名のり、没後は始皇帝と呼ばれた秦王政は、統一に成功すると従来の分権的な支配組織を払拭し中央集権的な郡国制を敷くことで、漢字世界における君主専制的・中央集権的な支配組織の祖型をつくり出した。

そして、その支柱として法をもって支配しようという法家の思想をすえ、法家系の人材を中枢においたが、「支配組織」

要員を養成・補充するための体系的システムは形成しえず、それは隋唐で成立する科挙制度を待つこととなった。

始皇帝は集権的支配組織の祖型を創出しただけでなく、貨幣と度量衡のみならず、甲骨文字から金文をへて篆書へと発展してきたが、長い政治的分裂のなかで多様化しつつあった漢字の書体をも統一し、そのうえでより書きやすい実務用の隷書が生まれた。

始皇帝による漢字の統一は、その後さらなる書体の変化と分化を伴いながらも後代にまで保たれ、共通の諸書体の漢字が周辺諸社会へと普及し受容されていくなかで「漢字世界」が形成されていった。これはブラフミー文字を起源としながら、このような政治的統一の下での書体の統一をみなかったインドを中心とする「梵字世界」において、非常に異なる書体が地域ごとに分立したのとは好対照をなした。

漢字書記のための用具・材料においては、彫り込み式による書記の対象は木片や竹片であったが、筆と墨が用いられるようになった。漢代になってさらに紙が加わると、筆と墨と紙はかつての木片や竹片にかえて漢字世界全体へと普及し受容されていった。そして紙は、遥か後代になって西方へと伝播していった。

天下統一には成功したものの支配組織とその担い手が十分に発達せず、しかも厳格な法の下で性急な集権化を企てた秦は三代で滅び、一時的に中国は再び政治的分裂の時代に入った。しかし、まもなく劉邦が統一に成功し、漢帝国が成立した。「漢字世界」の中心をなす中国では、その後も政治的に統一と分裂をくり返し、「一乱一治」と表現されるようになった。しかし、梵字世界の中心をなすインドではマウリヤ朝と遥か後代のムガル帝国を例外として分裂がほとんど常態化したのに対し、中国ではむしろ「一治」が常態化し、とりわけ一四世紀中葉に成立した明朝、そして清朝と統一が保たれることとなった。

このようななかで中国においては、春秋戦国時代にみられた、同文化世界としての「華」のなかにおける「敵国（対等の政治単位）」間の「盟」を中心とする政治体間の関係のイメージは失われ、華と夷の非対等の関係に基礎をおく「華夷秩序観」が定着していった。これも、同文化世界内では分裂が常態化した「梵字世界」の中心をなすインドでは、同文化世界内での政治体間の関係に関心が集中し、異文化世界の政治体との関係についての体系的な世界秩序観が欠落しているかにみえるのとは、対照的であった。

現在の漢字圏を形成した漢帝国

中国で最初に中央集権的統一をなしとげた秦にかわって再統一をなしとげた漢帝国の成立は、周辺諸社会にも大きな影響を与えた。

朝鮮半島では、地元の箕子朝鮮に亡命した燕の衛満が王位を簒奪して衛氏朝鮮をたてた。漢の武帝の下、紀元前一〇八年には漢が朝鮮半島に進出して衛氏朝鮮を滅ぼし、楽浪郡の他諸郡をおいた。漢は東南方でも今日のベトナム北部を支配下におさめ、唐末に至るまでベトナム北部は中国諸王朝の支配下におかれた。

そして遥か東方の海中にある日本列島にも影響が及び、倭の奴国は漢と交渉をもって「漢の倭の奴国王」の金印を得たとされる。こうして琉球を除く今日の漢字圏諸社会のすべてが、中国の影響下に入ったのである。

漢においても、秦と同じく郡県制が敷かれたが、当初は功臣を王に任ずる分権的な制度も並び行われたため、全体は郡国制とされた。その後、次第に功臣にかえ王族を王に任じていったが、七王の乱をきっかけに郡国制は一部残ったものの中央集権制が定着した。

支配組織の担い手を養成すべく首都長安には太学が開かれ、そこで儒学を学んだ者のなかから官僚を任ずる制度もつくった。また、地方で徳行ある者を推薦させ官僚とする、郷挙里選の制度も設けられた。この制度は地方有力者の中央進出の道になっていったが、少なくとも中央と地方をつなぐ役割を果たしはじめた。

漢はたび重なる外征で財政も逼迫するようになり、社会が動揺するうちに外戚の王莽《おうもう》が簒奪して新がたてられると、

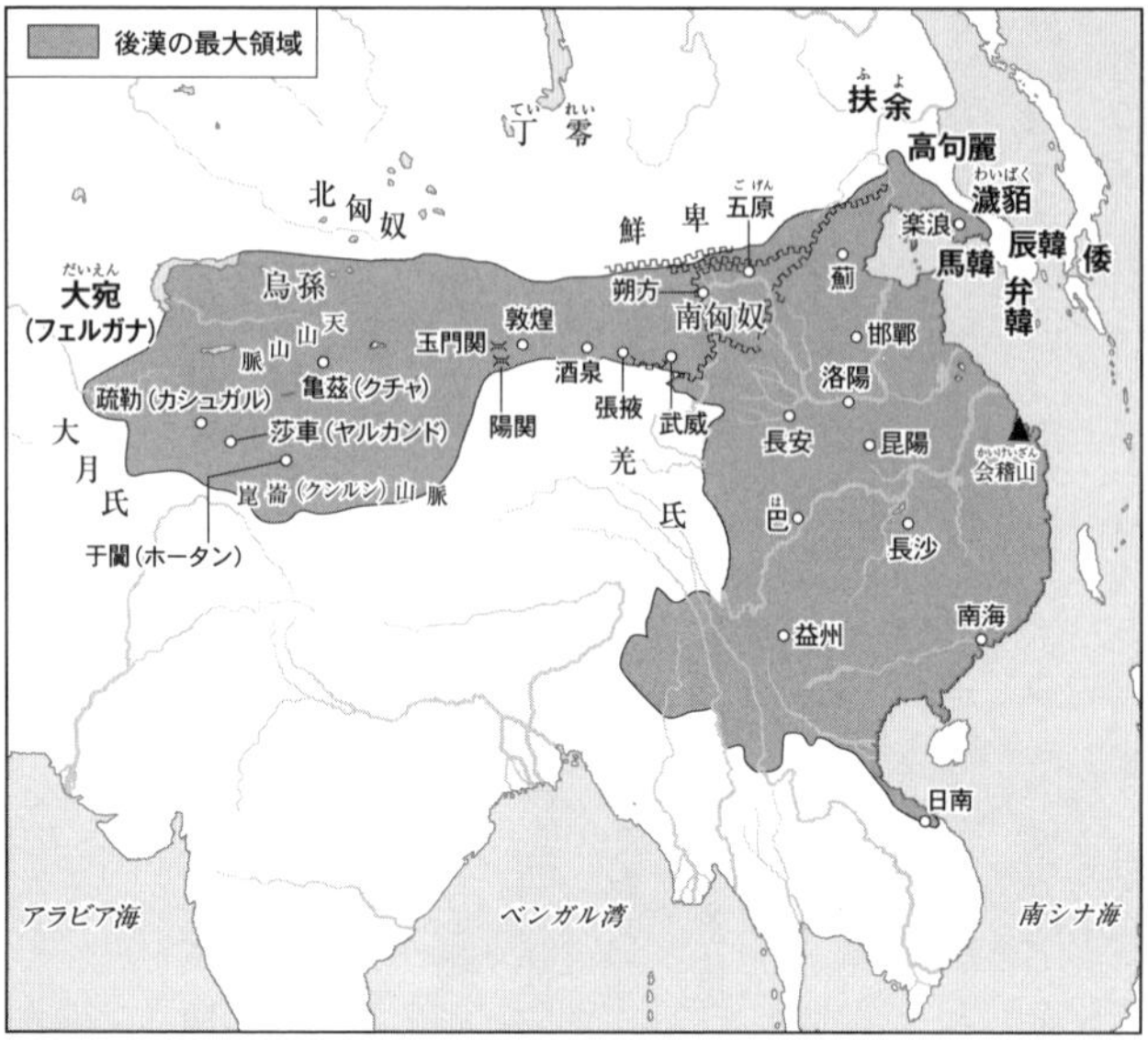

後漢

一旦は滅んだ。後に漢室一族の劉秀が新を滅ぼして後漢をたて、ここでも儒学を学んだ者を官僚としようとした。しかし外戚に加えて、宦官が皇帝側近として中央で台頭して官僚と対立しはじめ、政治的混乱を招き内乱が頻発した。

そのなかで地方豪族化してきた大土地所有者たちが割拠するにいたって三国時代に入り、曹操が華北にたてた魏の文帝が禅譲を受けて後漢も滅んだ。この魏では、漢代の郷挙里選の延長上で、地方に中正官をおき、地方の有為の人材を登用しようとした。もっともこの制度も地方豪族の中央進出の仕組みと化したが、中央と地方をつなぐ通路とはなった。

蜀を滅ぼした魏も、司馬炎に禅譲させられて晋が成立した。二八〇年にようやく呉が滅んで天下が統一されたが、その晋も三一六年に騎馬民族の匈奴出身の劉淵のたてた漢に滅ぼされ、晋の一族が三一七年に江南で晋を再興し、これは東晋と呼ばれるようになる。

長江流域の江南には華北から多くの貴族が逃避して開発が進み、東晋も滅んだ四二〇年以降は南朝の諸王朝が興亡した。漢人出身の皇帝を戴き、北から逃避した貴族と土着の豪族たちが対抗しながら、南朝の諸王朝の下で江南の経済的開発は進んでいった。そのなかで文化も洗練され、仏教が栄えていった。

科挙制度と中国の支配組織

華北では、江南の東晋に対し、後に西晋と呼ばれるようになった晋が滅んだ後、いずれも騎馬民族系の五胡一六国の争乱の末、鮮卑（トルコ系騎馬民族）の拓跋氏による北魏の下で四三九年に華北がほぼ統一され、南北朝時代に入った。北魏では「漢化」が進められた。また後の隋唐にも継承され、日本の「班田収授の法」のモデルともなった均田制が設けられ、文化的には仏教が栄えた。

このとき、北魏建国に功のあった拓跋氏系の武人を中心とする武川鎮軍閥が生まれた。この集団は北朝諸王朝の興亡を生き抜き、その出身である拓跋氏系の楊堅が隋を建国し、五八九年には南朝最後の陳を滅ぼして天下統一に成功した。隋は第二代煬帝の外征の失敗などから、六一八年に李淵が唐朝をたてた。この李淵も隋朝の楊家と近い関係にあり、少なくとも武川鎮軍閥の出身者であった。

隋朝の下で、地方に中正官をおいて人材を推挙させる九品中正制にかわり、自発的参加による試験に基づき官僚を採用する貢挙が始まった。後には科挙と呼ばれるようになったこの制度は、唐帝国にもうけつがれた。

全国から出自を問わず、儒学の知識と文才を中心に人材を能力試験で登用するこの制度は、南北朝以来の貴族政治に対する対抗軸となった。科挙は、唐帝国が滅んだ後の五代十国の「一乱」の時代をこえて再び天下を統一した宋朝にうけつがれ、完全に定着した。元で一時停止されたものの後に復活し、明清へと受け継がれていったのだった。後代に下ると、現実から遊離した儒学と詩文が対象となったうえに、科挙で選ばれた官僚の腐敗と民衆搾取がおおいに批判されるようにもなった。

しかし、出身を問わず、全国的な能力試験で人材を「支配組織」中央に吸収しえたことは、君主専制的・中央集権的な支配組織の長期の存続を可能にし、巨大な中国の統一と存続に資したと思われる。またこの制度を通じて、とりわけ五代十国の争乱をへて貴族が没落した後の地方の担い手となった地主層である士太夫層と中央が不可分に結合し、いわば皇帝・地主連合が成立したことも、巨大な中国社会の統合に寄与したといえる。
科挙試験の対象の中心として儒学がすえられ、そして漢代以降に儒学が支配体制の支えとして支配イデオロギーとなり、「支配組織の担い手」と「支配イデオロギー」とが整合性をもって一体化したことも、弊害こそ生じたものの政治体制の安定化に多大な貢献をなしたであろう。

さらには儒教と詩文を対象とする試験への受験準備を通じて、地主層を中心に全国のある程度経済的に余裕のある階層が「古典語と文化」を共有するようになったことも、少なくとも中国のエリート、サブ・エリートの文化的統合を可能にした。加えて受験産業としての出版業の発達は、必ずしも科挙に直接かかわらない著作の出版をも促し、中国文化の発展に資することにもなった。

科挙制度は、漢字世界の諸社会のうち大陸部のベトナムと朝鮮半島で受容され、定着した。同じ漢字世界でも日本などの島嶼部では科挙が受容されず、琉球の第二尚王朝では、支配エリートへの最も重要な関門である、中国への国費留学生の選抜においてのみ競争試験が行われた。

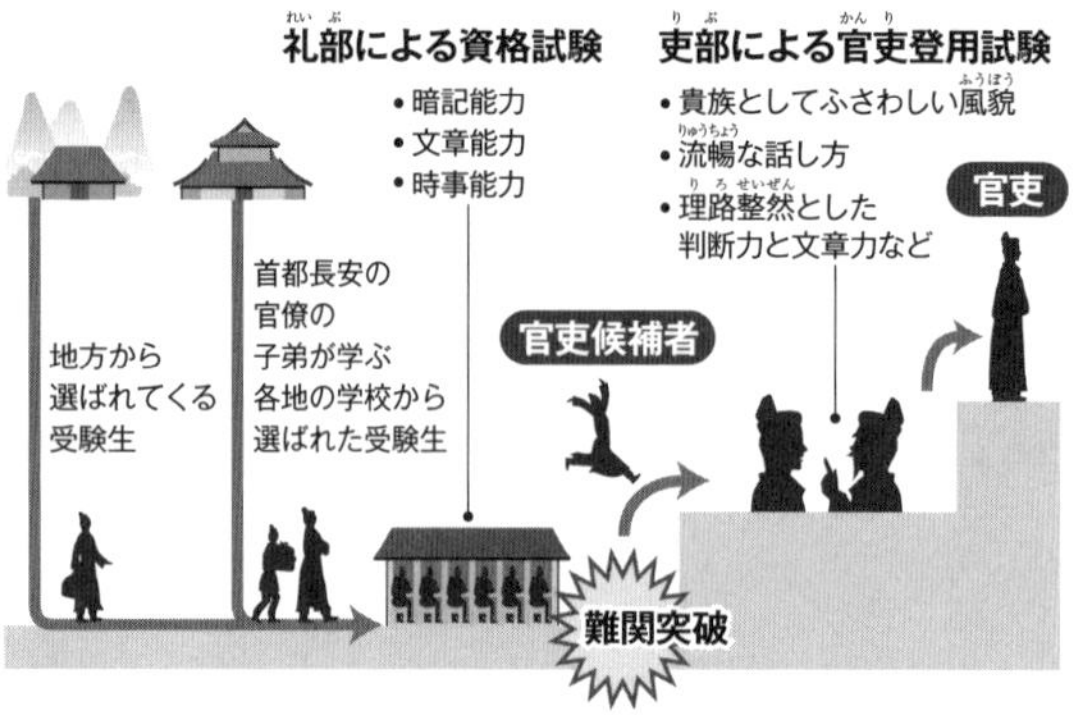

科挙

日本では、前近代において科挙的競争試験が受容されることはなかった。ただ一八世紀末、寛政の改革の際に旗本御家人の子弟に『論語』を対象とする素読吟味なるものが導入されたが、それはあくまで初歩的かつ形式的な教養試験にとどまった。

ちなみに中国においては漢代以来、儒学を教育する場として太学等の学校が開かれ、明清代にいたるまで学校は存続したが、教育システムの主流とはならず、むしろ私的な教育が主流となった。

いずれにせよ、支配組織の中枢を担う支配エリートの人員補充システムとしての科挙は、「漢字世界」の中心地域の特色をなす制度であり、それはまた儒学的素養をもつジェネラリストとしての、文民エリートの優位をもたらした。

礼と法の分離

隋唐で体系化され、「漢字世界」全域に影響を及ぼしたのは、法制としての律令であった。律令そのものはすでに漢代に存在したが、隋唐代に体系化された。科挙が受容されなかった日本でもそれは六世紀末以降に受容され、律令制国家の成立に資した。

「漢字世界」の中心をなす中国では、法よりも儒学のなかで体系化された儀礼体系である礼が優位にたち、礼を重んじ徳をもって支配することが理想とされるようになった。礼の体系は朝鮮半島には深く浸透したが、日本では儒学も理論的部分のみが受容され、礼が体系的に浸透することはなかった。

礼と法の分離は、「梵字世界」源流のインドでバラモン教からヒンドゥー教にいたるまで戒律としてのダルマが法的部分も包摂し、また「アラビア文字世界」としてのイスラム世界でも本質的には戒律であるシャリーアが法的部分を包摂しているのとは、対照的である。

唐王朝は一般的に漢族の王朝とされるが、少なくとも武川鎮軍閥出身で鮮卑系の拓跋氏と深いつながりをもち、騎馬民族的な機動力と瞬発力をあわせもった、中国史上おそらく半猟半農の異民族である女真人の建てた清朝と並ぶ、二大強力王朝であったといえよう。

実際、唐帝国はめざましく版図を拡大していった。とりわけ西方ではいわゆる西域に進出し、漢の武帝の時代に創設され、後漢でも再現されていたがその後とだえていた西域都護を復活した。唐はさらに進んでタリム盆地を出て中央アジアに進出し、遠くサマルカンド近くまで勢力をのばし、ササン朝ペルシアと境を接するにいたった。

このようななかで、中国の文物が西方に伝わるとともに、唐にもガラス器や葡萄等々、西方の珍奇な物産が到来し、また祆教《けんきょう》と呼ばれたゾロアスター教や、景教と呼ばれたネストリウス派のキリスト教まで伝えられた。こうして七五一年、中央アジアの東端で、遥か西南方のアラビア半島で七世紀に興った新興のムスリム勢力と「漢字世界」が遭遇することとなる。

機動力で諸文明を脅かした遊牧民

これまでみてきた、「旧世界」最古の四大文明とその後身の歴史は、農村と都市を中心として展開してきた。しかし、かつて「旧世界」西方の世界最古の文字を生み出して発展した楔形文字世界の最後を飾る世界帝国アケメネス朝ペルシア帝国にとっても、また「旧世界」の東端、漢字世界の中心をなす中国の諸王朝にとっても、大きな脅威となったのは遊牧民であった。

漢字圏の東端にあって海に囲まれ、温帯モンスーン地帯に暮らす我々日本人にとって最もなじみの薄いのも、この遊牧という生活形態であろう。

遊牧民とは、住居や生産手段たる家畜を伴って移動する牧畜民である。畜産を業とする人々には、定住している者もあれば、平地に恒久的住居をもち、夏期に山地の高原に出て、冬にふもとの住居に帰る移牧民もある。だが遊牧民は固定的な居住地をもたず、住居と生業の手段である家畜を伴いながら、定期的にほぼ定まったルートを通り、一年を通じて周遊しつつ生活する。

ただルートは複数あり、天然気象の条件や近隣の人間集団の状況に応じて、臨機応変に、より安全なルートを選択して動く。この周期的移動としては、起伏のある空間では、平地の冬営地と山地の夏営地の間を往還することが多い。全人口と全財産が移動するから機動力に富んでおり、集団で全人口と全財産を守りつつ動くためにはグループ内の団結力も強固でなくてはならない。

それ故、遊牧民は瞬発力をもった組織を形成しやすい。一定の空間に定住する農民や都市民が持久力に優れるものの、機動力と瞬発力に欠けるところが多いのとは対照的である。このような遊牧民の存在は、武器が刀槍弓矢のいわば通常兵器に限られ、騎乗すべき馬やラクダが「新兵器」というべきものであった時代においては、定住民にとって大きな脅威たりえた。

もっとも遊牧民も自らは生産しえず、定住民の生産する諸物品、とりわけカロリー源たる穀物を必要とし、定住民も家畜や畜産物を必要としたから、平和的な交易による相互補完も成立しえた。しかしひとたび紛争となると、機動力と団結力に優れ瞬発力ある組織行動をとりうるうえに、騎射に長けた遊牧民は、強大な威力を発揮しえた。

遊牧民と世界帝国のかかわり

それ故、ユーラシア西方の印欧系とみられる遊牧民スキタイは楔形文字世界の世界帝国たるアケメネス朝ペルシアを脅かし、ダレイオス大王の遠征も成功をみなかった。ユーラシアの東方においても、遊牧民は殷周から春秋戦国にいたるまで大きな脅威であり、これに備えるべく長城が築かれ始め、初めての統一帝国たる秦の始皇帝時代に「万里の長城」が構築されたのであった。

また、遊牧民の騎射を主とする戦法の優位性を認めた戦国の七雄の一つ、趙の武霊王は、伝統を破って胡服をまとい、馬の引く戦車にかえて騎乗して騎射する戦法を取りいれたのであった。

その後も、アルタイ系の遊牧民たち、とりわけモンゴル系かといわれる匈奴は漢を脅かし、トルコ系の突厥は唐を脅かした。

組織力に富む遊牧民はときに部族連合を形成し、匈奴帝国や突厥帝国、さらに後にはモンゴル帝国のような巨大な遊牧

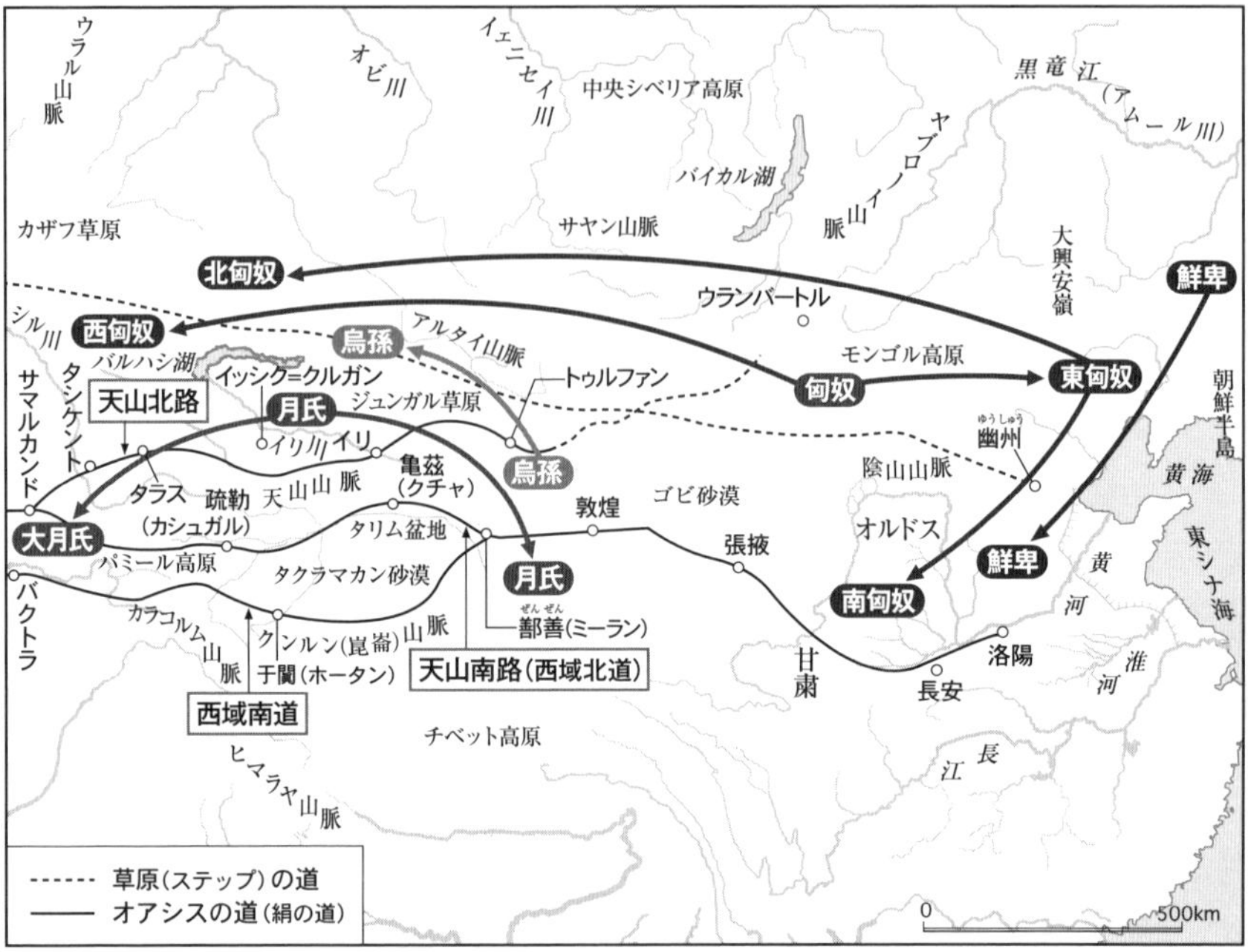

植生

騎馬帝国をも組織して、周辺の定住諸社会に深甚な影響を与えた。遊牧民に起源をもちながら定住生活にもなじんだ騎馬民族は、中国の華北で五胡一六国の時代を出現させ、トルコ系騎馬民族の鮮卑の拓跋氏は北魏を興し、後には隋帝国を立ち上げ、「漢字世界」における強力な世界帝国たる唐帝国の成立にも少なからぬかかわりをもった。

はるか後代、「旧世界」中央南部のインドで巨大帝国・ムガル帝国を立ち上げたのも、ムスリム・トルコ化したチャガタイ＝ハン国のモンゴル人武将・ティムールの五代の孫バーブルであった。さらに「旧世界」西方に成立する「アラビア文字世界」としてのイスラム世界における、最後にしておそらく最強の世界帝国としてのオスマン帝国を立ち上げたのも、ムスリム化したトルコ系の人々であった。

七世紀に興起したイスラム世界の核となったイスラムの創始者たる預言者ムハンマドも、自身はすでに都市メッカに定住した商人出身であったが、遠祖はアラブの遊牧民であったと伝えられる。その後のいわゆる「アラブの大征服」においても、アラビア半島のアラブ遊牧民たるベドウィンたちの寄与も大であったと思われる。ただ機動力と瞬発力に富む遊牧民も、定住民の世界がますます発展し、とりわけ新兵器として火砲をもつにいたると、軍事的比較優位を失っていった。狩猟民に比すれば遥かに限られてはいるが、農耕民に比すれば遥かに広い空間を必要とし、空間利用効率において大きな格差のある遊牧民は、次第に定住農耕世界の周辺の民として包摂されていくこととなった。

「新大陸」の諸文明

最後に触れておきたいのは、「大航海」時代以降の西欧人によって、彼らの側からみて「新大陸」と呼ばれるようになった南北アメリカ大陸である。

南北アメリカの「新大陸」が、「旧世界」の人々と真に密接に結びつけられるようになったのは、西欧人の「大航海」時代が開幕し、西欧人がこの大陸に到達して以降のことになる。「新大陸」の固有の文明は、とりわけ中南米においては「コンキスタドール」、すなわち「征服者」と呼ばれるスペイン人によって破壊され、断片のみが残存してときに露頭を現すにとどまることとなっていった。

しかし、「新大陸」の特に中南米において独自の高度の文明が形成され、とりわけ中米で独自の文字文化もまた発達していたことは、忘れてはならないであろう。

「新大陸」には、「旧世界」の新人類がおよそ紀元前三万年頃に、まだ陸続きだったベーリング海峡を越えて移住し、次第に南下していったのであろうといわれてきた。

南北アメリカでも、古くより農耕が行われ始めた。とりわけ中米中部のユカタン半島では、紀元前三世紀頃から紀元一〇世紀頃までマヤ文明が栄えた。マヤでは独自の象形文字がつくり出され、独自の太陽暦も考案され、二〇進数が用いられた。ただマヤ人は金属器を知らず、その意味では「新石器時代」にとどまった。

中米北部のメキシコでは諸文明が生起し、とりわけ一三世紀から一六世紀にかけてアステカ文明が発達した。彼らは独自の象形文字をもち、今日のメキシコ・シティーの地テノチティトランを都に巨大な帝国を築いていた。しかしこれもマヤと同じく、新石器時代にとどまっていた。

南米では太平洋に近い大陸西岸のアンデス西半に、巨大なインカ帝国が存在していた。インカ帝国では独自の文字は生み出されず、ただ数量を示すキープと呼ばれる結縄文字を有するのみであった。

一六世紀初頭に中南米に侵入したスペイン人は、この世界では知られていなかった火砲と鉄製の武器の威力と馬の機動力を用いて、これら諸文明を征服して植民地支配下においた。そしてカトリック信仰をもち込み、伝統的宗教と文化の体系を解体していったのであった。

文明の破壊的な側面である軍事技術における圧倒的な「比較優位」こそが、この征服と植民地化と文化破壊を可能としたのである。

第5章

「西欧・東欧の源流」としてのギリシア・ローマ世界

——地中海「ギリシア・ラテン文字世界」の誕生

ギリシア文字世界の形成　——エーゲ海の諸文明

四大文明のうち二つ、「楔形文字世界」としてのメソポタミア文明と「ヒエログリフ世界」としてのエジプト文明が成立していくなか、その近隣にあたる地中海東北岸のエーゲ海周辺でも紀元前九〇〇〇年頃から農耕が始まり、紀元前三二〇〇〜三〇〇〇年頃には青銅器時代を迎え、紀元前二〇〇〇年頃にはクレタ島で宮殿が築かれ始めた。

この宮殿を生んだクレタ島のミノア文明は、独自の象形文字を生み、さらにこれまた未解読の線文字Aと呼ばれる文字体系が創出され、それは表意文字と表音文字を含むものとみられる。オリエント文明の影響の下、おそらくオリエント系の母語をもつ人々により築かれたミノア文明は、紀元前一七〇〇〜一五〇〇年頃に最盛期を迎えたが、紀元前一四五〇年頃に王宮も崩壊し、終末を迎えた。

ギリシア本土では、紀元前二二〇〇年頃から始まっていた青銅器時代のなかでかなり大きな集落が生まれ始めていたが、紀元前二〇〇〇年頃に、それらが破壊され低迷期に入る。

しかし紀元前一六五〇年頃には、ミケーネ文明が発達し始める。印欧系のギリシア語系統の言語を母語とする人々の担うミケーネ文明は、ミノア文明の生み出した線文字Aをベースに、線文字Bをつくり出した。そしてオリエントとエジプトの影響の下に、オリエントの初期王国に近い、いくつもの王国が成立した。ところが紀元前一二〇〇年前後に、ミケーネ文明は崩壊していくのである。

西欧世界の政治モデル「ポリス」の成立

この頃に北方から印欧系のギリシア語を母語とするドーリア人が次第に南下し、バルカン半島に定住していった。そのなかで、オリエントとエジプトの影響の強かったミケーネの諸王国とは対照的な政治体が形成され始める。それが、ポリスであった。

政治共同体としてのポリスこそ、「ギリシア・ラテン文字世界」へと発展していく地中海世界に特有のシステムであった。後年、「ギリシア・ラテン文字世界」の西半を占めた西ローマ帝国の文明と文化の衣鉢を継いで発展し、一九世紀から二〇世紀にかけて、自らが原動力となって形成した唯一のグローバル・システムにおいて、文明の多くの分野で比較優位を占め覇権を誇ることとなる「ラテン文字世界」としての西欧世界で常に回顧される、政治のモデルである。

ポリスとは、空間的には、小高い丘に守護神像をまつってアクロポリスとし、そのふもとに人間が集住するところであった。通例、「都市国家」と呼ばれるが、住民のほとんどは農民であり、集住地の周囲には農地が拡がっていた。その点では、現代の我々の考える商工業中心の都市とは非常に異なる。

ただ人的構成からみると、基本的構成員としての「市民」は、「自由人」として政治体を担うと考えられた。この理念もまた、近代西欧世界の政治思想において基本的なモデルとなり、「市民社会」と「国民国家」という理念の範型とされた。

しかし、少なくとも初期のポリスでは、市民は貴族と平民からなり、政治は貴族のものとなっていた。ただ貴族と平民は人格的には対等の自由民であり、有事の際には、市民はすべて武装して兵士となる義務を負っていたから、ポリスによっては、貴族と平民の差別は次第に解消されていった。

その典型例はアテネであり、アテネでは全市民が参加する民主政が誕生することとなった。このアテネの民主政もまた、近代西欧において「市民」階級が台頭していくなかで、理想的な政体として回顧されるようになったのである。

とはいえ、アテネの民主政といっても、その基本的担い手は市民のみであった。正式の市民と認められるのは各家族の家長を中心とする成人男子のみで、それ以外は何らの政治的権利も有せず、家長が殺生与奪の権を握っていた。

しかも最も「民主的」であったアテネでさえ、参政権がまったく与えられていない「外人」のみならず、人格的自由がまったく認められない多数の奴隷が存在し、生産の重要な担い手とされていた。

機能が著しく限定されているとはいえ「王」を有し、実質的には貴族制の政体を有したペロポネソス半島の雄、スパルタにいたっては、生産労働は被征服民を主な源泉とする隷属民へイロタイにもっぱら頼った。へイロタイの反抗を抑えるべく、全スパルタ市民は幼時より家族から切り離されて集団生活を送りつつ軍事訓練を受け、もっぱら兵士としての務めを終生果たすことが求められた。

近代西欧、そしてその強い影響下におかれた近代日本でも、「スパルタ式」というと、「質実剛健で規律正しいあり方」として賞賛されることがしばしばあるが、実質的には、生産活動を自らはしたくないばかりに兵営にとらわれた人々の世界であり、まったく推奨に値するシステムとはいいがたい。実際のところギリシア世界においてあれだけの軍事的・政治的強盛を誇ったスパルタも、文化面における貢献は甚だ乏しかった。

古代ギリシアの環境下においてではあるが、最も「民主的」となったアテネこそ近代世界にも多大の影響を与えたギリシア文化に最も貢献したのであり、このことは、現代においても貴重な教訓といえる。

文化・文明語としてのギリシア語・ラテン語

先に述べたように、エーゲ海地域においてかつてはオリエント系の母語をもつ人々の担ったミノア文明は独自の絵文字と線文字をもち、ギリシア系の母語を有する人々の生んだミケーネ文明もミノア文明の線文字をベースとする線文字Bを有していた。しかしこれらの文字は、ミノア文明とミケーネ文明が崩壊するとともに忘れ去られた。

ポリスを形成した後も、印欧系のギリシア語を母語とするギリシア人たちは長らく文字をもたなかった。ギリシア人が文字を有するようになったのは、ようやく紀元前八世紀中葉のことであったといわれる。このギリシア文字は、エジプトのヒエログリフ（神聖文字）が簡易化されたかたちのシナイ文字をルーツとし、それが表音文字化されたフェニキア文字をベースに創出された。

ギリシア文字は若干変化しつつ今日まで使用されるとともにギリシア世界の共通文字となり、ローマ世界では東半のギリシア語圏のみならず全域で、ラテン語に次ぐ第二の共通の文化・文明語としてのギリシア語を綴る文字として普及した。西半を失った唯一のローマ帝国としての後のビザンツ帝国においては、ギリシア文字をもって綴られるギリシア語は、第一の文化・文明語にして最も重要な公用語となっていくのである。

その衣鉢を継ぐ東欧正教世界においても、キリル文字の上位にたつ古典文字となった。さらに、いわゆるルネッサンス以後の近世・近代西欧世界においても、ギリシア文字で綴られる古典ギリシア語は、ラテン文字で綴られ中世西欧における唯一の共通の文化・文明語であったラテン語とともに、必須で共通の文化・文明語としての地位を長らく保った。

後年、ローマ帝国の国教となり東欧正教世界と西欧キリスト教世界の精神的基軸をなしたキリスト教の聖典『新約聖書』の原文もまた、コイネーと呼ばれるタイプのギリシア語で編纂され、ギリシア文字で記されることとなる。

そもそもラテン文字の創出においても、まだ文字をもたなかったローマ人が文字を創出するに際し、ローマに先行してギリシア文字をベースに創出されたエトルリア人のエトルリア文字も介しながら、ギリシア文字がベースとされたのである。

ラテン文字は、ラテン語というローマ帝国の公用語にして第一の文化・文明語を綴る文字となり、さらに西ローマ帝国の衣鉢を継ぐ西欧キリスト教世界においても、共通の文化・文明語となったラテン語を綴るのに用いられ続けた。こうして西欧キリスト教世界の諸社会では、各々の言語を綴るのにもラテン文字を用いるようになり、西欧キリスト教世界は、可視的には「ラテン文字世界」となっていくのである。

ギリシアの文明と文化

ギリシアの文明についてみると、まず宗教においてはゼウスを主神とする多神教の神話体系をかたちづくり、神と人間は共通性をもつ存在としてとらえられた。このギリシアの多神教の神話体系は、ローマ帝国において、ジュピターを主神とするローマ帝国の神話体系とほぼ習合していった。そして、ギリシア・ローマの神話体系は、ルネッサンス以後の西欧世界に、とりわけ芸術上の題材として大きな影響を与えることとなった。

芸術については、ギリシア絵画というものは工芸品を除けば伝存が少ないが、とりわけローマの絵画やモザイクに影響を与えたことであろう。建築と彫刻に関しては遺品も多く、ローマのそれに大きな影響を与えつつ、ルネッサンス以後の西欧世界でも大きな影響をもった。

文芸についてみても、とりわけホメロスをはじめとする叙事詩や悲喜劇などの諸作品は、ローマのみならずルネッサンス以降の西欧世界にも多大の影響を与え、文芸以外にも多くの芸術作品のテーマともなった。

生活文化においては、例えば寝椅子の上に横たわり指食する「食の作法」はローマ人にも受け継がれたものの、後の西欧世界には伝わらず、食卓・椅子式がとってかわり、指食のみが当面伝わった。学問では、プラトンやアリストテレスをはじめとするギリシア哲学が、ローマの哲学の基礎を提供した。またそれは近代西欧の哲学の基盤ともなった。

後の西欧世界においては次第にギリシア語を解さなくなり、中世前期にはその伝統も十分に受け継がれてはいなかった。ところが十字軍とイベリアのレコンキスタ、そしてアラブ・イスラム文化が濃厚に残るシチリアでアラビア語にかかわるようになると、西欧世界ではギリシア・ヘレニズム古典のアラビア語訳諸文献をラテン語へ翻訳していく翻訳運動が活発化し、これがいわゆる「一二世紀ルネサンス」をひき起こした。さらにルネッサンス以後、ギリシア語がラテン語と並んで必須の古典語となっていくなかで、西欧世界における哲学と思想の発展に決定的な影響を与えることとなる。

ギリシアの自然科学についていえば、「楔形文字世界」としてのメソポタミアと、「ヒエログリフ世界」としてのエジプトで数千年にわたり蓄積されてきた経験的知識をふまえてその理論的体系化が図られ、その成果はローマに、後にはイスラム世界にうけつがれていった。

とりわけイスラム世界では、ギリシア・ヘレニズム古典のアラビア語訳運動がおこり、それをふまえてイスラム科学が発達した。こうした成果と、アラビア語に訳されたギリシア・ヘレニズム古典のラテン語訳が、中世後期以降の西欧世界における科学の発展に決定的な影響を与えるのである。

そして西欧世界が近代に入り唯一のグローバル・システム形成の原動力となり覇権を握っていくなか、非西欧の諸文化世界で近代西欧モデルの受容による「西洋化」による「近代化」がめざされるようになると、古代ギリシアの文明と文化の影響は、西欧世界を介して全世界へと拡がることとなった。

アテネは世界帝国か、覇権国家か

ギリシア人たちは、自らを「ヘレネス」、自らの世界を「ヘラス」と呼んだ。

ヘラスを「ギリシア世界」としてポリス成立後のその展開を追うと、王政から貴族政へと向かう傾向が強くみられる。

軍隊指揮権と祭司権のみをもつ二人の王をもつスパルタでは、圧倒的多数をなす隷属民に対抗すべく市民の平等が徹底され、民会が決定的役割を果たすようになったが、隷属民統制のため軍営化が進み、対外的にも閉鎖的方策がとられて市民の団結と軍事力が強化された。

このようななかで、まずスパルタがギリシア世界内の最強のポリスとなり、スパルタを盟主として、ペロポネソス半島の諸ポリスを中心にペロポネソス同盟が形成された。

他方、アテネは民主政に向かうとともに外にも開かれた政策をとり、対外交易にもかかわって強力な海軍を擁するようになった。当時のギリシア人は黒海から地中海にかけて広く進出して植民都市を建設していったが、ギリシア世界にとってのほとんど唯一の外的脅威は、東方のアケメネス朝ペルシアであった。

ペルシア帝国はダレイオス一世の時代に、イランとメソポタミアを中心とする「楔形文字世界」に加えて、「ヒエログリフ世界」としてのエジプトをも支配下においた。

さらにヒッタイト以来、「楔形文字世界」の西端をなす小アジア、すなわちアナトリアをも支配下におき、その西端に位置するエーゲ海沿岸のイオニアに成立していたギリシア系の諸ポリスをも服属させ、バルカン半島の北部にまで進出していた。これに加えて、ギリシア世界の内部にも種々の干渉を試みつつあった。

こうしたなか、イオニアの諸ポリスの反乱をきっかけにペルシア軍がギリシア本土に侵入するが、紀元前四九〇年にはアテネやスパルタを中心とする同盟軍が「マラトンの戦い」でペルシアに勝利した。ペルシア軍は紀元前四八〇年に再侵攻を試みたものの、「サラミスの海戦」でアテネを主力とするギリシア海軍に敗れ、翌四七九年には「プラタイアの戦い」で陸戦においても敗れた。

強力な海軍をもって勝利に貢献したアテネを中心に、紀元前四七八年には主としてエーゲ海沿岸部の諸ポリスからなるデロス同盟が成立した。

アテネはデロス同盟での指導力を強めていった。これにペロポネソス同盟の盟主スパルタが反発し、紀元前四三一年、

「ギリシア世界」内の覇権を争うペロポネソス戦争が始まった。当初はアテネが優勢であったが、一時期の休戦期間を挟み、紀元前四〇五年、ついにアテネが敗れた。

同時代を生きペロポネソス戦争の歴史を「世人にこびを売るためでなく、世々の遺産たるべく」書き残そうとしたアテネの人、トゥキュディデスは、「海を制する者が陸をも制する」といわれてきたのに、海を制するアテネがなぜ敗れたかを明らかにしようとした。

その理由が何かといえば、民主政の徹底したアテネにおいて不世出の指導者ペリクレスが開戦後まもなく疫病に倒れた後、デマゴーグ（大衆煽動者）たちが政権をとり、大失敗に終わったシチリア遠征など数々の愚策をとったことであった。

不幸にして追放の憂き目にあい、自らは国難に対処しえなかったトゥキュディデスの未完の大作『歴史』は、いつの世にも貴重な教訓を与えてくれる。

デロス同盟の盟主となったアテネは、しばしば「アテネ帝国」と呼ばれる。しかし実体としては、アテネは少なくとも地中海世界におけるローマに比すべき、ギリシア世界の「世界帝国」ではなかった。アテネは、せいぜいでギリシア世界の「覇権国家」であったというべきであろう。このことは一九世紀の大英帝国、そして二〇世紀の米国についてもいえるのではなかろうか。

ペロポネソス戦争は、敗戦国アテネにとってのみならず、ギリシア世界そのものにも大きな厄災をもたらした。そして、その隙に台頭したのが北隣のマケドニアであった。

ギリシア人は自らをヘレネス、自らの世界をヘラスと呼び、ヘレネス以外の人々をバルバロイと呼んだ。「バルバロイ」の原義は「ギリシア語以外の言葉を話す人」を意味したが、ペルシア戦争以前の用法では、特に侮蔑的な意味は伴わなかったといわれる。しかしペルシア戦争に勝利して以降、バルバロイの語は侮蔑性を伴い、「夷狄」「蛮族」といった語感で用いられるようになったという。

ギリシア世界東隣のマケドニア人は、今日では辺境のギリシア語を母語とする人々であったといわれるようになったが、当時のギリシア人にとっては、まさにバルバロイであった。

アレクサンドロスの東方大遠征

マケドニアではポリスは形成されず、また奴隷も存在しなかったといわれるが、独自の王制が成立していた。また歴代を通じて王権の強化に努め、紀元前三五九年に即位したフィリポス二世の下で軍制が徹底的に強化された。そしてマケドニアはギリシア世界に進攻してコリント同盟を発足させ、「普遍平和」の名の下、ギリシア世界はマケドニアに事実上、従属することとなった。

フィリポス二世の次の目標はペルシア侵攻であったが、紀元前三三六年に暗殺されると、その跡をついだのがアレクサンドロス三世であった。これが、後のアレクサンドロス大王である。

アレクサンドロスは父王の期待の下、若年時にはプラトンの直弟子の大学者アリストテレスが家庭教師として招かれ、研鑽を積み、ギリシア文化の熱烈な愛好家となった。

即位後はまず周辺の敵を討伐して足元を固めた。そのうえで紀元前三三四年、ペルシア戦争への報復と小アジアのギリシア人解放を名目とし、マケドニア軍とギリシア同盟軍を率いて小アジアに渡り、エーゲ海近くのペルシアの拠点ゴルディオンを抑えた。ついで小アジアを東南に向かい、紀元前三三三年に小アジア東南部のイッソスでペルシア王ダレイオス三世の率いる大軍を撃破した。ペルシア軍の敗因は、狭い沿岸地域に布陣し、自らの騎兵の大軍を有効に動かせなかった戦術的失敗によるところが大である。

この「イッソスの戦い」の後、アレクサンドロスはシリアとエジプトを征服して慎重に後方を固めた。その上で紀元前三三一年春に東方に向かい、今日のイラク西北部に近いガウガメラでペルシア軍を再び大破した。ペルシアのダレイオス三世は中央アジアまで敗走したが部下に暗殺され、ここにアケメネス朝ペルシア帝国は滅亡した。

アレクサンドロスはギリシア同盟軍を解放帰郷させ、マケドニア軍のみを率いてインドに入ったが、インダス川付近で将兵の前進拒否にあい、転進してバビロンに入城した。ついでアラビア半島周航をめざしたが熱病を発し、紀元前三二三年に没した。

大王の死とともに直ちに後継争いが始まり、まずアレクサンドロスの親族が紀元前三一〇年までにすべて殺害されて王統は絶え、その後は将軍たちの争いとなり、帝国は分裂していった。

「空前の大遠征」についての世界史的考察

アレクサンドロスの遠征はしばしば「空前の大遠征」といわれ、その帝国も「空前の世界帝国」といわれる。確かにマケドニア、ギリシア側からみれば「空前の世界帝国」かもしれないが、ペルシア側からみれば、アケメネス朝ペルシア帝国の版図にわずかにマケドニアとギリシアが加わったに過ぎない。この「大征服」の眼目は、まさに「小が大を呑んだ」ことにあるのである。

世界史上の大遠征といえば、まず挙げられるのが一三世紀の「モンゴルの大征服」であろう。「モンゴルの大征服」は、一〇年ではなく六〇年近くかかっている。しかし東は中国、朝鮮半島から、西はロシア平原、アナトリア、シリアにまで達したこの征服こそ、少なくとも陸上では「空前の大征服」といえよう。

とはいえ、モンゴル帝国はまもなく分裂し、一五〇年もたたぬうちに四分五裂してしまった。またモンゴル帝国の版図内ではモンゴル語もモンゴル文字も根づくことはなく、モンゴル系勢力の間を除いてまもなく姿を消した。「モンゴルの大征服」の世界史的意義については後章で詳しく触れたい。

陸上の大征服として次に念頭に浮かぶのは、紀元七世紀中葉から八世紀中葉までのいわゆる「アラブの大征服」である。

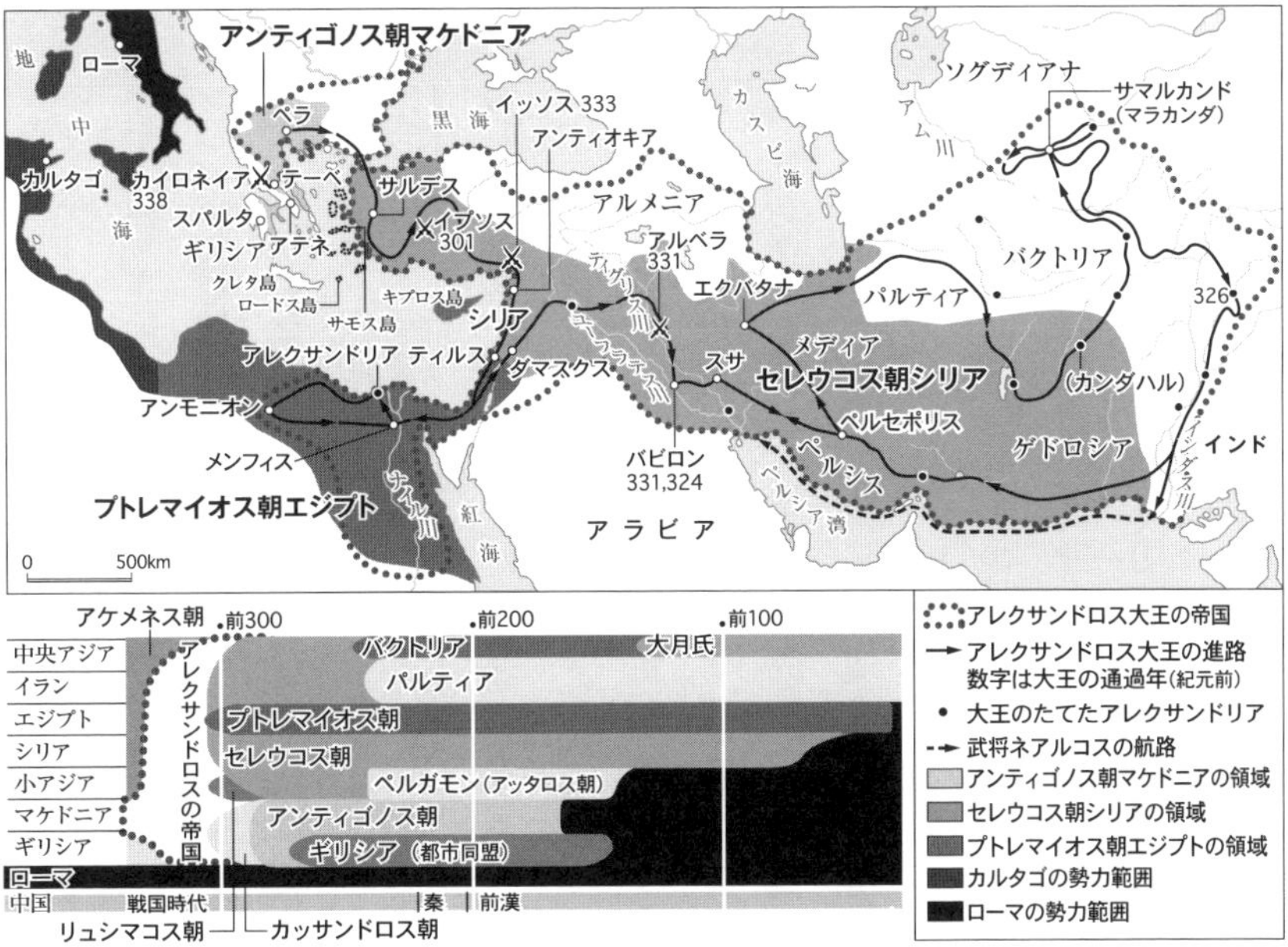

アレクサンドロスの遠征

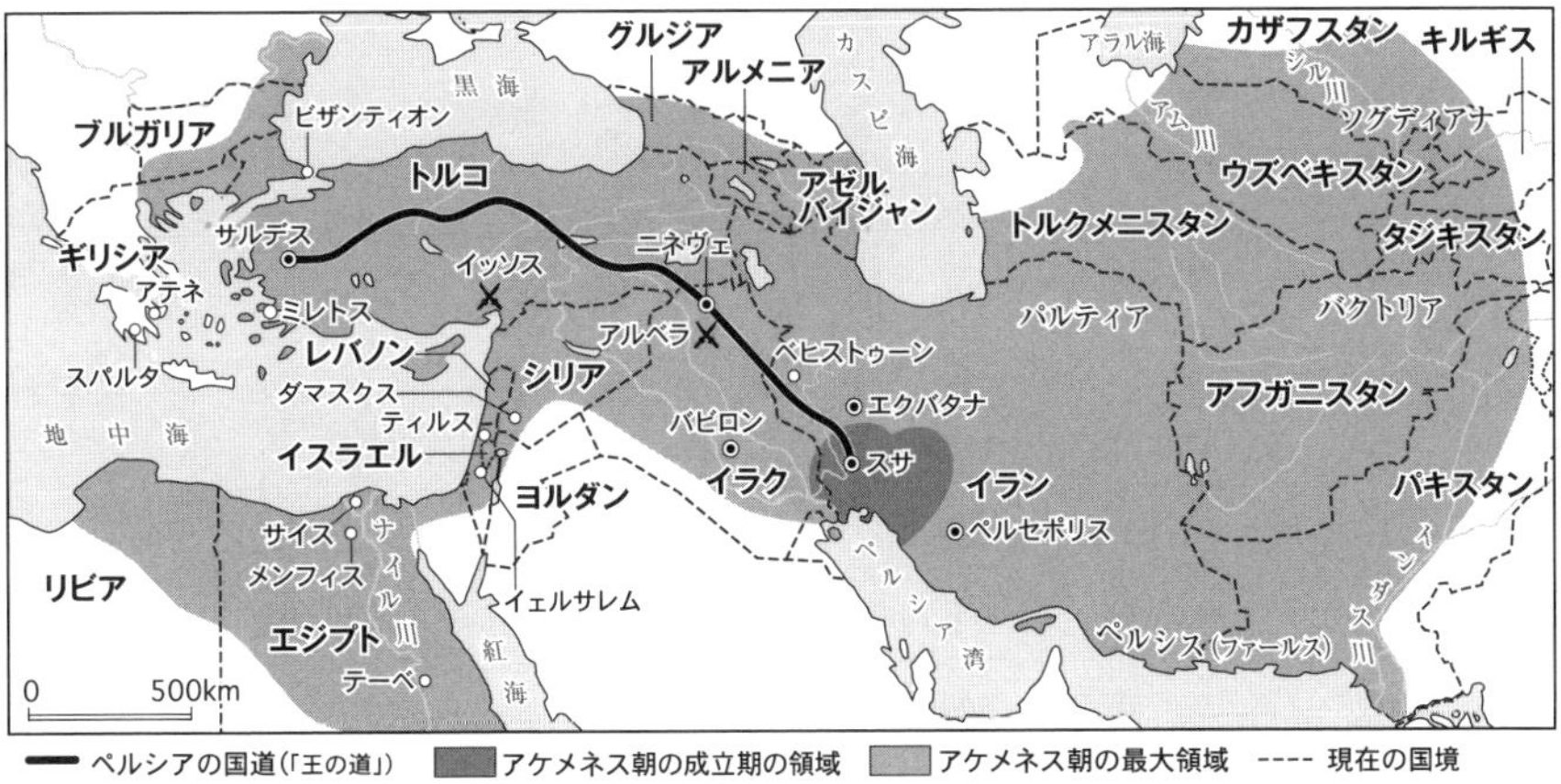

アケメネス朝ペルシア

ほぼ一世紀もかかってはいるが、その拡がりはローマ帝国西北半のイベリアから、モロッコからシリアまでの南半のすべて、そしてイラクからイランをへて中央アジアにまで及び、かつてのアケメネス朝ペルシアの版図でいえばバルカン北部とアナトリアを除くすべてが含まれている。

モンゴルの大征服に比すればカヴァーした面積はかなり小さいものの、アレクサンドロスの征服地は、先のバルカン北部とアナトリアを除けば「アラブの大征服」の版図にすべて含まれている。ローマの征服地についていえば、その南半のすべてに加えて、西北半の約三分の一にあたるイベリアも含まれている。

それに加えて「モンゴルの大征服」とちがうところは、「アラブの大征服」で征服された空間のうち、のちにキリスト教徒のレコンキスタで奪回されたイベリア半島を除けば、ほぼすべてがムスリム（イスラム教徒）の支配下に残ったことである。そこではイスラムが定着し、その聖典『コーラン』のことばであるアラビア語が共通の文化・文明語として受容され、その文字たるアラビア文字が、母語を異にする人々にも受容された。さらにモロッコからシリアにいたるローマ帝国の南半では、住民の大多数がアラビア語を母語として受けいれ、アラブ圏の中核地域になりさえしたのである。

さて、アレクサンドロスの東征の「成果」についても、この大遠征がヘレニズムの文明を生み出し、征服地でギリシア文明が普及し、その影響はさらに遥か東方まで及んだとされている。

確かにアレクサンドロスの帝国内では、いくつものアレクサンドリアをはじめ、多くのギリシア風都市が建設され、ギリシア的要素をもつ文化が生まれ、少なくとも一時期はギリシア語も痕跡を残した。また東西が融合した文化が生まれ、とりわけ西方で一時代をなしたのも事実である。

ここで我々の「文化」と「文明」の概念に照らしてみれば、「文化」のうえでは東方に確かに刻印を残した。しかしその影響が持続し、定着したとはいいがたいのではないか。

「文明」についてみれば、後代のギリシア・ローマ世界の人間の目、また「ヘレニズム」の概念を創案した一九世紀西欧人の目をもってすると、ギリシアの「文明」が東方に大きな影響を与え、大きな発展に役立ったとみえたかもしれない。だがそれは、ギリシアの「文明」が東方の「文明」に対し遥かに高いものであるとの固定観念によるところが大であったように思える。実際には、ギリシア文明の「東漸」もさることながら、東方文明の「西漸」こそ、問題とされるべきではなかろうか。

二　ローマ帝国と「ラテン文字世界」の形成

ローマ以前のイタリア半島

ローマ帝国の伝説上の起源は、西暦前七五三年に遡るという。しかし、それ以前からイタリアの南部、そしてシチリアにはギリシア人の植民都市が築かれ、イタリア南部はマグナ・グラエキア（大ギリシア）と呼ばれることとなったが、これらの地域は、ギリシア文字世界の辺境をなしていた。

また、今も民族・言語系統が不詳のエトルリア人が、ギリシアの影響の下に独自の文化と文明を生み出し、ギリシア文字をベースに独自のエトルリア文字を創出し、独自の小さな文字世界を形成していた。このエトルリア語は、いまだ解読されていない。

その余の地域には、様々の人間集団が割拠していた。その一つにラテン人たちがおり、ローマ人もまたその一つをなしていた。ラテン人、そしてローマ人は、インド・ヨーロッパ語族に属していた。

共同体キヴィタスと政治体レス・プブリカ

ローマ人も、ギリシア人のポリスに似た共同体を形成し、これをキヴィタスと呼んだ。キヴィタスの語は、その後「ラテン文字世界」としての西欧キリスト教世界に受けいれられ、例えば英語の「シヴィル（市民の）」(civil) や、「シヴィリゼーション（文明）」(civilization) といった語の語源となった。

ローマは伝説上、紀元前七五三年に「都市国家」として出発したが、ギリシアのポリスと同様にローマ人のキヴィタスも人が集住しているのみで、商業都市や手工業都市ではなく、周辺の農地を耕作する農民の共同体であった。

伝承によれば、そのローマは原初にはエトルリア人の王を戴いていたが、紀元前五〇九年に王が追われ、貴族が政権を握ったという。そして貴族による寡頭制の下で共和政が成立し、政治体はレス・プブリカと呼ばれるようになっていった。

この語は、西欧世界に受容されて英語の「リパブリック」(republic) すなわち「共和国」の語源ともなり、また、「公的な、公共の」を意味する「パブリック」(public) の語源にもなった。

この「パブリック」の語は、日本語では主として「公的な」と訳され、「プライヴェート」（私的な）との対語として「公私」と訳されるが、日本語の「公私」の「公」には、今も「お上のこと」の含意が強い。だが英語では、プライヴェートは「個々人についてのこと」であるのに対し、パブリックは「みんなにかかわること」の含意が強い。実際、その語源の「レス・プブリカ」も「お上のお国」ではなく、「みんなのもの」なのである。

ローマは王政から共和政へと移ったものの、あくまで貴族制下の寡頭制であり、権力はセナトゥス（元老院）にあった。「セナトゥス」の語は、西欧世界においては、例えば英語の「セネイト」（上院）の語源となる。ただ伝承によれば、元老院は王政時代にもあり、本来はパトリキ（門閥貴族）のみからなっていたが、共和政に移るにあたって平民出身者も加えられ、ノビレス（貴族）の「平民派」となったという。

共和政下のローマ

ローマも共和政に向かったとはいえ、貴族と平民の区別は厳然としており、あくまでパトリキとノビレス出身者からなる元老院による寡頭制が基本となった。

しかし、自由人の成人男子の家長は平民もまたローマ市民であり、平民の不満吸収のため平民会が設けられ、紀元前二八七年には平民会決議も法律として認められることになった。また平民の権利を護るために、紀元前五世紀には護民官が設けられ、護民官は不可侵権と拒否権を与えられた。これを文明史的にみれば、政策決定におけるフィード・バック機能の制度化といえよう。

それでもローマの場合はギリシアにおけるような民主政には進まず、あくまで元老院による寡頭制が基本となり、そのなかで、門閥派と平民派が対峙することとなった。

このようななかで、ローマの帝国への道を可能としたのは、平民をも含めたローマ市民からなる軍隊の力であった。独立自営農民である平民も含めたローマ市民には軍役義務があり、戦時には召集をうけ重装歩兵として従軍した。その軍団は、百人隊長を指揮官とする百人隊が基本単位となり、百人隊をまとめて軍団として編成されるようになっていった。そして侵略戦争によって版図が拡大していくなかでプロヴィンキア（属州）が形成され、属州にいくつかの軍団が配置されるようになっていった。属州が増加して、政体も共和政から元首政へと移行していくと、治安維持で足りる安定した属州は元老院管轄属州とされて軍団は配置されず、辺境にあって版図防衛に重要な属州を元首管轄属州とし、軍団が集中的に配置されるようになった。

ローマについては、しばしば「組織のローマ」といわれる。確かに軍制においては、「組織のローマ」である。しかし「支配組織」全体についてみればどうであろうか。市民の素人政治で確たる支配組織が形成されなかったギリシアとの対比では「組織のローマ」といえようが、元老院による寡頭制の下で多分に素人政治的体制が長く続き、本格的な支配組織が成立したのは帝政期もかなり進み、「ローマ帝国」も終末に近づいたころであったようにみえる。

共和政期ローマの支配組織の頂点は、「統領」とか「執政官」と訳されるコンスルで、原則として一年任期で二名が、元老院議員のなかから選ばれることとなっていた。そして非常時には、半年の任期でディクタトル（独裁官）が選ばれた。『ガリア戦記』などを著した名文家としても知られるユリウス・カエサルはディクタトルとなり、さらに「王（レクス）」たらんとしたとみられて共和政派に暗殺されたのであり、このディクタトルの語は、近代西欧の英語における「ディクテイター」（独裁者）の語源である。

ちなみに軍事については、非常時には、インペラトル（総司令官）が任命された。この語が西欧語の「エンペラー」（皇帝）の語源であるが、これはローマのイムペリウム（命令権）に由来している。このイムペリウムは、西欧語の「エンパイア」（帝国）の語源でもあり、近代西欧では支配者として「エンペラー」（皇帝）のいる国が、すなわち「エンパイア」（帝国）である。

しかしローマにおいては、イムペリウムは命令権、そして「ローマ人の命令の及ぶところ」なのであるから、共和政のイムペリウムがなりたちうるのである。

ただカエサルの暗殺後、オクタウィアヌスが自らは共和政派を考慮し、プリンケプス、すなわち「ローマ市民の第一人者」にして「元老院議員の第一人者」を称したが、アウグストゥス（権威者）の称号もえて、権力を集中してプリンキパトゥス（元首政）が始まり、これが次第に帝政へと転化していったのである。従ってインペラトルがエンペラーとなり、エンペラーのいる国がエンパイア、すなわち近代西欧的意味での「帝国」となったのである。

ローマの帝国化と支配領域

ローマ中央の支配組織には、執政官を頂点に、法務官、造営官、財務官等々の諸官職があり職掌を分担していた。重要な官職はいずれも任期制で選出されたが、当初は元老院の下の素人政治的なもので、確たる官僚制とその養成・補充・昇進過程もまた、元首政期から帝政期にむけて徐々に成立していったかにみえる。

支配領域についてみれば、ローマの場合、ギリシアと異なり、近隣の政治体を次々に征服し、支配領域を拡大し、まずは、イタリア半島を支配下においていった。

ローマの支配領域が一挙に拡大したのは、アフリカ西北岸においてフェニキア人の植民都市の拠点であった商業国家カルタゴを、三次にわたるポエニ戦争で破ったことによる。カルタゴ市は徹底的に破壊され、ローマは北アフリカ西部に加え、ヒスパニア、すなわちイベリア半島をも支配領域に収めた。これにより、ローマは西地中海世界の覇権勢力となった。

その後、ヨーロッパ大陸西半ではガリアを征服し、帝政期に入ってからは北部を除くブリタニアをも支配領域に加えた。地中海世界東半ではマケドニア、ギリシアからアナトリア、シリアも支配下におき、さらに紀元前三一年のアクティウムの海戦後、プトレマイオス朝を滅ぼしてエジプトを支配下に収めると、アレクサンドロスの帝国の西半に由来するヘレニズム系諸王国をも支配領域とした。

地中海世界は、ほぼ「我らが海」となり、加えてさらに東方のイラクにも一時は進出した。そして帝政期に入り、いわゆる「五賢帝」の第二代トラヤヌス帝の時に最大版図に達するようになる。

パトロネッジに基づく帝国の支配組織

ローマ帝国の広大な支配領域は直轄領と属国からなり、直轄領はプロヴィンキア（属州）にわけられた。属州は既述の如く、軍団を配置しない元老院管轄州と、通例軍団を配置するプリンケプス（元首、後には皇帝の直轄属州）があり、そのいずれにもプロコンスル（総督）が送られた。

総督には当初、元老院議員格、執政官格等の格式があったが、帝政期に元老院管轄属州はなくなり、総督にもパトリキ、元老院議員にかえて、下級貴族というべきエクイテス（騎士）階級の任用が増加していった。

のちに総督は軍団指揮権を失い、司法行政権のみが残された。総督に固有の中央任命の官吏は数名にとどまり、余す任

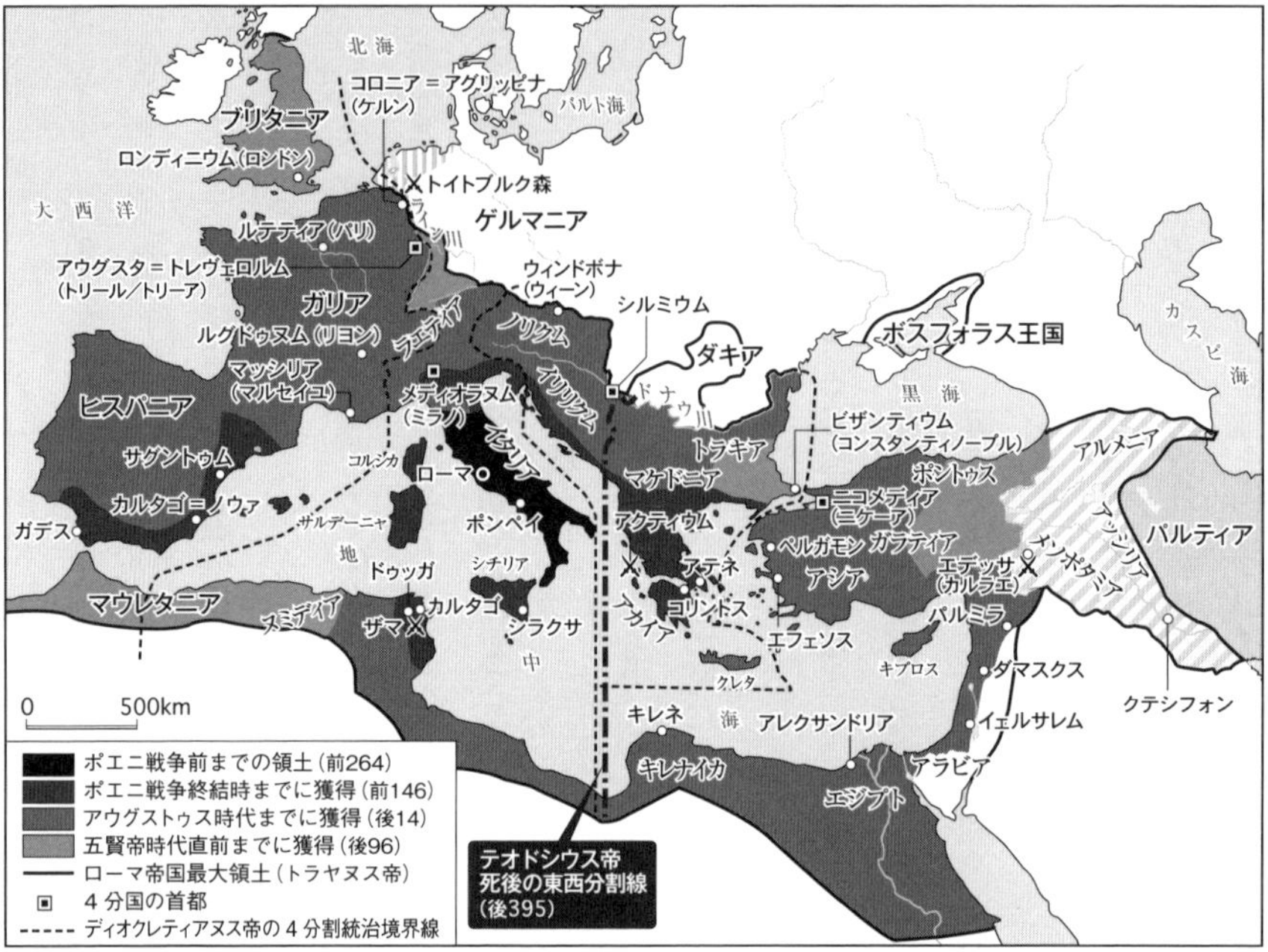

ローマ帝国の領域図

務は、総督の個人的従者団があたった。このあたりは、旧中国の科挙官僚における「総督」に似る。

ただ旧中国の場合、明清に入ると知県（県知事）が地方行政・司法の末端を担ったのに対し、ローマ帝国では末端の主要業務は地方団体があたり、地方団体には同盟都市、自治都市などの格差があった。実態においては、地方団体はローマ帝国、ないしはその有力者とのパトロネッジ（庇護・被庇護の関係）によるところが大であり、一律の統一的地方支配とは様相を異にしていた。

ローマ帝国の最も基本的な成員は、ローマ市民権を有するローマ市民であった。ローマの支配領域が拡大していくなかで、ローマの有力者との関係において、元来のローマのキヴィタスの成員でない者にも、恩恵としてローマ市民権が与えられローマ市民となるケースも現れた。

のちのイタリア同盟戦争の後、全イタリアの自由人がローマ市民として認められることとなった。さらに帝政期に入りカラカラ帝時代の二一二年、アントニヌス勅令によって全ローマ帝国の自由人にローマ市民権が認められた。

このような経緯をみると、ローマ帝国の拡大と統合は、ローマ市民共同体の成員権の拡散と共に進行したこととなる。その意味では、ローマ帝国はキヴィタスとしてのローマ市民共同体を国制の基礎としていたかにみえる。

そしてまた、この国制を基礎としてローマ法が形成され、支配領域の拡大とともにローマ市民のみに適用される「市民法（ユース・キヴェーレ）」に加えて、ローマ市民外にも適用される「万民法（ユース・ゲンティウム）」も成立し、ビザンツ世界はもちろん、後世の西欧世界にも大きな影響を与えた。

しかしローマ市民共同体は理念上の基礎と化し、実態においては、ローマ帝国の支配自体が有力者と様々の階層の人々とのパトロネッジ関係として成立していたのであり、キヴィタスとしてのローマと、その外部の諸集団の関係もまた、パトロネッジの網の目として成りたっていた。もっとも、ローマ及びローマ人と、非ローマ的要素とのパトロネッジ関係の深まりは、少なくとも非ローマ的人的要素の有力者部分の「ローマ化」の進展に資したと思われる。

そのことは実際、ローマ帝国西北半のうちケルト系言語を母語とする者が圧倒的多数を占めていたガリア（今日のフランス）とヒスパニア（イベリア）が、俗ラテン語をもとにするロマンス語を母語とするにいたった一因となったのではなかろうか。

なぜローマ帝国は滅んだか　――中華帝国との比較

ローマ帝国の拡大は、何よりも軍事的征服によっていた。だが、多年にわたる軍役負担は、元来の軍事力の担い手であった中小自営農民としての市民層の没落をきたした。市民層回復の改革の試みも奏功せず、紀元前一世紀、マリウスの下で兵士の徴募制が創出され、徴募兵士からなる軍団は有力者の私的軍隊となっていった。

こうして私兵化した巨大な軍事力と広汎な広がりをもつ派閥を擁する有力者たちの抗争の末に、権力を握り独裁官となったのがカエサルであった。

カエサルが元老院共和派に暗殺されると、その跡を襲ったのがカエサルの養子オクタウィアヌスであった。オクタウィアヌスは国制の理念上の基礎たる共和制とその支柱とされてきた元老院を尊重するかにみせ、「元老院議員の首位」「ローマ市民の首位」としてプリンケプス（元首）と称しつつ、アウグストゥス（尊厳者）の権威の下に事実上の独裁者となった。そして、その地位は養子の形をとりつつ継承され、ローマ最盛期とされる五賢帝時代を現出した。

しかし、五賢帝最後のマルクス・アウレリウス帝の不肖の息、コンモドゥス帝の失政から帝国は不安定化し、三世紀には出自を問わず軍団に擁立された皇帝（軍人皇帝）が相次ぐこととなった。そのあげく、三世紀末にディオクレティアヌス帝が現れて大改革を行い、コンスタンティヌス帝の時代になると支配組織もそれなりに整備され、帝政も安定するかにみえた。

イムペリウム・ロマヌム（ローマ帝国）は、「ローマ人」にとってオイクメネ（人の住む世界）のすべて、すなわち全世界を支配する「世界帝国」となっていった。

旧中国になぞらえると、この「ローマ帝国」は漢や唐といった個々の王朝としての「帝国」というよりも、様々の政権・王朝の生起する舞台としての、旧中国でいうところの「天下」であったのではあるまいか。

しかし、このオイクメネは、「一乱一治」をくり返しつつ常に統一を復活し、むしろ拡大をとげていった中華帝国の「天下」とは運命を異にし、ひとたび失われてからついに復興再現されることはなかった。

その原因を考えるに、周辺の異文化世界の配置変動のあり方の相違も考慮にいれる必要はあろうが、天下を支配する世界帝国としての中華帝国に比すれば、「世界帝国」となったローマ帝国は、持続的で強靱な支配組織とその成員の養成システム、そして支配の正統性を支える強力なイデオロギーを、十分には発達させえなかったかにみえる。「組織のローマ」といっても、それはほとんど確たる支配組織をもたなかったギリシア世界と、著しく分権的な特権体系であった中世西欧に比してのことではなかったであろうか。

実際、ローマ帝国は三九五年に東西に二分割され、諸民族集団の動きが活発化していくなか、四七六年に西ローマ帝国は簒奪者オドアケルから西ローマの帝冠を返納されて滅び去った。コンスタンティヌス大帝がたち上げ、次第に帝都化していったコンスタンティノポリスを首都とする東ローマ帝国は、版図の西半を失った唯一のローマ帝国としてその後も一千年にわたり存続することとなった。その存続の根拠は東ローマ帝国以来の、「支配組織」のより体系的な発展によるところが大きかったのではあるまいか。

東西ローマ帝国の遺産

ローマ帝国の文化は基本的にはギリシア文化の強い影響下におかれ、ギリシア、ヘレニズム期の文化に比すれば、科学においても、思想哲学においても、文学と文芸においても、とりわけオリジナリティーと創造性においてこれを凌駕しえたようにはみえない。

ただ「文明」面においては、「ソフト」としての組織と法律、「ハード」としての建築と道路を中心とする土木において、ギリシアのそれを超え得たかにみえる。であればこそ、アテネのような単なる覇権国家ではなく、壮大な世界帝国となりえたのであろう。

宗教においては多神教から発し、征服された諸集団の神々も吸収しながら、とりわけギリシアの神々はローマの神々と習合していった。

一方では独裁化から帝政化が進行していくなかで、皇帝崇拝が出現していった。しかし、東方パレスティナで生まれた、人類最古の本格的一神教であるユダヤ教の改革派というべきキリスト教が流入するようになり、皇帝崇拝と抵触することから弾圧をうけながらも、コンスタンティヌス大帝により公認されついに三八〇年に国教化されたことは、とりわけ後代に決定的な影響を与えた。

キリスト教自体は、ローマ帝国で国教化していくなかで、絶対的な平和主義を失い「義戦」(正義のための戦争)を認めるにいたった。そしてローマ帝国は東西に分裂し、西ローマ帝国ではローマ教会が力をもち、西ローマ帝国の衣鉢をついだ「ラテン文字世界」唯一の正統的信仰としてのローマ＝カトリックが定着していった。

東ローマ帝国から、西半を失いつつ唯一のローマ帝国となったものをビザンツ帝国と呼ぶとすれば、とりわけビザンツ帝国で国教化した正教が定着し、その影響が北方にのび、ビザンツ帝国が滅亡しビザンツ世界が中心を失ったのちも、「ギリシア・キリル文字世界」としての東欧正教世界が形成されることとなった。

このように東西ローマ帝国と東西両教会の遺産は今日も、ヨーロッパ大陸における西の「ラテン文字圏」と東の「ギリシア・キリル文字圏」として残り、それは今日のＥＵにも影響を及ぼしているのである。

第6章

イスラムの出現と「アラブの大征服」

――新たな「アラビア文字世界」の登場

七世紀初頭の漢字世界と梵字世界

七世紀初頭の「旧世界」の「三大陸」では、東端から西へ「漢字世界」と「梵字世界」、西端から東へ「ラテン文字世界」と「ギリシア文字世界」、そして漢字世界と梵字世界、ギリシア文字世界の中間に、アラム文字を起源とするパフレヴィー文字をもってペルシア語を綴る、ササン朝ペルシアの「パフレヴィー文字世界」が存在していた。

東方の「漢字世界」の中心を担う中国では、五八一年に成立した隋が、第二代煬帝の下で六一八年に滅亡し、これを継いだ唐の初代の高祖李淵が六二六年に没した。その子で第二代太宗の時代に入り、「貞観の治」と呼ばれた唐の最盛期を迎え、中国の古典的な君主専制・中央集権の支配組織の原型が根づきつつあった。

ただ、太宗が没すると指導力に欠ける高宗の時代となり、ついにはその皇后たる則天武后が中国史上で唯一の女帝となって周を号し、唐朝は一時中断される。この異常事態も七〇五年に旧に復して唐朝が再興され則天武后も没し、第六代玄宗の七一二年から七五六年までの治世の前半は後に「開元の治」と称され、唐朝の盛んなる時期となった。ところがその治世後半に玄宗が楊貴妃に傾注して統治は乱れ始め、七五五年から七六三年まで続く「安史の乱」で、唐朝の衰勢はおおい難いものとなっていった。

中国にとって有史以来、最大の外的脅威は北方の遊牧民であった。

隋朝成立の頃は、六世紀中葉にトルコ系の突厥が成立して勢力を伸ばし、西方では中央アジアにまで進出してササン朝ペルシアと結んで、ササン朝にとって東北方の脅威であったこれも遊牧系のエフタルを滅ぼし、ビザンツ帝国とも直接の交流をもつほどまでになった。

しかし、東西に分離していった突厥のうち、東突厥は六三〇年に唐に降伏して滅んだ。その後、六八〇年代に東突厥は再興され、八世紀初頭には内陸アジアの遊牧民として初めて独自の文字である突厥文字を創出しさえしたが、内紛により七四四年にはウイグル人がこれにとってかわった。ウイグル人もまた、アラム文字系のソグド文字をもとにウイグル文字を創出したが、八四〇年に内紛がおこり、ここに北方のキルギス人が介入して滅亡した。西突厥もまた、六五七年に唐に滅ぼされた。

後年、「漢字世界」周辺社会の一つとなるベトナムは漢代以来、唐末にいたるまでその支配下にあった。朝鮮半島では六六〇年代に百済、ついで高句麗が滅んで三国並立に終止符が打たれ、新羅が半島を統一し、九三五年まで続くこととなった。

日本列島では隋代に遣隋使が派遣され始め、ひき続き遣唐使が度々派遣され、隋唐帝国をモデルとして律令制国家が形成されていく。ちなみに、日本の律令制国家形成に貢献したといわれる聖徳太子（厩戸皇子）は、イスラムの創始者・預言者ムハンマドと同時代の人である。

「梵字世界」ではマウリヤ朝が崩壊した後、ほぼ南北に分かれ、各々が群雄割拠の時代に入ったが、バラモン教が変容しつつヒンドゥー教へと向かいながら、全インドで浸透し、文化的な統合は保たれていた。

仏教はなおいくつかの拠点を擁し、信徒もある程度保ってはいたが、後退しつつあった。ただ、かつて「小乗」仏教の名で知られた上座部仏教はスリランカで繁栄し、体系化され、後年には東南アジアで、「漢字世界」の一角をなすベトナムを除く地域に浸透・定着していくこととなる。

西方のギリシア文字世界とラテン文字世界

「旧世界」の西方においては、その西端にあたる西ローマ帝国が四七六年に滅亡すると、ゲルマン人たちが北方のゲルマニアとブリタニアに加えて西ローマ帝国の領域もあわせ、ローマ・カトリック教会を精神的支柱かつ西ローマ帝国の文明と文化の媒介者としつつ、ラテン語で聖書を読み、典礼を行い、ラテン文字で書かれるラテン語を共通の文化・文明語とする、「ラテン文字世界」としての西欧キリスト教世界を形成し始めていた。

政治的には分裂していたものの、四八一年にメロヴィング家のクローヴィスがフランク王となり、そのメロヴィング朝フランク王国が西欧世界のかなりの部分を支配下におくようになっていた。クローヴィスは五世紀末にキリスト教に入信し、カトリック教会の下に入るにいたった。

その東隣では、四七六年に東ローマ帝国が西帝の帝冠を返上され、空間的には西半を失ったが唯一のローマ帝国となった。本書では、それ以降の旧東ローマ帝国を、ビザンツ帝国と呼ぶこととしたい。ビザンツ帝国の皇帝ユスティニアヌスは、六世紀中葉、西ローマ帝国領の回復に努め、これをある程度実現したものの、同帝没後はその征服地の多くを失っていった。

こうして「ギリシア・ラテン文字世界」としてのかつてのギリシア・ローマ世界では、西半ではギリシア語が忘れられ始め、東半ではラテン語も用いられたもののギリシア語が比較的に優位となっていった。以降、西半の「ラテン文字世界」としての西欧キリスト教世界と、東半の「ギリシア文字世界」としてのビザンツ世界とが、画然と分裂していくのである。

東方の「漢字世界」や「梵字世界」と、西方の「ギリシア文字世界」としてのビザンツ世界との中間では、かつての「楔形文字世界」は完全に姿を消していった。アレクサンドロスによる帝国の後継・セレウコス朝が縮小し滅亡していくなかで、まずはイラン系のパルティアがおこると、特にその後半でギリシア・ヘレニズムの影響が薄れてイラン風文化が再び台頭するようになり、アラム語起源の文字が汎用されるようになっていった。

ササン朝ペルシアの台頭

二二四年に同じくイラン系のササン朝がおこり、パルティアを滅ぼしてこれにとってかわると、ギリシア語とギリシア文字はほとんど忘れ去られ、アラム文字起源のパフレヴィー文字をもって記す、イラン系のパフレヴィー語の世界となっていった。

ササン朝ペルシアは、イラン高原を中心に西はイラク、東は今日のアフガニスタンから中央アジアの一部にまで拡がり、かつての「楔形文字世界」最後の大帝国・アケメネス朝ペルシアの東方領域の多くを包摂していった。またゾロアスター教を国教とし、「オリエント」の文明と文化の蓄積をうけついでいた。

この地は西方の二つの文化世界、とりわけ「ギリシア文字世界」としてのビザンツ世界と、東方の「梵字世界」、「漢字世界」との交流の要ともなり、その文物は東アジアの東端にあった日本にまで到来し、正倉院御物として残されている。

ササン朝ペルシアは、東北方のイラン系遊牧民国家エフタルの圧力に苦しんだが、五六〇年代に突厥と結んで滅ぼすことに成功した。西方ではローマ帝国、そしてビザンツ帝国との対立抗争が続いた。

五三一年には、ササン朝のホスロー一世がビザンツ帝国のユスティニアヌス帝と永遠の和平条約を結び、その後五六二年に五〇年の和平条約を結んだが、ホスロー二世の下、抗争は再開され、六一二年にササン朝がシリアとエジプトを征服し、さらにアナトリア半島にまで進出した。それは、かつてのアケメネス朝の版図を再現したかにみえた。

一方のビザンツ帝国において六一〇年にヘラクレイオス朝をたてたヘラクレイオス帝は、六二七年にかつてのアッシリア帝国の帝都ニネヴェでホスロー二世を破り、六二八年にはエジプト、シリア、そしてアナトリア東部のアルメニアを回復し、ビザンツ帝国とササン朝ペルシアの領土的均衡は旧に復したかにみえた。

その頃、アラビア半島ではまったく新しい動きが胎動しつつあった。それはイスラムの出現である。

ビザンツ帝国とササン朝ペルシア

アラビア半島の地理的空間

三大一神教のなかで最も新しい一神教にして、「アラビア文字世界」としてのイスラム世界を生み出すこととなるイスラムの故郷は、アラビア半島である。

アラビア半島は世界の秘境のようにみえるが、実は、北は「海のシルクロード」の三つのルートのうち、最も北のペルシア湾ルートの通るペルシア湾によってイランの地と隔てられている。そして東にはアラビア海が控え、その東方には「大航海」時代開始以前において、最も広汎に航海で利用されてきたインド洋が拡がっている。

南では、インド洋とスエズ地峡を結ぶ「海のシルクロード」の中道というべき紅海ルートの通る紅海によって、アフリカ大陸の東北岸と対している。陸上でも、西北方に拡がるシリア砂漠を隔てて、「陸のシルクロード」のシリアを抜けてエジプトに向かう南支線が走っている。さらに東北には陸続きに、人類最初の文字を生んだメソポタミア文明の故郷イラクが控えている。このようにみれば、アラビア半島は確かに僻地ではあるものの、「旧世界」の「三大陸」を結ぶ、世界の海と陸の大道に囲まれた空間であった。

さて、アラビア半島といえば砂漠の国というイメージが強い。しかし、アラビア半島も、紅海とインド洋に囲まれた東南端のイエメンは降雨による溜め池農耕が可能で、一九世紀西欧の学者はこれを「幸福のアラビア」と呼んだ。そこはソロモン王の妃となったと伝えられる伝説の「シヴァの女王」の国であり、後にはモカ・マタリ・コーヒーの産地ともなった地である。

アラビア半島のその余の地は、確かに広大な砂と岩の砂漠が拡がる地であり、かの西欧人はこれを「砂漠のアラビア」と呼んだ。「砂漠のアラビア」では雨など年数回降るくらいで、そのときは水の流れも生ずるが、むしろワーディー、すなわち「枯れ川」の姿をとっている。

とはいえ、地下深くには地下水もあり、砂漠のなかでも、わずかな水分で生きられる乾燥地帯の植物が所々に生育する。これに加えて、まれではあるが地下水が湧出するところではオアシスを生じ植物が繁殖しうる。これに人力で手を加えれば、細々ながらも農耕もなりたちうるのである。

イスラムの誕生まで

こうしたなかで、いわゆる「砂漠のアラビア」でも、オアシスで農耕にいそしむオアシス農民と、そして乏しいながらも砂漠の合間にみられる植物を糧としてラクダや羊を養う遊牧民が生息してきた。

オアシスの定住農耕民と、砂漠の遊牧民ベドウィンたちとは緊張関係にはあるが、畜産物を欲する農耕民と農業生産物を欲する遊牧民は相互補完関係にあり、ほぼ定期的に一年を通じて周遊生活を営む遊牧民と定住するオアシス農民は物資を交換し、さらには市のたつこともある。砂漠にオアシス農耕が点在するなか、交通網が生じ、その結節点ではマチ、都市とも呼びうる集落も生成してきていた。イスラムの原郷メッカも、このような都市的な集落であった。

アラビア半島の住民は、「砂漠のアラビア」か「幸福のアラビア」かの別を問わず、圧倒的多数がセム系の言語であるアラビア語を母語とするアラブ人であった。古くはメソポタミアの「楔形文字世界」の第二の担い手であったアッカド人のアッカド語に始まり、バビロニア語・アッシリア語もすべてセム系言語であったが、これらはすべて、シュメール人が産み出したまったく異系統の膠着語系言語・シュメール語を記すために創出された人類最初の文字、楔形文字で綴られた。

これに対し、さらに西方の商業民族で西地中海では草創期ローマ帝国の最大のライヴァルとなったカルタゴ帝国を生んだフェニキア人のフェニキア語、また三大一神教の最古のユダヤ教とその改革派であるキリスト教を生んだユダヤ民族のヘブライ語も、同じセム語族に属する。ただ文字としては、元来はエジプトの神聖文字ヒエログリフを祖とするシナイ文字の表音文字化したものを素材とするフェニキア文字、ヘブライ文字で綴られた。

アラビア文字もまた、シナイ文字を遠祖に、アラム文字からナバタイ文字をへて、六世紀頃に成立したといわれる。アラビア文字をもって綴られるアラビア語を母語とする、アラブ人の地たるアラビア半島は、西方のローマ・ビザンツ両帝国と東北方のササン朝ペルシアという東西に控える大国の影響をうけ、とりわけササン朝ペルシアの強い影響下におかれた地でもあった。

六世紀から七世紀前半にかけてのササン朝とビザンツ両帝国の抗争の影響をうけて、抗争の激しいペルシア湾岸は衰え、安全な紅海岸が栄えたといわれる。また両帝国の抗争をうけてアラビア半島には権力の真空が生じ、新しい社会的気運が芽生えていくつかの新宗教運動も生じていったといわれる。

こうしたなかで七世紀初頭、アラビア半島の紅海岸からほど遠からぬ都市メッカ（マッカ）で、三大一神教で最新の、そしてまもなく「アラビア文字世界」としてのイスラム世界形成の原動力となるイスラムが誕生することとなった。

預言者ムハンマドとイスラムの拡大

イスラムの誕生の地メッカはさしたるオアシスを擁する訳でなく、むしろ黒石を祀るカーバ神殿を中心に様々な神々の神殿を擁するいわば「門前町」であった。様々な人々の往還するところ故、市もたち商業都市としても栄えたといわれる。その住民の多くは、数世代前までは砂漠の遊牧民（ベドウィン）であったといわれ、メッカの市政はおそらく部族的長老政治によっていたと考えられる。メッカにはいくつかの有力氏族があり、その一つクライシュ族の一員として、イスラムの創始者・預言者ムハンマドは生をうけることとなる。門前町にして商業都市であるメッカでは、住民はもっぱら商業にいそしみ、大商人は共同でキャラヴァンを組織して、西方のビザンツ領のシリアにまで足をのばしたといわれる。宗教的にはユダヤ教、キリスト教をも生んだセム族の一神教的精神も存在していたとはいわれるが、一般的には多神教の偶像崇拝の徒であった。しかし、古くより一方で西方からの影響、また紅海対岸のエティオピアがローマ帝国領のエジプトの影響でキリスト教化していたこともあってこの地にキリスト教も伝えられ、さらにユダヤ教も伝えられるなど、一神教と触れあいうる環境にあった。

このようななかで、五七〇年頃にムハンマドが誕生した。父親はムハンマド誕生以前に没し、幼少にして母も失ったムハンマドは、はじめは祖父、ついで父の兄弟の庇護の下に育ち、商人となり成功したと伝えられる。そして、キャラヴァンに加わりシリアを訪れたとも伝えられる。

ムハンマドは中年期に入って郊外の洞窟にこもり瞑想するようになり、六一〇年頃に神秘体験を得た。これにより唯一絶対の神アッラーの存在を認め、唯一神アッラーが人類に遣わした最後の「御使い」、すなわち「預言者」として自らが選ばれたと自覚するにいたった。その後、身近な人々に神の教えを説き始めたが、新しいものを求める社会的気運のなかで、若者を中心に信徒が増していった。

しかし様々な神々の神殿を中心とする門前町でもあり、反対者の圧迫も加わって身の危険を感ずるようになった。折しも、西北方近隣の町メディナでもめごとが生じ、その仲裁者として招かれたのを機に、六二二年密かにメッカを脱出してメディナに逃れた。これをヒジュラ（聖遷）と呼ぶ。なおこの六二二年は、日本では聖徳太子の没年とされている。

この六二二年の、当時のアラブの暦の一月一日を起点に、ヒジュラ暦と呼ばれるイスラム暦が後に定められた。「漢字世界」では「回暦」とも呼ばれるこの暦は太陰暦で、それはメソポタミア以来の伝統の影響によるといわれる。ただイスラム暦は純粋の太陰暦で、一年は約三五五日であるため、三〇数年で季節が一巡し、暦日と季節は無関係に進む。そこで、農耕のために別に太陽暦か太陰太陽暦を要する。また一日は日没とともに始まり、日没とともに終わる。

メディナに逃れた預言者ムハンマドは、その地で信徒を得ることに成功した。ただメディナの人口の三分の一近くがユダヤ教徒で、同じ一神教徒としてその改宗を期待したが、近いが故の対立が生じて、紛争が絶えなかった。それにより、メディナのユダヤ教徒共同体は消滅したといわれる。

こうして預言者ムハンマドはメディナで多くの信徒を獲得し、またメッカに残置したり他へ逃避していた信徒たちも集まり、メディナで権力を掌握した。以後、宗教としてのイスラムの発展と宗教共同体の発展は、イスラムを軸とする政治体の発展と軌を一にして展開することとなる。このことは、出家遁世の宗教たる仏教や、神のものとカイゼルのものとを峻別する原始キリスト教とはまったく対照的な特徴を示している。

メッカで権力を掌握した預言者ムハンマドは、故郷たるメッカに挑み、数次の戦闘の末、メッカは降伏した。ムハンマドはメディナに住みながら、ときにメッカを訪れメディナとメッカの信徒の力に頼りつつ、アラビア半島内において和戦両様のかたちでイスラムの宣撫に努め、対立する新宗教運動を屈服させていった。

「熱烈な努力」を意味するジハードの原型は、預言者ムハマンドのこの「和戦両様」のイスラム宣撫の努力にある。六三二年に預言者ムハンマドがメディナで没したとき、アラビア半島の六、七割がその勢力下に入るまでになっていた。

イスラムの教義体系

イスラムとは、唯一絶対の神アッラーに「帰依」することを意味し、その信徒はムスリム、すなわち「帰依者」と呼ばれる。イスラムの教えによれば、唯一神アッラーは初めも終わりもなく、不可視であるが、全知全能で人格をもつ。アッラーは人間と天地を創造し、いつか終末をもたらす。この間、人間に正しい生き方を伝えるべく、無数の人間を使者に選び、教えを伝えようとしてきた。

イスラムによれば、アラビア語で「ムーサ」と呼ばれるユダヤ教の創始者モーゼも、同じく「イーサ」と呼ばれるキリスト教の創始者イエスも先駆の大預言者であり、彼らを通じて伝えられた『旧約聖書』と『新約聖書』も、神の啓示の書『啓典』として聖書である。

しかし神の教えが十分に受けとめられず、「最大にして最後の預言者」として遣わされたのが預言者ムハンマドであり、その死後、預言者ムハンマドの口を通じてアラビア語で伝えられた唯一神アッラーの言葉を集成したものが聖典『コーラン』である。

イスラムは聖俗一元、政教一元の宗教であり、人間活動のいかなる分野でも、神の言説があれば信仰の領域となる。そしてイスラムの本義は、「最大にして最後の預言者」ムハンマドを通じて伝えられた唯一神アッラーの教えに従って現世を生きることに尽きる。

従ってイスラムでは「何故」を問う神学ではなく、「いかに」を問う戒律の学こそ、教学の中心をなす。そして神の命じた生き方の探求のなかで、その専門家としてのウラマー（学者層）たちが生まれ、確たる社会層となっていった。このウラマーたちの営為の結果、八世紀から九世紀にかけて、神の教えは「シャリーア」なるものに集大成された。

シャリーアは、原義としては「水場への清浄な道」を意味するが、その内容は「良きムスリムが従うべき行為規範の総体」である。その規範の根拠は何よりも『コーラン』であり、次いで預言者ムハンマドの言行についての伝承たるハディースである。そしてハディースのなかに含まれる預言者ムハンマドの示した「スンナ」、すなわち「範例」が、ムスリムが行うべきことを示すのである。

さらにウラマーが成立したのちは、イジュマー（ウラマーたちの合意）が、第三の根拠になる。この第三までの根拠は宗派・学派を問わず、ほぼすべてのウラマーの認めるところである。

これに加えて一部では、さらにキヤース（類推）をも根拠としうるとする。シャリーアは聖俗一元・政教一元の宗教における信徒の行為規範であり、その一部に社会関係のルールとして裁判規範ともなるべき部分も含むためにしばしば「イスラム法」とも呼ばれる。だが法規範的部分はその一部であり、基本的にはイスラムの戒律の総体をさす。その点では、法律的部分を含みながらも本質的には戒律であるヒンドゥー教の「ダルマ」に比しうるであろう。

イスラムとキリスト教

ウラマーをしばしば「イスラム法学者」と訳すが、ウラマーは決して法律を専門とする者ではなく、本質的に「戒律学者」である。その点では、ユダヤ教の戒律学者であるラビに近く、ラビの訳としての「律法学者」が近い。しかしこの用語はユダヤ教専用化しているので、本書ではウラマーを「戒律を中心としたイスラムの教学の専門家」として「イスラム教学者」と仮訳したい。

またウラマーをときに「イスラム聖職者」と訳す場合があるが、これも誤解を招きやすい。イスラムでは、神と信徒が聖典『コーラン』を媒介に直接向かいあうため、カトリックのように、神と聖書と、そして信徒との間を教義上媒介する「聖職者」とその組織としての「教会」はもたない。ウラマーを「聖職者」と呼ぶと、カトリックのそれのように「神と信徒を教義上、媒介する存在」を連想させるところに問題がある。

くり返すが、イスラムでは少なくとも教義上、信仰は神と信徒が聖典『コーラン』をはさんで直接対峙することからなる。これは、キリスト教でいえばカトリックとはまったく異なり、むしろプロテスタント、それも無教会派のプロテスタントに近い。このため宗教改革においても、カトリックではまず「教会改革」が求められるが、イスラムでは原点たる『コーラン』への回帰をめざすいわゆる「原理主義」、正確には「原典主義」が生じやすい。

また神のことばそのものたる『コーラン』について、単なる翻訳は許されない。この点も、イエスがおそらくはアラム語で語った教えを信徒たちの目を通じて伝える『新約聖書』が、そもそも出発点からギリシア語のコイネーで編まれ、とりわけカトリックではその教会公認のラテン語訳を権威ある聖典としているのとは対照的である。『コーラン』も、アラビア語原典を掲げ、その各国語の注釈として各国語訳を付することは認められているが、それは本質的に、「翻訳」ではなく「注釈」とされる。

イスラムは本来、聖俗一元・政教一元の宗教であるために、人間活動の全領域にかかわろうとする傾向が強い。それが故にイスラム世界では、人間活動に対する宗教的規範の規制緩和というべき「世俗化」がはなはだ困難なこととなったのである。

スンナ派とシーア派

六三二年、預言者ムハンマドが没すると、「最後の預言者」であるからしてアッラーと信徒を媒介する預言者はもはや存在しえない。しかし、全信徒の唯一の指導者は必要・必須である。だがこの点について、神の啓示は存在しなかった。そこで信徒の合議により「カリフ」(アラビア語ではハリーファ)を推戴することとなった。カリフとは、「預言者ムハンマドの全信徒の指導者としての役割の代理人ないし後継者」を意味する。カリフたる者の条件は、まず敬虔なムスリムであること、第二に五体完全な男子であること、第三にムハンマドの同族であるクライシュ族出身者であることの三点であった。

六三二年から六六一年までに四名のカリフが存在したが、この四名は世襲ではなく信徒の推戴によったため、これを「正統四大カリフ」と呼ぶ。第四代正統カリフのアリーが暗殺されたとき、混乱に乗じてダマスクス総督であったウマイヤ家のムアーウィアが実力でカリフを称し、ウマイヤ朝を創始して以来、カリフ職は世襲化した。

またこの事態のなかでムアーウィアをカリフと認めず、本来的に預言者ムハンマドの唯一の正統な後継者カリフは第四代カリフとなって暗殺された、預言者ムハンマドの従弟で愛娘ファーティマの女婿であるアリーであるべきで、その後継者もアリーの子孫たちであるべきだと主張する「アリー派」（シーア・アリー）が生じた。これが政治運動から宗派化したのが、いわゆる「シーア派」である。

これに対し、最初の四名の非世襲カリフ「四大正統カリフ」と、ウマイヤ朝そしてこれを倒したアッバース朝のカリフたちをも正しいカリフと認める人々が、いわゆる「スンナ派」（アフル・アル・スンナ）である。

イスラムの二大宗派たる「スンナ派」と「シーア派」はこうして生まれたが、歴史的にみてほぼ常にスンナ派が多数派をなし、シーア派は少数派にとどまった。しかし、カトリック教会の如く絶対的権威をもって正統と異端を断ずる教会組織をもたないイスラムにおいて、スンナ派を「正統」、シーア派を「異端」と見なすのは誤解を生じさせるように思われる。

「アラブの大征服」とアラビア文字世界の形成

六三二年、四大正統カリフの初代となったアブー・バクルの下で、全アラビア半島がムスリムの勢力の下におかれることとなった。六三四年にアブー・バクルが没すると、ウマルが第二代カリフとなってムスリムとその下に集まった遊牧民ベドウィンによるアラブ・ムスリム戦士団を結成し、アラビア半島から東西に押し出す、いわゆる「アラブの大征服」が始まった。

東方では、六三五年ササン朝ペルシアに侵入し、六四二年には「ニハーヴァンドの戦い」でササン朝軍を大破した。こ

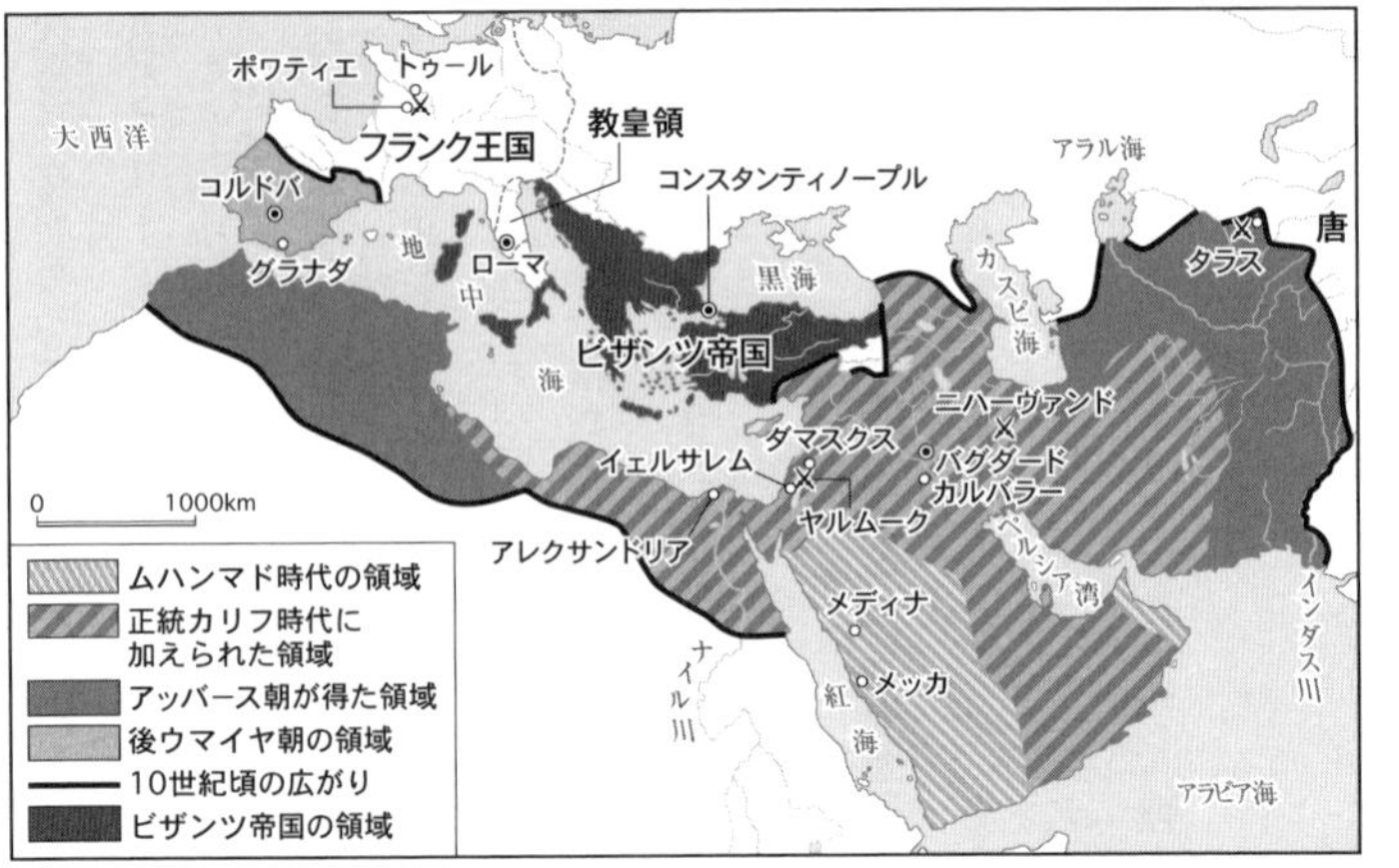

アラブの大征服とイスラム世界の広がり

れによりササン朝は崩壊し、六五一年には最終的に滅亡した。

ササン朝領を手中にしたアラブ・ムスリム戦士団はその後中央アジアを東進し、七五一年には今日のキルギス共和国西北部のタラス河畔で唐軍を破った。しかし、東のタリム盆地には入らず、東方への大征服はひとまず終息した。この年は、唐の支配を揺るがす「安史の乱」が起こる四年前のことであった。この「タラス河畔の戦い」の際に唐軍の捕虜のなかに紙すき工がおり、これが、製紙法が西方に伝わった起源だと一般にはいわれている。

西方ではアラブ・ムスリム戦士団がビザンツ帝国に侵入し、六三六年にはシリアを征服しながら、六四〇年にはエジプトに入り六四二年までにこれをほぼ制圧した。七世紀後半にはさらに西進してチュニジア、さらにアルジェリア、モロッコをも征服した。七一一年にはジブラルタル海峡を渡ってイベリアに侵入し、西ゴート王国を滅ぼした。七三二年にはついにピレネーを越えてフランス平原に入ったが、宮宰カール・マルテルの率いるメロヴィング朝フランク王国軍に「トゥール・ポアティエ間の戦い」で敗れ、以後、ピレネーを挟んで対峙することとなった。

七世紀中葉から八世紀中葉までの約一世紀間の「アラブの大征服」で、東方ではササン朝ペルシア領のすべて、そして中央アジアの多くがムスリムの支配下に入った。これで、かつての「楔形文字世界」は西端のアナトリアを除くすべてがイスラム世界に包摂され、パルティアとササン朝の下で形成されつつあった「パフレヴィー文字世界」も消滅した。

西方ではシリア、エジプト、リビア、チュニジア、アルジェリア、モロッコと、かつてのローマ帝国の南半すべてに加えて、西ローマ帝国北半のうち西の三分の一にあたるイベリアも、イスラム世界に包摂された。

この約一世紀間の「アラブの大征服」により、イスラム世界の原型は確立した。イスラムが浸透していくなかで、その聖典の言語たるアラビア語は、かつてのローマ帝国南半と旧ササン朝領イラクで住民の多くの母語となり、アラビア文字圏であると共にアラビア語圏として、さらにアラブ・アイデンティティーが浸透してアラブ圏に包摂されていった。

これに対し北方では、イラン人の母語はペルシア語、トルコ人のそれはトルコ語にとどまったが、アラビア語が共通の文化・文明語として定着し、アラビア文字が受容されて「アラビア文字世界」の一部となっていった。

かつての「アレクサンドロスの大遠征」や後代の「モンゴルの大征服」と異なり、その後失われたのは、レコンキスタで「ラテン文字世界」としての西欧キリスト教世界に回収されたイベリアのみであり、他は、その後の「アラビア文字世界」としてのイスラム世界の中核地域と化した。しかもかつてのローマ帝国の南半がイスラム圏、アラビア文字圏、そしてアラブ圏と化したことは、注目に値しよう。

第7章

イスラム世界の「支配組織」と異文化共存システム

――「アラビア文字世界」はなぜ拡大し定着したか

「アラビア文字世界」の成立

その地に生まれた一神教イスラムを軸としながら、七世紀中葉から八世紀中葉までの約一世紀間にわたる「アラブの大征服」を通じ、それまでの「旧世界」の歴史のなかで目立たぬ辺境であったアラビア半島から発して、新しい巨大な文化世界が形成されるようになった。

この新しい文化世界では、アラビア語を母語とするアラブ人の預言者ムハンマドを通じて伝えられた唯一神アッラーの啓示を結集《けつじゅう》した唯一の聖典『コーラン』がアラビア語で、アラビア文字をもって記されたために、アラビア文字をもって綴るアラビア語が、共通の文化・文明語となった。

その延長線上で、シリアからエジプトをへてモロッコにいたる、かつてのローマ帝国の南半ではその後、次第に住民の圧倒的多数がアラビア語を母語とするようになり、アラビア語圏にして民族的にはアラブ圏となっていった。

ササン朝領では、おそらくアッカド、バビロニア以来、セム系の人々が中心をなしてきたと思われるイラクのみがアラブ化し、イラン高原とその周辺は母語としてペルシア語を保った。トルコ民族の南下西進が進んでいた中央アジアでも、トルコ系の人々は母語としてトルコ系諸言語を保った。

しかし文字については、ペルシア語でもパフレヴィー文字にかえてアラビア文字が用いられるようになり、パフレヴィー文字はほとんど「死文字」となった。中央アジアでもトルコ系の人々がアラビア文字を用い始め、突厥文字もまもなく「死文字」となった。

ウイグル文字はその後もかなり生き続けたが、これも後にアラビア文字にとってかわられた。ムスリム（イスラム教徒）の支配下に入った空間は、アラビア語を共通の文化・文明語としアラビア文字を共有する「アラビア文字世界」となったのであった。

こうして「旧世界」の三大陸では、東の「漢字世界」、「梵字世界」、西の「ラテン文字世界」、「ギリシア文字世界」に加えて、そのいずれとも直接に境を接する、「アラビア文字世界」としてのイスラム世界が成立したのであった。

イスラムは「不寛容」という虚像

ここで『アラビア文字世界』としてのイスラム世界」といったが、この新たに出現した文化世界がイスラム一色の世界となった訳では決してない。しばしば、イスラムは「コーランか剣か」の宗教だといわれるが、それは西欧人がつくり出した虚像である。中世から近世にかけての「歴史的」キリスト教としてのカトリックこそ、実は「聖書か剣か」の宗教であり、「コーランか剣か」の宗教としてのイスラム像は、その反映にすぎない。

そもそもイスラムにおいては、人間は信心者（ムスリム）と不信心者とに大別される。そして不信心者は「偶像崇拝者」と、唯一神を奉じ唯一神の啓示の書をもつ人々としての「啓典の民（アフル・アル・キターブ）」に大別される。

「啓典の民」とは、すなわちキリスト教徒とユダヤ教徒を中心とする一神教徒である。人の住む世界もまた、未だ不信心者の支配下にあって唯一神アッラーの最後の教えが行われていない「戦争の家（ダール・アル・ハルブ）」と、ムスリムの支配下にあって神の教えが十全に行われている「イスラムの家（ダール・アル・イスラーム）」に二分される。神の最後の教えが、「最大にして最後の預言者」ムハンマドを通じて伝えられる以前には、この世界は「無明（ジャーヒリーヤ）」の世界であった。

しかし、唯一神アッラーの最後の「御使い」である預言者ムハンマドが、神の最後の教えを伝え始めて以来、光明がもたらされ、預言者ムハンマドがメディナで権力を掌握したとき、「イスラムの家」が無から生じた有として誕生したのである。

そして「ジハード」、すなわち「和戦両様、折伏と武力行使による熱烈な努力」をもって「戦争の家」を「イスラムの家」へと包摂していく営為のなかで、「イスラムの家」が拡大し歴史的世界としてのイスラム世界が成立しえたのであった。後代に入り、防衛のジハードは全ムスリムの義務であるが、「拡大のジハード」にはカリフの命令が必要だとか、はては、スーフィズム（イスラム神秘主義）では自らをよりイスラム的にしていく修身の営みこそ「大ジハード」であり、武力によるジハードは「小ジハード」であるといった論も、一部に生じた。

しかしアラビア半島の制覇から「アラブの大征服」をへてその後もイスラム世界が拡大していったのは、主として武力によるジハードによるのであり、歴史的現実に照らしてみれば、「大ジハード」「小ジハード」論は空論にさえみえる。

教義上、イスラムには原始キリスト教にみられる絶対平和思想も、原始の仏教にみられる絶対的な不殺生戒もない。しかし西欧起源の「コーランか剣か」の不寛容の宗教というイスラムのイメージは、自己の主観の他者への投影に過ぎない。

イスラム的共存と統合のシステム

イスラムでは、偶像崇拝者に対しては確かに「コーランか剣か」が原則をなす。ところが歴史的現実においては、一方では「偶像崇拝者」の範囲が次第にせばめられ、『コーラン』にある「神は無数の名もしれぬ御使いを遣わされた」との章句を根拠に、偶像崇拝者とも見なされるヒンドゥー教信者も「啓典の民」に準じて扱うようになっていった。他方で、偶像崇拝者に対し「コーランか剣か」というのはアラビア半島内のみでのことで、その外ではこの限りではないとの説さえ現れてきた。

武力によるジハードに際し、「啓典の民」がムスリムの指導者と契約を結べば、ズィンマ（特別の「保護」）を与えられたズィンミーすなわち「被保護民」の地位が与えられ、イスラムの戒律シャリーアの掟に大きく反したりせず、人頭税（ジズヤ）を中心とする特別税を払い一定の行動制限に服すれば、固有の信仰や生活慣習、法を保ち、自治生活を営むことが許された。そして、宗教は強制によらないということが、少なくとも理念上は原則とされたのであった。

実際、強制改宗によりズィンミー（被保護民）が減少すれば、人頭税などの特別税の税収が減るのであるから、支配者としてのムスリムにとって強制改宗へのインセンティヴは高くはなかった。このようにイスラム世界では、ムスリムと「啓典の民」ないしそれに準ずる非ムスリムが、不平等の下ながら共存ないしは共存が許容されるシステムが成立していた。またこのシステムの存在こそが、急速な拡大にもかかわらず恒久的なムスリムの支配が定着した大きな理由ではないかと思われるのである。

いわば「イスラム的共存のシステム」とでもいうべきものが成立していたために、「アラビア文字世界」としてのイスラム世界は、現実には非ムスリムの諸宗教・諸宗派の人々が、各々の固有の信仰、固有の文化・文明語、固有の文字を保ちつつ共存する、重層的な世界となっていた。この点こそ、正統派のカトリックのみが許され、ごく少数のユダヤ教徒のみが許容されたほかは異端ないし「魔女」として徹底的に排除された、世界史上でもまれなほど、宗教的に不寛容な中世西欧のカトリック社会と著しい対照を示していよう。

民族と言語についていえば、社会の統合の基軸とそれを支えるアイデンティティーの根源が宗教におかれていたため、それらが文化的要素にとどまった点では、イスラム世界は中世西欧カトリック世界のあり方と類似していた。

ただイスラム世界の場合、イスラムの誕生から「アラブの大征服」の最後まで、イスラムの信者たるムスリムの圧倒的多数はアラブ人であった。このため「アラブの大征服」の過程で「イスラムの家」に包摂された空間での非ムスリムの非アラブからイスラムへの新改宗者は、四大正統カリフ時代と六六一年に始まるウマイヤ朝カリフの時代を含め、マワーリーと呼ばれてアラブのムスリムとは差別され、これが新改宗者の大きな不満の原因となっていった。そして、そのことがウマイヤ朝の倒壊の一因となった。

イスラムの世界秩序観と政治単位

「アラブの大征服」で成立した「イスラムの家」内部の世界秩序についてみると、全世界の全ムスリムの共同体たるウンマが、唯一の指導者を戴く唯一の信徒共同体であるように、「イスラムの家」は、唯一の指導者を戴く単一の政治体と考えられていていた。

歴史的現実においても、預言者ムハンマドがメディナで権力を掌握して、「イスラムの家」が無から生じた有として出現して以来、アッバース朝期に入る七五〇年代までは、唯一の指導者を戴く単一の政治体であった。

この統一はアッバース朝期に入って以降、徐々に崩壊し、ダウラすなわち「王朝・国家」の並存する世界となっていったが、イスラムの戒律体系としてのシャリーアには、少なくともこの変容は反映されなかった。

それ故シャリーアには、並存する複数のムスリム政治体間の関係を律する「国際法」は存在しない。あるのは、「イスラムの家」と、「戦争の家」の不信心者の諸共同体との関係、とりわけジハードにおける関係についてのムスリムの自己規律「シヤル」のみであった。

近代に入り、シヤルはしばしば「イスラム国際法」と呼ばれてきた。実際、内容的にはとりわけ戦時国際法を中心とする近代国際法に似るが、本来は全く異なるものであった。

「イスラムの家」の統一性は、徐々に崩れていった。しかし、「『イスラムの家』は一つ」という理念は長く保たれ続け、これが近代のパン・イスラム主義を生み出す一つの背景ともなった。この点においても、「一つのキリスト教世界」の理念をもち、その宗教的象徴としてローマ教皇を、政治的象徴として神聖ローマ皇帝をもちながら、ついに一度も政治的統一をみなかった中世西欧世界とは対照的であった。

「アラブの大征服」が終焉に近づいた七五〇年、アッバース家の革命運動が成功してウマイヤ朝が滅び、アッバース朝カリフが誕生した。アッバース朝は、革命運動中はシーア派にもいろいろとリップ・サーヴィスしていたが、結局これは反故にされた。しかしウマイヤ朝下でも最終の時期まで差別されていた非アラブの新改宗者を、本来のアラブ・ムスリムと平等に扱うという原則は確立された。

四大正統カリフからウマイヤ朝までを、アラブ・ムスリムが中心の「アラブ帝国」の時代と呼ぶのに対し、アッバース朝は人種・民族をこえた、より普遍的な「イスラム帝国」とされる。そしてこの普遍的な「イスラム帝国」の伝統は、「前近代」イスラム世界における最後の超大国・オスマン帝国にまでうけつがれていく。

アッバース朝「支配組織」モデルの形成

ウマイヤ朝は、その開祖であるウマイヤ家のムアーウィアがかつてビザンツ領だったシリアのダマスクス総督だったこともあり、首都もダマスクスにおかれ、最古のモスクの一つ、ダマスクスのウマイヤ・モスクにもみられるように、ビザンツ・ヘレニズムの影響も少なくなかった。

しかしアッバース朝は、元来はイラン東北部のホラーサン地方で革命運動を始め、勝利の後はイラクを拠点とし、かつてササン朝領であったイラク中部に七六二年、新都バクダードを建設した。そしてササン朝の旧臣民たる、イラン系の新

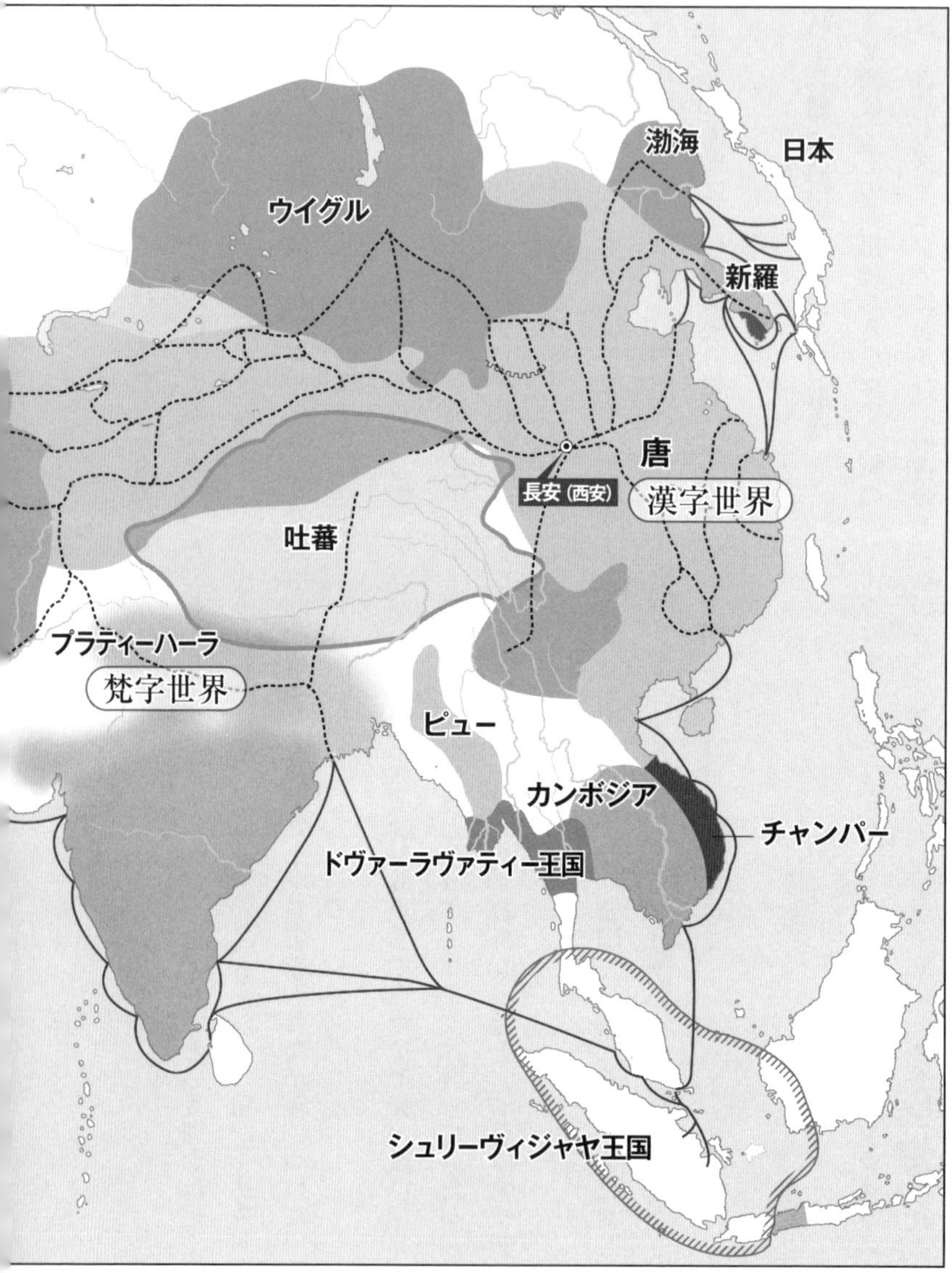
渤海
日本
ウイグル
新羅
唐
長安（西安）
漢字世界
吐蕃
プラティーハーラ
梵字世界
ピュー
カンボジア
チャンパー
ドヴァーラヴァティー王国
シュリーヴィジャヤ王国

後ウマイヤ朝
フランク王国
ラテン文字世界
ブルガール
アヴァール
ハザール
イドリース朝
コンスタンティノープル
ビザンツ帝国
ギリシア・キリル文字世界
バグダード
アッバース朝
アラビア文字世界
おもな海上ルート
おもな陸上ルート

8世紀の世界

改宗ムスリムに頼るところ大となった。

そもそも「アラブの大征服」の進行中、アラブ・ムスリム戦士団に俸給を支払うべく、ディーワンと呼ばれる組織がつくられた。財源は主に新征服地からの租税であり、その徴収などについてはもっぱら征服地の旧来の支配組織を温存して、これに頼った。旧ササン朝領では、旧ササン朝系の官僚がパフレヴィー語で帳簿を整え事務をとり、旧ビザンツ領ではギリシア語で帳簿がつくられ、事務もとられた。しかし、アッバース朝の下で次第に独自の「支配組織」が形成され、アラビア文字を用いてアラビア語で事務がとられるようになっていった。

その際、重要な役割を果たしたのは、イラン系の新改宗者でアラビア語をも学んだ人々であった。文書行政と財務にあたる実務官僚はカーティブ、すなわち「書く人」、「書記」と呼ばれたが、書記の中心的部分はイラン系新改宗者からなっていた。そして書記たちの頂点にワズィール（宰相）職が確立すると、宰相の多くもまたイラン系官人であった。ササン朝の下で元来は仏教寺院の僧侶であったバルマク家出身で、カリフ、ハルーン・アル・ラシードの宰相となったジャッファルは、特に名高い。

君主の最高位の補佐者としてのワズィール職は、権能と性格は様々となりつつも、イスラム世界の後代諸王朝にモデルとして継承されていった。オスマン帝国「首席宰相」としての大宰相ヴェズーリ・アーザムもこの流れをくむ。

アッバース朝の下、カリフは次第に専制君主化し、その下の支配組織も、イスラムに直接基づくというより、ササン朝まで承け継がれてきたいわゆるオリエントの君主専制下の支配組織モデルによるところが大であったといえる。

文民的支配組織が発展していくなかで、軍事組織においても自律性の高いアラブ・ムスリム戦士団、とりわけ革命運動で中心的役割を担ったホラーサン軍団の力に対し、次第に専制君主化していくカリフは自らに専属の軍事力を求め、九世紀中頃からマムルークと呼ばれる奴隷軍人制度が成立した。

異民族出身の異教徒を奴隷としてムスリムに改宗させ訓練を施し、君主直属の軍事力とするこのマムルーク制度はイスラム世界の中核部で根づき、都市を拠点とする定住的な大型の王朝ではつねに「組織モデル」として再現された。のちのオスマン帝国における常備歩兵軍団「イェニチェリ」は、その好例である。

ただ、アッバース朝では中央アジアのトルコ人を用いたのに対し、オスマン帝国では最初にバルカン、後にはアナトリアも含めた旧ビザンツ領のキリスト教徒住民から徴集された。またマムルーク制度は、イスラム世界のなかで中央アジアと東南アジアには受容されなかった。このことは、中国の科挙制度が島嶼部の日本と琉球に入らなかったことと比べると、興味深い。

シャリーアとウラマーの成立

「支配組織」の中核をなす実務官僚組織と軍隊の組織モデルは、イスラムそのものに根ざしたものではなかった。これに対し、イスラムそのものに根ざした展開としては、何よりもシャリーアの成立をあげえよう。

イスラムの本義は、唯一神アッラーが最後の預言者ムハンマドを通じて伝えた最終的教えに従って生きることであり、その教えは、預言者ムハンマドを通じて伝えられた神のことばの集成である聖典『コーラン』にすべてあるはずであった。

しかし、信徒がいかなるとき、いかに行動すべきかを『コーラン』によって常に知ることは難しい。とりわけ母語がアラビア語でない人々が、ムスリムとなっていくとそれは一層困難となる。加えて『コーラン』に直接の言及がない場合、どう対応すべきかも問題となる。これが前章で述べたように、このような問題について探求をこころがける人々が現れた原因であり、次第にグループ化し一つの社会層にまで発展したのが「ウラマー」（イスラム教学者）であり、ウラマーたちが神の教えを体系化して成立したのが「シャリーア」であった。

このシャリーアも、その担い手たるウラマー層とともにアッバース朝下、八世紀から九世紀にかけて成立していった。ウラマーは自らこそイスラムの真の担い手であるとしてイスラムの解釈権の独占をめざしたが、結局は教学・教育・司法の担い手として、その役割は限定されていった。ただ高度の文字技術をもつため、ときに財務と文書行政に従事するカーティブ（書記）を代行することもあった。

いずれにせよ、「アラビア文字世界」としてのイスラム世界における戒律と法と、そして「支配組織」とその担い手の原型が確立したのは、「イスラム帝国」としてのアッバース朝の下においてであった。その意味でアッバース朝は、「漢字世界」における隋唐帝国に比しうる存在であった。

アッバース朝で発展した文化と学問

「アラビア文字世界」としてのイスラム世界の文化もまた、アッバース朝の下で成立し発展していった。韻文を主とするアラブ文学も発達し、そのことはイラン系ムスリムの下での「イラン文学再興運動」にもつながった。イスラム世界でイランを中心とするその北半においては、ペルシア語がアラビア語につぐ第二の文化・文明語となり、その影響は北方の中央アジア、東方のインド地域、さらに後には西方のアナトリア・バルカンをも包摂し、イスラム世界北半のアラブ・ペルシア語文化圏が形成されていった。

これに対し、シリアとイラク以南は、アラビア語のみを文化・文明語とするアラブ圏となっていった。ちなみに文字を記すにあたっての書体も、北半のアラブ・ペルシア語圏ではペルシア語を記すために利用されたターリク体も普及したが、南半のアラブ圏でこの書体が用いられることはなかった。

学問についてはアッバース朝下、イスラム教学を中心とする土着の学問と、人文・社会・自然科学を中心とする外来の学問がともに発達した。土着の学問の中心をなすのは『コーラン』の解釈学とシャリーアに関する諸学であり、『コーラン』を正確に読むための言語学や辞書学まで含まれた。すでに清朝の考証学や、徳川日本の国学に対応するものが、当初から含まれていたのである。

また歴史学は、シャリーアの第二の根拠たるハディースの真偽を判断する方法の延長線上で発達し、王朝の天命とのかかわりを明らかにすることを最大の任務とする「漢字世界」の中心・中国の歴史学とは、甚だ異なるかたちをとった。

外来の学問では、一方では政治論などでイラン系の影響を強く受けた。他方では人文社会科学であれ、自然科学であれ、ヘレニズムの強い影響がみられた。これを支えたのは、ギリシア・ヘレニズム古典の原典からの、あるいはそれがシリア語などへ翻訳されたものからのアラビア語化運動がアッバース朝下で生じ、多数の翻訳がなされたことであった。

こうして西欧世界の「中世」にあたる時期において、「旧世界」の「三大陸」の西半における学問、とりわけ哲学と自然科学はイスラム世界で最先端に到達し、「中世」以降の西欧世界にも決定的な影響を与えることとなった。

異文化世界間の中継地としてのイスラム世界

「アラビア文字世界」としてのイスラム世界が「旧世界」三大陸のつなぎ目の上に拡がり、東西のほかの四大文字世界をつなぐ位置にあったことはすでに触れた。

実際に「三大陸」を結ぶ陸上の二つの大動脈たる「草原の道」と「オアシスの道」のうち、「オアシスの道」すなわちいわゆる「シルク・ロード」のほとんどが、イスラム世界を通過していた。

また、海の大動脈はシナ海からインド洋をへて三つに分かれる「ペルシア湾ルート」、「紅海ルート」、そして「アフリカ東岸ルート」となるが、そのいずれの西のターミナルもイスラム世界に含まれることとなった。

それ故、イスラム世界は「旧世界」における異文化世界間の交易と交通の中心となり、とりわけ東方の文物を西方へともたらす主動力となった。「漢字世界」の中国で発明された火薬、羅針盤、そして紙はいずれもイスラム世界を通り、西欧世界にもたらされた。そして「梵字世界」の中心インドで生まれたインド数字と零の概念もまた、イスラム世界を通じて西欧世界にもたらされた。イスラム世界で変容したインド数字をモデルとする洋数字は、西欧世界で「アラビア数字」

と呼ばれることとなった。

生活文化では、インドからの砂糖もイスラム世界で広く生産されるようになり、製品の砂糖のみならず、その原料たる甘蔗もイスラム世界経由で西欧世界にもたらされた。

また、西欧で「リュート」（撥弦楽器）として知られる楽器もインドを起源とし、イスラム世界で「ウード」となり、これが西方に伝わったものであった。それが東方に伝わると「琵琶」となる。

遊技としての西方の「チェス」も、原型はインドで成立したものである。これがササン朝ペルシア経由でイスラム世界に伝わり「サトランチュ」となり、これが西欧世界に伝わって「チェス」となった。ちなみに、それがインドから東方に伝えられたものが「将棋」である。

いずれにせよ、八世紀から一五世紀にいたるまで、「旧世界」の「三大陸」の、とりわけ異文化世界間の交易と交通の中心は、イスラム世界であった。

第8章

現代に続く「五大文字世界」の定着から「モンゴルの大征服」の衝撃へ

――新たなイスラム世界の拡大と西欧キリスト教世界の対外進出

政治的に分裂していくアラビア文字世界

七世紀中葉から八世紀中葉の「アラブの大征服」で原型の成立した「アラビア文字世界」としてのイスラム世界は、メディナにおける預言者ムハンマドの権力掌握以来、リーダーシップをめぐる争いと、その一つを原因とするスンナ派とシーア派という二大宗派への分裂をも生じながら、「大征服」の全過程を通して、政治的統一を保ち続けた。

七五〇年にウマイヤ朝を倒しアッバース朝が成立すると、アラブ・ムスリムと非アラブの新改宗ムスリムとの差別も解消され、ムスリムはアラブ、非アラブにかかわらず平等を享受するに至り、「アラブ帝国」から「イスラム帝国」、それもスンナ派のイスラム的世界帝国が実現された。ところが皮肉なことにその直後の七五六年、アッバース帝国の政治的統一に亀裂が生じ始めた。

アッバース朝は、前の権力者ウマイヤ家に対し徹底的な弾圧を加え、主要な一族男子を殺戮した。わずかにアブドゥル・ラフマーンは、苦難のなかで一眼を失い隻眼となったものの、当時イスラム世界の西北端であったイベリア半島にたどりつき、同地のムスリムの一部の支援をえて独自の権力を樹立した。これが、後ウマイヤ朝の成立である。

ここに、これまでムスリム支配下にある「イスラムの家」は一つという理念を体現していたイスラム世界の現実の政治的統一は、初めて破れることとなった。

後ウマイヤ朝はイベリア全土を手中に収め、コルドバを都に繁栄するに至った。ただ当初、後ウマイヤ朝の君主はカリフを名のらず、アミール(大守)を称した。アミールとはカリフの代理人としての軍の司令官、州の総督を意味する。従って、カリフはただ一人という理念は、名目上は保たれた。

しかし、アッバース朝中央の統制力は九世紀に入ると早くも弱まり、各地の有力総督がアミールを称しつつ、独立化していった。これに加え一〇世紀初頭になると、マグリブで預言者ムハンマドの娘ファーティマと第四代カリフ、アリーの子の子孫と称するシーア派のファーティマ朝が出現してカリフを称した。

これに対峙してマグリブと深い関係にあるイベリアの、スンナ派でこれまでアミールを名乗ってきた後ウマイヤ朝の支配者もカリフを称するに至り、イスラム世界の東西に、スンナ派であるコルドバの後ウマイヤ朝とバグダードのアッバース朝、そしてその中間の地である北アフリカにはシーア派のファーティマ朝という三人のカリフが並び立つこととなり、イスラム世界の政治的分裂は決定的となった。

普遍的な「イスラムの家」理念はなぜ存続したか

しかも、一〇世紀前半にはイラン系でシーア派のブワイフ朝がおこり、イランのみならず九四六年にはバグダードに入城し、スンナ派のアッバース朝カリフもその勢力下におかれた。西方でもやや遅れること九六九年、北アフリカに興ったシーア派のファーティマ朝がエジプトに入り、シリアにも勢力をのばしてスンナ派とシーア派の力関係も一時逆転した。

ところが東方では、一一世紀初頭に東北方の中央アジアからトルコ系でスンナ派のセルジューク集団がイラン、イラクに入り、ブワイフ朝を破ってバグダードを押さえ、スンナ派による支配が回復された。西南方では、十字軍の侵攻に対抗すべくザンギー朝の援軍を率いてエジプトに入り武功をあげた、西欧ではサラディンの名で知られるクルド系のサラーフ・アッディーンが、一一七一年に権力を掌握してアイユーブ朝をおこし、シーア派を廃してエジプトでスンナ派の支配を回復した。こうして、スンナ派とシーア派の力関係は再びスンナ派が優位となり、シーア派のカリフは消滅した。また、イベリアのスンナ派である後ウマイヤ朝も一〇三一年には滅亡し、バグダードのスンナ派のアッバース朝カリフのみが、唯一のカリフとなった。

「アラビア文字世界」としてのイスラム世界は、スンナ派にとっては統一の可視的シンボルとしてバグダードのアッバース朝カリフを擁するものの、政治的現実においては、ダウラと呼ばれる王朝・国家の分立するところとなり、イスラム世界の政治的統一は完全に失われ、それが回復されることはついになかった。しかし、ダウラ（王朝・国家）が並立する現実が、イスラムの戒律であるシャリーアに反映されることはついになく、「イスラムの家」は一つという理念は生き残った。

そして一二五八年にモンゴルがバグダードを征服し、少なくともスンナ派の人々にとって「イスラムの家」の統一の可視的シンボルであったアッバース朝のカリフが滅亡した後も、カイロでマムルーク朝の庇護下に存続したアッバース朝のカリフよりはむしろ、ムスリムの共通の行為規範、そして法的にはムスリムの共通の法規範、イスラム世界の世界法というべきシャリーアの普遍性に支えられながら、全世界のムスリムの共同体ウンマと、ムスリム支配下にある「イスラムの家」の普遍性の理念は保たれ続けたのだった。これが、近代に入ってからの、パン・イスラム主義の一つの淵源となる。

なお、メディナに居住していた預言者ムハンマドの最晩年のメッカ巡礼の故事により、ムスリムの神聖な義務としてのメッカ巡礼が、イスラムが「三大陸」に広く拡がった後も行われ続けてきたことが、ウンマは一つという理念を歴史的に支える支柱となってきた。

「アラブの大征服」がもたらしたアラビア文字化

わずか一世紀の「アラブの大征服」でその原型が形成されたイスラム世界では、アッバース朝が成立した直後のタラス河畔の戦い（七五一年）における唐帝国に対する勝利の後、拡大の波は過ぎ去っていったものの、イスラム化とムスリム化が進行していった。

ここで「イスラム化」とは、イスラム的システムとイスラム文化が社会をおおい浸透していく過程としてとらえたい。都市では、イスラムの共同礼拝所としてのモスクが建立されるようになり、とりわけ一日五回の礼拝の時の到来をつげるミナレットが備わるようになると、都市の稜線に独特の景観を与えるようになった。キリスト教の教会の鐘が禁じられ、ミナレットからの礼拝への呼びかけ、アザーンが一日五回流れ始めると、音と時の秩序も変化していった。

一方の「ムスリム化」とは、信仰としてのイスラムの浸透とイスラムへの改宗を意味する。東方の旧ササン朝領のゾロアスター教徒たちは、当初大量にイスラムに改宗したようであり、これを嫌った一部の人々はインド亜大陸に逃れた。その子孫を中心とするのが、インドに在住するゾロアスター教徒のパールシー集団である。

パールシー集団もヒンドゥー教徒の側からはジャーティー（カースト制度）の枠内に位置づけられたが、パールシー自身にとりヒンドゥーの戒律であるダルマの制約は少なくとも内面的には問題とならなかった。このことが後年、英国の支配が浸透していくなかで、最も先進的な反応を示すこととなり、今日のインドを代表するタタ財閥も生み出すこととなる。

西方の、かつてのローマ帝国の南半では、人口の圧倒的多数はキリスト教徒で、これにごく僅かのユダヤ教徒が存するのみだった。いずれも「啓典の民」であり、ズィンマ（保護）を与えられたズィンミー（被保護民）として不平等の下ながら共存を許されていたが、時の経過とともにムスリム化も進み、数世紀のうちには人口の多数がムスリム化していった。

旧ローマ帝国の南半と旧ササン朝領のイラクでは、母語のアラビア語化が進行し、さらにアイデンティティーにおいてもアラブ人意識をもつ人々が増大し、アラブ化が浸透していくことになる。

東方イランと中央アジアでは、イラン系の人々はペルシア語、トルコ系の人々はトルコ語を母語として保った。一方、共通の文化・文明語としてのアラビア語が定着していく過程で、イランでは旧来のパフレヴィー文字から、また中央アジアのトルコ系諸民族間では突厥文字やウイグル文字から、文字としてアラビア文字が受容され、アラビア文字化が進行した。これに加えて、アラビア語の語彙の受容も拡大していった。語彙の共有は、思考と表現の媒体の共有であり、「アラビア文字世界」としてのイスラム世界の文化的共通部分の形成に大きな意味をもつことになる。

イスラム世界を拡大させた「第二の波」

一一世紀頃になると、イスラム世界拡大の「第二の波」が訪れた。この波のうち、アフリカ東部のインド洋岸と、一三世紀以降の東南アジアの沿岸部、島嶼部では、主として交易を通じ、平和的にイスラムが浸透していった。

この両地域では、政治体として港市国家が支配的であり、港市国家の支配層が改宗して領民にも浸透し、その影響が内陸部にも及んでいった。イスラム化・ムスリム化は、共通の文化・文明語としてのアラビア語の受容を促進し、さらにはアラビア文字の使用をも押し広めていった。

アフリカ東部のインド洋岸では、無文字状態から現地語をアラビア文字で綴るスワヒリ語が成立した。そもそも「スワヒリ」の名称自体が、「沿岸」を意味するアラビア語サーヒルの複数形「サワーヒル」に由来する。また東南アジア沿岸部、島嶼部でも、それまでの梵字系文字にかえてマレー語やジャワ語がアラビア文字でも綴られるようになっていった。

イスラム世界北半の東隣のインド亜大陸と西隣のビザンツ世界、そして西南方のアフリカ・サハラ以南へのイスラム世界の拡大は、主として武力によるジハードによって進行していった。アフリカ大陸西部のサハラ以南では、北アフリカ西部のマグリブ地域からのアラブ・ムスリムのジハードが行われ、マリ、モーリタニアがイスラム世界に包摂された。さらにムスリム化した現地勢力によりジハードは続行され、ナイジェリアにまで至ることとなった。

イスラム世界北半東隣のインド亜大陸へは、イラン東部とアフガニスタンのガズナ朝・ゴール朝を中心にジハードが行われ、とりわけゴール朝のマムルーク（奴隷軍人）出身のトルコ系将軍アイバクは北インドに拠点を構え、一二〇六年に独立して、デリーを拠点とする後世のいわゆる「奴隷王朝」を興した。以後、デリーを拠点とするムスリムの四王朝が継続し、これをデリー・スルタン朝と呼ぶようになるが、その下でインド北部はイスラム世界に包摂されていった。

この過程で当初、ヒンドゥー教徒や仏教徒は偶像崇拝者と目され、とりわけ衰亡しつつあった仏教は、その拠点のナーランダ学院等が破壊され、決定的な打撃をうけた。しかし、次第にヒンドゥー教徒らにも「啓典の民」に準じてズィンマ、ズィンミー制度が準用されるようになり、ムスリム勢力のインドへの浸透も進行していった。そして一六世紀には、ムガル帝国の成立をみることとなる。

イスラム世界北半の西隣では、一一世紀前半に中央アジアからトルコ人がイラン、イラクに入り成立したスンナ派トルコ系の大セルジューク朝が、一一世紀末にビザンツ帝国の東半をなすアナトリアに侵攻し、とりわけその分派であるルーム・セルジューク朝の下で、一時はアナトリアが席捲された。一〇九五年に結成され翌九六年にアナトリアに侵攻した第一次十字軍に敗れて一時は押し戻されたものの、一二世紀を通じて失地を回復し、一三世紀前半にはかつてイコニウムと呼ばれたコンヤを首都にアナトリアのイスラム化、ムスリム化、そしてトルコ化が進行して最盛期を迎えた。しかし、この動きも一三世紀中葉、モンゴルの襲来により様相をかえることとなる。

ローマ帝国の双子――ビザンツ世界

四七六年、西半を失ったものの帝冠の返還によって唯一のローマ帝国となって以降の東ローマ帝国をビザンツ帝国と呼ぶとすれば、六世紀中葉のユスティニアヌス帝の西ローマ帝国領奪還の一応の成果は失われていったものの、七世紀前半の東隣ササン朝ペルシアとの多年にわたる抗争のなか、ヘラクレイオス朝の祖ヘラクレイオス一世の下でビザンツ帝国は六二八年にササン朝に征服されていたシリアとエジプトを奪還し、その勢いを回復したかにみえた。

けれども、その直後に「アラブの大征服」の大波を受けることとなり、六三〇年代から六四〇年代初頭に再びシリアとエジプトを失い、帝国東半のアナトリアも数次にわたりアラブ・ムスリム戦士団に侵攻された。ビザンツ帝国の帝都コンスタンティノポリスですら、数次にわたり包囲されたのだった。だがビザンツ帝国はよくこれに耐え、アナトリアも保ちながら、特殊兵器たる「ギリシアの火」によってコンスタンティノポリスをも守り、六七〇年代末、東方情勢は小康をえた。

この頃、一方でビザンツ帝国の西半をなすバルカンへの異民族の進攻が始まり、まず六七九年にブルガール人がバルカンに入った。元来はヴォルガ川流域の遊牧民だったトルコ系のブルガール人は、六八一年に第一次ブルガリア王国を樹立し、ビザンツ帝国を度々脅かした。印欧系のスラヴ人たちも、ドナウ川を越えてバルカンに浸透していった。

このようななか、本来はアルタイ系トルコ民族であるブルガール人たちは、次第に周囲に増えてきたスラヴ人の影響の下で元来の母語であるトルコ系ブルガール語から、スラヴ語を母語とするようになっていった。

またビザンツの文化の影響の下で正教徒たちによる正教布教が進み、スラヴ人のみならずブルガール人にも正教の影響が及んだ。その結果、八六四年にはブルガリア王国の国王ボリス一世が正教徒となった。

ビザンツ世界の「ギリシア・キリル文字世界」化

ビザンツの聖職者たちによる正教布教のなかで、無文字の民であったスラヴ人やブルガール人のために文字が考案された。キュリオスとメトディオスの兄弟がギリシア文字をベースにグラゴール文字を創案し、さらに後にはキリル文字が創出されて定着していくこととなった。

『新約聖書』もギリシア語のコイネーの原典からスラヴ語に訳され、スラヴ人やスラヴ化したブルガール人の正教徒たちの間ではスラヴ語訳の聖書が用いられるようになり、ギリシア文字で綴られるギリシア語とともにキリル文字で綴られる

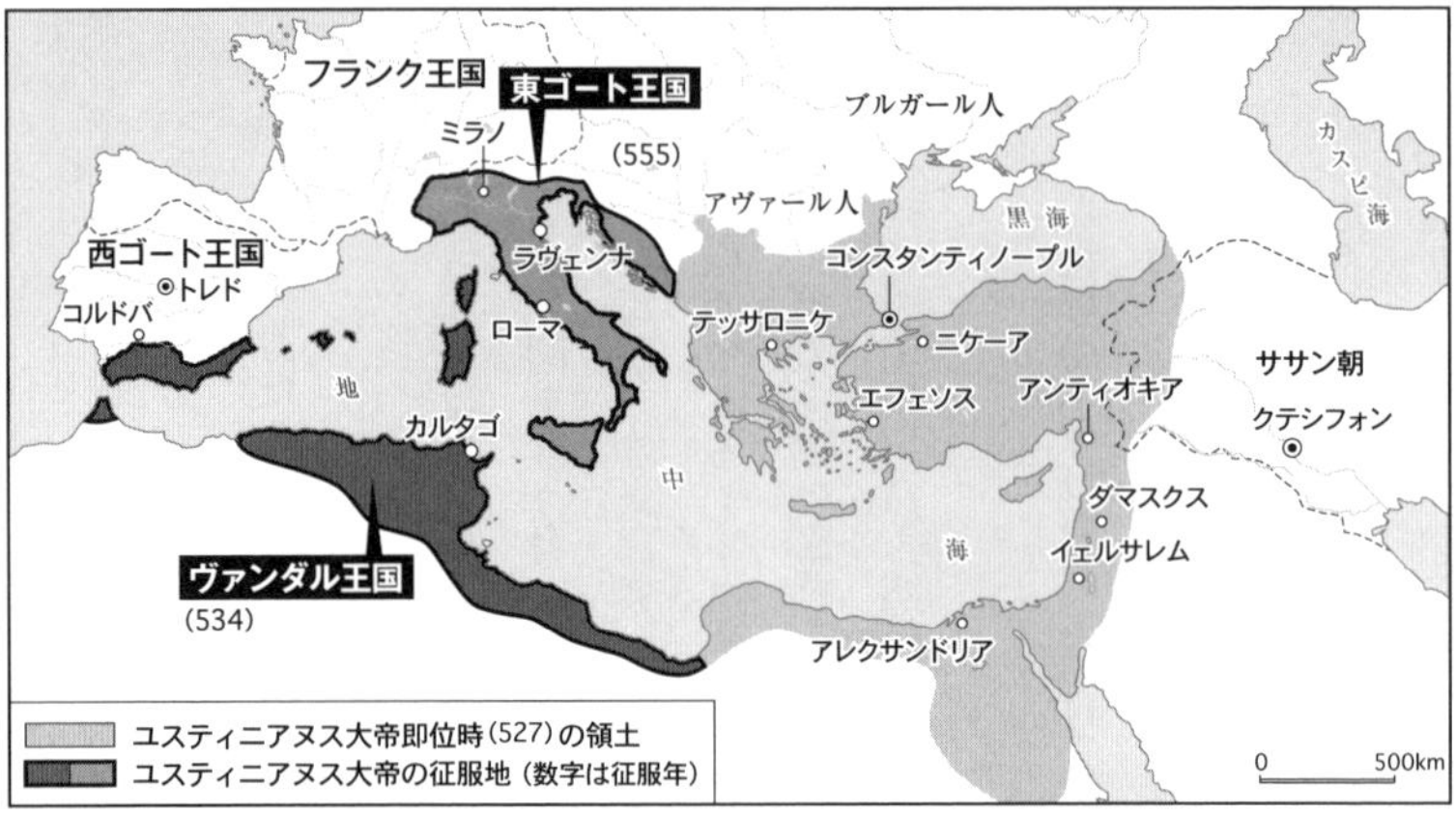

6世紀半ばのビザンツ帝国

教会スラヴ語が、共通の文化・文明語となっていった。

ビザンツ帝国の中央では、民間でのイコン（聖像）崇拝の高まりに対し、七二六年に皇帝レオン三世が聖像崇拝を禁止し、第一次のイコノクラスム（イコン破壊運動）として七八七年まで続いた。のち八一五年には第二次イコノクラスムが始まり、激しい対立を生み反乱まで引き起こしたが、聖像崇拝は八四三年には公会議の決議によってようやく復活した。

かつてのローマ帝国西半とゲルマニアで形成されつつあった「ラテン文字世界」としての西欧キリスト教世界では、キリスト教がますます偶像化していった。東方の新興の「アラビア文字世界」では全面的かつ厳格に偶像が禁ぜられた時代における、ビザンツ世界での聖像崇拝禁止運動は、可視的な聖像を否定していた原初キリスト教への復帰の動きとして興味深い実験であった。

次第に「ギリシア・キリル文字世界」化していくビザンツ世界の北方には印欧系スラヴ人の世界が拡がっていたが、九世紀後半に黒海北方でキエフ公国が成立し、今でいうロシアの南部とウクライナが統一された。そして一〇世紀頃になると、ビザンツと通商条約を結び交流が生じた。

そのなかで聖職者による正教の布教も進み、九五七年にはついにキエフ公国の女公オリガがビザンツの帝都コンスタンティノポリスを訪問し、正教徒となった。その後九八八年、キエフ公国のウラジミール公が正教を国教とした。

こうしてビザンツ帝国は、アラブの大征服でかつての東ローマ帝国の南半と、地中海の島嶼を失った。しかし、一つの政治体としてのビザンツ帝国は縮小していったものの、少なくともその文化的・文明的影響は遠く黒海北方のスラヴ人の地に浸透し、スラヴ人たちによる正教とキリル文字の受容のなかで、「ギリシア・キリル文字世界」としてのビザンツ世界として発展していくのである。

東西教会の分裂

他方でビザンツ帝国の本体は東半のアナトリアを保ちつつ、一〇一八年にはブルガリア王国を滅ぼして西半のバルカン全体をその支配下に回復した。しかし、ローマ教皇を長とする西方の西欧キリスト教世界とはキリスト教の教義をめぐって対立を深め、ローマ教皇がコンスタンティノポリス総主教に破門状を送ったことで、一〇五四年に東西教会の分裂は決定的となった。そうこうするうち、一一世紀中葉から一二世紀初頭にかけて中央アジアからイラン、イラクに入り、バグダードのアッバース朝カリフからスルタンの称号を許された大セルジューク朝が、アナトリアの東方辺境を脅かし始めた。一〇七一年、マンズィケルトの戦いでビザンツ軍が大敗し、ビザンツ皇帝が一時捕虜となるに及んで、アナトリアは一時、大セルジューク朝に席捲される。一〇七七年に大セルジューク朝から分離独立した分家のルーム・セルジューク朝はニケア、今日のイズニクを首都とするに至った。

このような状況下、西方で一〇九五年に結成された第一次十字軍が翌年にアナトリアに入ってルーム・セルジューク朝軍を破り、ルーム・セルジューク朝は東方に押し返された。しかし、一二世紀を通じ、ルーム・セルジューク朝の失地回復が進む。

一二〇四年の第四次十字軍により帝都コンスタンティノポリスを奪われたビザンツ帝国側は、十字軍が打ちたてたラテン帝国に対してニケアに拠りニケア帝国をたて、一二六一年にコンスタンティノポリスを奪回する。だがモンゴル来襲によるイスラム世界の混乱をも利用しえず内乱にあけくれているうちに、一三世紀末のアナトリア西北部にオスマン朝が出現し、その挑戦を受けることとなるのである。さらにビザンツ世界の北方に存する、黒海の遥か北方まで拡がる正教徒化したスラヴ人の地も、一三世紀中葉に入って「モンゴルの大遠征」の衝撃にさらされることとなる。

ローマ帝国の双子——西欧キリスト教世界の誕生

ローマ教皇を頂点とするローマ・カトリック教会を精神的支柱とし、ゲルマン系諸民族を主導力にラテン語を共通の文化・文明語とする「ラテン文字世界」としての西欧キリスト教世界が、西ローマ帝国の故地とあわせてゲルマニアとブリタニアに形成され始めたのは、四七六年に西ローマ帝国が滅亡した後のことであった。そこにはゲルマン系の諸国家が分立していたが、クローヴィスの創設したメロヴィング朝のフランク王国がその中心となりつつあった。

しかし東方で、七世紀中葉から新興の一神教イスラムを奉ずるアラブ・ムスリム戦士団による「アラブの大征服」が始まると、七世紀後半中に今日のチュニジア、アルジェリア、モロッコに至る、北アフリカ西方に拡がるかつての西ローマ帝国版図の南半が失われた。八世紀前半には、西ローマ帝国の故地北半の西三分の一にあたるイベリア半島も、アラブ・ムスリムの支配下に入った。

さらに、フランス平原に侵攻したアラブ・ムスリム軍を、七三二年トゥール・ポワティエの戦いで宮宰カール・マルテル指揮下のメロヴィング朝フランク王国軍が破ったものの、その後ピレネーをはさんで対峙することとなった。

西ローマ帝国の解体過程において旧来のローマ帝国の社会・経済・文化システムが次第に崩壊しつつあるなかで、西ローマ帝国の故地の南半が失われ、地中海の制海権をアラブ・ムスリムに奪われたことは、発展の途につきつつあった西欧キリスト教世界にとり、少なからぬ衝撃であった。都市と商業は衰退し、少なくとも一〇世紀頃までは停滞期に入った。

もっともこの間、ローマ教皇を頂点とするローマ・カトリック教会の下で、キリスト教は浸透していった。これに加えて教会は、ラテン文字の文字技術者を擁するローマ帝国以来の文明継承者として、文明における「ソフト技術」伝播の拠点ともなった。

「ラテン文字世界」の理念と「支配組織」モデル

こうしたなかで、東方の「アラビア文字世界」としてのイスラム世界でウマイヤ朝が倒されアッバース朝が成立した翌年の七五一年、かつてトゥール・ポアティエの戦いでウマイヤ朝軍を破ったカール・マルテルの子、カロリング家のピピンが、メロヴィング朝を廃してフランク王国の単独支配者となり、カロリング朝フランク王国が成立した。そしてピピンの子であるカール大帝は八〇〇年、ローマ教皇レオ三世によりローマ皇帝の帝冠を授与された。

カール大帝の下、文化復興運動として、いわゆる「カロリング朝ルネサンス」が進行した。しかし、カール大帝が八一四年に没した後は内紛が続き、八四三年にフランク王国は三人の息子たちに三分割されることとなった。ここで、後代のフランス、ドイツ、イタリアの祖型が成立した。

フランク王国が再統一されることはなかったが、ドイツ王オットー一世は九六二年、ローマ教皇によりローマ皇帝として戴冠され、ここに一九世紀初頭まで続く、いわゆる神聖ローマ皇帝が出現した。

神聖ローマ皇帝の存在は、キリスト教世界は一つという精神を、少なくとも理念上体現することとなった。この理念の成立は、精神世界における統一と普遍性の可視的シンボルとしてのローマ教皇を頂いて西欧キリスト教世界を包摂するローマ・カトリック教会の実在とあいまって、「ラテン文字世界」としての西欧キリスト教世界の統一と普遍性を支えるものとなった。そして、神聖ローマ帝国の理念の存在は、現代に入り、ＥＣ（ヨーロッパ共同体）からＥＵ（ヨーロッパ連合）の成立にもつながるものとなった。

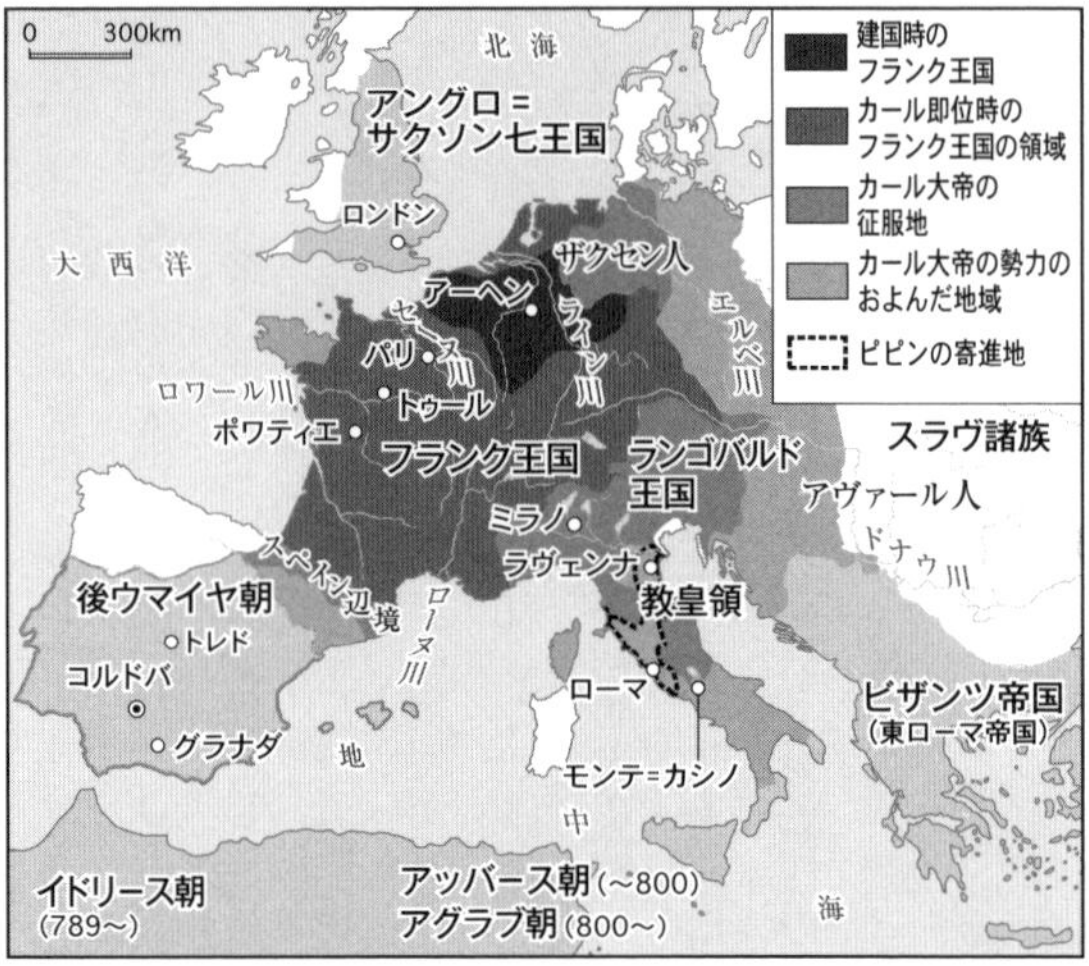

カール大帝時代のヨーロッパ

ただ、理念はともかくとして政治的現実においては、当初から政治的分裂が常態となっていた西欧世界では、独自のフューダリズム、すなわち本邦では「封建制」と称される支配権力構造のモデルが定着していった。これは、王は諸侯と、諸侯は騎士たちと授封契約を結ぶことにより成立する分権的な政治システムであった。

その背後では、社会成層体系として、「祈る人」としての聖職者と「戦う人」としての騎士、そして庶民という三つの階層からなる世襲的な身分制度が成立した。この身分制度は、他方で特権をもつ諸階層の力のせめぎあいのシステムとしての面をもっていた。そこから力のせめぎあいの体系を調整する装置として身分制議会が生まれることとなり、この身分制議会は、近代に入って代議制議会成立の土台となった。

都市と商業が衰え、農業生産力もふるわない状況は、一一世紀に入ると改善にむかった。農業では三圃制が創出されて生産力が向上し、商業と都市も次第に復活し、社会も活気づいた。

そのようななかで都市の市民の力も増大し、領主と対抗する事態も生じてきた。また都市が発展していくにつれ、人口が増加し始めた農村から都市への人口流入も生じ、都市には不安定な社会層が蓄積されていった。こうした状況のなか、一一世紀に都市部ではキリスト教的終末論を拠りどころとし、救世主としてのイエスの再臨と地上における至福千年の王国の出現を希求する宗教運動としての千年王国運動などもおこるようになった。

西欧キリスト教世界による外部への進出

「ラテン文字世界」としての西欧世界のこうした活気は、自らの世界の外へ進出しようとする動きを生じさせることとなった。ひとつは、いまだキリスト教化していなかった異教徒リトアニア人の住む東北方世界へのいわゆる「北の十字軍」運動により、その延長線上でスラヴ人の地への進出が進んだことである。

この動きの中心的担い手は、宗教騎士団のひとつであるドイツ騎士団（チュートン騎士団）であった。「北の十字軍」運動による東北方スラヴ人のキリスト教化はブランデンブルク辺境伯領の原型を成立させ、これが近代のプロイセン王国の源流となったのである。

もうひとつの西欧世界による外への拡大の動きは、西南方でのムスリム支配下のイベリアで生じた。それがイベリア北部に追い上げられていたキリスト教徒勢力によるレコンキスタ、すなわち「再征服」運動である。

レコンキスタは一一世紀以降、本格的に進み始め、一四九二年にイベリア最後のムスリム王朝ナスィール朝の首都グラナダの陥落をもって完結することとなる。そして、このイベリアにおける陸上のレコンキスタの海上への延長ともいうべきものが、いわゆる「大航海」時代となるのである。

西欧世界の外への進出は東南方に対しても行われた。それが十字軍運動であった。

十字軍運動は一一世紀末、イェルサレムにおけるトルコ系ムスリムの大セルジューク朝勢力によるキリスト教徒の巡礼に対する迫害の報と、ビザンツ帝国の東半をなすアナトリアへの大セルジューク朝の進出と、これに引き続くルーム・セルジューク朝の征服活動に対し、ビザンツ帝国からのローマ教皇への援助要請に応える形で始まった。

一〇九五年にローマ教皇の呼びかけで聖地イェルサレム奪回を名目として結成された第一回十字軍は、一〇九六年にアナトリアでルーム・セルジューク朝軍を破り、アナトリアを東南に横断して当時ファーティマ朝領であったシリアに入った。一〇九九年にはイェルサレムを征服し、イェルサレム王国が樹立された。

十字軍運動がもたらしたもの

この際、ムスリムのみならずユダヤ教徒も殲滅され、その残忍さはムスリムの驚愕するところとなった。キリスト教の大義をかかげる聖戦士のイメージは虚像であり、「コーランか剣か」の宗教としてのイスラムに対するイメージは、まさに「聖書か剣か」の宗教としてのキリスト教を奉ずる十字軍の自己イメージの、他者への投影であったことは前章で触れたとおりである。

異教の世界からの十字軍の到来は、北方のスンナ派勢力と、南方のエジプト・シリアを支配するシーア派のファーティマ朝の対立を鎮静化させることになり、両派勢力は協力して異教徒の侵入者にあたった。

そのなかで、シリアのスンナ派ザンギー朝のヌール・アッディーンによりエジプトに派遣された援軍の副司令官だったクルド人、西欧でサラディンとよばれるサラーフ・アッディーンは対十字軍戦で活躍しただけでなく、一一七一年にファーティマ朝にとってかわってアイユーブ朝を興し、宗派もシーア派からスンナ派へと変更するに至った。このことは「アラビア文字世界」としてのイスラム世界のその後にとり、シーア派に対するスンナ派優位を決定づける大きな事件となった。元来はファーティマ朝により創設されシーア派教学の研究教育機関であったカイロのアズハル学院が、スンナ派イスラムの権威あるイスラム学院となったのもこのことをきっかけとしている。

十字軍はイスラムに対する聖戦を名としつつも、加えて東方への進出とこれまでビザンツ帝国が掌握してきた東西貿易の利をめざす動きでもあった。十字軍運動に乗じてロマンス系諸語を母語としカトリックを奉ずるラテン人たちは、ビザンツ帝国領の各地を占領して支配地とした。その結果、レヴァント（東地中海地域）のラテン化がビザンツ帝国の弱体化を促進することとなった。

十字軍は、アイユーブ朝にとってかわったマムルーク朝により、一三世紀末に最終的に終結させられる。しかし、十字軍を通じて西欧人たちはイスラム世界の中心部と接触する機会を得ることになり、それは、ビザンツを経由せず直接にイスラム世界との交易を開くきっかけとなった。

また、レコンキスタと十字軍、そしてシチリアに残存したアラブ人との接触によって西欧世界はギリシア・ヘレニズム古典のアラビア語訳の存在を知り、そのラテン語訳運動は、いわゆる「一二世紀ルネサンス」をもたらすこととなった。

十字軍が進行中の一三世紀中葉、西欧キリスト教世界もまた、「モンゴルの大征服」の衝撃を受けることとなる。

仏教の伝播と梵字世界の広がり

「梵字世界」の中心をなすインド亜大陸では、かつてマウリヤ朝時代に全盛を誇った仏教が、特に迫害され始めた訳ではないにもかかわらず、かなりの信徒といくつかの重要拠点を保ちながらも衰退への道を歩み始めていた。

その原因としては、一つには都市商人層の支持によるところが大であったことから、次第に都市が衰退し始めたことで商人層も力を失っていったことがあげられる。これに加えて、信者が目指すべき真の解脱は出家遁世して初めて到達されるが、こうした出家集団と在家の信徒をつなぐ組織が十分に形成されえなかったことも、衰退の理由のひとつとしてあげられよう。さらに、出家集団側の教理的関心が救済への道の追求よりも哲学的・理論的な課題に傾いていったことは、信徒を失っていく道に一層拍車をかけた。

ただ、仏教諸派のなかでも南方での上座部仏教は、スリランカに渡って理論的整備が進められ、正典も定められて大寺派上座部仏教が確立した。その影響力が、一二世紀から一三世紀にかけて国家体制が新たな展開をみせ始めた東南アジア大陸部に浸透していくこととなった。

その際、スリランカで成立した大寺派上座部仏教の正典は、もはやサンスクリットではなくパーリ語で編まれ、東南アジアにもパーリ語の正典を擁する大寺派上座部仏教が定着していった。だが文字としては、いずれもブラフミー文字系ではあるが、様々の時期の様々のインドの地域の文字が受容されたために多様な姿をとることになった。

北方では、中央アジア経由で大乗仏教が「漢字世界」の中心たる中国に伝わり、漢訳仏典が成立し、それが「漢字世界」の周辺諸社会にも受容され定着していくこととなった。「漢字世界」において梵字系文字が受容されなかったのは、この漢訳教典が基礎とされたことが大きい。

インド亜大陸では、バラモン教を基軸に地方的諸伝統も組み込んで新編成されつつ成立したヒンドゥー教が大勢を制し、聖典の言語としてはサンスクリットが受け継がれ続けた。そして、バラモン層の農村秩序の維持者としての地位は一層固まり、ヴァルナ制の基本枠組みを補うジャーティ制度、すなわち後年に西欧人がカースト制度とよんだものの原型が、一層体系化しつつ定着していった。

政治体をみると、北部と南部との分裂は一層固定化し、その各々では割拠が常態化していった。北部ではグプタ朝が四世紀にほぼ統一に成功したが、六世紀前半に滅亡した。また七世紀前半、ハルシャ・ヴァルダナ朝がハルシャ王の下でいま一度北インドをほぼ統一するも、六四七年のハルシャ王の崩御とともに、再び分裂状態を続けることとなった。

その後、イスラムの成立に続く「アラブの大征服」の波は、西北部インダス川流域に及んだ。そして一一世紀に入ると、イラン東北部からアフガニスタンを拠点とするムスリムのガズナ朝、ゴール朝の北インドへの侵入が本格化した。

一二〇六年、ゴール朝のトルコ系奴隷軍人アイバクはデリーを攻略して事実上の支配者となり、奴隷王朝が成立した。以来デリーを首都にその後も継続した五王朝はデリー・スルタン朝と総称される。こうしてインド北部のイスラム化・ムスリム化、また母語は保たれながらアラビア文字化も進行していった。デリー・スルタン朝の五王朝のうち最初の奴隷王朝のときに、この地も西北方からのモンゴル勢力の侵攻を迎えることとなる。

当初はヒンドゥー教とともに大乗仏教も受容されるほど、インドの文化と文明の影響下におかれ「梵字世界」に包摂されてきた東南アジアであったが、一三世紀に入ると、大陸部のタイ中央部ではタイ人のスコータイ朝が成立し、タイ文字が制定される。タイ北部では、やはりタイ人のチェンマイ王国が樹立された。

ビルマではパガン王朝が成立し、下ビルマではペグー朝が樹立されるなど、東南アジアの大陸部で出現した諸王朝の下では、スリランカで成立しパーリ語で正典を編んだ上座部仏教が新たな政治体制の支柱として受容され定着していった。

島嶼部でも一三世紀初頭にシンガサリ朝が成立し、周辺海域を制して交易により栄えるようになった。東南アジアの大陸部、島嶼部もまた、一三世紀末に入って北方からのモンゴルの侵攻に直面することとなる。

中国の分裂と統一——世界帝国「唐」の衰退と五代十国の争乱

天山・崑崙両山脈に囲まれたタリム盆地の西方の関門からもさほど遠からぬタラス河畔で、東進するアラブ・ムスリム戦士たちに唐軍が敗れた七五一年は、唐の第六代皇帝にして唐朝中興の祖とされる玄宗による繁栄と平和の治世「開元の治」がほころびをみせ、大乱に突入するわずか四年前のことであった。

すなわち七五五年は、ソグド系の父と突厥系の母をもつ、混血の色目人の将軍安禄山が宰相楊国忠との権力争いのなかで挙兵した「安史の乱」(安禄山の乱)がまさに始まった年であった。安禄山が息子に殺害された後も主導権を巡って内乱が続き、唐の繁栄の終焉をもたらしたこの大乱は七六三年まで続くこととなる。

「タラス河畔の戦い」の前年、七五〇年に成立したばかりで意気に燃えるアッバース朝の東進が止まったのは、唐朝、そして中国にとって、その後の国内的経緯からみればまさに天佑神助の賜物であったとしかいいようがなかろう。内乱にも有効に対処しえずに混乱する唐朝にとって、もし安史の乱の始まった七五五年以降にアッバース朝軍がタリム盆地に突入していたら、対応するのは困難だったかもしれない。

「漢字世界」に久方ぶりに登場した世界帝国たる大唐帝国において、唐朝第六代の玄宗皇帝は当初は名君といわれその治世の前半も「開元の治」と称えられたが、長い治世のなかで、中盤以降は政務に倦み、寵姫楊貴妃にかまけて内政が乱れ始めた。

この間をぬって、地方の軍事勢力は力を蓄え始めた。とりわけ色目人の武将安禄山は玄宗の寵を受け、華北で三つの節度使を兼ね与えられ大軍を擁するに至っていた。これを危険視する寵姫の兄、宰相楊国忠との対立のなかで、安禄山はついに大兵を動かし、短期間のうちに帝都長安を陥れ、玄宗は退位して四川に逃避するのやむなきに至った。勝利した安禄山側も内紛を生じて安禄山が息子に殺害され、その息子もまた安禄山の部下の史思明に討たれるなど、混乱は続いた。

七六三年になり、西北方のトルコ系の回鶻（ウイグル）の助力をえてようやく内乱は平定されたが、その打撃は大きなものだった。土地・税制では国初以来の均田制と租調庸税制が維持できなくなり、両税法がしかれた。政界では門閥派と新興の科挙官僚の抗争が激化し、この間をぬって皇帝側近の宦官が介入し、国政運営はますます不安定化していった。

民政も混乱して逃散する農民も増え、その反乱も頻発するようになった。そのなかでも大規模なものが、八七五年に塩の密売業者であった王仙芝や黄巣が反旗をかかげ、長安を落とすに至った「黄巣の乱」である。

再び四川への退避をよぎなくされた皇帝は、内乱鎮圧のため山西のトルコ系沙陀族の李克用に援軍を乞うた。反乱軍の有力武将朱全忠が寝返ったことにも助けられ、八八四年に黄巣の乱はようやく終結した。

しかし、唐朝の威令は行われるべくもなく、反乱鎮圧の功労者たる李克用と朱全忠の綱引きとなり、朱全忠が覇権を握ることとなった。九〇七年に朱全忠は唐帝を廃して自ら皇帝となり、国号を梁と号して後梁が成立した。こうして以後一世紀以上続く、いわゆる五代十国の「一乱」の時代に入ったのである。

この時代、地方で力を蓄えた節度使系の武人たちが覇を競う内戦となったが、分立する諸国、とりわけ南北朝以来の新開地である江南では農業と産業が新たな展開をみせた。しかし、北方の中原では諸勢力の抗争が続き、とりわけトルコ系の李克用が後梁を亡ぼして建てた後唐の内戦で、後に晋を建てた石敬瑭が北方モンゴル系の契丹から援助を受けた返礼に長城内の「燕雲十六州」を割譲したことは、北方の遊牧民・狩猟民勢力が中原に力を伸ばす原因となった。

この五代十国の争乱も、後周の世宗が統一の糸口をつけ、その夭折の後、近衛軍の司令官であった漢人の武人趙匡胤が九六〇年に軍人たちに擁せられて帝位につき、国を宋と号したことでようやく終息にむかった。

こうして九七九年、宋は江南のすべてを制して再統一に成功し、中国本土は宋朝の下で再び「一治」の時代に入った。

宋で確立された「支配組織」モデル　科挙官僚制

宋朝は中国に久方ぶりの天下統一をもたらしただけでなく、久方ぶりの純漢人系の王朝でもあった。

宋代においては皇帝への権力の一極集中がはかられ、君主専制が徹底された。宋で成立し後に明清両朝に承け継がれたこの究極の君主集権体制を、中国史の泰斗として知られる宮崎市定教授は「君主独裁」制度と名づけたが、「西洋」的なディクテイターシップ（独裁政）とは基本的に異なるということで、ここでは「君主専制」と呼んでおく。

頂点への権力集中と並んで、唐代に藩鎮（節度使）が力をえて分裂が進み王朝崩壊をもたらしたことを重くみて中央集権化もおし進められ、行政的にも政治的にも、中央から派遣された官吏が実権を握ることとなった。

この君主専制・中央集権的な「支配組織」の担い手としては文民の科挙官僚が重用され、文治主義が徹底された。いわゆる「旧中国」特有の「支配組織」とそれを担う支配エリートのタイプが確立したのは実に宋代においてであり、これに続く元の時代には一時異質の要素が入るが、それに続く明清へと継受され、近代に至ることとなった。

この「科挙」についての考察はすでに述べたが、出自や血統がものをいう門閥貴族が消滅し、自発参加による一般公開の能力試験により支配エリートを選抜するシステムが定着したことは、一般公開とはいえ実際には主に地主層しか参加しえず、試験内容も儒学と古典的文章術が中心であったため数々の欠点も生じたものの、それでも巨大な中国が統一を保ちながら存在し続けることができた最大の要因であったといえるだろう。

また科挙受験が社会的地位の維持と上昇を求める人々にとり必須の条件となったことによって、文化・文明語としての漢文の共有と、共通の知識の共有を常に再生産することになり、文化的なアイデンティティーと統合システムを強固なものとした点もみのがしえない。

このことは、「西洋の衝撃」の下でアイデンティティーと統合のシステムが崩壊し、統合の維持と再生のために巨大なコストを支払ったものの、これに成功しえなかったイスラム世界の世界帝国・オスマン帝国などのケースと比較するとき、一層明白化するのである。

宋がかかえていた弱点としての軍事力

九六〇年に成立した宋王朝は、五代十国の争乱のなかで乱立した軍閥王朝の最後を飾るものであった。その開祖として太祖とされた趙匡胤も生粋の軍人であったが、久方ぶりの漢人による王朝であり、太祖は徹底的な文治主義で支配組織を作り上げていった。

宋代に入り、隋唐で原型が形成された支配エリートの人員補充のシステムとしての科挙制度は完全に定着した。基本的に科挙は限られた例外を除き、宋の直接の臣民でないものも含めたほぼすべての人に開かれていた。もっとも科挙を受験するにはかなりの経済的支えを要したため、実質的には地主層出身者が中心を占めた。しかし五代十国の争乱を通して隋唐下で残存していた貴族層は完全に没落し、宋代の科挙の受験者はほとんど中地主と一部に大地主を含むのみとなった。この人々は受験のために儒学と詩文の素養を要し、士大夫ないし読書人層と呼ばれる独特の社会層を形成していった。

宋代に確立した科挙は、系統を全く異にする遊牧騎馬民族系の元朝の下で一時後退したが、その後は漢人の王朝である明に加えて、元来は半猟半農のツングース系の女真人の王朝である清朝にも受け継がれ、漢字世界の中核をなす中国の組織に特徴的な制度の一つとして存続した。

科挙を通じて地方の地主層とのいわば連合関係に入った皇帝は、一層の君主専制化と中央集権化を実現した。宋代に入ってからの皇帝は、少なくとも制度上において他の制約をうけることなく、自らの政策を決定できることとなった。

そしてこの体制は、南北朝時代の南朝の頃から発展を続け、華北を遥かにしのぐに至った江南の経済で支えられることとなった。宋は、大運河を通じての江南と華北の結節点にあたる開封を都とし、宋朝独自の都市文化を実現した。宋代には絵画や陶磁器といった美術が最高の域に達しただけでなく、技術の上でも火薬と羅針盤が実用可能な段階に達し、羅針盤を用いての海上交通、海上交易も盛んになった。

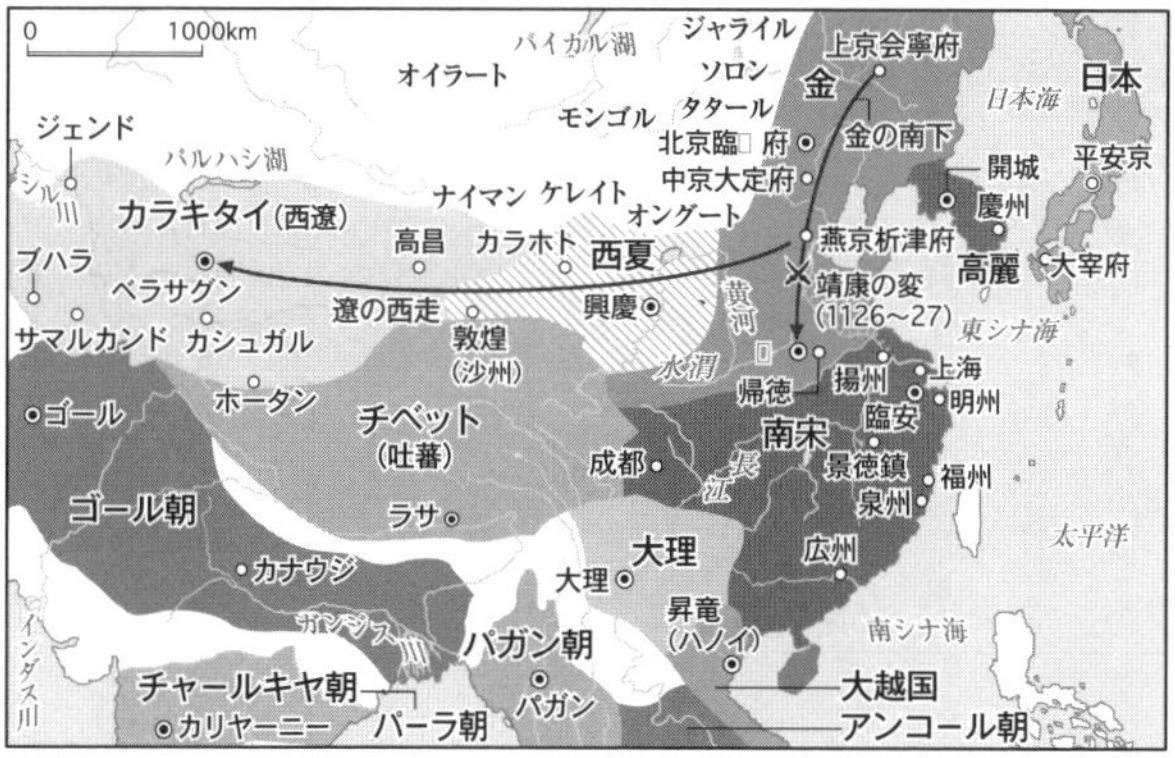

12世紀の東アジア

一方で北方の異民族の動きも活発化するようになり、これに備えるべく一〇〇万をこえる常備軍を擁したために膨大な財政支出が必要となった。しかし、宋代の常備軍の中心は歩兵としての傭兵であり、強力な機動力と瞬発力を発揮する遊牧民、狩猟民の騎馬軍に対しては有効性を欠いていた。こうしたことからモンゴル系とみられる契丹人の遼、そしてトゥングース系の半猟半農の女真人の金により、宋は常に軍事的に圧倒されていた。とりわけ金は一一二六年に宋の首都開封を陥れ、前皇帝徽宗と皇帝欽宗をも捕虜として連れ去った。

華北の地を失いながら南方に逃れた宋の王族は、一一二七年に江南で宋朝を辛うじて再興した。この年を境に、宋朝は前半を北宋、後半を南宋と呼ぶ。

南宋で興隆した経済と文化

その南宋も、後には北方の新興勢力モンゴルの脅威に直面することとなり、漢字世界の中心としての中国の歴史で初めて、中国全土が、未だ中国化していない遊牧騎馬民族の支配下におかれることとなる。それは、瞬発力と機動力において劣る農耕民中心の中華の王朝の弱点を露呈するものであった。とはいえ、北宋と南宋を通じて、とりわけ南北朝時代に急速に開発された江南の経済力を背景に、社会経済が充実した時代であったのは確かである。そしてその繁栄の下で、異文化の諸世界との交流・交易も活発化していった。重要な貿易上の港湾である広州の管理をとりしきる提挙市舶司に、ムスリム系の蒲寿庚が任ぜられ活躍したことは、その証左の一つといえる。

さらに文化の面では、士大夫の知的営為が活発化し、南宋において仏教などの影響の下に哲学的理論として体系化された朱熹の朱子学が成立し、以降、明の、そして清の少なくとも漢人向けの支配イデオロギーとなった。その影響は、漢字世界の周辺社会たる朝鮮半島の高麗後期から李氏の朝鮮王朝や、江戸期の日本にも及んだ。

また、文芸では士大夫による旧来の詩文に加えて、庶民も楽しむ詞が発達した。美術では、宋画と山水画が発達し、中国の絵画芸術のその後の基本となった。これとともに書も独自の発達をとげ、北宋を滅ぼし風流天子と称された徽宗を連れ去った金において、痩金体と呼ばれる徽宗の書風を継いだのは、金朝第六代の章宗であった。そして工芸でも、とりわけ陶磁器において、青磁と白磁が空前絶後の高みに達した。

軍事と外交において後れをとりがちであった宋朝ではあるが、社会経済と文化の世界においては、後代の明清の中国社会の基礎が築かれた時代であったとさえいえよう。ただ宋と明清の間には、塞外から訪れ来った生粋の遊牧民モンゴルによる、元の支配の時代が入ることとなる。

朝鮮半島――新羅から高麗へ

「漢字世界」大陸部東方の朝鮮半島では、伝説的な檀君王朝はおくとして、まず箕子朝鮮王朝が成立したという。それが紀元前一九五年、漢初の燕から渡来した武人の衛満に簒奪され、次いで衛氏朝鮮王朝が開かれたとされる。

紀元前一〇八年頃、漢の武帝により征服され、楽浪などの四郡が置かれたといわれる。紀元前一世紀中葉に入ると狩猟民族系である夫余族の高句麗が台頭し、紀元三世紀から四世紀にかけて、朝鮮半島北部から中国東北地方に版図を拡げた。朝鮮半島南部の三韓では、まず西部の馬韓で伯済が台頭し、百済となった。東部の辰韓では、四世紀に新羅が成立した。こうして朝鮮半島は四世紀に高句麗、百済、新羅三国の鼎立する時代に入り、各々が中国の諸王朝と交渉をもちつつ、中国の文明と文化を受容していった。

五世紀末から諸国に分裂してきた中国では、五八一年に騎馬民族系の拓跋氏出身である隋が統一に成功する。隋の煬帝は三度にわたり高句麗討伐を試みたが失敗に終わり、隋自体が内部崩壊をとげた。これにより、近縁関係にあった李氏による唐王朝が成立した。

唐は新羅と結んで、まず六六〇年に百済を滅亡させ、次いで六六八年に高句麗も滅ぼした。百済滅亡にあたっては日本のヤマト政権が介入したが、六六三年の白村江の戦いで唐と新羅の連合軍が日本軍を破り、それを阻止した。唐は百済と高句麗の支配をめざしたが失敗に帰し、朝鮮半島は新羅の下に政治的に統一された。高句麗の遺民は、中国東北地方南部に渤海国を樹立した。

新羅では六世紀初頭に仏教が国教化された。他に儒学も受容されるようになると国学も設けられたが、科挙はまだ受容されなかった。骨品制と呼ばれる厳格な身分制度が敷かれて一族による貴族政治が行われるようになり、そのエリート養成のため、貴人子弟をリーダーとして青年集団を組織する文武教育機関としての「花郎」制度も生まれ、官人・軍人が養成されるようになった。

律令も発布されたが、君主専制・中央集権化は十分進展せず、次第に地方勢力が豪族化していくようになる。九〇〇年以降になると後百済、後高句麗が建国され、後高句麗は国号を泰封に改め、後三国時代に入った。泰封では武将の王建が権力を握り、高句麗の後継として高麗を名乗った。そのうち九二七年には新羅王が後百済に急襲されて王が自殺するにいたり、九三五年に新羅は高麗に併合された。九三六年には高麗は、後百済を滅ぼし、朝鮮半島は統一された。

高麗では、一方では禅宗が重んぜられた。しかし他方で、九五八年には科挙制度が導入された。全国は郡県に分たれ、地方では豪族が官職を与えられて支配した。高麗の首都・開京（現・開城）では貴族たちが権力闘争を繰り広げた。そのうえ、科挙制度の下で文臣が武臣に優越するのに対し、武臣は不満を抱くようになり、一〇一四年に武臣たちが蜂起して第一次武臣政権が生まれた。これは一年足らずで文臣たちに倒され、門閥貴族がさらに強力になった。このことにより武臣の不満は一層高まり、一一七〇年に武臣たちが決起して文臣を粛清し、武臣政権を確立した。

武臣たちは当初、集団で執権していたが、一一九六年に崔忠献が武臣の独裁政権を確立して新たな制度をつくり、その後、崔瑀の代には一二二一年、自邸に「政房」を設けて国政の中心とした。この武臣政権の成立は、ちょうど同時期の日本における武家政権の成立と非常によく似ていた。しかし高麗には一二二九年以来、元寇が襲った。一二三二年に首都を江華島に移したが、モンゴルの侵攻はさらに激化した。崔氏を中心とする武臣が抗戦したものの、一二五八年に崔竩が殺害されたことで崔氏政権は崩壊し、王政復古がなされるに至った。

高麗王はモンゴルと妥協して属国の王となり、武臣政権下で養成された軍隊の一部が抵抗を続けたものの、一二七三年に済州島で壊滅した。高麗王はしばしば、元の王女との結婚を強いられた。

日本——律令国家から平安朝へ

「漢字世界」の東端に位置する日本にも、その中心としての中国における隋唐帝国の成立は、大きな影響をおよぼすこととなった。

日本では四世紀に入り、奈良の大和地方を中心として各地の小国を束ねる政治連合のヤマト政権による統一が進んでいった。五三八年には百済を経由して日本に仏教が伝来した。これをめぐり、五八七年に受容派の蘇我馬子らが反対派の物部守屋を滅ぼし、日本では仏教文化が進展していくこととなる。

日本は六〇〇年と六〇七年、中国の先進文化を求めて遣隋使を派遣した。六〇三年には冠位十二階、翌六〇四年には憲法十七条が制定されるなど国内では政治組織の形成が進められ、六一八年に隋が滅んで唐がおこると、日本からは引き続き六三〇年に遣唐使が派遣された。この間、蘇我氏が権力を握るが、六四五年、中大兄皇子が蘇我入鹿を殺害し、実権を掌握した。朝鮮半島で新羅が強力化していくなか、六六〇年には新羅が唐と連合して百済を亡ぼすに至った。百済再興をめざして日本が派兵した軍勢は六六三年の白村江の戦いで、唐と新羅の連合軍に大敗した。

唐・新羅の来攻に備える一方で日本では国家体制の整備が進められ、六七〇年には全国をおおう庚午年籍が作成された。しかし、皇室内の内紛から天智天皇の子・大友皇子に対し、天智天皇の弟・大海人皇子が六七二年に「壬申の乱」をおこした。これに勝利した大海人皇子は即位して天武天皇となり、権力の集中に努めた。

隋唐の律令の刺激の下に、六八一年には律令編成を開始し、七〇一年、大宝律令が完成して隋唐モデルによる律令制国家の骨格が成立した。天皇を中心にすえた国史編纂も進められ、まず七一二年に和文万葉仮名の『古事記』が成立する。また七一三年には各地の事情を明らかとすべく、『風土記』編纂が諸国に命ぜられた。さらに七二〇年には漢文の正史として『日本書紀』が編纂される。

日本の中国モデル受容の特色

こうした一連の流れのなかで仏教の受容も広がり、七四一年には諸国に国分寺、国分尼寺建立の詔が出され、七五二年には東大寺の大仏が開眼した。一方、隋唐時代に入ってからの中国では儒学が重んぜられるようになり、隋代の五八七年には科挙の原型となる貢士選出が始まり、唐代に科挙が成立する。八四五年には「会昌の廃仏」による廃仏令で、仏教が弾圧されるに至った。

しかし、日本では儒教が体系的に導入されず、科挙もまた受容されることがなかった。この点は、朝鮮半島で新羅にかわった高麗（九一八年〜）で九五八年から、唐末に独立をはたしたベトナムでは一〇七五年からそれぞれ科挙が受容され、近代まで存続したのと対照をなす。この間、天皇家中心の国史としては、八六九年に漢文で『続日本紀』が編纂され、同年に法令集として『貞観格』、八七一年に『貞観式』が施行された。

政権中央では八世紀から藤原氏が台頭し、これに対して天皇側では明法道・明経道を設けて下級貴族の人材養成をはかり、菅原道真を右大臣にまで引き上げたものの、藤原氏の巻き返しにより九〇一年にはこれを大宰権帥に左遷した。こうして日本では「漢字世界」大陸部のような科挙制度を支えとする君主専制システムに至りえず、藤原氏が実権を掌握する摂関政治時代となった。儒学も受容はされたものの、中国のようにそれが支配の正統性の根拠とはなりえなかった。

かわって仏教では、唐への留学から帰国した最澄が八〇六年頃天台宗を開いて比叡山に延暦寺を創設し、八一六年空海が高野山に道場を設立して真言宗を創立するなど、奈良時代の南都六宗に対する新しい仏教が力を得ていった。

文化的にも、「安史の乱」以来唐の国内が混乱するなかで、八九四年、菅原道真の建議を機に遣唐使が停止され、ひき続き中国文化の強い影響下に残りつつも、「国風化」が進行した。日本では、詩の世界においてすでに奈良時代の七五九年、万葉仮名による和歌集『万葉集』が編纂されていたが、平安時代後期に入ると、漢詩に対して和歌の重要性が増していった。さらに和文による散文学も発展し始め、一一世紀初頭には紫式部の『源氏物語』さえ現れた。

政治権力については、一〇八六年に白河天皇が上皇となり院政が始まると、まもなく藤原氏にかわり天皇家が権力の実権を握るに至った。しかし一二世紀に入ると武士層が台頭し始め、京都の中央政治に武士勢力が介入して保元の乱（一一五六年）、平治の乱（一一五九年）がおこり、平清盛がこれを平定すると武家の実力は揺るぎないものとなる。

平清盛は一一六七年に太政大臣に任ぜられ、京都にあって実権を握った。その後、地方にあった源氏がこれに対抗する動きをみせ、一一八三年には木曽を拠点とした木曽義仲として知られる源義仲が京から平氏を追った。義仲は院（上皇）と結んだ源頼朝旗下の源範頼、源義経に攻め滅ぼされ、一一八五年には平氏が壇の浦の戦いで源義経軍に敗れ、滅亡した。

この年、源頼朝は後白河法皇から諸国に守護・地頭をおくことを認められて武家政権が成立し、一一九二年には征夷大将軍に任ぜられ、鎌倉幕府が定着した。こうして武家政権の時代に入ると、幕府が京都を拠点とする上皇、法皇らの力を次第にそぎ始めることとなった。その後、一二二一年の承久の乱で後鳥羽上皇が鎌倉で執権として実権を握った北条義時の軍に敗れると、武家政権の優位が確立した。

日本はこのような状況のもとで一三世紀末に入り、元寇、すなわちモンゴルの来攻を迎えることとなった。日本は二度にわたる元寇を退け、建武の中興、南北朝時代をへて、武家政権の続きとしての室町幕府の時代を迎える。朝鮮半島の高麗で武臣政権が元との戦いのなかで没落し「王政復古」が成ったのとは、大きな対照をなすこととなった。

文化的には、国風文化がさらに発展し、平安後期の勅選和歌集『古今和歌集』を継ぐ『新古今和歌集』が一二〇五年に編まれ、さらなる洗練をとげた。そして仏教でも、天台宗の比叡山で修行した僧侶たちを主な源泉として浄土真宗、時宗、日蓮宗などの鎌倉仏教が台頭した。一方では中国文化の影響も強く受け、宋代中国で発展した禅宗が武士たちに受容され、宋への留学僧出身の栄西による臨済宗、道元の曹洞宗が影響を拡げていくこととなる。また禅宗における僧堂生活の体系的移植の過程で、喫茶の習慣などが日本でも定着していくこととなった。

「漢字世界」東端部の北部に位置する日本に対し、南部にあたる沖縄（琉球）についてはモンゴルの台頭する一三世紀においても国家形成は進展しておらず、その「文字世界」の歴史への登場は一五世紀に入ってからのことになる。

ベトナムにおける「漢字世界」化

ユーラシア東南端のベトナムはますます「漢字世界」に包摂されながら、政治的には漢代から唐末まで続いた中国の支配を脱し、一〇世紀から独立の諸王朝が興亡し始めた。そのなかで中国から儒教と大乗仏教を導入し、大越国下の一〇七五年には唐代にようやく成立した科挙制度をも受け入れ、唐代中国式の君主専制・中央集権という「支配組織」モデルを受容することとなった。

そして、中国の諸王朝の朝貢国となり、「正朔を奉ずる」、すなわち中国の王朝の暦を用いることとなり、さらには人名と地名をも中国化することとなった。生活文化においても、中国式の服装が受容され、食の作法では中国式の箸の使用が定着した。いうまでもなく共通の文化・文明語として漢文を採用したことで、これを通じて漢字と漢語も受容した。

ただし一三世紀の陳王朝の下では、漢字をベースにしながらベトナム固有の国字たるチェーノム（字喃）が考案された。このベトナム国字たるチェーノムは漢字をベースにしたことで繁雑になったため、一時期を除いてその後ほとんどの王朝では、公用語として漢文が用いられ続けた。

このように、ベトナムは文化において中国の圧倒的影響下にありながら、対抗意識も抱き続けた。これが、中国本土の王朝のベトナム征服の試みをついに最終的には阻止しえた原因であった。そして、中国本土で久しぶりに成立した統一王朝・宋朝を征服したモンゴル帝国の中核たる元の侵攻をうけた際には、これに対抗するに際し、この自立心が大きな役割を果たすこととなった。

伸長する北方の異民族

漢字を創り出し漢字世界の中心となった中国諸王朝の多くは、常に北方の異民族による脅威にさらされてきた。とりわけ、戦闘形態が戦車戦から騎馬戦という先端的なものに転換すると、騎馬戦に習熟したその脅威は決定的となった。

対応策としては、戦国時代に七雄の一つ、趙の武霊王が、騎乗にむく胡服を受け容れ騎射の戦法をすでに採り入れさえしている。その後、秦の始皇帝の下で統一帝国が成立した後も、前漢の武帝と後漢の光武帝が塞外に出兵して北方の遊牧騎馬民族を抑えたことは、漢族の王朝としては例外的な事態であった。もっとも、自らも遊牧騎馬民族系のトルコ系といわれる鮮卑の拓跋氏と深いかかわりをもつ唐帝国の下で、トルコ系の大帝国たる突厥の分裂に乗じて東突厥を帰順させてはいる。
しかし、安史の乱の後に唐が衰え、唐末から五代十国の争乱期に入ると、北方の異民族の力が著しく伸長し始めた。まずモンゴル系の遊牧民キタイ、すなわち契丹が一〇世紀初頭に耶律阿保機の下で台頭した。そして、五代の第二王朝だったトルコ系の後唐における末期の争乱に介入し、その支援で成立した後晋から長城内の燕雲十六州の割譲をうけ、契丹は中国内部に拠点をえた。後に契丹は後晋を滅ぼし、一時は華北の多くを支配下におきさえした。

その間に契丹は漢人系の官僚も用いて支配組織を整備し、文化的独自性を主張すべく、まずは漢字をベースに契丹文字のうち「大文字」を制定し、後には古代ウイグル文字をベースに「小文字」も創出した。そして国号も中国式に遼とし、皇帝を称した。

中国本土で九六〇年に宋王朝が成立し、九七九年に統一が回復された後も遼は宋に対し優位を保ち、一〇〇四年には澶淵の盟約によって、宋を「兄」としてたてながらも莫大な銀と絹の貢物をうけることとなった。この盟約は一一二五年に遼が滅びるまで守られ、宋は一二〇年の平和を享受した。しかし遼も、中国文化を受容するにつれ、文弱化していった。

これにかわったのが今日の中国東北地方にあった、半農半猟のトゥングース系民族である女真だった。女真は遼に属することとなったが、完顔部の阿骨打が現れて統一を実現し、一一一五年に国号を金と号して皇帝を称し、遼に挑んだ。

遼の衰退をみて、宋は金と結んで遼を亡ぼし、燕雲十六州の回復をめざした。一一二五年、金は遼を滅ぼした。宋は金と抗争をくりひろげたが常に劣勢で、一一二六年には金軍の侵攻の下、帝都の開封を征服され、翌二七年には前皇帝の徽宗と現皇帝の欽宗も北方に拉致され、宋はいったん滅びた。一一二七年、江南に逃れた一族が、南方で即位して宋朝が復興した。これは南宋であるが、南宋も常に、北方の金の重圧の下におかれた。

チンギス＝ハンの出現と「モンゴルの大征服」の始まり

宋を脅かし続けた金も、支配層が次第に中国化するにつれて文弱化していった。その頃、西北方のモンゴル高原で、新たな動きが起こりつつあった。それはモンゴル部のテムジンの台頭、そして一二〇六年のモンゴル高原の統一とチンギス＝ハンとしての即位であった。

即位後、内部の体制を整えたチンギス＝ハンは一二〇七年から東西への大征服にのりだし、まず西方に進みトルコ系のウイグル王国を帰順させた。一二一一年には東南方の金に侵攻し、一二一四年に金の首都燕京を包囲した。一時和平がなったが、金の開封への遷都をきっかけに再侵攻して燕京を落とし、黄河以北の地を支配下においた。

一二一九年には西方への大遠征を開始した。一一九四年に滅んだトルコ系ムスリムの大セルジューク朝にかわってシリア、イラク、イランから中央アジアまで支配した、同じくムスリム・トルコ系のホラズム・シャー朝と戦い、モンゴル軍はこれを撃破した。「アラビア文字世界」としてのイスラム世界の東北方・中央アジアがモンゴルの支配下に帰したのである。

別動隊は北方にのびる「ギリシア・キリル文字世界」に入り、一二二三年にはルーシ諸侯連合軍を破った。黒海東北方のグルジアとアルメニアの両王国も侵略を受けたものの、独立は保った。チンギス＝ハンの本隊はイラン東北方からアフガニスタン、さらに西北インドに侵攻したが、これは確保しえずに終わった。

チンギス＝ハンは一二二五年に西方から帰還し、翌一二二六年には再び西夏征服に赴き、征服を目前にして一二二七年に没した。すでにチンギス＝ハンの在世中、モンゴルの波は東南方の「漢字世界」のみならず、西方の「アラビア文字世界」の西北方、またそのイスラム世界に包摂されつつあった「梵字世界」の中核たるインド亜大陸の西北方、そして「ギリシア・キリル文字世界」としてのビザンツ世界の東北方にまで及んだのである。

元朝の成立と「漢字世界」への影響

チンギス＝ハンの没後、さして争いもなく第三子オゴタイが即位した。オゴタイの下、一二三四年に金が滅亡し、その領土はモンゴル領となった。こうして「漢字世界」の中心たる中国の北半が、モンゴル帝国に包摂されたのである。しかし一二四一年にオゴタイ＝ハンが没した後は、大ハンの位をめぐり、中央のチンギス＝ハン家内では対立が生じていった。この対立を制して、一二六〇年に最終的に第五代の大ハンとなったのが、チンギス＝ハンの孫のフビライであった。

フビライは、燕京を都として大都と呼び、元号も定めた。さらに一二七一年、国号も元と称した。一二七九年に南宋が滅亡すると、「漢字世界」の中心たる中国は完全にモンゴルによる元朝の支配下に入った。この間の他の「漢字世界」についてみていくと、第二代オゴタイ＝ハンのときに、朝鮮半島ではモンゴルによる高麗への侵攻が一二三一年に始まった。高麗は一一七〇年に武臣政権が成立し、一一九六年から四代続く崔氏による本格的な武臣政権が途についた時期であった。

高麗は首都の開京（現在の開城市）から江華島に逃れ抗戦を続けたが、一二五八年に武臣政権最後の指導者崔竩が殺害されて王政が復古するも、一二五九年には降伏してモンゴルの属国となった。武臣政権の残党も、国王派がモンゴルと結び根絶された。モンゴルの侵攻は、朝鮮半島の権力構造に重要な影響を与えたのである。

「漢字世界」大陸部の西南端となるベトナムでも、一二五一年にフビライが侵攻して陳朝は帰順した。後の一二八二年には梵字世界の東北端をなすチャンパ（占城）への海からの侵攻に失敗し、一二八四年に陸路を求めベトナムに侵攻してハノイに入った。陳朝は南方に逃れてゲリラ的抵抗活動を続け、一二八五年には元軍が撤退した。一二八七年にも元軍が再度来攻したが、翌年には撤退をよぎなくされた。こうしてベトナムは陳朝の下で独立を保ち続け、一四世紀に入ると新しい時代を迎える。

海を越える大征服

モンゴルの大征服は当時、北条時宗を執権とする武家政権、鎌倉幕府の下にあった日本にも及んだ。鎌倉幕府の執権北条時宗の下に、まずは一二六七年と六九年、元が高麗を通じて朝貢を求める国書を送った。日本側が朝貢を拒否すると、一二七四年一〇月に元軍が来襲した（文永の役）。

実質的にその中心をなしたのは、元への降伏まもない高麗軍であった。この最初の遠征軍は、日本側を苦戦させつつも最後は撤退した。その後重ねて日本の服属を求めるべく一二七九年に来日した元の使節が博多で斬首されるなどしたため、一二八一年五月に元が再び遠征を試みた（弘安の役）。

二度目の遠征では高麗軍に加え、滅亡して間もない南宋の軍人を中心とする一〇万に及ぶといわれた江南軍も来航したが、幕府側は沿岸に防塁を築くなど防備体制を整えており、失敗に帰した。フビライは三度目の遠征をめざしていたが、一二九四年に没したため実現せずに終わった。

元寇は北条執権政権の動揺の一因となり、それはまた一四世紀前半に始まる後醍醐天皇の建武の中興と南北朝の争乱にもつながるなど、日本の歴史に対しても大きなインパクトを与えた。海からの元寇は「漢字世界」東端の島国・日本にとどまらず、「梵字世界」東南端のジャワにも及び、一二九二年には元軍がジャワに来襲した。この侵攻でシンガサリ朝は滅亡したものの、元軍が撃退されたのちに新王朝マジャパヒトとして再生し、ジャワの歴史に新時代を開くこととなる。なお「梵字世界」東半の東南アジア大陸部でも、元は海からチャンパへと進攻し、陸上では一三〇〇年に北方からビルマ遠征を行ない、これによりパガン朝が衰亡した。のちタウングー朝が一五三一年に入り、ビルマを統一することとなる。

「モンゴルの大征服」とイスラム世界

西方の「アラビア文字世界」としてのイスラム世界についていえば、既にチンギス＝ハンの時代に、中央アジアからイラン、イラクに拡がる領土をもつトルコ系ムスリムのホラズム・シャー朝が亡ぼされ、その領土の中央アジア部分がモンゴル帝国に帰した。征服には成功しなかったものの、アフガニスタンを経て、「梵字世界」から「アラビア文字世界」へと変容しつつあったデリー・スルタン朝領（西北インド）への侵攻も始まった。

その後、天山山中のイソにあったチンギス＝ハンの第二子チャガタイが中央アジアに移ったが、チンギス＝ハン没後と第三代グユク＝ハン没後の抗争後、第四代モンケ＝ハンの弾圧を受け滅亡の危機に陥った。

しかしモンケ没後の混乱の中で地歩を徐々に固め、一四世紀前半に入るとチャガタイ＝ハンとその王家が定住系トルコ人の影響の下にムスリムとなり、トルコ語をも解するようになっていった。こうして一四世紀後半には、天山地方から中央アジアにまたがるチャガタイ＝ハン国のイスラム化とトルコ語化が進んでいった。

同じころにトルコ化・イスラム化したモンゴル人のティムールが盗賊活動から力をたくわえ、中央アジア中心部の覇者にのぼりつめた。ティムールはチンギス＝ハンの次子の血をひくチャガタイ＝ハン家の女婿となってキュレゲンを号し、中央アジアを中心に、西はアナトリアから東は新興の明朝と境を接する大帝国（ティムール帝国）を実現した。

ティムールの出現は、イスラム世界西北端の新興勢力オスマン朝を危機に陥らせた。そしてティムール「五代の孫」バーブルは一六世紀初頭、イスラム世界に既に包摂されたインド北部に入り、ムガル帝国の建設者となる。ただ、ティムール帝国自体は一四〇五年のティムールの死と共に、分裂衰退していくこととなる。

ホラズム・シャー朝の領土の西半をなしたイラン以西の地に対しては、モンゴル帝国第四代の大ハン、モンケ＝ハンが三弟のフレグに西征を命じた。フレグはまずイランのエルブルース山中のアラムート城に拠る、「暗殺者教団」の異名で知られたシーア派内イスマーイール派の一派であるニザール派を攻めて降伏させ、さらに西方にむかった。フレグ軍の一派はさらに大セルジューク朝の分派ルーム・セルジューク朝が支配するアナトリアに入り、一二四三年にこれを破って属国とした。これ以来、ルーム・セルジューク朝は衰退し、アナトリアはムスリム・トルコ系の諸君侯国の分立するところ

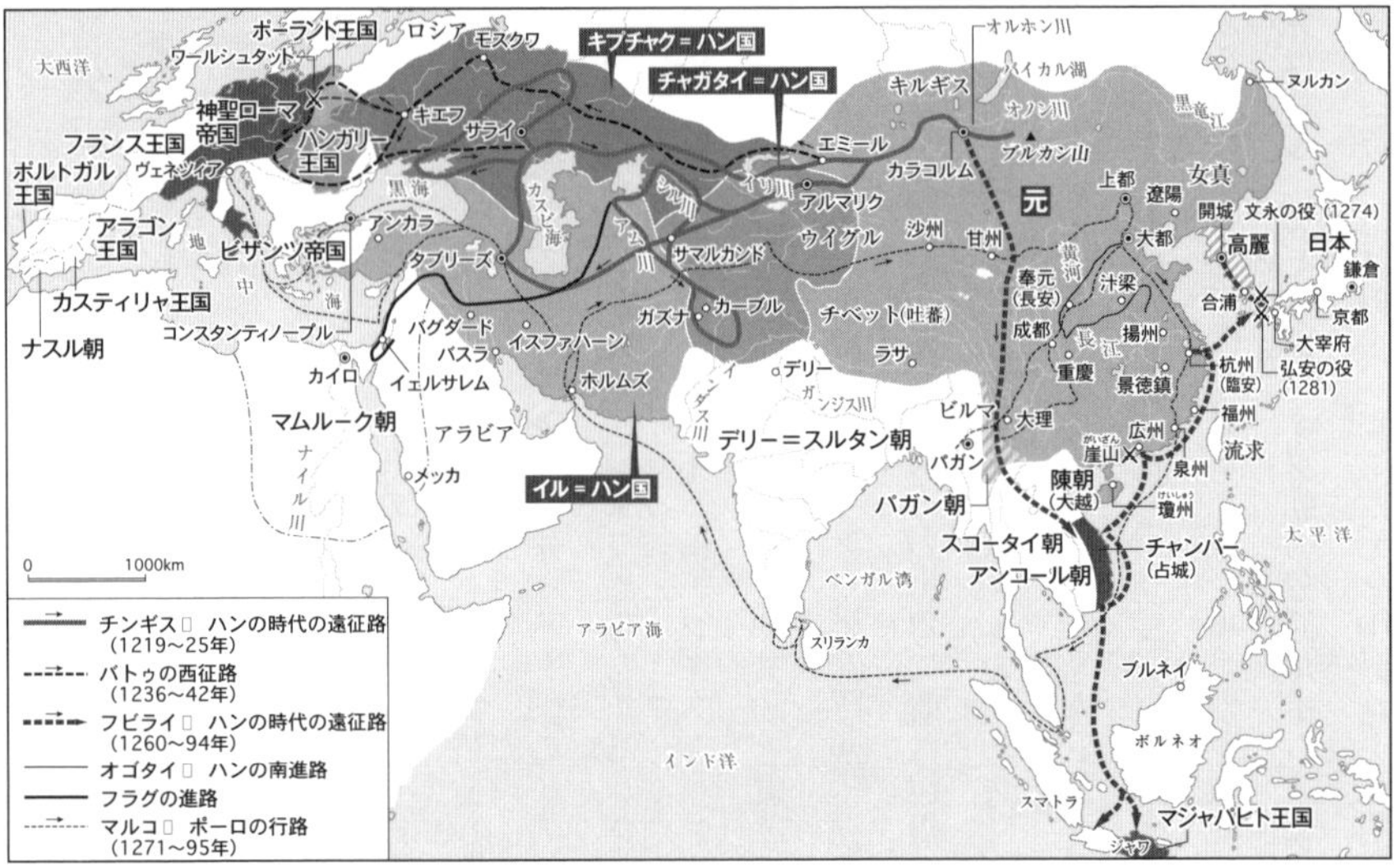

モンゴル帝国の最大領域

となって、一三世紀末にそのなかからオスマン帝国の源流をなすオスマン集団が出現することとなる。

フレグの本隊は一二五八年、アッバース朝の帝都バグダードに向かい、これを降伏させて最後のアッバース朝カリフであったムスタースィムを処刑した。このことにより、少なくともスンナ派の人々にとっての「イスラム世界統一」の可視的象徴であった、アッバース朝のカリフは消滅した。このとき危機を逃れたアッバース家の一族のうち二人がカイロを支配する新興のマムルーク朝に亡命し、相次いでカリフを名のった。このカリフは一六世紀初頭にオスマン帝国がマムルーク朝を併合した後も一時は命脈を保ったが、一五四三年に最後のカリフ、ムタワッキルの没した後、消滅した。

フレグの軍は一二六〇年さらに西進してシリアに進出し、なお残存していたサラディンのアイユーブ家君主たちが支配していたアレッポ、そしてダマスクスを征服し、エジプトをめざした。しかし大ハンたる兄のモンケ＝ハン崩御の報をうけたフレグは軍の本隊を率いてシリアを退き、イラン、イラクの地の支配者となってイル＝ハン国が成立することになる。

一方でフレグの一軍を託された将軍キト・ブカはパレスティナ

のアイン・ジャールート（ゴリアテの泉）で同年、マムルーク軍と平地戦を戦って敗れ、モンゴル軍によるエジプト侵攻は阻止された。これは、キト・ブカのモンゴル軍が長期の進軍で疲弊していたとはいえ、少年時から騎兵たるべく徹底的に訓練されてきたトルコ人奴隷軍人マムルーク騎兵の精強さを示すものであった。

その後、マムルーク朝はシリアからフレグ勢力を一掃していく。そして、西方のモンゴル勢力がキプチャク＝ハン国に接近してフレグ勢力を牽制すると、これに対してフレグ勢力はシリアになお十字軍が残有するのをふまえ、マルムーク朝に対抗すべく「ラテン文字世界」としての西欧キリスト教世界に接近することとなる。

だがイル＝ハン国では次第にムスリム化が進行し、第七代ガザン＝ハンもイスラムに改宗することとなる。

「モンゴルの大征服」と東西キリスト教世界

西北方では、チンギス＝ハンの長子ジョチの子バトゥがロシア平原方面の征服を委ねられた。まず、トルコ系の人々が多く住むキプチャク草原（南ロシア草原）に向かい、一二三七年に正教徒のルーシ諸侯を撃破して一二四〇年にキエフを落とした。

一派は一二四一年にポーランドのレグニツァ（独語はリーグニッツ）近郊のワールシュタットでポーランド・ドイツ騎士団連合軍を破り、さらにハンガリー国王軍をも撃破しながらウィーン郊外に近づいた。しかし一二四二年、オゴタイ＝ハン崩御の報が伝わるとバトゥのモンゴル軍は撤退を始めた。結局バトゥはヴォルガ川下流域にとどまり、この地にキプチャク＝ハン国が成立することとなる。その後キプチャク＝ハン国の支配下で次第にムスリム化・トルコ化しながら、一四世紀末から一五世紀初頭にかけて、ヴォルガ川中流のカザンに拠るカザン＝ハン国、カスピ海西北岸のアストラハン＝ハン国、クリミア半島に拠るクリム＝ハン国、そしてその遥か北方では一五世紀に西シベリアのシビル＝ハン国として分裂していった。

このうち、カザン＝ハン国とアストラハン＝ハン国はモスクワ大公国のイヴァン雷帝により征服され、シビル＝ハン国も一五九八年には併合された。クリム＝ハン国は一五世紀末にオスマン帝国の属国となった後、一七八三年ロマノフ朝のエカテリーナ二世によりロシア帝国に併合された。

「ギリシア・キリル文字世界」としてのビザンツ世界では、ビザンツ帝国のかつての東半にあったアナトリアまでモンゴル勢力が侵攻したが、帝国本体への進攻はなかった。九世紀以降にキエフ地方ではいち早く正教が受容され、北方スラヴ圏の先進地域の中心となっていたキエフ公国がモンゴルの侵攻により滅亡したことをうけ、スラヴ圏の重心はその後、北方のモスクワ大公国へと移ることになった。

当初はイスラム世界の背後に現れたモンゴル勢力に対し、伝説のプレスター・ジョンの軍勢かと期待を抱いた当時の西欧人も、その勢いに一時は恐慌に陥ったが、モンゴル軍の前進は一二四二年のオゴデイ＝ハンの崩御をもってとぎれることとなった。その後の西欧世界は対イスラムの同盟を求め、また東西交易の利を求めて、モンゴル帝国と接触を始めるようになった。

それは、東西文化交流を促進することにもなった。しかし同時に、ペストの西進と大流行をも、ともなうこととなった。

「モンゴルの大征服」とその意義

モンゴルの大征服は、一二〇七年チンギス＝ハンの下で始まり、約半世紀続き、ユーラシア大陸の東端からヨーロッパ大陸東半に至る世界史上空前の大帝国を現出した。

これにより陸上の東西交通路が共通の勢力の支配下におかれ、また海上ルートのうちペルシア湾ルートもまた東と西のターミナルが共通の政権の下におかれることになって、著しく活発化したといえよう。しかし、海陸ともに、その東西交流のルートの存在は、はるか以前より、つちかわれてきた陸と海の交通ルートを踏まえ、それを活性化したのだということも忘れてはならない。

そして、モンゴル帝国は、第二代オゴタイ＝ハンが没すると、たちまち一方では中枢で権力闘争が始まり、他方では地域的に分裂が進行したため、「モンゴルの大征服」が開始されて一世紀半ほどで、大帝国は解体し、その各部分も分裂崩壊し始めた。そもそも元も、一三六八年には中国本土から撤退し、漢族の明が成立した。

七世紀中葉から八世紀中葉の一世紀間に進行した「アラブの大征服」では、その征服地中、イベリアを除く殆どすべてが、一四〇〇年余をへた今日でもイスラム圏に属し、少なくとも一九〇〇年頃まではそのすべてが「アラビア文字圏」にとどまった。それに対してモンゴル帝国の場合は、モンゴル語も、またモンゴル文字も定着せず、モンゴル文化も、極めて断片的にしか痕跡が認められない。このこともまた、念頭におく必要があろう。

確かに「モンゴルの大征服」は、その覆った空間としては、まさに世界史上最大の征服活動であった。しかし、この活動はモンゴル人の機動力と瞬発力という軍事的「比較優位」により「津波」のように広がりはしたが、その支配は各地域の在地のシステムの上にのったものであり、定着化しうる「支配組織」を形成するには至らなかったし、また文化的側面においても、浸透し同化させていくだけの文化的核をつくり出せなかったのではあるまいか。

「モンゴルの大征服」の衝撃にさらされた、「旧世界」の「三大陸」の諸文化世界では、それ以前の「伝統」が再編され、一四世紀から一五世紀以降、諸文化世界は「前近代」における最後の実りを迎えることとなるのである。

第9章

アジアの圧倒的比較優位の時代

――「漢字世界」と「アラビア文字世界」の諸帝国

一　モンゴル以後の漢字世界

漢字世界の中心における明と清

モンゴルの元では、世祖のフビライが没した後、皇帝の地位をめぐって一族の争いが続き、不安定な時代が続いた。この間、長年停止されてきた科挙が第八代仁宗の一三一五年に復活したが、一科の合格者は一〇〇名で、しかもモンゴル人、色目人、漢人、南人に各二五名が割り当てられ、本格的な復活とはいいがたい形式的なものだった。また、仁宗を継いだその子・英宗の一三二〇年には、法典として『元典章』六〇巻が刊行された。

しかし一族の不和は続き、英宗が殺害されると世祖フビライの皇太子で父に先立って没した真金の孫が立ち、その没後、子である天順帝が即位したが、反乱がおこり行方不明となった。反乱をおこしたトクテムルが自らの兄を立てて明宗とし、自らは皇太子に立てられたが、その直後に明宗が没し、トクテムルが文宗となった。

文宗も短期で没し、順帝が立てられてその治世は三四年続いたが、内紛が絶えぬうちに長江地域で反乱が頻発するようになった。そのなかで、白蓮教徒の韓山童を奉じた紅巾の乱の流れをくむ朱元璋が、一三六八年に元の帝都・大都（今日の北京）を征服し、元朝最後の第一一代順帝はモンゴル高原に逃れた後一三七〇年に没し、元朝は滅亡した。その後、朱元璋が皇帝となり、国号を明とし、一世一元の制を始めて年号を洪武とした。

明の太祖洪武帝は、貧農の子で僧侶となり、賊軍に加わり、のし上がった人物であり、当初は、自らと行動を共にしてきた功臣を、諸王に封じたが、次第にこれを粛清し、諸子をもってこれにかえ、恐怖政治を行いつつ、権力の集中につとめ、君主専制システムを築き上げた。

君主専制システムの完成とその弱点

「支配組織」としては、当初は元代の組織を踏襲し、中央の頂点に左右の二丞相、その下に中書省、またその下に六部をおいた。しかし建国以来の功臣・胡惟庸が宰相（丞相）として力をふるうようになると、一三八〇年にこれを処刑し、一五〇〇〇人に及ぶ連座者も処刑した。その直後に洪武帝は中書省と左右丞相を廃止し、六部を皇帝直属とした。軍事についても同年、大都督府を廃して五軍部督府に分け皇帝直属とし、監察・司法機関としての御史台も廃止した（一三八二年にこれにかわる都察院を設置）。

こうして、権力は皇帝一人に集中された。一三八二年に殿閣大学士がおかれたが、これは当初、皇帝の諮問に答えるだけであった。のちに永楽帝が一四〇二年に権力を掌握すると、翰林院から七名を大学士として重要政務にかかわらせることとした。これは「内閣」とよばれたが、なお権限は限られていた。

だがその後、永楽帝の皇子で跡を継いだ明朝第四代洪熙帝が大学士に尚書の職を与えてからは権限も大きくなり、とりわけ首席大学士は「首軸」として宰相に匹敵するものとなった。こうして明代に君主専制体制は補佐者も備え、制度的にはほぼ完成を迎えた。

中央集権化においても、すでに洪武帝時代に創業の功臣で藩王に任じていた者たちを粛清し、集権化が進められた。まず一三七六年に行中書省を廃止して、民政と財政担当として承宣布政使司、監察に提刑按察使司、軍事に都指揮使司をおき、その長官はあわせて「三司」と呼ばれ皇帝直属となった。版図には中央直属の直隷と一三布政司がおかれ、各布政司の下に知府を長とする府、その下に知州を長とする州、知県を長とする県がおかれた。さらに後には三司の上に総督、巡撫が設けられた。そして地方官は中央から任命派遣された。

「支配組織」要員の補充のためには、宋代以来の科挙に重点がおかれた。実際、明朝成立後まもない一三七〇年には一次試験というべき郷試が行われ、翌年にはその合格者に対し最終試験である会試が行われて進士が採用された。一三七三年には一時科挙が停止され、かわって有司の推薦による「薦挙」が行われたが、一三八四年に科挙が復活され、これが定制となった。

明の場合、宋と異なり学校に重きがおかれ、都に国子学（のちの国子監）、府州県にそれぞれ府学、州学、県学をおいて試験により入学させた。その学生は「生員」と呼ばれ、生員のみが科挙を受験しうることとした。だが学校制度は形骸化していくこととなり、生員の資格は必要なものの、地方での郷試に通り「挙人」となり、都での会試、殿試に通って進士となることのみが重要となった。このように明代では、皇帝にすべての権力が集中する君主専制・中央集権的な支配組織が確立し、その構成員の人員補充のための科挙制度も定着した。

しかし明の太祖洪武帝のめざした皇帝専制体制は、のちに首輔と内閣の補佐が加わったものの、君主自身が有能であってはじめて機能するシステムであった。明朝においては初代の洪武帝と、そしてその孫の第二代建文帝に反旗をひるがえして（靖難の変）自ら第三代となった洪武帝の皇子の一人・永楽帝は極めて有能な人物であったが、続く明朝の歴代には無能にして無為の君主を輩出した。

これに加えて永楽帝以来、靖難の変に際して内応し協力したこともあり、最側近として宦官が重用され始めた。とりわけ洪武帝が一三八二年に創設した諜報組織の錦衣衛に加えて、永楽帝が一四二〇年に同じく諜報組織として創設した東廠に宦官をあてた。これにより宦官が事実上大きな力をもって利権を握るようになり、帝国の政策決定にも影響を与え、大きな弊害を生ずることとなった。

軍事組織も当初は中央の大都督府が統括していたが、一三八〇年の胡惟庸の獄後、中書省の廃止と同時に五軍都督府とされ、すべてが皇帝に直属することとなった。加えて皇帝直属の十二営をおき、戦争がおこると皇帝が倹兵官を任命し、ことが終れば解任するというかたちで、司令官と兵士が密接に関係を築くことを防ぐようになっていた。

兵員については、徴兵制が衰え募兵制になっていたものを、全人口を民戸と軍戸に分かち、軍戸は兵部に属すこととし、衛所の下におかれ、軍戸の各戸から一名が軍役につくこととされた。そして軍戸は屯田を与えられ、自給することとなっていた。しかし次第に自活が困難になり、逃亡したり有力軍官の私兵と化す者が増えていった。そのなかで有力な将軍たちは、私有の奴隷としての「家丁」を備えるようになっていった。

このように、明代は皇帝専制的・中央集権的な支配組織が確立したものの、中央では多くの統括能力を欠く君主の下で科挙官僚と宦官がせめぎ合い、軍事組織も膨大な経費を要したため、内実は弱体化傾向にあった。

「北虜南倭」

明朝は、対外的には「北虜南倭」に悩まされた。「北虜」とは長城北方のモンゴル人を中心とする遊牧民たちだった。「北虜」対策に本格的に取り組んだのは、第三代永楽帝であった。第二代建文帝は、洪武帝が自ら封じた功臣の藩王たちを粛清しこれにかえて任じた、朱家の一族出身の藩王たちを廃していこうとした。

この状況の下で北平（のちの北京）にあった洪武帝の皇子・燕王が一三九九年に挙兵し、建文帝の軍を破って一四〇二年には帝都南京を落とした。建文帝は行方不明となり、燕王が皇帝となって翌年、永楽と改元し、建文の元号を抹消した。こうして明朝第三代となった永楽帝は、五回にわたりモンゴルに親征（天子自ら出征すること）し、それなりの成果をあげた。

しかし永楽帝の曾孫にあたる第六代正統帝は、モンゴル高原で台頭したオイラト部のエセンが朝貢をめぐるトラブルを口実に明へ侵攻したのに対し、一四四九年に宦官王振のすすめで親征し、土木堡《どぼくぼ》で大敗して捕虜とされた（土木の変）。また一五五〇年にも、モンゴルのアルタン＝ハンが大挙侵入して北京を包囲した。その後も遊牧民による侵寇が続いたが、一五七一年に講和が成立して朝貢貿易が始まると、関係は安定した。

他方の「南倭」とは「倭寇」を意味する。一四世紀後半の倭寇は、略奪を目的とする日本人によるものであった。しかし日本で南北朝の争乱が終結し、足利義満が将軍になると取り締まりが強化され、倭寇も下火となった。

これに対し一六世紀の倭寇は、明の海禁政策の下での中国人を中心とする密貿易商人たちが中心をなしていた。これも明側の取り締まりが厳しくなり次第に鎮圧され、一五六七年に「海禁」が解かれた。

鄭和の南海大遠征

純漢族の王朝である明帝国は、対外的進出においてはみるべき成果に乏しかった。南方に対してはベトナムでの内紛に永楽帝が介入し、一四〇六年に親征を行い翌年には直轄領として交趾布政司をおいた。しかし抵抗が激しく、一四二八年に後黎朝が成立すると、明軍は撤退せざるをえなくなった。

このようななかで特記に値するのは、永楽帝の時代に始まり、一代おいて永楽帝の孫で明朝第五代の宣徳帝時代にまで引き継がれ、七次にわたった「鄭和の南海大遠征」であった。鄭和は雲南出身のムスリムで宦官として燕王に仕え、靖難の変の功をもって「鄭」姓を下賜された人物で、一四〇五年以降、永楽帝の命の下で南海大遠征に従事した。その艦隊は六〇隻近い艦船と三万人近い乗員からなる大艦隊であり、南シナ海をへて東南アジア、さらにマラッカ海峡をへてインド洋に進出した。さらには「海のシルクロード」のうち北のペルシア湾ルートではホルムズまで、南の東アフリカ・ルートではマリンディまで、中道のスエズ・ルートでは本隊はイエメンのアデンまでであったが、分遣隊はイスラムの聖都メッカにまで到達した。

この大遠征で、これまで明朝と接触のなかった多くの国々が朝貢を行うようになった。この成功は、総司令官の鄭和がムスリムであり、ムスリムが仕切ってきた「海のシルクロード」への進出にあたり、ムスリム・ネットワークに依拠しえたところが大きかったものと思われる。また、ある程度の素養をもつムスリムにはムスリム共通の文化・文明語であるアラビア語を解する者がいたはずで、そのことが東南アジア沿海部・島嶼部からインド洋世界にひろがる、漢字・漢文を解さぬ「アラビア文字世界」としてのイスラム世界を主たる対象とする鄭和の活動に大きく役立ったと考えられよう。

「鄭和の南海大遠征」も、永楽帝の下で六回を重ねたが、永楽帝の孫の第五代宣徳帝の下でおよそ三年をかけて帰着した第七回遠征をもって終結し、ついに同様の試みが再開されることはなかった。中国が本格的に海に乗りだしたのは史上でも稀有のことであり、注目に値する。その後の中国が海に乗り出し、広くインド洋沿岸に影響力を拡げようとする努力を始めるのは、約六世紀をへた二一世紀初頭、中華人民共和国における習近平国家主席の時代に入ってからの、いわば海と陸のシルクロードを中国主導の下に復活しようとする「一帯一路」構想においてとなる。

明代は、内政において唐・宋と続いてきた皇帝専制的・中央集権的「支配組織」と、その要員の人員補充システムとしての科挙制度がほとんど完成の域に到達した時代であった。ところが、とりわけ第三代永楽帝の時代から皇帝の最側近としての宦官が、諜報組織としての錦衣衛と東廠によって国政・人事に介入し、有能な君主を欠いたことも重なって、君主専制システムは必ずしも有効に機能しなかった。

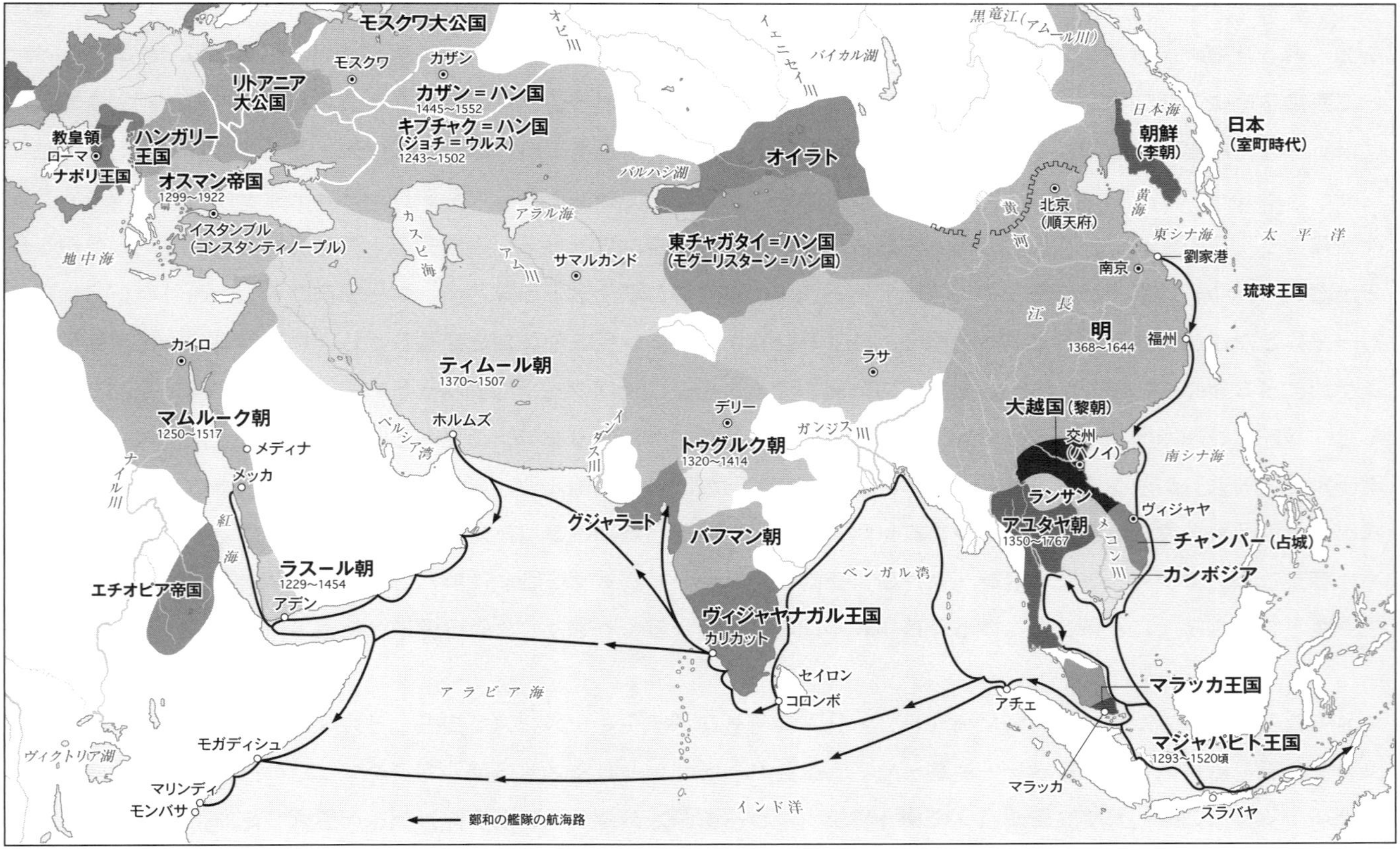
モスクワ大公国
モスクワ
カザン
リトアニア大公国
カザン＝ハン国
1445〜1552
キプチャク＝ハン国
(ジョチ＝ウルス)
1243〜1502
教皇領
ローマ
ハンガリー王国
ナポリ王国
オスマン帝国
1299〜1922
イスタンブル
(コンスタンティノープル)
地中海
カスピ海
アラル海
アム川
サマルカンド
バルハシ湖
オイラト
東チャガタイ＝ハン国
(モグーリスターン＝ハン国)
オビ川
イェニセイ川
バイカル湖
黒竜江(アムール川)
日本海
朝鮮
(李朝)
日本
(室町時代)
黄海
東シナ海
太平洋
北京
(順天府)
黄河
南京
劉家港
琉球王国
長江
明
1368〜1644
福州
カイロ
ティムール朝
1370〜1507
ラサ
デリー
トゥグルク朝
1320〜1414
ガンジス川
インダス川
大越国(黎朝)
交州
(ハノイ)
南シナ海
マムルーク朝
1250〜1517
メディナ
メッカ
ペルシア湾
ホルムズ
ナイル川
紅海
グジャラート
バフマン朝
ランサン
アユタヤ朝
1350〜1767
メコン川
ヴィジャヤ
チャンパー(占城)
カンボジア
ラスール朝
1229〜1454
エチオピア帝国
アデン
ベンガル湾
ヴィジャヤナガル王国
カリカット
セイロン
コロンボ
アラビア海
アチェ
マラッカ王国
マラッカ
マジャパヒト王国
1293〜1520頃
スラバヤ
ヴィクトリア湖
モガディシュ
マリンディ
モンバサ
インド洋
鄭和の艦隊の航海路

15 世紀の世界

外政面においても、東北方で建州女真を勢力下においたほかはモンゴル、ベトナムに対しても大きな外征には成功せず、版図もさして拡大しなかった。むしろ膨大な費用を投じて長城が修築されるなど防衛に主力が注がれ、対北方対策のために巨大な軍隊をかかえたことから財政が圧迫された。こうしてみると、明帝国も瞬発力と機動力に乏しい、宋のような純漢民族王朝の特徴を有していたようである。対外的には守勢に傾き、対内的には政権が必ずしも安定せず数多くの反乱も起った明朝であったが、文化史においては独自の発展と成熟がみられた。

明代における文化の成熟

まず思想においては、公式には支配エリートの人員補充システムとして完成をとげた科挙の受験科目の中心は儒学であり、それも宋代に発展した朱子学であった。それも、第三代永楽帝によって一四〇五年に完成した『四書大全』、『五経大全』そして『性理大全』における儒教解釈によって解答することが求められた。一般民衆向けには太祖洪武帝が『六諭』を発し、これにそって民衆教化がはかられた。

思想家としては、明代中期に王陽明が現れた。従来の朱子学は、理と気の二元論から発して宇宙万物の根本原理を説く「哲学的理論体系」としての色彩が強かった。これに対し王陽明は、心即理から出発して知行合一を説く「実践哲学」的色彩が強く、心の修行を通じて聖人にいたる道を求めた。

道教では一四四五年に『正統道蔵』が完成し、道教に深く帰依した嘉靖帝の時代をへて万暦帝時代の一六〇七年に『続道蔵』が成立し、道教の教典を集大成した『道蔵』が完成した。他方で、道教は民衆にも深く浸透していった。

仏教では、禅宗が王陽明にも影響を与えたが、民衆のなかでは念仏により浄土を求める阿弥陀信仰に基づいていた白蓮教に、弥勒下生により理想の社会が実現されるという弥勒教が習合し、中国における「千年王国」的思想として多くの反乱のシンボルとなった。

自然科学では、王朝の基となる暦の改革に、イエズス会士が西洋の天文学をもって貢献した。カトリックを受洗した高級官僚の徐光啓は、イエズス会士マテオ・リッチと共にユークリッドの『幾何原本』を漢訳し、さらに『崇禎暦書』『農政全書』を著した。また明末の学者・宋応星は産業技術大成として『天工開物』を著し、李自珍は漢方薬草に関する『本草綱目』を著した。なおマテオ・リッチは『坤輿万国全図』と題し、中国ではじめて世界地図を刊行して衝撃を与えた。

文学については、古典的詩文よりも庶民的な口語体小説として、「四大奇書」として今日でも広く読み継がれている羅貫中の『三国志演義』、施耐庵の『忠義水滸伝』、呉承恩の『西遊記』に加えて、作者不明の『金瓶梅』などが現れた。絵画では、宮廷の画院系の院体画と在野の南画が発展し、明末には董其昌が現れ、書でも一家をなした。

工芸については、陶磁器で元以来の「青花」(染付)が発達し、治世は長いが道教におぼれた嘉靖帝の時代に優品を出した。また明代には様々の色釉を用いる「赤絵」も発達し、これまた政治的には長い不毛の治世であった万暦帝の時代に「万暦赤絵」といわれる水準に達した。染付や赤絵は遠くイスラム世界にも輸出され、書家がアラビア文字を記した品さえ現れ、今もオスマン帝国の帝都であったイスタンブルのトプカプ宮殿に所蔵されている。

明代の経済の発展

明代において実力ある有能な君主は、初代洪武帝と第三代永楽帝の後には、第四代洪熙帝、第一〇代弘治帝、第一三代隆慶帝くらいで、有能な首輔に支えられた第五代宣徳帝と第一四代万暦帝の初年が続くにとどまり、不思議と無能、暗愚の君主の多い王朝であった。それでも一三六八年の建国以来、一六四四年の滅亡にいたるまで二七六年にわたり存続し得たのは、宦官の容喙と科挙官僚間の党争にもかかわらず「支配組織」がそれなりの統治能力を発揮しうるところまで発展していたことと、一方で経済が大きく発展していたところによるところが大なのではあるまいか。

元末明初の争乱により、華北は経済的・人口的にも荒廃した。しかし宋代以来の江南経済の発展は続いていた。低湿地帯でも「輪中」様のもので囲い込みつつ新農地が開発された。水稲栽培に加えて養蚕業のための桑の栽培も盛んとなり、綿花栽培も拡がった。農業の商業化も進み、そのなかから農業経営を指南する農書が現れた。さらに養蚕業や綿花栽培の延長線上で、製糸・織布業を中心に農村での手工業もまた発展していった。

このようななかで商業も発展し、国内的には地域間商業も発達していった。一六世紀になるとポルトガル人が来航し、「新大陸」と日本からの銀が大量に流入するようになり、さらに海禁が解けた後に中国人商人がスペイン領となったフィリピンからメキシコ銀をもち帰った。これによりすでに一五世紀に始まっていた租税の銀納化が進み、一六世紀後半には一条鞭法が広まっていった。

明代の経済的発展は、帝国中央における政治的不安定にもかかわらず、暗君とみられる嘉靖帝・万暦帝の時代にも中国陶磁器を代表する青花、赤絵が頂点をきわめることを可能としたのではあるまいか。

女真人ヌルハチの台頭

今日の中国東北地方は、アルタイ系のツングース語に属する女真語を母語とする女真人の地であった。女真人は半農半猟を業とし、かつては金を建てた民族であった。清を興したヌルハチも女真人であったが、のち自らの民族名を「マンジュ(満洲)」に改めたのであった。

明はその本領外の女真人につき、一五世紀初めから本土とは辺牆でへだてつつ衛所を設け、一方では氏族長はじめ有力者たちに都督などの官職を与え間接的に支配していた。その間、いくつかの部族国家が成立したが、そのなかから建州女真の一首長家出身のヌルハチが台頭していった。

ヌルハチは一五八三年に挙兵すると、建州女真ののちの「満洲五部」を統一して一五八八年にマンジュ国を創設し、明に入貢して龍虎将軍の称号を得た。その後も版図を拡げ、ゲンギエン＝ハンの尊称を諸王・緒大臣より奉られて、ここに

「後金国」が成立した。ヌルハチは明への侵入を開始し、全女真を統一しつつ一六二一年には瀋陽を征服し、都とした。一六二六年には遼寧を攻めたが、大砲に阻まれて落せず、撤退後に没することとなった。従来女真語は書記できず文書にはモンゴル語を用いていたが、ヌルハチは一五九九年にモンゴル文字をベースとする満洲文字を創出している。

その子で跡を継いだホンタイジがハンとなり、清朝成立後、太宗とされた。ホンタイジは朝鮮に侵入し、和約して兄弟関係としながら、漢人につくらせた大砲を利用して大凌河城を落し、以後、漢人は火器専門とされた。さらに内モンゴルを支配下に収めて元朝の玉璽を得、ついにホンタイジは一六三六年、皇帝となり国号を大清、年号を崇徳とした。

明朝の滅亡から清の「入関」へ

ヌルハチが台頭しつつある頃、明帝国では一五七二年以来の万暦帝による長い治世が続いていた。万暦帝の父・隆慶帝は、道教にこり無為だった父の嘉靖帝と異なり、有為の君主で改革にとりくんだ。その跡を幼少で継いだ万暦帝の治世も、その初めは有能な張居正が首輔として改革にあたり、全国の土地測量を行い、一条鞭法の普及も進んだ。

しかし一五八二年に張居正が没し、万暦帝の親政が始まると統治に意を用いず、一五八五年以降は政事堂に現れないまま宦官が国事を壟断した。これに加えて一五九二年にはモンゴルの降将が反乱を起こしこれを鎮圧したが、同じ年に豊臣秀吉の軍勢が朝鮮に侵入する事態となった。朝鮮国王からの要請に応えるかたちで明は援軍を派遣し、その攻防は休戦を挟みながら秀吉が没して日本軍が撤退するまで続いた。さらに一五九七年には東南方の少数民族苗族の反乱も起こった。うち続くこの大乱の戦雲は、明朝の財政を悪化させた。加えて実施された増税に対し、民衆の暴動も頻発し始めた。

そのようななかで一六二〇年、万暦帝は没した。子の泰昌帝が第一五代となったが一カ月もへず急死し、その子の天啓帝が継いだが宦官の魏忠賢が実権を握った。まもなく天啓帝が没して異母弟の崇禎帝が明朝最後の第一七代皇帝として即位し、魏忠賢を排して改革を進めようとしたが、性急に傾き成果は挙がらなかった。

全国で農民反乱が起り始めると、そのなかから李自成が台頭して洛陽、西安を手中にし、一六四四年皇帝を称し国号を大順とした。続いて李自成は、明の主力軍が清軍に対抗するため山海関に集注し防衛が手薄となっていた北京を襲い、皇帝崇禎帝が自殺して明朝は滅亡した。

この事態に、山海関の明軍の司令官・呉三桂は清と和睦し、清軍の山海関入関を許し、清軍と共に北京に向かった。李自成軍はこれに破れて逃走・殺害され、その残党や他の農民反乱軍も、一六四六年までには清軍にほぼ平定された。他方、明の皇族たちが南方で相次いで新政権を立ち上げ抵抗を続けたが、これらも一六六一年までに完全に終息し、台湾に拠った明の遺臣・鄭成功の勢力も一六八三年に降伏した。

また、清軍入関に功があり藩王に封ぜられた呉三桂ら明の有力な将軍たちによる「三藩の乱」も一六八一年に平定され、こうして明朝の全版図は清朝の支配化に入ったのである。

「漢字世界」最後の世界帝国・清の支配組織

清軍が北京に入った一六四四年、清朝第三代順治帝は北京に遷都し、即位式を行った。清帝国の「支配組織」の原型は太祖ヌルハチ時代から徐々に形成されつつあったが、その基本は八旗制度と呼ばれるものであった。「旗」の満洲語の原語は「グサ」で、軍団の単位である。ヌルハチは、全満洲人を「旗」に組織した。「旗」の基本単位は成人男子三〇〇人からなる「ニル」とされ、五ニルを一ジャラン、五ジャランを一グサとした。そしてヌルハチの時代には満洲人からなる八つのグサが成立し、これが「満洲八旗」として、軍事組織かつ行政組織となったのである。

旗の構成員である旗人には一定の土地が旗地として与えられ、その収益で生活し、軍役の費用にあてることになっていた。のちにモンゴル人が支配下に入ってくると、第二代ホンタイジの時代に蒙古八旗が組織された。清朝の基本的拠り所は、満洲八旗と蒙古八旗となった。のち、漢人からなる漢軍八旗も編成されたが、これは大砲を担当する砲兵軍団であった。

ヌルハチ時代は、満洲八旗のうちヌルハチに直属のものは二旗のみで、他はホショのベイレとなった一族の有力者に属していた。国政の最高機関としては有力ベイレと八旗の長からなる議政王大臣会議があり、君主の権力を制約していた。第二代ホンタイジが一六四三年に没するとその皇子フリンが六歳で第三代皇帝となった。叔父のドルゴンが輔理国政となり補佐し、フリンが北京に入城して順治帝として即位するとドルゴンが叔父摂政主として実権を握ったが、ドルゴンが没してからは順治帝の親政が始まり、君主専制・中央集権的方向にむかい始めた。

支配組織についても、すでにヌルハチ時代に文書行政を行う書房があり、ホンタイジ時代にこれが文館、さらに内三院とされた。また明代の政治機構である六部や監察機関として都察院もおかれ、モンゴル統治の組織として蒙古衙門が設置された。順治帝時代になると六部に尚書がおかれ、曲折はあったが内三院は内閣と翰林院となった。

この支配組織の担い手の人員補充のため、ドルゴン時代にすでに会試・殿試が施行され、順治帝親政が始まると旗人にも科挙受験が許されることになった。宮廷関係については内務府が定着した。この流れは、元代をこえて明代に復帰する方向をとったといえよう。ただ清朝独自の組織として、蒙古衙門を発展させた理藩院が設けられ、礼部に属させたが、のちに独立させ六部と同権となった。

アメとムチの漢民族支配

文化的にはすでにヌルハチ時代以来、支配下に入った漢人には辮髪《べんぱつ》を強制し、公文書は満文と漢文で作成し、満洲人の民族意識を保とうとした。ただ少なくとも漢人向けには天命が明朝から清朝に移ったことを示すべく、第三代順治帝は『明史』編纂を命じている。順治帝が没し、その皇子が第四代康熙帝として即位すると、一六七〇年には民衆教化のために明の『六諭』にかわる『聖諭十六条』を頒布した。法制については最初の法令集『康熙大清会典』を完成させ、中国式百科事典というべき「類書」としての『淵鑑類函』を刊行した。漢語辞典としてはこれが以後基本となる、字典の集大成ともいえる『康熙字典』を完成させ、漢民族に対する文化的アピールとなっている。

康熙帝の長い治世のうちに、清朝の支配体制はほぼ確立した。そして一七二二年、康熙帝が没するとその子の雍正帝が第五代皇帝となった。清朝では皇位継承順位が定まっておらず、雍正帝は即位直後に後継者名を記した紙を箱に密閉して乾清宮の「公明正大」の額の後ろにおくこととし、これが踏襲されることとなった。

雍正帝は支配組織の綱紀粛清をはかり、臣下からの奏摺（皇帝への上奏文）に朱批を書き込み上奏者に返却していたものを、上奏者の私蔵を防ぐため宮中に返送する奏摺システムをつくり出した。さらに遊牧民ジュンガル平定をめぐる軍務処理のために軍機処を創設し、のちに旧来の議政王大臣会議にかえて、軍機処を帝国の最高政策決定機関とし、皇帝専制政治の具とした。

一七三五年に雍正帝が没すると、その皇子・乾隆帝が第七代皇帝となった。大清帝国の版図は建国以来着々と拡大し、康熙帝時代の一六八九年にはイヴァン雷帝以来東進を続けてきたロシアのピョートル大帝との間にネルチンスク条約が結ばれ、黒龍江方面の国境が確定した。先代の雍正帝時代にはロシアとキャフタ条約を締結して外モンゴルの境界が確定した。乾隆帝時代にはチベットを完全に制圧して駐蔵大臣の権限を強化し保護国化したのに加え、さらに回部（東トルキスタン）をも制圧し、清朝は最大版図に達した。

乾隆帝は中国文化に深く親しみ、中国史上空前の大叢書として『四庫全書』を編纂させた。ただこの試みは、同時に反満的な文献を抹殺、改ざんする試みでもあった。人口的に圧倒的少数で、文明的・文化的蓄積においても圧倒的な落差にある満洲人がモンゴル人をパートナーとしながら漢人を支配した清朝では、中国文化を深く吸収したのちも、民族文化の伝統を守るべく漢人にも辮髪・てん足を強制し、反満・反清的な言辞行動には厳しく対処した。その結果の一つが、反満的言論に対する弾圧としての「文字の獄」であった。

これに対し漢人の文人もまた、少なくとも表見的には非政治的な考証学に沈潜した。詩文書画の世界もまた、限界があったようにみえる。ただ小説の世界では、一八世紀中葉乾隆帝の時代に中国の小説史上、最高の達成というべき曹雪芹の『紅樓夢』が現れた。

社会経済ではまず税制として傜役を土地税の付加税化する方向に向かい、康熙帝の一七一三年に、一七一一年の人丁額を固定することとし、その延長線上で雍正帝の治世中、丁銀を土地税の付加税として銀納により徴収する地丁銀制度となった。その背景をなす社会経済では江南以西の稲作技術が改良されたのに加え、「新大陸」からの新作物である甘藷やとうもろこし、落花生などが一六世紀末から一七世紀にかけて流入定着し、農産物の収量が飛躍的に拡大したことがあった。人口もそれに伴い急増し、一七〇〇年には一億五〇〇〇万人、乾隆末には三億に達したとみられる。急増する人口は、一方では清朝領域内の内モンゴルや東北地方、他方では国外の東南アジアへと向かい、華僑・華人として定着していった。

対外交易も一六八四年には解禁され、江蘇、浙江、福建、広東に税関である海関が置かれた。ただのちの一七五七年に対外貿易は広州一港に限られることとなった。この状況に関しては一八世紀末、乾隆末から英国から自由貿易が求められるようになっていく。なお対ロシア交易については、内陸のキャフタで認められることとなった。

これに加えて伝統的な朝貢貿易も継続して行われ、一六〇九年に薩摩の属国化した琉球王国も明代にひき続き清代にも朝貢貿易を続けることとなった。

しかし西欧世界からの自由貿易を求める動きと、英国による輸入超過対策としてのインド産アヘンの清帝国への輸出増大は一九世紀前半に入り紛争の原因となり、巨大な大清帝国にも、アヘン戦争として「西洋の衝撃」をもたらすこととなる。

「漢字世界」の周辺——朝鮮王朝の成立

高麗王朝は元の属国となった後、王世子は元の宮廷での奉仕に送られ、元の皇族と結婚させられて深い関係をもったが、一三五一年に即位した恭愍王は元に対し距離をとりながら諸改革にとりくみ、科挙も朱子学が中心となり、朱子学を奉ずる官僚が育ち始めた。この間、一三六八年に中国では朱元璋が明朝を開き、一三六九年に高麗は明の冊封をうけた。

その後、対倭寇戦で戦功をあげた李成桂が台頭し対抗勢力との抗争を制すると、一三九二年に高麗王朝の恭譲王から禅譲を受けるかたちで王となった。そして明の洪武帝にはかり、国号として「朝鮮」と「和寧」の二案を提示し、洪武帝の命により一三九三年に国号を朝鮮とした。

そして明の洪武帝が没した後の一四〇一年、明朝第二代建文帝により朝鮮国王に冊封された。以来、この朝鮮王朝は一九一〇年に日韓併合となるまで原初からほぼ五世紀にわたり続くこととなる。

第三代太宗の下で、王族の官職就任が禁止されるなど王への権力集中が強められ政治体制の基礎がつくられると、一四一八年に太宗は退位して、その王子が第四代世宗となった。世宗は一四四三年、独自の民族文字として表音文字のハングルを制定した。知識層からはハングルは漢文に比べて卑俗なものとされ諺文《オンムン》と呼ばれ軽視されたが、簡易的表音文字のハングルが成立したおかげでハングルを用いた小説が発達し、民衆に拡っていくこととなる。

朝鮮王朝の下では中国モデルの受容がさらに進むが、一方で独自性も生じていった。まず地名についてはすでに高麗王朝下で王命により中国化されていたが、人名については高麗王朝にひき続き、朝鮮王朝下で漢化が完成したとみられる。家族制度についても中国モデルを受容し族譜法などが進むが、当初は父系母系にかわる双系的なものであったものが父系的となっていった。ただ現実の家族制度においては、中国の男子均分に対し、朝鮮王朝下では男女均分が男子均分へ、さらに長子継承へとかわり、個性が出現する。

「支配組織」については中国モデルを受容しつつ、君主専制・中央集権化な方向に向かった。その担い手の中核は、これもすでに高麗で受容されていた中国モデルの科挙によっており、文科と武科に分かれるところも中国と同じであった。ただ中国の科挙がごく特殊な人々を除いて外国人も含め万人に開かれていたのに対し、朝鮮王朝下での科挙は朝鮮社会の身分制である良賤制の良人のみに開かれた。また科挙の主をなす文官エリート補充システムとしての「文科」も、いわゆる両班《ヤンバン》の子弟については嫡出児のみに開かれ、庶子（妾腹の子）には閉ざされていた。高麗時代の支配組織は文治部門としての文班と軍事部門としての武班の二つからなり、これを「両班」と呼んだが、朝鮮王朝時代では支配組織にかかわった者たちを中心とする特権層が「両班」と呼ばれ、諸特権を有して特権身分化する側面をもつようになった。しかし逆に、何らかの方策によって一八世紀から一九世紀にかけて、両班は急増していった。これも、中国の明代に成立した郷紳層とはかなり異なっていた。

高麗時代には尊崇されていた仏教も朝鮮王朝下では抑圧され、朱子学が正学とされて、科挙も朱子学によることとなった。中国の明でも正学は朱子学であったが、陽明学が大きな影響をもったのとは異なり、朝鮮王朝では、ただ正学の朱子学をめぐっていくつもの学派・学統が生じ、これが現実政治の権力をめぐる人脈と結びついて党派化していくと党派閥の激しい抗争がくり拡げられるようになった。この党争は、近代にまで尾をひくこととなる。

民衆の間では古来のシャーマニズムに由来する巫女信仰が根強く、他方では、仏教系の弥勒信仰と阿弥陀信仰が強い影響力をもった。弥勒信仰が「千年王国」志向の民衆運動をひきおこしたのは、中国の白蓮教に似る。そして一九世紀中葉には、「万民平等」をとなえる東学運動に結実することとなる。

華夷を峻別する朱子学を正学とし、中国中心の華夷秩序を受容していた朝鮮王朝は、夷狄とみていた女真人が清王朝として中国を制すると、その冊封をうけ朝貢を行うことに大きな違和感を抱くこととなった。そのため、夷狄である清よりも、むしろ自らを華とする「小中華」思想が生まれた。

日本との関係では、二度にわたる豊臣秀吉の朝鮮出兵により大きな被害をうけたが、その後一六〇七年に国交が成立すると釜山に倭館が開かれ、対馬の宗家を介して外交交易が行われるようになった。これに加えて江戸幕府と正式に国交のある国として、この年以来、日本に使節が送られるようになった。一六三四年以降は通信使として一八一一年まで一二回に及び派遣され、外交のみならず文化交流に大きく貢献した。

「漢字世界」の周辺　――ベトナム

ベトナム北部では、唐末に漢代以来の中国支配を免れ独立した。一二二五年に陳朝が成立すると、のちに科挙出身者が支配組織の中枢を掌握した。そしてモンゴルの侵入を撃退しながら、一〇世紀末以来の、南方の「梵字世界」に属するチャンパ（占城）への攻撃を続け、陳朝は南下を図っていった。元が滅亡し、明が成立したのちの一五世紀に入ると、胡氏の大虞が成立した。一四〇六年に明の永楽帝が軍隊を送り大越を併合したが、一四二八年には黎氏大越が成立した。大越は、一四七一年にチャンパを滅ぼした。

黎朝第四代皇帝の時に、隋唐法をベースに「国朝刑律」を発布し、その支配組織については明にならい宰相を廃し六部六科の制とした。人員補充システムとしては、科挙制度が定着した。そして、国土は一中都府（ハノイ）と一三の承宣に分かち、各承宣を府・県に分けて中央集権制を敷いた。しかし、一五二七年にナムサック（現ハイフォン周辺地域）勢力による莫朝が成立すると、その南部にあたるタインホア勢力の阮氏、鄭氏らは黎氏をたてて一五三三年以後、内紛となる。

中国での清朝成立後、一六六一年に清は黎氏を安南王に冊封したが、他方莫氏をも安南都統使に任じた。さらに阮氏が次いで安南国都元帥を称して自立すると、これに鄭氏も加わって三勢力が割拠・抗争するようになった。広南阮氏は鄭氏と停戦し南方に侵出したが、その下で西山阮氏が反乱をおこし（西山の乱）、広南阮氏と鄭氏を倒して西山朝を建てるにいたった。

西山阮氏に滅ぼされた広南阮氏の一族・阮福映が華人とフランス軍の支援を受けメコンデルタを一時回復したが、のちに敗れタイに亡命した。その後再びフランス軍などの支援を受けながらついにハノイを落とし、西山朝を滅亡させた。フエで即位し、嘉隆と改元した阮福映は一八〇四年、清により越南国王に冊封され、国号を越南とした。

越南の支配組織は明のモデルをとりいれて六部制とし、法律は清律をベースに、皇越律例を制定した。ベトナムでは王朝の交替をこえて一貫して中国モデルを受容し、君主専制・中央集権システムと科挙制度を整備しつつ、他方で南方のチャンパに対する征服を進め、その領域のベトナム化を進めていった。また対中国関係では冊封を受け朝貢しつつ、国内では皇帝を称して独自の年号をもち続け、遠隔の東南アジア諸国に対しては「小中国」としてふるまおうと歩み続けた。しかし一九世紀の間にフランス勢力が浸透し始めると、結局その植民地に陥ることとなる。

「モンゴルの衝撃」以後の日本

二度に及ぶ元寇は退けたものの、恩賞とすべき戦利品は欠き、武士たちの北条執権政権への不満は高まっていった。これに加えて、地方土着の新興武士の国人たちが台頭し、変革を求める気運が満ち始めていた。

朝廷では、皇室の大覚寺統と持明院統の皇位継承をめぐる対立が続くなか、一三一八年に大覚寺統の後醍醐天皇が即位し、一三二一年に親政を開始した。後醍醐天皇は、儒学を学び、醍醐天皇の時代を理想とし、天皇親政下の政治をめざして改革に着手しようとした。しかし、皇位継承をめぐり幕府が介入したのをきっかけに二度にわたる反幕の陰謀を企てたものの失敗に帰し、隠岐に配流されたが、様々の思惑から反幕の試みに呼応する人々が現れた。後醍醐天皇が隠岐を脱して反幕を呼びかけると、一三三三年にはいずれも源氏の名族の足利高氏（のちの尊氏）は京都の六波羅探題を落とし、新田義貞は鎌倉を攻め、北条執権政権（鎌倉幕府）は滅亡した。

後醍醐天皇は再び親政を開始したが武士層の多くの期待に応えられず、これに反旗を翻した足利尊氏が挙兵して一三三六年には京都に入り、対立皇統の持明院統から光明天皇を立てた。後醍醐天皇は吉野に逃れ、南北両朝対立の時代に入った。

足利尊氏が北朝より征夷大将軍に任ぜられ、新たな幕府（室町幕府）が成立して以後、半世紀近くにわたり南北朝の争乱は続いた。ようやく一三九二年に南北朝の合体が成立し、南朝の後亀山天皇が北朝の後小松天皇に譲位することで、実質的に天皇位は持明院統の北朝に帰した。そして後継は持明院、大覚寺両統から交替に出すとの条項は、空文に帰した。

時の第三代将軍・足利義満は権力集中に努め、天皇の外戚として太上天皇の地位を狙いさえしたとの説もある。対内的には金閣寺を創設し、対外的には「日本国王源道義」を名乗り、明朝から冊封を受けて臣礼をとりつつ貿易の利を狙った。その子の第六代将軍義教も強硬に集権化を図ったが、一四四一年に赤松満祐の私邸で暗殺されるに至り（嘉吉の乱）、足利将軍の権威は失墜していった。そして第八代義政の時代には応仁の乱が始まり、京都は戦乱の渦となって秩序は崩壊にむかった。ただ、東山時代とも呼ばれる義政の時代は、文化的には義満の華やかな金閣寺に対して簡素な銀閣寺が建立され、観阿弥・世阿弥に代表される能が芸能として完成し、その後の日本文化の発展にも大きな影響を残した。

政治的には有力守護達が領国を確立して守護大名となり、割拠の形勢が定着していった。これに対し、民衆の側では浄土真宗の本願寺を頂点に一向宗が団結を強め、各地で一向一揆がおこり、加賀は「百姓ノ持タル国」になりさえした。

このような混乱の中で、一四六七年（応仁元年）をもって「戦国時代」に入ったとされる。足利将軍は在位しているもののもはや実権を失い、有力守護たちがせめぎ合うなか、さらに下克上によって領国を手中にして大名化する毛利氏や織田氏が現れた。これら新旧の諸大名は次第に戦国大名となり「領域国家」化していった。日本的な「家」組織を基本としながら、大名直属の家臣団に加えて、一族老臣も「かまえ」と呼ばれる軍事集団を形成し、集団内は寄親・寄子制度の下に組織化されていった。

日本的「家」組織を原型とする戦国の軍団組織は江戸時代にも受け継がれ、明治以降の産業化過程における「経営組織」の原型ともなったのではなかろうか。それはまた現代の暴力団組織における親分子分関係と、親分の直系「組」組織と有力子分の「組」組織間の関係に明確に受け継がれているかと思われる。

戦国時代の「軍事革命」

戦国時代が進展していくなかで、西欧人の「大航海」時代の影響が、日本にも及び始めた。一四四三年には、九州南方海上の種子島に、明の海賊商人王直配下の船が寄港し、乗船していたポルトガル人の所持していた火縄銃を種子島氏が入手し、地元の鉄砲鍛冶が模造するのに成功した。種子島氏から薩摩の島津家に献上され種子島銃と呼ばれるようになったこの銃は上方に伝えられ、独立の「商業都市国家」化していた堺で大々的に生産されるようになった。堺はその後も鉄砲の生産を続け、江戸時代には幕府の直領（幕領）となり、正規の銃器製造所が置かれた。

量産されるようになった鉄砲は天下統一をめざしつつあった新興勢力・織田信長の注目をひいた。信長は鉄砲隊を組織し、少なくとも通説では一五七五年の長篠合戦で武田の長槍騎馬隊は馬防柵内からの火砲の一斉射撃に敗れたとされる。しかもこの時、鉄砲隊は三列に分かれ順次、発砲・玉込めに従事する三段撃ちを行ったとされ、西欧の一六世紀末からの「軍事革命」研究の権威ジェフリ・パーカーによれば、この三段撃ちは西欧に先駆けた世界最初の試みであったとされる。なお、「旧大陸」西方では、一六世紀後半に著されたオスマン帝国スレイマン大帝の一代記『スレイマンの書』の挿絵（細密画）に、一五二六年の対ハンガリー戦「モハーチの戦い」で、オスマン帝国の常備歩兵軍団イェニチェリが、鎖でつないだ大砲からなる馬防陣の内側で二列横隊に布陣し、二段撃ちに従事する姿が描かれている。この挿絵が史実を写したものであるとすれば、三段ではないにせよ「二段撃ち」戦法は、長篠の戦いをはるかに遡る一五二六年にすでに実用化されていたことになる。なお信長軍が本願寺の石山寺攻略に際し、毛利水軍の援軍迎撃にあたり船首に大砲を据えつけているのを見た宣教師が驚愕したと書き記している。

とにかく、戦国時代における鉄砲の伝来は、天下統一を大幅に早めたといわれる。それは鎧兜についても南蛮鉄（精錬鉄）製の兜や胴丸をもたらし、築城においても独得の平城を生み、軍団編成においても従来の騎兵中心から鉄砲足軽が用いられ、それも一時抱えであったものが、次第に常抱えとなったといわれる。江戸時代後期に一時代を画した老中首座田沼意次の遠祖も、当初は鉄砲足軽から身をおこし、紀州徳川家の家臣となったのである。

この間、尾張の守護・斯波氏の守護代の分家にすぎなかった織田信長は着々と勢力をのばしていった。一五六〇年には桶狭間の戦いで今川義元を奇襲で倒し、足利義昭を奉じて入京し義昭が征夷大将軍に任ぜられると、信長が実権を握った。信長は平安時代以来の有力寺であった延暦寺を焼き打ちし、近江に安土城を新築して入城した。残る宗教勢力の一向宗に対し、信長は石山寺に拠る本願寺の顕如と和睦して開城させ、一方で「百姓ノ持タル国」となっていた加賀の一向一揆をも平定した。その天下統一も間近となった一五八二年、本能寺の変で信長は自尽した。

その後継をめぐる対立のなかで権力を握ったのは豊臣秀吉であった。秀吉は、尾張の農民で足軽も勤めた人物の子で信長に仕えて出頭人となった、戦国の下克上の世でも稀な、否、全日本史をふり返ってもたぐい稀な出世物語の主人公であった。それ故に自らの権威づけには苦慮し、結局、藤原摂関家の養子となり、関白となり、引退した後は太閤殿下と称された。

秀吉は一五八〇年に着手していた「太閤検地」を一五八二年の権力掌握直後から本格的に進め始め、一五八八年には刀狩令を出して兵農分離を進めた。また小田原の後北条氏を下して天下統一に成功した。一五九〇年代に入ると、一方ではフィリピンのスペイン総督に帰順を求める書状を出し、他方では中国の明朝征服を計画して朝鮮王朝に対明出兵のための通過を求めたが拒否されると、一五九二年に朝鮮に出兵した（文禄の役）。当初は朝鮮王朝の首都漢城（今日のソウル）、平壌を落とし、朝鮮国王は地方に逃避する事態となったが、朝鮮国王の要請により明軍が来寇すると攻防の末に膠着状態となった。一旦は休戦となったが、明からの書状に怒った秀吉が一五九七年に再度兵を送った（慶長の役）。朝鮮側も防戦を準備しており明軍もさらに来援したため、戦線が膠着状態となるうちに秀吉が没し、日本軍が撤兵することとなった。

この二度に及ぶ朝鮮出兵は戦場となった朝鮮半島に多大の損害を与えたのみならず、援軍を出兵した明帝国にも戦費による多大の財政的負担を与えた。明との国交は江戸幕府成立後もついに回復せず、交易のみ復活したものの清朝時代に入ってからも正式の外交関係は成立せぬままとなった。ただ、朝鮮王朝とは江戸時代に入り国交が回復し、将軍の代替り毎に通信使が派遣されることとなった。

秀吉の没後、遺児秀頼は大坂城にあったが実権をめぐり対立を生じ、晩年の秀吉の側近であった石田三成を筆頭とする三奉行と、最も有力な大大名となった徳川家康との対立が深まっていった。そして一六〇〇年、石田三成らが徳川家康討伐の兵をおこし、九月一五日に関ヶ原で決戦が行われた。戦いは、秀吉の遺児秀頼が大坂城にあって自ら出陣せず、秀吉恩顧の諸将が反石田方と石田方にわかれ、加藤清正、福島正則らの猛将たちが家康側の東軍についたことと、そして石田三成方の西軍に加わり高台に陣取っていた小早川隆景が家康側に寝がえったことが決定打となり、西軍が敗れた。

江戸期の日本独自「支配組織」の形成

関ヶ原の戦勝後、一六〇三年には徳川家康が征夷大将軍に任ぜられて江戸幕府が開かれ、一六〇五年に家康は「大御所」となり、その子秀忠が第二代の征夷大将軍となったが、豊臣秀頼は大坂城にあって侮り難い力を保っていた。ようやく一六一四年の大坂冬の陣で大坂城の外堀が埋められ、翌一五年の大坂夏の陣で秀頼も自害し、豊臣勢力は一掃された。

これを受けて、この年、一国一城令が発せられ、武家諸法度、禁中並公家諸法度、そして諸宗寺院法度が定められて、体制の大綱が成立した。そして翌年にはすでに「大御所」となっていたが実権を握っていた徳川家康が没した。

家康が築いた体制は、幕府直轄の天領と、将軍直属の旗本・御家人と、諸大名領とその家臣たちからなる、集権制と分権制のバランスの上に立ったシステムとなっていた。そして、幕府中央の組織が全国を統括する支配組織となっていた。諸大名は、各々の家臣からなる藩領支配のための支配組織を有していた。諸大名については、徳川家一門出身の尾張、紀州、水戸の「御三家」を筆頭とする親藩と、主として三河以来徳川家に仕えてきた譜代と、そして、新たに徳川氏に従うこととなった外様の三種に分かたれた。外様大名は、加賀の前田家を筆頭に薩摩の島津、仙台の伊達など石高が高い「大身」であったが、中央の「支配組織」中枢の運営からは排除された。幕府中央の支配組織の運営は、石高が相対的に低い譜代大名からなる老中たちが中心となった。そして、その上に時に大老がおかれたが、通例は老中首座が政権運営の中心となった。

幕府中央の支配組織も、実質的には第三代家光の頃から整い始め、第五代綱吉の時代に入り、将軍専制的傾向が強まった。財務面では、旧武田氏の遺臣もかなり採用され、さらに猿楽の者も綱吉時代に旗本に抱えられる例がみられる。将軍「専制」化の傾向は、綱吉の時代に大名の子弟が中奥の小姓とされる例が見られるようになったところにも表れており、綱吉時代の政策の批判に立脚した第六代家宣、第七代家継時代の新井白石主導下の組織運営にもひき継がれていたが、その支柱として求められたのは儒学であった。

もっとも、江戸幕府創立期にすでに朱子学者の林羅山が抱えられているが、江戸幕府が朱子学を土台に成立したのではなく、当初は、外交に深くかかわった天海僧正等と同じく、故実に詳しい一種の便利家として用いられ、幕府体制が定着化していく中で朱子学が正学とされるようになったものと思われる。そもそも、中国宋代の朱子学自体、中国における君主専制・中央集権的な支配体制を支えるものであったことを考慮する必要があろう。なお、体制を整えていくために特殊な知識に明るい者が起用された例としては、儀礼としての武家故実については、足利時代の名門武家が高家としてこれにあたり、「忠臣蔵」の仇役の高家、吉良上野介はその例である。武家の書式礼についても蜷川氏や大橋氏のように室町幕府や織豊政権下で文書行政に携った者が、奥右筆に登用されている例がみられる。

ただ第五代綱吉から第六代家宣へと続く、むしろ「唐様」の集権的支配組織づくりは継続せず、第八代吉宗の時代となると、祖法にもどると称しながら、足高の制等をとり入れ、支配組織の組織化を進め人材登用を推進することとなった。

そもそも徳川体制は、形式的には、士農工商の世襲的身分が定められた厳格な身分社会の形をとっていた。しかし、実際にはとりわけ勘定方すなわち財政部門では、有能で経験をつんだ上層農民が士分にとりたてられるケースが生じ始めた。これに加えて、養子縁組の形をとって、庶民の子弟が侍の身分を得る現象がみられるようになった。そもそも、同じ家族制度といっても、血縁関係の重んぜられる西欧や中国と異なり、日本の「家」制度は、確かに血縁的家族を出発点としながら、むしろ「経営組織」化してきたようにみえる。そうであればこそ、全く血縁のない者を養子とすることが可能となったのであろう。非血縁の養子は、大名家、旗本、御家人から町人の間でも行われた。とりわけ町家では婿養子制度は、有能な経営要員の確保に大きな役割をはたした。武士の場合はさらに進んで、養子というより身分を株として買うことさえみられるようになった。家産については、すでに鎌倉室町時代以来、男系長子による相続制が確立しながら、その家産に支えられた「家」が非血縁的な「経営組織」の性格を有していたことは、日本の歴史をふり返る際に、政治史のみならず経済史においても、比較組織史的に重要な視点となりうるであろう。

江戸時代の支配組織は、中央の幕府のそれも、地方の大名のそれも、元来は、戦国以来の戦闘組織であった。しかし、一六一五年の元和偃武以降、国内の戦争は全面的に禁ぜられ、他方で対外関係を徹底的に限定し、対外交易も厳しく規制するシステムの中で、対外戦争もおこらなかった。このため、本来は戦闘者である武士は、実質的には行政官化していった。その趨勢のなかで、本来の軍事機能の担い手であった「番方」は、威信は保たれたが実質的役割は後退していった。これに対し、官僚的業務に携る「役方」は、身分的には低くみられたが、実質的な役割は大きくなっていった。とりわけ経済運営にあたる勘定方は、幕府においても、競争が経済競争に限られるようになった諸藩においても重要性を増していった。江戸中期以降の各地の藩政改革はおおむね財政改革を中心とし、その際、全国市場向けの特産品育成が重要な位置を占めた。

経済についても、新田開発と栽培技術の発展がはかられ、諸藩の特産品創出の努力もあり、米や全国市場向け産品の生産量は増大していった。また幕府諸藩の最も主要な収入源である米の流通においても、大阪・堂島の米市場が発達し複雑な相場技術が熟成されると同時に、厳格な対外交易統制下で国内市場の内需中心の全国流通市場が形成されていった。

中国のように公開の能力試験による支配エリートの人員補充システムを受容せず、建前上は世襲に基づく身分制度をとりながら、抜擢による士分へのとりたてに加えて、養子縁組さらには株の売買による野心的分子の武士身分へのとり込みのシステムが形成されたことは、世襲による支配層の能力逓減をある程度は補いえたであろう。実際、幕末の幕府中央で重要な役割を果した川路聖謨や勝海舟は、いずれもこのような道により上昇した人々であり、長州の伊藤博文もまたその一例であった。

文化についても、前代に引き続き、漢文漢詩と擬古文・和歌が高尚とされたが、俳句・川柳や黄表紙・読本のような通俗小説が発達し、演劇でも能は高尚とされたが、歌舞伎が発展をとげた。絵画も、山水画や大和絵がひき継がれたが、むしろ大衆一般に広く受け容れられたのは、浮世絵であった。

生活文化についても、近代日本の和服の原型が成立し、近代にも受け継がれた和食と和菓子の原型も成立した。

思想については、朱子学が正学とされたが、その影響は漢字世界大陸部に比すると甚だ限定され、とりわけ礼のシステムが体系的に社会に浸透することはなかった。

なお清朝の儒学における考証学の影響下で古学派が生まれ、その影響下で考証学的方法に基づき、日本の古典の研究が進められ、「みくにまなび」（国学）が生まれ、本居宣長の『古事記伝』は、奈良時代の万葉仮名の読みと文法の研究の大綱を確立し、近代の古典研究、日本語研究の基礎を築いた。

日本語以外の外国語については、中国語を漢文としてのみならず中国音に従って読む試みが始まった。「ラテン文字世界」の言語については、結局オランダのみが長崎のオランダ商館に駐在して交易にあたることが許されることとなり、幕府直轄の長崎奉行所に阿蘭陀通詞がおかれた。その要員としては日本人があてられ、オランダ語を解する人材が継続的に養成された。イスラム世界のオスマン帝国では、多宗教・多言語・多民族社会であることから非ムスリムのキリスト教徒やユダヤ教徒が東西ヨーロッパ両世界との通訳にあたり、一八三〇年代にいたるまでムスリム・トルコ系で西欧語を解する通訳が存在しなかったのとは大きく異なっていた。

そして、一八世紀初頭、第八代将軍吉宗により青木昆陽らがオランダ語の学習を命ぜられ、一八世紀後半になるととりわけ医者を中心に日本人でオランダ語を学ぶ者たちが現れ、オランダ語を媒体に西欧事情と医学を中心に西欧の学術を対象とする蘭学が成立し、幕府中央においても、漢方医に加えて、蘭方医が奥医師に加えられることになった。オランダ語の知識をもつ者は、個人的関心からオランダ語を学んだ古河藩家老の鷹見泉石や田原藩家老の渡辺崋山のような例があるが、公式の役職上は、長崎の阿蘭陀通詞と幕府奥医師、諸藩の藩医にとどまり、さして高い地位にはいなかった。日本人がオランダ語を学び、オランダ語を媒体として西欧事情を学ぶ蘭学が一八世紀に成立していたことは、一九世紀に入り「西洋の衝撃」が現れたとき、その後の対応に少なからぬ意味をもったと思われる。

琉球の運命 ——独立王国から清日両属へ

沖縄では、一二世紀頃に獲得経済・石器使用から農耕鉄器時代へと移行し、政治的支配者である按司《あじ》たちの割拠する世界となっていった。一四世紀には北山・中山・南山の三山が並立することとなり、各々が明朝から冊封をうけ進貢貿易を開始した。その後一四〇六年に南山領内の思紹・尚巴志が中山を滅ぼし自ら中山王となり、翌年に明から冊封をうけると北山、南山を相次いで滅ぼし、ここに第一尚氏王朝が成立した。

しかし一四六九年に首里城でクーデターがおこり、その勢力に推された金丸が王位につき尚円と称して明から「琉球国中山王」に冊封された。これを第二尚氏と呼ぶ。第二尚氏は明に頻繁に朝貢を行っただけでなく、同じ「漢字世界」の日本・朝鮮・ベトナム、さらには「梵字世界」のタイ、「アラビア文字世界」のマラッカなど東南アジア諸国とも広く交易をするようになっていった。とりわけ一五世紀後半から一六世紀中葉には、海禁政策をとる明帝国にかわり、日本や朝鮮、東南アジア諸国と明とをつなぐ役割を果たし、繁栄した。

第二尚氏王朝は沖縄本島と奄美諸島、さらに一六世紀までには宮古、八重山をも支配下におき、南北一千キロメートルに及ぶ「海の大国」というべき存在であった。第三代尚真王の下では中央集権化が図られて位階と官職の体系が整備され、各地の旧支配者であった按司たちは首都の首里に集住させられて位階官職が与えられ、各地には中央から地方官が送られた。首里城には「世の主」の世俗の支配組織とともに、女性の「聞得大君」を頂点とする神女組織の頂点部分が並存し、地方の神女ノロたちを統率した。ただ、民間には巫女としてのユタが存在した。

沖縄（琉球）語は日本語に属するが、その方言というより、いわば本土の「大和語」というべきものと並ぶ、日本語を構成する「二言語」のひとつとすべきかと思われる。その沖縄では伝統的な神観念に加えて、中国から仏教、儒教さらに道教も受容され、混在していた。

支配組織の担い手の主な要員は身分が世襲される士族で、その資格は系図をもつ者とされ、王府には系図を管理する系図座がおかれた。中国で生まれ、「漢字世界」の大陸部で受容された科挙制度は、日本と同じく受容されなかった。ただ支配組織のエリートの道である王府の派遣による中国留学生については、選抜試験が行われた。支配組織の成員は、独自の軍隊はあるものの多くは文民的性格を帯びた。中国留学生は学問と共に、中国からの冊封使接待のため歌舞音曲も学んだ。

中国文化の影響は大きく、外交と朝貢貿易にかかわる進貢船の運用・操作は、エリート分子としての中国からの移住者からなる職能集団・久米三六姓が担った。琉球国王の正装の装束も、冊封の際に中国の皇帝から下賜される冠と郡王クラスの官服であった。そして暦も中国の正朔を奉じ、春節や清明節が受容された。しかし人名、地名、官職名は、王名と最高職の三司官などを除けば、おおむね沖縄語にとどまった。また正史や公文書の一部、碑文の多くは漢文であり、漢詩も受容されたが琉歌も並存し、『おもろ草子』などや琉歌は沖縄語で日本の平仮名で書かれ、公文書の一部も沖縄語、のちには和文でも書かれた。

明と朝鮮、日本、東南アジアを結ぶ広域・異文化世界間交易の中心として栄えた琉球王国も、一五六七年に明の海禁政策が緩められたのに加えて、一六世紀後半にはポルトガル人が東南アジアから東アジアの交易にも進出してきたため、衰え始めた。

そして豊臣秀吉による天下統一をほぼ遂げた日本からの圧力も強まり、一六〇九年には薩摩の島津氏が出兵し、事実上、沖縄はその保護国と化した。しかし、江戸幕府と薩摩藩の意向もあり、かたちの上では独立国として存続した。実際上、琉球王国内の行政や支配組織の人事に薩摩藩はあまり介入せず、王府におおむね委ねられ、独自の沖縄文化が守られた。逆に薩摩へは、まずは砂糖、さらに工芸や、豚骨やつけ揚げ（薩摩揚げ）といった料理、中国経由で沖縄に伝えられた甘藷がもたらされ、薩摩を経由して日本本土に薩摩揚げ、薩摩芋として普及していくこととなった。

「幕藩体制内の異国」となった琉球王国は一方で中国の明・清から国王の代替りごとに冊封使を迎えて冊封を受け、琉球王国側から朝貢が行われながら、他方では江戸幕府の将軍の代替りごとに慶賀使、国王の就封ごとに謝恩使が江戸に派遣され、朝鮮の通信使、長崎のオランダ商館長の参府と並び、人々に「対外的」威信を示すイベントとして幕府に活用された。

この状態は幕末維新まで続いたが、明治維新後、明治政府は国内の版籍奉還（一八六九年）後の一八七二年に琉球王国を琉球藩とし、のちには国王を侯爵とした。そして一八七九年に琉球藩は沖縄県とされ、いわゆる琉球処分が断行されることとなる。

二　モンゴル来襲以後の梵字世界

インド亜大陸への「アラビア文字世界」の拡大

「梵字世界」の起源にして中心をなすインド亜大陸においては、その北部に対し、一三世紀を通じて西北方から数次にわたるモンゴルの侵攻を受けた。だが、その地には既に一一世紀以来、西北方からムスリムが進出しており、モンゴル本土でテムジンがチンギス＝ハンとして大ハンに推戴された一二〇六年にはデリーで奴隷王朝が成立し、デリー・スルタン朝時代が始まっていた。

モンゴルの侵攻は、同じ遊牧騎馬民族であるトルコ系の起源をもつ奴隷王朝の軍勢との戦いで一進一退し、インドに深く侵攻することを得ないままに終わった。デリー・スルタン朝がモンゴル勢力に対する防壁の役割を果たした結果、その南に拡がる「梵字世界」の中核たるヒンドゥー圏は、さしたる影響を受けなかったのである。こうしてインド亜大陸では、ヒンドゥー系の諸王朝が分立し、北方に浸透しつつあるムスリム勢力に対抗しつつ、内部の抗争が続いた。

一方で一四世紀から一五世紀にかけ、北方のムスリム勢力は、デリー・スルタン朝の第二王朝ハルジー朝の下で南下し始めた。一三九八年にはモンゴル帝国の一つ、チャガタイ＝ハン国の武将出身でムスリム・トルコ化したティムールが侵攻して首都デリーも一時占拠されるなど混乱があったものの、ムスリム勢力は、次の一五世紀を通じデカンへと南下、浸透していった。

ところが、デリー・スルタン朝最後の第五王朝ローディー朝は一五二六年、中央アジアからアフガニスタンのカーブルをへて南下してきた、ムスリム・トルコ化したモンゴル人の「ティムール五代の孫」、バーブルにより滅ぼされ、ムガル帝国が成立することとなった。バーブルの勝利には火砲が大きく貢献し、その際にはムスリムが建てた西方の超大国・オスマン帝国から到来した砲兵が大きな役割を果したといわれる。

バーブル没後、その子の第二代ヒュマユーンは一時、西方の新興の隣国サファヴィー朝イランへの亡命を余儀なくされたがまもなく復帰し、第三代アクバル帝の下でムガル的支配体制が確立され、諸制度が整えられることとなった。アクバルはヒンドゥー教徒に対しても融和策をとり、シャリーアに基づく人頭税ジズヤをも免除し、融和政策をとった。

ムスリムでトルコ化したモンゴル人を支配者に戴くムガル帝国は、アラビア文字を用いて綴るペルシア語を最も重要な公用語として用い、ペルシア語をアラビア語と共にムスリム間での文化・文明語としつつ、ペルシア文化の強い影響下におかれた。かつてムスリムにより偶像崇拝として迫害を受けたヒンドゥー教徒やジャイナ教徒も、キリスト教徒やユダヤ教徒に準ずる一神教徒の「啓典の民」に準じ、特別の保護ズィンマを与えられた被保護民たるズィンミーとされた。こうして、人頭税ジズヤを中心とする貢納の義務と一定の行動制限に服することを条件に、ムスリム優位という不平等の下ながら、許容して共存するシステムも定着していった。

アクバル大帝以後はシャリーアに基づく人頭税ジズヤさえ免ぜられ、ムスリムとヒンドゥーが共存し相互に影響を与え合う独自の社会が展開した。そこでは、とりわけヒンドゥーの神秘主義と、イスラムの神秘主義としてのスーフィズムの習合も進行した。また、ヒンドゥーの伝統を司るバラモンたちは、地域社会、特にヒンドゥーの農村の秩序維持者として、重要な役割を果たし続けることとなった。

ムガル帝国の「支配組織」

その後もムガル帝国は支配領域を拡大すると共に、独自の「支配組織」をつくり上げていった。帝国中央では、ムスリムの担う、ある程度君主専制的・中央集権的な組織が形成されていった。最も重要な公用語としてはペルシア語が用いられ、それを記録するアラビア文字の書体としてはイラン起源のターリク体が使用された。帝国の版図は州・県・郡に分けられ、各々に長が中央から任命された。帝国の土地は、王領とジャーギールと呼ばれる給与地に分かたれた。

「支配組織」の成員は、マンサブ（禄位）を与えられ、マンサブ保有者は一定の給与を与えられると共に、一定の兵馬を養うこととされた。給与は現金支給であったが、ジャーギールが与えられるのが通例となった。ジャーギールはあくまで禄位への俸給であり、世襲ではなかった。もっともラージプートの王たちには、世襲で旧領を支配することが許されていた。また、豪農層はザミンダールとして徴税を委ねられた。この豪農層も、ムスリムとは限らなかった。

インドにおけるムガル帝国の支配下では、ムスリムの「支配組織」の下でムスリムと、ヒンドゥーやジャイナ教、シク教徒などの「非ムスリム」が共存する二重構造をなしていた。法においてもそれは同様で、ムスリムにはイスラムの戒律シャリーアの法律的部分が適用され、一方の非ムスリムにはヒンドゥー法などが適用されることになった。

ムガル帝国は、一七世紀に入り第六代のアウラングゼーブの長い治世に、その活発な領土拡大戦争を通じて最大版図に達した。最南端のケララ以外のインド亜大陸のほぼ全てが支配下におかれ、マウリア朝以来グプタ朝の一時期をのぞき分裂を続けてきたインド亜大陸は、初めてそのほとんどが統一された。

しかし、彼の皇位争いのライヴァルであった兄ダーラー・シコーがムスリムでありながらアラビア語、ペルシア語のみならずサンスクリットも解し、ヒンドゥーにも融和的であったのに対し、アウラングゼーブは、厳格なイスラム主義をとった。アクバル帝により廃止された非ムスリムに対する人頭税が復活されると、ヒンドゥー教徒はそれに反発して宗教による分裂の芽を生じさせた。そして、アウラングゼーブの長い治世が終わり、一八世紀に入るとそれは本格的に出芽することとなり、インド亜大陸中部でヒンドゥー教徒のマラータ同盟が有力化してそれとの抗争を生み、ムガル帝国は分裂へと向かった。

そこに「大航海」時代以来の西欧人の浸透とがあいまって、帝国は崩壊への道をたどることになる。

西欧人のインドへの進出

そもそも一五世紀からの西欧人の「大航海」時代の最大の目的は、インドへの到達であった。実際にアフリカ大陸を南下してインドへの道を求めたポルトガル人のヴァスコ・ダ・ガマは、一四九八年にはアフリカ南端の喜望峰回航に成功し、東アフリカからはムスリム・ルートをたどってインドの西南海岸に到達している。

まもなく、ポルトガル人はインドへの直接進出をめざし、インド西海岸にゴア、そしてディウなどの拠点を築きつつ、さらに東南アジアから東アジアをめざすことになった。

こうして「梵字世界」中核としてのインド亜大陸は、西北方からは「アラビア文字世界」としてのイスラム世界からのムスリムの支配が確立し、沿岸地帯からも「ラテン文字世界」としての西欧世界からポルトガル人による進出を受けることになったのである。

ポルトガル人の進出は、インド亜大陸の統一を進めていたムガル帝国が強力な支配体制を形成していったことから、当面はいくつかの拠点を保つのみであった。しかし一八世紀に入りムガル帝国の支配体制が弱体化し政治的な分裂が強まるなか、新興の英仏がいずれも一七世紀に東インド会社を設立して互いに対抗しつつムガル帝国を蚕食し始めた。一八世紀末になるとフランス勢を圧倒したイギリス東インド会社が、インドにおける軍事・政治的覇権を握るに至った。

そしてそれは、一九世紀中葉における、インドのイギリスの植民地化へとつらなることとなった。インド亜大陸において「西洋の衝撃」は、植民地化の過程として到来し、「西洋化」改革としての自己変革の試みも、植民地体制下において進行することとなった。

ムガル帝国時代のインドは、西方の人々の渇望の的であった香料・生薬の大産地であった。手工業も発達し、とりわけ高価な綿布や絨毯は、イスラム世界そして西欧世界に輸出され珍重された。また一八世紀初頭にブラジルで鉱脈が発見されるまで、インドはダイヤモンドの世界唯一の産出国であり、ルビーやサファイアといった宝石類の大産地でもあった。その加工技術も、世界的に最高の水準に達していた。イスラム世界の西方の超大国・オスマン帝国でもインド製の宝飾品は珍重され、その影響下にインド・モティーフの宝飾品さえつくられ、受容されていった。

モンゴル来襲と東南アジア梵字世界

インド亜大陸では西北方のデリー・スルタン朝が防壁となるかたちで南方の「梵字世界」中枢に対するモンゴルの侵攻が及ばなかったのに対し、「梵字世界」東半をなす東南アジアでは、大陸部も島嶼部も、モンゴルの来襲を受けることとなった。陸上からは、一二八四年に上ビルマ、すなわちビルマ北部のパガン朝にモンゴル軍が侵攻し、一旦は朝貢を赦してモンゴル軍は撤退した。しかしパガン朝内の内紛をきっかけにモンゴル軍が再侵攻したことで一二九九年にパガン朝は滅亡し、上ビルマは一時モンゴルの支配下におかれた。

第一次のモンゴル侵攻でパガン朝の首都が陥落した一二八九年、下ビルマ（ビルマ南部）ではモン人のペグー朝が成立した。そして、モンゴル軍によるパガン朝の首都陥落の際に南に逃れた人々がタウングー朝を開くこととなり、やがて一六世紀に入るとこのタウングー朝が全ビルマを統一する。

海上では、モンゴルが一二七八年に大陸部南東部のチャンパに朝貢を求め、これが拒否されると、一二八二年に船団を送ってチャンパに侵攻した。チャンパ軍の抵抗が続いたため一二八四年にモンゴル軍は撤退を余儀なくされたが、翌一二八五年になってチャンパは元への朝貢を開始し、交易関係が成立した。

チャンパはその後、北方の「漢字世界」東南端をなすベトナム諸王朝の進攻をうけ、一五世紀後半にベトナム（大越）に併合されたことで「梵字世界」から「漢字世界」へと包摂され、ベトナム南部と化していった。

島嶼部では、一二八九年にシンガサリ朝が元の使節を追い払ったことをきっかけに、元が一二九三年にジャワに侵攻してシンガサリ朝を滅ぼしたが、現地勢力の反撃に敗れて退去し、そのあとにマジャパヒト王国がおこり、強国化していく。

しかし、島嶼部では、海上交易を通じて既に一一世紀頃からイスラムが伝来し始め、一三世紀末には、スマトラに根づいていた。そして、一五世紀中葉には大陸部のマラッカの国王がイスラムに改宗し、東南アジアの島嶼部も、大陸部南端のマレー半島も、次第に「梵字世界」から「アラビア文字世界」としてのイスラムへと包摂されていった。

大陸部で元寇が直接及ばなかったタイでは一三五一年頃、チャオプラヤー川沿いのアユタヤでアユタヤ王朝が成立し、上流のスコータイ朝を服属させた。メコン川中流では、タイ系ラオ人のルアンプラバン王国が成立した。北部に元寇をうけたビルマでは、タウングー朝が一六世紀初頭、統一に成功する。この成功には、この地に早くも来航するようになっていたポルトガル人傭兵と火砲の利用が大きな役割を果たしたといわれる。統一ビルマとタイのアユタヤ朝は、チャオプラヤー川の水流とベンガル湾岸の覇権をめぐり、多年の抗争に入る。

ビルマ、タイの新王朝体制と上座部仏教

ここで、一一世紀以来徐々にイスラム化が進行した島嶼部と大陸部南端のマレー半島を除く「梵字世界」のインドシナ半島大陸部では、スリランカで発展をとげながらパーリ語の正典を完成させるに至った大寺派、すなわちマハービハラ派系の上座部仏教が新たな王朝の支柱として受容され始めた。

この動きは、すでに一四世紀に東北タイのラーンナー朝でみられはじめ、一五世紀に入るとのちにビルマを統一するタウングー朝でも受容されることとなり、王権の正統性の基礎とされるに至った。

ビルマでは、タウングー朝のバインナウンの下、上下ビルマのほぼ全土が支配下に入りペグー王朝では体制が整理され、東隣タイ・アユタヤ朝の首都アユタヤをしばしば攻撃した。しかし、一五九八年に一旦和平する。一五九七年には王族のニャウンヤンが王朝を簒奪し、この王朝の下で、王権の強化と中央集権化がはかられたが、一七四〇年反乱が生じ、一七五二年に首都が陥落して、ニャウンヤン朝は分裂状態となった。そのなかで、一七五二年に地方領主の一人アラウンパヤーがコンバウン朝をたちあげた。しかし、インドを席捲しつつあったイギリスの東インド会社と対立し始め、一八二四年に始まった第一次英緬戦争、一八五二年の第二次英緬戦争で相次いで敗れ、下ビルマを失った。この脅威に対抗すべく、近代西欧モデルの受容による自己変革として「西洋化」改革にとりくむこととなる。

タイのアユタヤ朝は、一五九〇年に即位したナレースエン大王の下で復興し、強力な艦隊を編成して対外交易を広く展開し、中国はもとより日本、琉球とも交易を行った。また、その貿易を王室管理の下において大きな財源を獲得したほか、軍事的には直属の外国人傭兵隊を編成・利用した。

しかし一七世紀に入るとオランダ東インド会社の圧迫をうけるようになり、利益の大きかった唐船利用の対外貿易を封ぜられた。これに対抗すべくフランスへの接近をはかったが、仏側の要求をみたせず成果はうまなかった。一八世紀前半には繁栄を一時とりもどしたものの、後半に入りビルマの新興王朝であるコンバウン朝の攻勢を受けることとなり、一七六七年にアユタヤは陥落し、アユタヤ王朝も滅亡した。

その後、タイではしばらく混乱が続いたが、中国出身の父をもつ中タイ混血のタークの総督ターク・シンが覇権を握り、一七六七年にはトンブリーを首都にトンブリー朝がひらかれた。ターク・シンは晩年、奇行がめだつとしてクーデターで廃されて処刑され、チャクリーがラタナコーシン朝（バンコク朝・チャクリー朝）を開き、これが今日までつづいている。開祖チャクリーは、トンブリーの対岸のバンコクに都をおきラーマ一世と称されて以来、歴代王もラーマを名乗っている。

ラーマ一世は仏教振興をはかり、上座部仏教のパーリ語三蔵教の『第九次結集』を後援し、法制度の基礎となる『三印法典』を完成した。攻勢をかけてきたビルマ軍を排して国内の結束を固めながら、港市国家として対外交易を拡充し、文化事業も大いに振興した。その子であるラーマ二世の時代からマレー半島に進出してきたイギリスの圧迫を受けるようになり、ラーマ四世モンクット王の時代に入ってから近代西欧モデルの受容による自己変革としての「西洋化」改革が、タイにおいても開始されることとなった。

三　モンゴル来襲以後のアラビア文字世界

イスラム世界南半　――エジプト、北アフリカ

「モンゴルの大征服」の始まる頃、「アラビア文字世界」としてのイスラム世界は、北は中央アジア、東はインド北部、西はアナトリア、南はアラビア半島からエジプトをへて北アフリカ、イベリアにまで拡がっていた。

このうちモンゴル軍の直接の侵攻をみなかったのは、アラビア半島からエジプトをへて北アフリカ、イベリアへと拡がる地域であった。とりわけエジプトに侵攻が及ばなかったのは、一二六〇年にシリア南部、パレスティナのアイン・ジャールートの戦いにおいて、一二五〇年に成立してまもないマムルーク朝軍がモンゴル軍に勝利し、そのエジプト侵攻を阻んだからであった。

エジプトはすでに九世紀末以来、バグダードを都としイラクを中心としたアッバース朝が衰退・解体していくなかで、イラクにかわりイスラム世界の社会経済と文化の中心となりつつあった。その傾向は、モンゴル軍のイラク侵攻とバグダードの陥落、そしてアッバース朝カリフの終焉で一層強まっていくこととなった。

エジプトの繁栄は、一方でナイルの恵みによる農業生産と、他方ではシリアを経てエジプトに至る東西交易の陸の大動脈、「陸のシルクロード」すなわち「オアシスの道」の南支線と、「海のシルクロード」すなわち三つの海の大動脈のうち紅海ルートとが交錯して生ずる異文化世界間交易の利とによっていた。

とりわけ紅海ルートは、東シナ海―南シナ海―インド洋―紅海を結び、ここから一時陸に上り地中海へと続く道であり、古くはローマ帝国とインド、中国を結ぶ道でもあった。この紅海ルートを通じて、東方からは中国の陶磁器や東南アジア・インドからの香料、生薬がもたらされた。この利こそが、一方では西方のラテン文字世界としての西欧キリスト教

世界からの十字軍出現の一因となったし、また一五世紀末からの西欧人による「大航海」時代開始の最大の原因ともなったのである。そして、その「大航海」時代を生み出したのが、イスラム世界の西大洋に接する西北端のイベリア半島で進行しつつあった、キリスト教のレコンキスタ（再征服）運動であった。

イベリアの対岸の北アフリカ西部、すなわちマグリブ地域では、山岳部を中心にベルベル語を母語とするベルベル人が残りながら、都市部では七世紀後半以降のアラブ・ムスリムの支配下でムスリム化とアラブ化が進行しつつあった。

そこでは砂漠の遊牧民と物質的に繁栄する都市との間のせめぎあいから、諸王朝が興亡した。この現実の歴史的体験をもとに、レコンキスタが進行するなかで、元来はイベリアのムスリムの名族にしてマグリブのチュニスに移住した一族出身のイブン・ハルドゥーンが大著『省察すべき経験の書』の序説として一三世紀後半に、アラビア文字世界としてのイスラム世界における最も独創的な歴史哲学の書『ムカッディマ（序説）』いわゆる『歴史序説』を著すこととなった。

モンゴル帝国が解体していくなかで、一四世紀末から一五世紀初頭にかけてその再来を思わせる大帝国を建設したチャガタイ＝ハン国の、ムスリム・トルコ化したモンゴル系武人ティムールがシリアに至ったとき、マムルーク朝治下のエジプトに移住していたイブン・ハルドゥーンは、その使節の一員としてダマスクスで直接面会するのである。

危機克服の思想としての「原理主義」

一三世紀末のシリアにおいては、一方では西方からの十字軍が残存し、他方では東方からのモンゴルが侵攻するなかで、イスラム世界の危機をイスラムの伝統の堕落ととらえ、その伝統にたち戻るべく唯一の聖典『コーラン』と預言者ムハンマドのスンナ、すなわち範例への回帰を主張するイブン・タイミーヤが現れた。

イスラムにおける多数派スンナ派の四大学派のうち、聖なる戒律シャリーアを最も厳格に解釈することで知られるハンバリー派に属したイブン・タイミーヤの思想は、イスラム世界でしばしば出現した「原理主義」の潮流の突出した一例であるとともに、現代のサウディ・アラビアに帰結するワッハーブ派の祖ムハンマド・ビン・アブドゥル・ワッハーブにも、そして現代のいわゆる「イスラム原理主義」の諸運動にも、大きな影響を与えることとなった。「モンゴルの大征服」が進行する中、危機に対抗すべく現れ、その後もしばしば大きな宗教運動の源泉ともなった点で、イブン・タイミーヤは日本の日蓮上人に対比することができよう。

イラン、イラクを支配したイル＝ハン国

「アラビア文字世界」としてのイスラム世界でモンゴル帝国の直接の支配下に入ったのは、シリアを除けば北半の地であり、その中心はイラクとイラン、そして中央アジアであった。このうちその南半をなすイランとイラクを支配するイル＝ハン国では、第七代ガザン＝ハンがイスラムに改宗し、少なくとも形の上ではムスリムの君主となった。

既に九世紀末以来、衰退期に入っていたイラクとその中心都市、アッバース帝国の帝都バグダードはモンゴル支配の下、昔日の栄華は失われつつあり、イスラム世界の文化的・社会経済的中心はエジプトとその中心都市カイロへと移った。モンゴルの支配に入る以前のムスリム・トルコ系大セルジューク朝のころから、イラクではイラン高原に強力な王朝が成立すると、アラビア語を母語とする人々が中心をなすアラブ圏であるにもかかわらず、その王朝の西南端をなすことが通例となった。それは、一六世紀初頭にイラン高原で成立したサファヴィー朝初期においても同様であった。ただイラクの地は、イスラム世界北半の西半に成立した超大国・オスマン帝国によって一五三四年に併合されると、ときにイランのサファヴィー朝と争奪戦をくりかえしつつ、第一次世界大戦後に敗戦国となってオスマン帝国が解体されるまで、オスマン帝国領にとどまることとなる。

一方、「アラビア文字世界」としてのイスラム世界の北半の東端をなすイランは、イル＝ハン国の支配下におかれた。ここでは、武力をもつモンゴル支配集団が都市のイラン系知識人・官僚を用いつつ、統治活動を行うスタイルが保たれた。

これは、かつてムスリム・トルコ系の大セルジューク朝下で成立した方式の延長線上にあった。

そして、大セルジューク朝のムスリム・トルコ系君主の下で活躍したイラン系官僚ニザーム・ウル・ムルクと同じく、イル＝ハン国ではイラン系のラシード・ウッディーンが宰相として大きな役割を果たした。これに加え、モンゴル集団の系統を中心としつつ、世界史的枠組みをもつ『集史』をラシード・ウッディーンはペルシア語で著しさえした。

歴史的なイラン社会の特殊性

ところがイル＝ハン国の下でも、都市を拠点とした定住的な支配体制は成立せず、安定的に定住民を支配しうる確固たる支配組織もついに確立することをみなかった。またモンゴル人の支配集団とイラン人中間層が融合することもなく、モンゴル人の支配集団のなかで権力をめぐる武装闘争が絶え間なく繰り拡げられた結果、衰退にむかった。

確かに「モンゴルの大征服」を通じ、東は中国から西はアナトリア、シリア北部に至る地がその支配下におかれ、東西交流の陸の大動脈たる北方の「草原の道」も、また南の「オアシスの道」シルクロードも、同系統のモンゴル諸ハン国の支配下におかれた。

「海のシルクロード」の三つの道のうち北方に位置するペルシア湾ルートが、中国側は元、ペルシア湾岸側はイル＝ハン国と同系統の支配者の下に入ったことに加え、モンゴル勢力の下で街道の安定が改善され体系的な駅逓制度がうまれたことなどから、東西交易・東西交流が飛躍的に活発化したのは確かであろう。

ここでイラン社会について付言するなら、この地ではついに一九世紀に至るまで、都市に拠点をもち、定住的で強固な支配組織を形成する政治体が成立しえなかった。

その理由を考えると、かつてアケメネス朝以来君主専制・中央集権的な支配組織を有する定住民型社会であったものが、そこにムスリム・トルコ系ながら遊牧の伝統を色濃く残す大セルジューク朝が成立した。その下でイラン高原の遊牧化が進行しながらイラン社会と融合する芽が生じつつあったところで、大セルジューク朝が倒れ、その跡を襲ったホレズム・シャー朝も長くは続かなかった。

その後のモンゴル勢力の到来とイル＝ハン国の支配の下、イラン社会の再遊牧化はむしろ促進されていった。こうして長きにわたり、軍事力をもつ遊牧部族集団が都市の定住的なイラン系の官僚・知識人と組んで王朝を形成する傾向が定着していった結果であろうと思われるのである。

そして、そのことこそ英国の碩学アン・ラムトン教授がいうところの「イラン社会の『中世的』性格」をもたらし、「西洋の衝撃」に対する自己変革の試みとしての「西洋化」改革が、同時代の定住的社会であるエジプトやオスマン帝国に遥かに遅れることとなった理由ではないだろうか。またそれは現代にまで尾をひき、二〇世紀末にあってもイスラムの核たる戒律シャリーアの専門家・ウラマーとバザール商人が政治的変革に際して大きな役割を果たすという、トルコやエジプトにはみられない特色を示すことになったとも考えられよう。

イスラム・ビザンツ両世界の境界としてのアナトリア

「アラビア文字世界」としてのイスラム世界の北半に位置するアナトリアは、アラビア語とペルシア語を第一と第二の文化・文明語とするアラビア語・ペルシア語圏の西端であり、「モンゴルの大征服」が直接に及びながらモンゴル帝国の直接の支配下におかれず、属国化にとどまった。

かつてアナトリアは地中海世界を「我らの海」とし、これを「ラテン文字世界」として包含したローマ帝国の東北東をなした。ローマ帝国が三九五年に東西に分裂した後は東ローマ帝国の東北片となり、さらに四七六年に西ローマ帝国が滅亡し西半を失った唯一のローマ帝国となりビザンツ帝国と呼ぶべき存在となった後、アナトリアは次第に「ギリシア文字世界」となっていった。さらに、七世紀中葉からの「アラブの大征服」でその南半が失われた後は、次第に「ギリシア・

キリル文字世界」となりつつ、北方へと影響力を拡げていくビザンツ世界の中心をなすビザンツ帝国の東半をなしてきた。

しかし一一世紀末、一〇七一年のマンズィケルトの戦いを境として、東方からムスリム・トルコ系の大セルジューク朝が進攻し、イスラム世界への包摂が進んだ。一〇七七年にセルジューク朝の一派が新たな王朝をたち上げると、その下でもアナトリアの包摂が進んでいった。君主自身が「スルターニ・ルーム」すなわち「ローマのスルタン」を名乗ったこの王朝は、欧米人そしてわが国の研究者によっては、ルーム・セルジューク朝、トルコの研究者によってはアナドル・セルジューク朝と呼ばれる。ここでは、ルーム・セルジューク朝と呼ぶことにする。

この王朝は、一一世紀末までにアナトリアをほとんど席捲したが、一〇九五年に結成された第一次十字軍が一〇九六年にアナトリアに来襲するとこれに敗れ、一時は東方に押し戻された。十字軍の関心が聖地イェルサレムとシリア近辺に集中していくなかで、ルーム・セルジューク朝は一二世紀中に力をとり戻し、一三世紀前半に全盛期を迎えた。しかし、一二四三年にアナトリアにまで侵攻したモンゴル軍に敗れ、その属国と化して衰退にむかった。

モンゴル帝国が分裂していく過程で、アナトリアの地はイランとイラクを拠点とするイル＝ハン国の勢力下に入り、代官がおかれた。モンゴル人の関心がイラン、イラクに集中したこともあり、アナトリアのムスリム・トルコ系勢力の活力は衰えず、ベイの称号を名乗る君侯を長とするベイリク（諸君侯国）の割拠するところとなりながら、イスラム化、ムスリム化、そしてトルコ化が進行していった。

イスラムの戒律シャリーアの下、ビザンツ帝国支配下にあったキリスト教徒、ユダヤ教徒はズィンマ（保護）をあたえられたズィンミー（被保護民）として共存することになった。彼らはムスリム・トルコ系の支配者の下で、ムスリム優位の不平等の下ながら許容されて二層社会となり、教会・修道院も存在し、その教会領・修道院領も、イスラムのワクフ（宗教寄進財産）に準じて、多くは存続した。

オスマン集団の出現

このようななかで、イスラム世界とビザンツ世界の境界をなすアナトリア西北端に、一三世紀末に、オスマンなる指導者を戴くムスリムの集団が現れた。その起源は、一五世紀後半から一六世紀にかけて拡まっていった建国伝説では、トルコ系のオグズ族の遊牧部族集団でオスマン家はその部族長とされるようになっていった。そして、以後のオスマン朝の歴史家も、そして近代のトルコのみならず欧米の研究者も長らくこれに従った。

しかし、戦間期の一九三〇年代、ドイツ出身でベルギー、ロンドンで活躍した歴史家ポール・ウィテックが、オスマン集団は部族のきずなを離れ、辺境で戦利品と征服地を求めてガザー（聖戦）を戦うガーズィー（聖戦の戦士）の集団であったとの説を出した。少なくも欧米ではこれ以来有力説となったが、論争は続いており、同時代史料が極めて乏しいこともあっていまだ決着をみていない。その起源が何であれ、アナトリアのムスリム・トルコ圏の西北の辺境にあって諸君侯国間の抗争の影響をうけ難かったことや、弱体化しつつあるビザンツ帝国の心臓部に近く、アナトリアを西進する東西交易の陸の大動脈のターミナルの近くに位置した地の利を生かし、オスマン集団は一四世紀前半、ビザンツ世界に対し、征服を進めた。

初代オスマンは、一三二四年に没したとみられる。初代オスマンが、その父エルトゥグルルの地位を継承するにあたっては、父の兄弟のデュンダルとの対立が伝承として残され、父子相続制と年長者相続制の対立があったとみられる。オスマン朝では、兄から弟へ、そして最年長の甥へという年長者相続制と、父から子へという父子相続制の二つの原理が併存したかと思われるが、当面のところ定着していったのは父子相続制であった。

実際、初代オスマンから第二代オルハンが父子相続したことをうけて、一七世紀初頭、第一五代オスマン二世までは父子相続制が踏襲されることとなった。ただどの男子が相続するかは、長子が継ぎ易い傾向をみせるものの、一義的には確定しなかった。年長者相続制は一七世紀初頭、直系男子がただ二人となった事態をうけて復活し、オスマン朝滅亡までこの方式がほぼ続くこととなる。第二代オルハンは、リギアのオリンポス山、すなわちトルコ名ウルダーの北麓にあるビザンツの地方都市ブルサを征服し、これを最初の首都というべきものとして造営に努め、君侯国として確立した。

また既に初代オスマンの時に、外部からウレマーすなわちイスラム教学者を招きカドゥ（イスラム法官）に任用したといわれるが、オルハンは、やはり外部からウレマー系の人物を招き、これを君主の補佐者としてヴェズィール（宰相）とした。ヴェズィールは、アッバース朝下で成立した「ワズィール」にあたる。ただ、オルハンの下でのヴェズィールは、軍権はもたず民政のみにかかわったといわれる。

オスマン君侯国の帝国化と支配組織

オルハンの最有力の後継者候補は長子スレイマン・パシャであったが事故死したため、オルハン没後は息子のムラト一世が第三代支配者となった。この頃、オスマン朝の支配者はなお、「同格者中の第一人者」的性格が強く、オスマン集団成員の推戴を要したとされる。また、初期のオスマン集団は、オスマン一族と有力戦士と戦士たちからなる、比較的フラットな集団であったとみられる。そして集団の指導はオスマン一族と有力戦士たちがあたっていた。

しかし、第三代ムラト一世即位後、異母兄弟たちが反乱をおこし、これを破って処刑した後、一族は権力中枢から排除され、君主とその臣下からなる支配組織が次第に発展していくこととなった。君主の補佐者としての宰相は軍権も与えられるとともに複数化し、首席宰相は、ヴェズィーリ・アーザム（大宰相）と呼ばれ、次第に君主の絶対的代理人化していくこととなった。支配組織の構造分化も進行し、財政の要としてまずは一人のデフテルダル（財務長官）がおかれ、文書行政の要としてはニシャンジュ（国璽尚書）がおかれた。イスラム法官もヒエラルキー化し始め、その長としてカーズィー・アスケル（軍人の法官）がひとまず一人おかれた。宰相やイスラム法官にはウレマーがあたった。

オスマン時代には、まだ領内でウレマーを養成するメドレセ（イスラム学院）がなく、外部からの招聘によっていた。

しかし、第二代オルハン時代にまずイズニク（かつてのニケア）に最初のイスラム学院が開かれ、その教授（ムュデッリス）は外部からの招聘によったが、次第に領内でのウレマーの養成が可能となっていった。

軍事面においても、君主自身が出陣しえず王子が指揮権をとるときに与えられたベイレルベイ（諸将の将）の称号が臣下にも与えられるようになった。しかも最初の臣下出身のベイレルベイ、ララ・シャーヒンは奴隷出身なのではないかといわれる。

さらに、軍制においては原初以来のムスリム・トルコ系の戦士たちを中心とする騎兵が中心をなしてきたのに対し、オルハン時代に歩兵のヤヤと騎兵ミュセッレムという徴募による常備軍が創設されたが余り成功をみず、周辺的な補助軍事力と化した。しかし、おそらくムラト一世時代に、君主直属の軍事力としてアッバース朝で成立したマムルーク（「奴隷軍人」制度）のオスマン版が成立したとみられる。

先進的軍事組織「イェニチェリ」と「兄弟殺し」の制度化

このマムルークのオスマン版は、アッバース朝以来のマムルークが騎兵であったのに対し歩兵とされ、イェニチェリ（新軍）と呼ばれるようになった。歩兵のイェニチェリの組織は、とりわけ攻城に効果的であったと思われ、騎兵である戦士たちと歩兵である常備軍団イェニチェリの並存は、騎兵と歩兵を併用する新しい戦術を可能とした。

当初は騎兵と同じ刀槍弓矢に加えて石弓などの使用にとどまっていたが、一四世紀末以降バルカンに西欧世界からイタリア経由でもたらされた火砲が伝わると、その担い手として歩兵は重要化していった。火砲としてまずは大砲、臼砲が導入され、一五世紀に入り使用しやすい小銃が出現すると、これも導入され、イェニチェリ軍団は小銃をたずさえた鉄砲隊となった。加えて付属の砲兵軍団と、さらに大砲の運搬にあたり工兵の役割も果たす砲車兵軍団も備えるに至り、オスマン軍は地中海地域、そしてイスラム世界で最も先進的な装備を備えた軍事組織となっていった。

ムラト一世は、一方でアナトリアのムスリム・トルコ圏で支配地を拡げつつ、一三六〇年以降はビザンツ世界の西半をなすルメリ（バルカン）にも進出していった。ビザンツ帝国の支配領域は減少し、一四世紀初頭に力をもっていたブルガリアが衰退し、その中葉にステファン・ドゥシャンの下で勢力を誇ったセルビアも王の没後に退勢をみせるようになったバルカンは強国を欠いていた。その地でムラトは征服を進め、一三八九年にはコソヴォの戦いで、セルビアが主導したバルカンのキリスト教徒連合軍を大破し、バルカンの運命はほぼ決定された。

この戦いで、ムラト一世はセルビア貴族に暗殺されたが、その王子の一人が第四代バヤズィット一世として立ち、バヤズィットは戦場にいた兄弟たちを処刑した。以来、オスマン朝の皇位相続に際しては王子たちが争い、最後の勝利者を支配者とする「兄弟殺し」が慣例化した。

成立後三代にして君主専制が確立し、君主の一人支配を保障する「兄弟殺し」が制度化したことが、オスマン帝国の君主専制・中央集権的な支配組織の成立発展を支えた。このような展開は、大セルジューク朝、ルーム・セルジューク朝、そして他のアナトリアのムスリム・トルコ系の諸君侯国内で克服しえなかった弱点としての、王朝の一族共有思想、そして遊牧分封制的思想とはきわだった対照をなし、やはり原初のオスマン集団が遊牧部族とは異なる集団であることを示唆するようにみえる。

スレイマン大帝と「トルコの脅威」

こうして、第三代ムラト一世時代に、オスマン帝国は一君侯国を脱してアナドル（アナトリア）とルメリ（バルカン）にまたがる、フロンティアの帝国となった。

モンゴル帝国の流れをくむティムールの進攻に一四〇二年、アンカラの戦いで敗れオスマン帝国は一時存亡の危機にたったものの、バルカン領全体の温存とそして常備歩兵軍団イェニチェリを中心とする確たる君主専制的・中央集権的な

スウェーデン王国
ノルウェー王国
ポーランド王国
デンマーク王国
神聖ローマ帝国
アムステルダム
アントウェルペン
イングランド王国
フランス王国
スペイン王国
ポルトガル王国
ローマ教皇領
モスクワ大公国
ブハラ＝ハン国
ヒヴァ＝ハン国
タタール（モンゴル）
カシュガル＝ハン国
オスマン帝国
サファヴィー朝
ムガル帝国
チベット
明
朝鮮
日本（戦国時代）
大越国（黎朝）
アユタヤ朝
マラッカ王国
ソンガイ王国
ベニン王国
アステカ王国
1521 アステカ滅亡
インカ帝国
1533 インカ滅亡
北アメリカ
南アメリカ
ロッキー山脈
アパラチア山脈
アンデス山脈
大西洋
太平洋
インド洋
サハラ砂漠
バルト海
黒海
カスピ海
地中海
紅海
アラル海
バルハシ湖
バイカル湖
オホーツク海
日本海
黄海
東シナ海
南シナ海
メキシコ湾
カリブ海
ウラル山脈
オビ川
イェニセイ川
レナ川
アムール川
黒竜江
ヴォルガ川
ナイル川
ニジェール川
コンゴ川
アマゾン川
インダス川
ガンジス川
黄河
長江
アルタイ山脈
クンルン山脈
大興安嶺山脈
ゴビ
モンゴル高原
カムチャツカ半島
アラビア半島
フロリダ半島
サンサルバドル島
西インド諸島
マダガスカル島
ソコトラ島
モルディヴ諸島
フィリピン諸島
モルッカ諸島
スールー諸島
ヴィクトリア湖
喜望峰
ロンドン
パリ
ウィーン
ヴェネツィア
ジェノヴァ
ローマ
マドリード
リスボン
セビリャ
セウタ
アルジェ
チュニス
トリポリ
ワルシャワ
キエフ
モスクワ
カザン
チュメニ
トボリスク
アストラハン
イスタンブル
アレッポ
バグダード
カイロ
メディナ
メッカ
ジッダ
バスラ
アデン
マスカット
マッサワ
イスファハーン
ホルムズ
カーブル
デリー
ディウ
ボンベイ
ゴア
カリカット
コーチン
コロンボ
サントメ（マドラス）
ペグー
ピシュバリク
ラサ
フフホト
北京
開原
西安
南京
寧波
福州
広州
マカオ
泉州
漢城
京都
堺
博多
鹿児島
マニラ
サンミゲル
ブルネイ
テルナテ
アンボイナ
マタラム
バンテン
ジョホール
マラッカ
アチェ
パタニ
トンブクトゥ
ガオ
カシュウ
サンジョルジェ
ルアンダ
モガディシュ
マリンディ
モンバサ
ザンジバル
キルワ
モザンビーク
ソファラ
テノチティトラン（メキシコシティ）
アカプルコ
ベラクルス
メリダ
ハバナ
キューバ
トルヒーヨ
グアテマラ
カルタヘナ
カラカス
パナマ
ボゴタ
キト
リマ
クスコ
ラパス
ポトシ銀山（1545発見）
アスンシオン
サンティアゴ
ブエノスアイレス
サンルイ
ペルナンブーゴ
バイア

16世紀の世界

支配組織の核が形成されていたことにより、再び統一をはたした。

一四五三年には、第七代メフメット二世がビザンツ帝国の首都コンスタンティノポリスを征服し、ビザンツ帝国の版図のほぼすべてを支配下におきその後継国家というべきものとなった。このことにより、ビザンツ世界もまたオスマン支配下に包摂されて消滅し、「ギリシア・キリル文字世界」の中心は北方の新興勢力モスクワ大公国に移り、東欧正教世界として再編されていくことになった。

他方、オスマン帝国は第九代セリム一世が、一五一四年に東方にあったイランのシーア派新興勢力・サファヴィー朝を破り、アナトリアの領土を東方に拡げた。さらに一五一六年から一七年に、当時のイスラム世界の社会経済的・文化的中心であったエジプトとシリア、そしてイスラム二大聖都のメッカとメディナを支配してきたスンナ派のマムルーク朝を征服し、イスラム世界の中心地域を支配下においたオスマン帝国は、スンナ派のイスラム的世界帝国への道を歩み始めた。

そのセリム一世の子で、「大帝」と称される第一〇代スレイマン一世の一五二〇年から一五六六年までの長い治世の間に、オスマン帝国はイスラム世界の北半をなすアラビア語・ペルシア語圏の西半にあたるトルコ圏に加え、イスラム世界の南半をなすアラブ圏のうちモロッコとチュニジア、アラビア半島の一部を除くすべてを支配下においた。

スレイマン大帝は「ラテン文字世界」としての西欧キリスト教世界の東南端をなすハンガリーの大半を手中に収め、さらに東地中海全体を制したうえで西地中海にも進出した。オスマン帝国は当時の西欧世界の最強勢力であった神聖ローマ皇帝カール五世の下のハプスブルク帝国をも脅かし、一五二九年にはその牙城のひとつであったウィーンを包囲して「トルコの脅威」の時代を現出した。この「トルコの脅威」は、一五一七年のルターのヴィッテンベルクでの宣言に始まったドイツ北方のプロテスタント運動が盛んとなるなかで、カール五世がオスマンの攻勢に対しプロテスタント諸侯との妥協に迫られたため、プロテスタント勢力が政治的地歩をえて一五五五年のアウクスブルクの宗教和議に至る過程で大きな役割をはたしたのであった。

オスマン帝国の強靱で瞬発力に富む「支配組織」と、当時最先端の装備を有する軍隊と海軍は、広大な領土からの税収と、陸と海のシルクロードのターミナルを抑えたことによる、異文化世界間交易の巨利からなる豊かな財政によって支えられていた。そしてその君主専制的・中央集権的な支配組織と軍隊は、いまだ中世の分権化した封建制の束縛から脱していない西欧世界の諸王の支配組織に対し、圧倒的な比較優位を占めていたのであった。

この状況は、一六世紀末以来「ラテン文字世界」としての西欧世界において、一方で「軍事革命」により火砲と築城術を中心とする軍事技術が急速に発展し、中央集権的な「支配組織」としての絶対王政が形成され、さらには「大航海」時代をへて、真のグローバル・ネットワークが形成されていくなかで次第に変容していくこととなる。

モスクワ大公国の台頭

ビザンツ帝国を光源として、その影響は次第に北方のスラヴ人たちの世界に及び、次第に正教が受容されながらキリル文字も普及していった。その恩恵を最初に享受したのは、北方のスラヴ人世界の南半に位置する黒海北方のキエフ公国であった。しかし、キエフ公国はモンゴルの侵攻をうけて壊滅し、黒海北方のビザンツ世界北半のスラヴ人の地の中心は、より北方の新興のモスクワ大公国に移っていった。

一四世紀から一五世紀中葉にかけて、新興のムスリム・トルコ系のオスマン帝国がかつてのビザンツ帝国の版図で征服を進め、一四五三年にビザンツ一千年の帝都コンスタンティノポリスを征服してビザンツ帝国が滅亡するに至ると、「ギリシア・キリル文字世界」となっていたビザンツ世界の中核部分は、オスマン帝国の支配下で「アラビア文字世界」としてのイスラム世界に包摂されることとなった。

もっとも旧ビザンツ帝国の臣民たる正教徒たちはズィンマ・ズィンミー制度の下で保護されたが、もはやビザンツ世界としての性格は失われた。この点は、梵字世界の源泉にして中核をなすインド亜大陸でムスリムのムガル帝国の支配下におかれ、梵字を用いるヒンドゥー教徒は許容されたものの、アラビア文字世界としてのイスラム世界に包摂された事例と似ている。

こうして、源泉にして中核地域がイスラム世界に包摂された後、ビザンツ世界は北方に重心を移して「ギリシア・キリル文字世界」ではあるが、新しく東欧正教世界へと変容していったといえよう。そして、その中核となったのが一三世紀から次第に台頭してきたモスクワ大公国であった。ビザンツ帝国の滅亡後に、モスクワ大公国のイヴァン三世がビザンツ最後の皇帝コンスタンティヌス一一世の姪ソフィアをめとったことは、北方の辺境新興国の王家に大きな威信を与えた。それは後代、モスクワをローマ、コンスタンティノポリスにつづく「第三のローマ」と称する根拠の一つともなった。

イヴァン雷帝による東方征服

モスクワ大公国では、オスマン帝国のスレイマン大帝と同時代人であるイヴァン四世（雷帝）の時代に、新展開をみせた。イヴァン雷帝は貴族勢力の制圧をめざし、新たに平民出身者からなる君主直属の銃士隊を創設してその武力によって貴族を制し、君主専制体制を築いていった。また、西欧世界で発展した火砲を受容し、ヴォルガ川を南下しつつ、新たな征服を進めた。

ここで中央アジアのモンゴル来襲以降の動きを確認しておきたい。この地はほぼチャガタイ＝ハン国の支配下におかれたものの、ここでもモンゴル支配者内と遊牧部族間の抗争によってチャガタイ＝ハン国は解体に向かった。これにとってかわったのが同国のムスリム・トルコ化したモンゴル族の武将ティムールが築いた大帝国であり、一四〇二年にはアンカラの戦いでバヤズィット一世を破りオスマン朝を危機に陥らせた。だがティムール帝国も一四〇五年の彼の死後、半世紀もたたずに崩壊した。

「モンゴルの大征服」の時代、アラブ・ムスリムやトルコ系ムスリムがその支配をのばしえなかったロシア平原から黒海に至る地域もモンゴル帝国の一派をなすキプチャク＝ハン国の支配下におかれ、そのキプチャク＝ハン国は一五世紀初頭までに、ヴォルガ川中流のカザン＝ハン国、ヴォルガ川下流のカスピ海西北岸に位置したアストラハン＝ハン国、黒海北岸のクリミア半島とその北方の平原を領するクリム＝ハン国、そしてシベリア西端にあってその名もシベリアの語源となったシビル＝ハン国の四ハン国に分裂した。

こうして遊牧部族的諸勢力の角逐が続くなか、モスクワ大公国による征服の鉾先となったのが、これらのムスリム・トルコ化した諸ハン国であった。まずは、かつてモスクワ大公国を属国としその宗主国をもって任じていた、ヴォルガ川中流域のカザン＝ハン国を一五五二年に征服した。今日のロシア連邦内にあるタタルスタン共和国である。

モスクワ大公国はさらにヴォルガ川を下り、一五五六年にはヴォルガ川のカスピ海に流れこむ地域にあったアストラハン＝ハン国をも征服し、カスピ海への出口をえた。一方で、コサックの隊長エレマックに命じ、中央ユーラシア北部に属し主として狩猟民、遊牧民の生きるシベリア征服をめざした。その西端に位置する、これもキプチャク＝ハン国の流れをくむシビル＝ハン国を一五九八年に併合すると、モスクワ大公国はさらに東進していった。キプチャク＝ハン国の後継国家のうち、黒海北岸のクリミア半島を拠点としバフチェ・サライを首都とする、ムスリム・トルコ化したギライ家のクリム＝ハン国は、一五世紀末にオスマン帝国に帰順してその属国となった。一七世紀にかけてオスマン帝国の庇護をうけつつ、ロシア平原での略奪行を事とし、一七世紀のオスマン帝国の帝都イスタンブルの奴隷市場に多くのスラヴ系奴隷を供給し続け、一八世紀末まで存続した。これら諸ハン国の運命もまた、伝統的な騎馬軍の機動力のみに頼り、火砲をとりいれ強力な「組織」を有するに至ったモスクワ大公国との軍事技術的「比較優位」の逆転によるところが大であった。

ロシアの「近代」西欧モデル受容による大国化

モスクワ大公国のシベリア東進は一七世紀を通じて続き、同世紀末にはついにオホーツク海沿岸にまで達した。

モスクワ大公国は、一六世紀以来、西欧世界ともかかわりをもち始め、一七世紀にはいるとモスクワにも、とりわけ多くのドイツ人が流入しドイツ村を形成するに至り、西欧の影響がみられ始めた。そうしたなか、年少時の不遇期にドイツ村のドイツ人との接触をもったロマノフ朝のピョートルが単独君主になると、「ラテン文字世界」に属さない「異文字世界」としては最初の、「近代」西欧モデルの受容による自己変革の試みである「西洋化」改革に着手した。「ギリシア・キリル文字世界」に属しながら、「西洋化」による「近代化」においてある程度成功をおさめたロシア帝国は北方における新興の強国となり、一八世紀初頭以降、南下を本格的に開始して「アラビア文字世界」としてのイスラム世界における最後のスンナ派のイスラム的世界帝国・オスマン帝国を脅かし始める。

またイヴァン雷帝以来のシベリア東進でその東端に到達し、そこからの南下をはかるなかで、「漢字世界」としての東アジア儒教・仏教世界で最後の世界帝国・清朝と康熙帝時代に戦火を交えた。そして一九世紀に入ると、清朝のみならず「漢字世界」諸社会の脅威と化していった。

さらに一九世紀後半になると、ロシアはイスラム世界の中央アジアにおけるトルコ民族圏をも脅かすこととなった。

こうして一四五三年のビザンツ世界没落後、東欧正教世界と化した「ギリシア・キリル文字世界」の北方の雄となったロシア人のモスクワ大公国は、陸上で中央ユーラシア北辺のシベリアを東進することにより一八世紀以降、周辺の諸文化世界を脅かし始めるのであった。

他方、一五世紀末に始まる「ラテン文字世界」としての西欧世界による「大航海」時代により、「海」から「旧世界」の「三大陸」のみならず、新たに密接なかかわりをもつに至った「新世界」の諸文化世界に対しても、西欧人たちが大きな衝撃を与えていくこととなる。

第10章　「大航海」時代と西欧による異文化世界への進出
――「ラテン文字世界」による「グローバル・ネットワーク」の形成

レコンキスタと西欧キリスト教世界

「アラビア文字世界」としてのイスラム世界は八世紀初頭以来、かつての西ローマ帝国北半の西三分の一にあたるイベリアを支配下におきながら、ピレネーを境に「ラテン文字世界」としての西欧キリスト教世界を西南方から脅かしてきた。イベリア北部に追い上げられたキリスト教勢力は七二二年にアストゥリアス王国を立ち上げ、九世紀後半からレコンキスタ、すなわち「再征服」運動を開始した。一〇世紀に入ると同王国の後継となるレオン王国が建国され、レコンキスタも継続された。東北方のカタルーニャでは八〇一年、フランク王国のバルセローナ伯が諸伯領を統合した。北部中央では九世紀頃にバスク系のナバーラ王国が成立し、一一世紀初頭に同国のサンチョ三世がイベリア半島のキリスト教諸王国を統一するに至った。ところが一〇三五年にサンチョ三世が没すると、分割相続によってナバーラ、カスティーリャ、アラゴン、リバゴルサ・ソブラルベの四国が分立した。

一二世紀中葉までにイベリア西南部でポルトガル王国が成立し、一三世紀に入ったイベリアでは東北のアラゴン、中央のカスティーリャ、西北部北半のレオン、そして西北部南半のポルトガルの四王国に分裂しつつ、ムスリム側の分裂状況を利として続けられたレコンキスタにより、ムスリム勢力は次第に南部へと押し戻されていった。

一四七九年には、カスティーリャの女王イサベラの夫フェルディナンドがアラゴン王となりカトリック両王の同君連合が成立した。その下で一四九二年、イベリアで最後に残ったムスリムの拠点、ナスィール朝の首都グラナダが陥落し、イベリアは西欧キリスト世界に完全に包摂された。こうして、ムスリム勢力優位の下でキリスト教徒とユダヤ教徒もズィンマ、ズィンミー制度によって不平等ながらも共存してきたシステムはくつがえることとなった。

キリスト教徒が優位となったイベリアでは、当初はユダヤ教徒とムスリムも許容されたものの次第に圧迫・迫害が厳しくなり、ムスリムはイスラム世界へ、またユダヤ教徒は多くがより圧迫の少ない北方のフランドルかイスラム世界に移住するか、キリスト教に改宗していった。

とりわけムスリムの場合には、一五〇二年に改宗か国外退去を求められ、改宗者もたびたびの反乱をおこし、一六世紀末にはイベリア半島で消滅することになった。ユダヤ教徒についても一四九二年に改宗か国外退去が命ぜられ、多くはイスラム世界へと移住することになった。イベリアを原郷とし、中世カスティリア語をベースにしながらヘブライ文字で記す母語ラディーノを保ちつつ四散したイベリアのユダヤ教徒たちは、セファルディムと呼ばれ今日に至っている。

「大航海」時代の開幕

レコンキスタの進行は、イベリアのキリスト教徒の目を、外部へと向けさせることになった。そのひとつに、異教徒であるイスラム教徒に対するレコンキスタの延長として十字軍の聖戦活動を継続することをめざす上で、イスラム世界の背後に同盟者を求めようとしたのである。その背景には、はるか東方にキリスト教徒プレスター・ジョン（司祭王ヨハネ）の王国があるという伝説の存在があった。一方では東西交易、とりわけ香料交易によるイスラム世界の繁栄と富を目の当

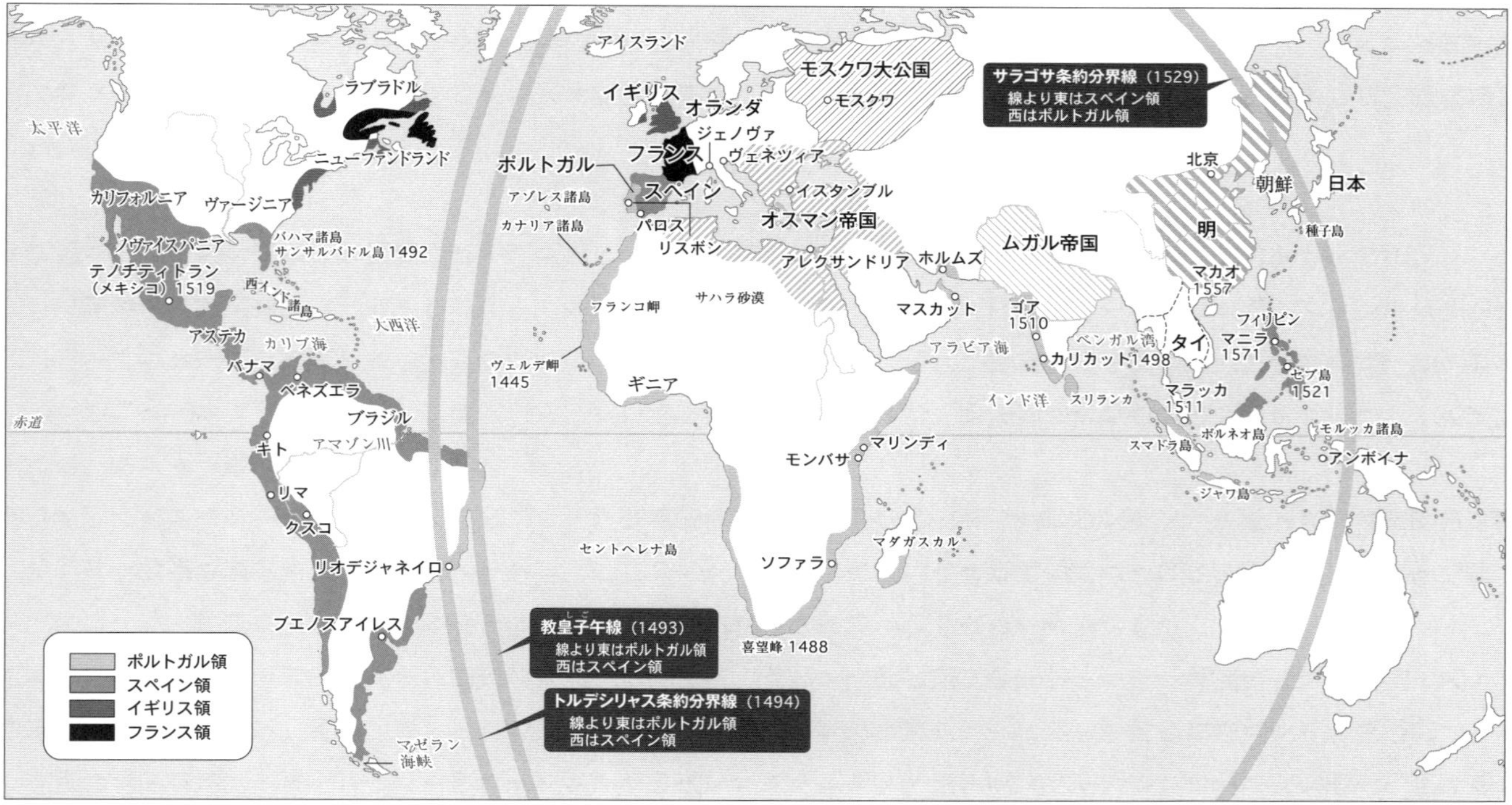
太平洋
ラブラドル
ニューファンドランド
カリフォルニア
ヴァージニア
ノヴァイスパニア
バハマ諸島
サンサルバドル島 1492
テノチティトラン
（メキシコ）1519
西インド諸島
大西洋
アステカ
カリブ海
パナマ
ベネズエラ
ブラジル
赤道
キト
アマゾン川
リマ
クスコ
リオデジャネイロ
ブエノスアイレス
マゼラン海峡
アイスランド
イギリス
オランダ
ジェノヴァ
フランス
ヴェネツィア
ポルトガル
スペイン
アゾレス諸島
カナリア諸島
パロス
リスボン
フランコ岬
サハラ砂漠
ヴェルデ岬
1445
ギニア
セントヘレナ島
喜望峰 1488
ソファラ
モンバサ
マリンディ
マダガスカル
モスクワ大公国
モスクワ
イスタンブル
オスマン帝国
アレクサンドリア
ホルムズ
マスカット
アラビア海
ムガル帝国
ゴア
1510
カリカット1498
インド洋
スリランカ
ベンガル湾
タイ
マラッカ
1511
スマトラ島
ボルネオ島
ジャワ島
北京
明
マカオ
1557
朝鮮
日本
種子島
フィリピン
マニラ
1571
セブ島
1521
モルッカ諸島
アンボイナ
サラゴサ条約分界線（1529）
線より東はスペイン領
西はポルトガル領
教皇子午《しご》線（1493）
線より東はポルトガル領
西はスペイン領
トルデシリャス条約分界線（1494）
線より東はポルトガル領
西はスペイン領
ポルトガル領
スペイン領
イギリス領
フランス領

大航海時代

たりにしたことから、イスラム世界の背後にまわり、香料交易をムスリム抜きに行おうという動機も生まれていた。

そのような目論見の下に、レコンキスタが早くから完了していたポルトガル王国では、一五世紀中葉から「航海王子」の異名をとったエンリケが、アフリカ大陸南端を回航してインド洋に入り、インド、そしてさらに東方との香料の直接交易をしようとした。また、イスラム世界のさらに東方にいると信じられていたプレスター・ジョンと結んでムスリムに対する挟み撃ちを図り、インド洋から紅海に入り、紅海からほど遠からぬイスラム最大の聖地メッカを焼き打ちすることをも目指したのである。

アフリカ西岸に沿って船団を南下させ探査を続けたエンリケ王子は、一四六〇年に没したがその努力はむくいられ、一四九八年ヴァスコ・ダ・ガマはアフリカ最南端の喜望峰を回航してインド洋に入り、アフリカ沿岸でムスリムの水先案内人から情報を得て、インドに到達することをえた。

カスティーリャ女王イサベラとアラゴン国王フェルディナンドは、一四九二年にジェノヴァ人コロンブスによる「大西洋を横断してインドに至る」プロジェクトを受け容れ、コロンブスは大西洋を横断し、カリブ海のエスパニューラ島に到達した。コロンブス自身は最後まで自身がインドに到達したと信じていたが、こうして「旧大陸」は「新大陸」と密接な交渉を持つに至ったのである。

まもなく、彼らは「新大陸」の大陸部を横断して、太平洋に出ることとなった。そして一五一九年には、ポルトガル人のマゼラン（ポルトガル語読みではマガリャンエス）がスペイン船団を率いて南米大陸の南端を回航して太平洋に入り、インド洋から大西洋をへてスペインに帰着する世界周航を試みた。自らは一五二一年フィリピンで殺害されたが、その部下たちは翌年セビリアに帰着して、史上初の世界周航に成功した。

こうして、ポルトガル人と、後にスペイン人と呼ばれることとなる人々は、いわゆる西欧人の「大航海」時代を開幕させ、インド洋を除いては往来にほとんど沿岸部のみが利用されるに過ぎなかった大西洋と太平洋も含め、三大洋を往来する航路をつくり出した。そして三大洋航海を通じて、これまで密接な交渉を持つことのなかった「旧世界」のアジア・アフリカ・ヨーロッパの「三大陸」と、「新世界」の南米と北米の「二大陸」からなる「五大陸」が、恒常的かつ密接に結びつけられることになった。

「大航海」時代の開幕は、地球上の全空間を包摂する、真の、唯一のグローバル・システム形成の端緒となったのである。そしてこのことは、地球上の全人類社会が次第に一つのシステムへと包摂されていく過程としての、グローバリゼーションの新段階をもたらした。ただ、「大航海」時代が直ちにグローバル・システムをつくり出したわけではなく、いくつかの拠点をつなぐネットワークが徐々に形成されつつ、それが恒常化し定着化していくなかで次第に統合度が高まり、ネットワークはシステムへと転化していくこととなった。

ポルトガルによる「海のシルクロード」支配

一四九八年にヴァスコ・ダ・ガマがアフリカ南端の喜望峰を回航してインド西岸のカリカットに到着して程なく、一五〇三年にはコーチンに要塞が築かれ、一五〇五年にポルトガルのインド総督アルメイダが着任した。インド西北岸のグジャラートはこのようなポルトガル勢力に対抗すべく、インド洋を通じた香料交易に決定的な利害をもつエジプトのマムルーク朝による援助を乞い、マルムーク艦隊が来航して一五〇八年にポルトガル艦隊を破った。しかし翌一五〇九年、ポルトガルはグジャラートとマムルーク朝の連合艦隊を撃破し、一五一〇年にインド南西岸のアーディル・シャーヒー朝の港市ゴアを占領した。ゴアは以後、ポルトガルのインド洋世界への進出の拠点となった。

一五〇九年には、東北方のシナ海世界とインド洋世界の結節点となっていたムスリム支配下の港市マラッカにまでポルトガル勢力が到達し、一五一一年にマラッカは征服されて支配下におかれた。ポルトガルはこの間、一五〇五年に東アフリカ・インド洋岸の港市国家キルワ、モンバサ等を攻略し、一五〇七年にはモザンビークに要塞を築いた。一五一一年にペルシア湾口のホルムズも占領し、一五一七年には紅海へ入りジッダを攻撃さえした。さらに一五二〇年代には香料原産地のモルッカ諸島を抑え、一五三四年インド西北岸のグジャラートでディウを拠点化するに至った。こうしてインド洋とインド洋経由の「海のシルクロード」は、ムスリムの仕切るところから、ポルトガルの覇権下におかれていった。

他方、コロンブスが到達してインドであると信じ続けた地が「新大陸」であることが西欧人の間で明らかになり始めると、一五一九年にスペイン貴族のコルテスがメキシコに入り、一五二一年にはアステカ帝国の都ティノティトランを征服するに至った。一五三一年にはフランシスコ・ピサロがインカ帝国征服に赴き皇帝アタワルパを捕え、一五三三年に首都クスコに入城して、インカ帝国もスペインの支配下に入った。一五〇〇年にはポルトガル人カブラルがブラジルに到達し、後年、中南米でブラジルのみがポルトガル領とされることになった。

西欧人来航の影響　――「旧世界」と「新世界」――

ここで、西欧人が原動力となった「大航海」時代から唯一のグローバル・ネットワークが形成されていく過程のなかで、「新世界」の南北両アメリカ大陸と、「旧世界」のアジア・アフリカ・ヨーロッパの「三大陸」では、その影響は著しく異なっていた。

一六世紀の「旧世界」においては、東アフリカ沿海岸から東南アジア沿海岸に至るインド洋世界沿岸の港市国家が、キルワからマラッカまでポルトガルに征服されていった。だが「アラビア文字世界」と「梵字世界」、そして「漢字世界」の本体では各々の文化世界の伝統的政治体が隆盛にあり、西欧人の来航の影響も部分的なものにとどまった。

しかし、南北アメリカの「新大陸」、とりわけ中南米大陸については、「大航海」時代を通じての西欧人の来航は「決定的」ともいえる影響を与え、在地の独自の文化システム・文字体系は解体されていくのである。

「新大陸」南半では、中米と南米太平洋岸に高度の文化世界が互いに独立して成立していた。南アメリカ大陸の北端を中米と呼ぶとすれば、ここには北部のメキシコにアステカ、中部のユカタン半島にマヤの二文化世界が存在し、各々が独自の象形文字を発達させ、とりわけメキシコのアステカ文字世界はティノティテトゥランを都とし、広大な帝国を形成していた。また南米太平洋岸では、数量を表す結縄文字キープをもつのみで文字はもたないものの、クスコを都とし広大な版図を有するインカ帝国が存在していた。

ただ「新大陸」では、すでに古くより農耕が成立していたが、中米・南米ともにほぼ新石器時代にとどまり、鉄器を知らず、火砲も未知であった。南米では荷を運ぶリャマ（南米原産のラクダ科の哺乳類）を有したが、中米・南米ともに騎乗しうる馬を知らなかった。

火砲や鉄製武器の破壊力と、馬の機動力が西欧人に決定的な軍事的比較優位を与え、それが巨大なアステカ帝国とインカ帝国がほんの一握りのスペイン人コンキスタドール（征服者）によって、いとも簡単に征服されてしまう最大の原因となった。これに加えてメキシコやインカ帝国には再来を約して去った赤髪の神の伝説があり、スペイン人をこれに擬したことが、新来者への対処に影響したともいわれる。いずれにせよ、中米のアステカ帝国とマヤ、そして南米のインカ帝国も、文化的にかなり独立した環境で成立し、異文化世界間交流の経験に乏しかったことも、弱点となったかと思われる。

さらに征服後、「旧世界」では共通の疫病であったが「新大陸」では未知であった天然痘が免疫を持たぬ現地人の間で流行し、それが元来の「新大陸」人口の激減の一因となったといわれる。

ラテン文字世界へ包摂されていく「新世界」

こうして、「大航海」時代にはかなり高度の文明と文化の段階に達していた中米のアステカやマヤ、南米のインカ帝国では、現地の土着的な政治・文化システムが短期間で解体され、一方ではカトリック化が急速に進められ、これにともないスペイン語化が進行していった。

そして中米独自の文字はキリスト教に反する異教のものとして排絶され、文字文化としては西欧人のラテン文字が唯一のものとして徐々に浸透し、「新大陸」南半が「ラテン文字世界」へと包摂されていった。

南アメリカ大陸の他の部分と北米大陸では、メキシコのアステカ帝国やマヤ、南米のインカ帝国のように高度の独自の文明と文化を達成しえておらず、植民地支配と西欧からの移民の流入の下で、次第に西欧世界の文化圏へと包摂され、これも「ラテン文字世界」化していった。

ただし、「大航海」時代をきっかけに、西欧人が原動力となって三大洋五大陸をむすぶグローバル・ネットワークが形成され始め、グローバリゼーションの新段階に入っていくなかで、「新世界」南北アメリカ両大陸の「ラテン文字世界」への包摂の過程が、「旧世界」の「三大陸」におけるそれとかなり異なっていたことは、ふまえておく必要があろう。「新大陸」の場合、とりわけ現地における土着の文明の水準が「旧世界」から到来した西欧人のそれとかなり大きな落差があり、特に軍事技術において決定的な「比較劣位」にあったことが、その経過に重大な影響を与えたのではないかと思われる。そのことは、「大航海」時代をきっかけとする西欧人の「旧世界」の諸社会に与えた影響と比較すると、より明瞭となると思われるのである。

西欧人の「新大陸」到達により、当面のところスペインはアステカとインカからの戦利品としての金銀だけでなく、まもなく始まったポトシ銀山の開発もあって現地産の莫大な金銀を得た。スペインの得たこの銀はアジア、とりわけ「漢字世界」の中心である中国の明朝へと流れ込むようになった。

他方で、「新大陸」からの西欧世界への膨大な金銀の流入によって、金銀の価格の急落と物価の高騰が生じ、いわゆる「価格革命」が進行し、その影響はイスラム世界の超大国オスマン帝国にまで及んだ。

「新大陸」はまた植物資源に富み、トウモロコシ、サツマイモ、ジャガイモ、さらにはトウガラシ、ピーマン、カボチャ、エンドウマメ、インゲンマメ、落花生、嗜好品系ではカカオ等が「旧世界」にもたらされた。有害なものとしてはタバコ、病気としては梅毒がもたらされ、この二者は他の有用植物より遥かに早く全世界に普及していった。

「新大陸」には、圧制とプランテーション経営、カトリックと天然痘などがもたらされた。そして圧制と天然痘による人口激減対策として、アフリカからの黒人奴隷がもたらされるようになっていった。

「大航海」時代と「旧世界」諸文字世界

西欧人の「大航海」時代によって、イスラム世界が握っていた特にインド洋を中心とする「海のイスラム世界」の覇権が、まずはポルトガル人に移ることで、「海のシルクロード」へのイスラム世界による掌握は弱まることとなった。さらに三大洋五大陸ネットワークの発展によって、一七世紀に入ると海陸の「シルクロード」のローカル線化が進行していった。

ただ「陸のイスラム世界」では、地中海方面ではオスマン帝国が優位に立つ「トルコの脅威」の時代であり、スペインに流入した巨額の金銀のかなりの部分は、ハプスブルク家出身の神聖ローマ皇帝カール五世により、オスマン帝国に対する防衛戦の戦費に費やされたかと思われる。

一六世紀、イラン高原の新興勢力、シーア派のサファヴィー朝はなお十分に足場を固めてはいなかった。ペルシア湾口近くのホルムズを一五一五年、ポルトガルに占領されたが、一六世紀末にシャー・アッバースが現れて軍制改革が行われ、ホルムズを奪回することを得た。

一五二六年にムガル帝国が成立したことで長らく分裂抗争が常態となっていたインドは政治的統一にむかい、ポルトガル勢力は、沿岸部にいくつかの拠点を得たにとどまり、内陸への浸透には成功しなかった。

第11章

「西欧キリスト教世界」内の文化変動

——ルネッサンスと宗教改革

ギリシア古典「再発見」とイタリア・ルネッサンス

イタリアは、カトリックを奉じ、宗教と行政のことばとしてラテン文字で綴られるラテン語を用い、口語としては俗ラテン語としてのイタリア語を母語とする人々の世界であった。

その意味では、イタリア半島は「ラテン文字世界」としての西欧カトリック世界のなかで、ある程度まとまった小文化圏をなしていた。しかし、政治的にはローマ帝国の統一が失われて以来、分裂が常態化していた。とりわけ北部から中部にかけて多くの都市が分立し、各々が自治権をえて、イタリア全体が都市国家群の観を呈していた。

そのような政治的分裂にもかかわらず、諸都市では商業と手工業が発達した。特に東方との交易にかかわるヴェネツィアやジェノヴァのような諸都市には富が集積され、十字軍以降、「アラビア文字世界」としてのイスラム世界の西北部に位置する新興帝国・オスマン帝国や、西南部の一三世紀中葉以来のマムルーク朝との交易が進んだ。

このようななかで、文化においても新しい動きが生じていった。そもそもレコンキスタと十字軍の時代にシチリアに残されたアラブ・ムスリムの存在もあり、ギリシア・ヘレニズム古典のアラビア語訳からのラテン語訳運動が進み、西欧世界では未知であったギリシア・ヘレニズムの古典への知見が開かれた。こうしたことからすでに八、九世紀には忘れられてしまったギリシア語そのものへの関心も生じ、古典ギリシア語を学ぼうとする人々も現れ始めた。

ちょうど一四世紀から一五世紀前半は、イスラム世界の西北方の新興国オスマン帝国がビザンツ帝国領を包摂していった時期であっただけでなく、少なからぬビザンツの文人・学者がギリシア語の書物を携えてイタリアに難民として逃避してきた時期でもあったことが、イタリア人の古典ギリシア語学びに資した。

一五世紀には、ギリシア語写本を求め古代ギリシア文明の跡をたどるべく、オスマン帝国を訪うイタリア人も現れた。ギリシア古典とのふれあいは、旧来の西欧中世キリスト教の枠を離れた、新たな美意識を生んだ。豊かとなったイタリアの支配層、富裕な商人層のなかから支援者が現れ、新たな芸術様式と主題による絵画や彫刻が生み出され始め、一五世紀末から一六世紀初頭にはレオナルド・ダ・ヴィンチやボッティチェッリ、ラファエッロ、さらにはミケランジェロのような巨匠を輩出するに至った。

「ルネッサンス」の概念をめぐって

また、諸都市国家が拡争を繰り拡げる緊迫した政治状況のなか、政治を信仰やイデオロギーから離れて冷徹に観察し、イタリア統一への道を探ろうとして『君主論』を著したマキァヴェリの如き人物も現れた。また、自然科学的知見をふまえ、人体解剖学に基づく人体描写や、遠近法の採用など、科学と芸術も新しい形で結びつくに至った。こうして一四世紀末に始まり、一五世紀に発展しながら一六世紀初頭に頂点に達した新たな文化活動は、一九世紀に入ってから一六世紀イタリアの著作家ヴァザーリの『芸術家列伝』中に現れた語をもとに「ルネッサンス」と名づけられ、人類史の一画期とされるようになった。

そしてスイスのドイツ系歴史家ヤーコプ・ブルクハルトの『イタリア文芸復興期の文化』によって、「ルネッサンス」のイメージが広く定着していくこととなった。

だが、このいわゆるルネッサンス期の文化には西欧中世の文化との連続性も多々認められ、オランダの歴史家ヨハン・ホイジンガは『中世の秋』を著し、一五世紀のフランドルにおける、いわゆる北方ルネッサンスの文化を、むしろ中世の稔りとしてとらえた。

もちろん、今日流布している形でルネッサンスの概念が同時代人に広く共有されていた訳ではなかった。今日のルネッサンス観は一九世紀西欧史学のなかで提唱された概念であり、その実相は今後とも究明されるべきであろう。

とはいえ、一五世紀から一六世紀のイタリアの芸術は、西欧世界の芸術の一つの頂点をなしている。これに加え、異教時代のギリシア古典の「再発見」によって近代西欧人がギリシアを西欧の文化と文明の源泉としてとらえるようになり、古典ギリシア語が近代西欧の知識人の必須の古典語となった。それも、この時代の潮流に根ざしているのである。

ちなみに、いわゆるイタリア・ルネッサンスについてはたびたびその世俗性が強調される。しかしこの時代、宗教的情熱がふき上がったことも念頭におく必要があろう。その代表例に、一五世紀末のフィレンツェで教会の腐敗を糾弾し、一時は支配者のメディチ家を追放して神聖政治を敷いた末に教皇に破門され、政争に敗れて火刑に処せられたドミニコ会の修道士サヴォナローラを挙げうるであろう。

宗教改革への前兆——フスとフス派運動

いわゆるイタリア・ルネッサンスの先駆ともいうべきダンテが『神曲』を著したのは一三〇四年のことであったが、ちょうどこの頃、ローマ・カトリック教会の長にして、「ラテン文字世界」としての西欧世界の精神的頂点であるローマ教皇の権威をゆるがす事態が生じつつあった。

一三〇二年、時の教皇ボニファティウス八世とカペー朝のフランス王フィリップ四世が対立し、一三〇三年九月七日、王の側近がアナーニに滞在中の教皇を捕らえ監禁するに至った。教皇ボニファティウス八世は、アナーニの住民に救出されヴァティカンに戻ったが、一〇月一一日に没した。後任にベネディクトゥス一一世が立てられるも、一三〇四年に急逝してしまう。後任選出に手間どり、一三〇五年にようやくフランス人のクレメンス五世が立つと、一三〇九年にフランス南部のアヴィニョンに教皇庁をおくこととなった。これがローマ教皇の「アヴィニョン捕囚」、古代ユダヤ民族がバビロニアに強制移住させられた故事にちなんで称される「教皇バビロニア捕囚」時代の始まりである。

一三七七年になってグレゴリウス一一世はようやくローマに帰還したものの、翌一三七八年に没した。ローマ民衆の圧力の下、イタリア人のウルバヌス六世が教皇とされたがフランス人の枢機卿はこれを認めず、フランス人のクレメンス七世を教皇とし、ローマとアヴィニョンに二人の教皇が対立する事態となる。一四〇九年にはさらに三人の教皇が鼎立するに至った。この「大分裂」も一四一七年に終息するが、ローマ教皇の権威にはかげりが生じた。

このようななか、純粋に信仰を求める人々も増え、一四世紀後半にはイギリス人ジョン・ウィクリフが現れて、あくまで聖書による救いを求めた。

ボヘミア王でもあった神聖ローマ皇帝カール四世の下でカレル大学が創設され黄金時代を迎えていたプラハでは、一五世紀初頭にヤン・フスが現れた。一四〇三年にカレル大学の学長になったフスは、報いは信仰のみにより、その基は聖書であると説き、破門された。その後、教皇ヨハネス二三世が十字軍をおこすべく、いわゆる「免罪符」、すなわち贖宥状販売が行われると、これを厳しく批判した。

一四一四年、コンスタンツ公会議が開かれるにあたってフスも召喚されるが、神聖ローマ皇帝ジギスムントの通行保障をえて出頭したにもかかわらず捕らえられ、一四一五年に公開裁判のすえ火刑に処せられた。フスを支援したボヘミアの人々は激昂し、一四一九年にプラハで暴動がおこると、それは全国に波及した。これに対しフス派十字軍が五回にわたり企てられたが、すべて失敗に終わった。一四三七年に一応妥協が成立したものの、フス派はボヘミア兄弟団となり、一七世紀初頭に神聖ローマ皇帝軍に敗れるまでボヘミアではフス派勢力が力を保った。ただその後は徹底的な弾圧とカトリック化が進められ、ボヘミア、のちのチェコは、カトリックの世界と化し今日に至っている。

宗教改革者、ルターの登場

ローマ教皇の権威が「アヴィニョン捕囚」と「大分裂」をへて低下していく一方で、ムスリムに対する十字軍のみならずキリスト教徒内における異端のアルヴィ派やフス派に対する「十字軍」、さらには俗界の君主としての領土防衛のためにも巨費を要し、教皇庁は財政的困難に直面していた。このため財政の穴埋めの一方策として、贖宥状販売に力をいれた。一五一四年になり、ブランデンブルク辺境伯でマクデブルク大司教でもあったアルブレヒトは、ドイツの首座大司教であるマインツの大司教への就任をも望み、ローマ教皇からこれを得たが莫大な初収入税を求められた。アルブレヒトはフッガー家からの借り入れでこれを支払ったが、借金返済のためローマ教皇に贖宥状販売の許可を求め、許された。

ザクセンの選帝侯フリードリヒ三世は贖宥状販売を許さなかったが、ザクセンに住み、悪どい販売が行われているのを知ったヴィッテンベルク大学神学部教授のルターは、一五一七年に贖宥状の効力を批判する「九十五カ条の論題」を作成した。これがヴィッテンベルク大学の門に張り出されたか否かは今も学術的論争となっているというが、まもなく広く知られるところとなり、ラテン語原文からのドイツ語訳も広く流布するに至った。

これを著したルターには当初、ローマ教皇に挑戦するといった意図はなかったといわれる。しかし、ローマ教皇側はこれを異端とし、召喚状を発した。ルターは開会中のアウクスブルクの帝国議会に出席していた枢機卿に審問され取り消しを求められたが断り、帰郷した。その後のやりとりでもルターは自説をまげず、一五二一年ローマ教皇はルターに正式破門状を出した。

そして同年、ヴォルムスの帝国議会に審問のため召喚された。しかし、ルターは自説の撤回を拒否し、異端とされ帝国追放となった。ヴィッテンベルクへの帰途、ルターは覆面の騎士につれ去られるが、これはザクセン選帝侯フリードリヒのはからいで、一年近くヴァルトブルク城にかくまわれ、その間に聖書のドイツ語訳を完成させた。

ルターは、信仰によってのみ人は救われると考え、宗教的には司祭と信徒は平等であり、内面的・精神的には自由であると考えた。そして、聖職のみならず世俗的職業もまた神の召命によるものであると考えた。ただ、商業の利益は奉仕の精神に反するとみた。しかし、一五二四年から二五年にかけてのドイツ農民戦争では、これを支援する立場にはたたなかった。かえって、世俗的権力者を統括者とする領邦教会制を容認することとなった。

ただ、有力な諸侯たちのなかからルター派が現れ、時の神聖ローマ皇帝にしてドイツ皇帝のカール五世は、「ラテン文字世界」内の宿敵としてのヴァロワ朝フランスと、「アラビア文字世界」の超大国オスマン帝国に対抗すべく援助を要するためプロテスタント系諸侯への譲歩をよぎなくされた。

その間に、プロテスタント系諸侯の政治的立場はより確たるものとなり、一五五五年のアウクスブルクの和議で、一応の安定状態に入ることとなった。カール五世は翌一五五六年に退位し、神聖ローマの帝冠は弟のフェルディナントに与え、スペインとフランドルは王子フェリペ二世に委ねることとなった。こうしてルター派はドイツの北部と東部で定着したが、その他「旧世界」では北方のゲルマン系のデンマーク、ノルウェー、スウェーデンに拡がるにとどまった。

カルヴァンの宗教改革とフランスの宗教戦争

ルターと並ぶ宗教改革の指導者ジャン・カルヴァンは、一五〇九年にフランスで生まれた。当初聖職者となるべくパリで学び、次いで法律家たるべく各地に学ぶうちにルター派の信仰にもふれた。一五三三年、カルヴァンと親交のあったニコラス・コップがパリ大学総長となり行った講演が異端の疑いをかけられたためスイスのバーゼルに逃れるが、関連してカルヴァンも一五三六年にバーゼルに到った。スイスではすでに、スイス人のツヴィングリがチューリヒで免罪符販売反対をとなえ、さらに教皇至上権否定と聖書中心主義を説いていた。ローマ教皇がツヴィングリ罷免を命じたのに対し、スイス諸州はローマから独立を宣言した。ツヴィングリは一五三一年、カトリック五州との戦いで戦死した。

しかし、一五二六年に共和都市としてサヴォイア家からの独立を宣言し、一五三六年に宗教改革を宣言したジュネーヴに、カルヴァンが迎えられ滞在することとなった。カルヴァンは一時反対派に追われたが一五四一年に再来し、ジュネーヴで政教一致の神権政治をめざし反対派を抑えてその実現に成功し、一五六四年に没した。

カルヴァンは、神と人は隔絶し救済されうるかは神により絶対に予定されているとする。このようななかで、信徒は必ず救われると確信し、与えられた世俗的職業で精励するしかないとした。あくまで仮説であり歴史的実証を要するが、このような精神が、利潤の自己目的的追求をめざす近代資本主義の精神を生んだと、ドイツの社会学者マックス・ウェーバーは説いた。

一五三三年にカルヴァンがスイスへ逃亡した後のフランスでも、プロテスタント勢力はユグノーと呼ばれ、力を伸ばしていった。そして一五六二年からは、カトリックとの宗教戦争が断続的に続くこととなった。

この間、フランソワ一世を継いだヴァロワ朝のアンリ二世の妻で、フィレンツェのメディチ家から嫁いだカトリーヌ・ド・メディシスは、自らの娘をユグノーの指導者でフランソワ一世の孫にあたり後にアンリ四世となるナヴァル王アンリと結婚させることとした。ところが一五七二年、結婚式を祝うため集まったユグノー貴族が虐殺される「サン・バルテルミの虐殺」がおこり、争いが続いた。一五八九年、国王アンリ三世が暗殺されると、ナヴァル王アンリがアンリ四世としてフランス国王となり、一五九三年にカトリックに改宗してパリに入城した。「パリはミサに値する」との語が知られるアンリ四世は、一五九八年に「ナントの勅令」を発し、ユグノーは不平等の下ではあるが許容されることとなった。

しかし、後の一六八五年にルイ一四世が「ナントの勅令」を廃止した際に有能な商工業者であった多くのユグノーが国外に亡命することとなり、フランス経済の将来に甚大な損失となった。

英国教会の成立とピューリタン

英国では、テューダー朝第二代のヘンリー八世が、スペイン王女で兄の妻でもあった妻キャサリンとの結婚を非合法のものとローマ教皇に認めさせ、アン・ブリンと結婚しようとしたが、教皇は認めずヘンリーを法廷に召喚したことから、一五三三年ローマ教会から分離し、英国教会が成立した。英訳聖書の使用を強制したものの、国王が教皇にかわり教会の首長となったにとどまった。

ヘンリー八世の没後、その跡をついだエドワード六世はプロテスタントに傾いたが、その異母姉妹のメアリー一世が即位するとカトリックに急旋回し、スペイン王フェリペ二世と結婚さえした。しかし、一五五八年にメアリーが没し、その異母妹のエリザベス一世が即位すると、カトリックを弾圧し、カルヴァン派に近いピューリタンを抑えつつ国教会に復帰し、国教会体制は一応安定した。一方ではピューリタンも着々と発展し、一七世紀に入ってピューリタン革命をひきおこすこととなる。またピューリタンは英国から北米に渡り、アメリカ合衆国の宗教的骨格をなすこととなる。

ドイツの三〇年戦争とウェストファリア条約

イギリスやフランスと異なり統一王国が成立せず王侯が分立していたドイツでは、少なくともカトリックとルター派との間において、一五五五年のアウクスブルクの宗教和議による一応の共存が成立した。しかし、一六〇七年にバイエルン公がルター派の都市を再カトリック化しようとしたことをきっかけに、プロテスタント諸侯が一六〇八年に新教同盟（ウニオン）を結成し、一六〇九年には旧教連盟（リーガ）が組織され、対立が深まった。

そこへ一六一七年、ボヘミア王となったハプスブルク家のフェルディナント二世がボヘミアのプロテスタントを抑圧したことから新教徒の貴族と民衆が蜂起したことに端を発し、宗教戦争が始まった。ローマ教皇は一六二九年に神聖ローマ皇帝となったフェルディナントと旧教同盟に莫大な資金を援助した。一方の新教同盟側にはデンマークとスウェーデンが支持し、一六三五年さらに旧教国でありながらフランスもハプスブルク家に対抗すべく新教同盟を支持して参戦した。

主戦場となったドイツは荒廃し、一六四八年にようやくウェストファリア条約が結ばれ終息した。ウェストファリア条約では、領邦の君主の宗旨に従い、カトリックか、ルター派のみならずカルヴァン派も加えたプロテスタントに属することが認められた。

ウェストファリア条約はまた、「ラテン文字世界」としての西欧キリスト教世界における国際関係の原型となったとされる。ただこの条約の正文は、ラテン語で書かれていた。

カトリックの対抗宗教改革

宗教改革の試みがプロテスタントを生み出していく頃、カトリック内部でも改革の試みが進行しつつあった。一つは、イタリア各地で平信徒が多くの「信心会」を結成し、信仰を高め慈善事業を進めようとし始めたことであった。これに加えて、早くより修道会の改革と創設も進んだ。一四九二年にイスラム教徒に対するレコンキスタが終結することとなるイベリアでは、アラゴン王フェルナンドとカスティリア女王イサベラの下で教会改革が進められた。

このようななかで、プロテスタントの宗教改革に対抗する「対抗宗教改革」への動きも現れ、一五四〇年にはバスク地方出身のイグナティウス・ロヨラが一五三四年に設立したイエズス会がローマ教皇により認められた。これにより西欧キリスト教世界のみでなく、「大航海」時代とともに西欧人が到達するようになった世界各地にも赴き伝道活動を繰り拡げるようになった。

実際、教皇による承認からわずか九年後の一五四九年には、イエズス会士フランシスコ・ザビエルが日本に到達し、布教を始めている。これに加えてイベリアのスペインでは、一五世紀末に異端審問が導入され、国王直属の裁判制度の形をとり、カトリックの正統護持の武器として一八三八年まで存続した。

「西欧カトリック世界」から「西欧キリスト教世界」へ

イタリアのルネッサンスは、西欧世界の南半におけるイタリアの文化的な最後の光輝であった。宗教改革は、西欧世界の南北のつなぎ目に位置するボヘミアで一五世紀に先駆をみ、同じく南北のつなぎ目のスイスと、そして北半の中心をなすドイツを中心として進展した。そしてごく少数のユダヤ教徒を除けばほとんどがカトリックに属していた「ラテン文字世界」は、「新教」としてのプロテスタント諸宗派が誕生したことにより、かつての唯一の正統のカトリックが「旧教」となり、「西欧カトリック世界」から「西欧キリスト教世界」へと変容した。

また宗教改革と宗派戦争が進行していくなかで、「ラテン文字世界」としての西欧キリスト教世界の経済的・文化的中心がヨーロッパの南半から北半へと移っていく傾向をみせるのである。

第12章　西欧世界の「文明」的比較優位の進展

――「軍事革命」と政治単位・支配システムの革新

「ラテン文字世界」における政治単位と支配システムの変容

「ラテン文字世界」の「中世」においては、キリスト教世界の普遍的統一性の理念とそれを体現するローマ教皇を頂点とするカトリック教会と、少なくともキリスト教世界の統一性を理念的に象徴する神聖ローマ皇帝を擁していた。しかし実態としては、諸王・諸侯が分立し、諸王の王国にもまた直臣に加えて諸侯が分立するなど、その支配のシステムははなはだ分権的なものであった。それは諸君主の上にたつはずの神聖ローマ皇帝についても同様であり、「ドイツ人の皇帝」と呼ばれるようになっても、実際に支配が及ぶのはかなり限られた空間のみであった。

「漢字世界」の中華帝国や、地中海「ギリシア・ラテン文字世界」のローマ帝国、さらには「アラビア文字世界」としてのイスラム世界における盛期のアッバース帝国のような、一つの文化世界の多くをおおう世界帝国は、西欧世界には存在していなかった。

だが中世後期に入ると、この政治的に著しく分権的な西欧キリスト教世界においても、諸君主による権力の集中化の試みがみられるようになる。一六世紀から一七世紀にかけて国王による中央集権化がかなり進み、政治単位とその支配システムの新たな形が形成されて、いわゆる絶対王政が成立していったのである。

フランスの場合は、パリを拠点とする王権の多年にわたる不断の努力によるところが大きく、英国では、一一世紀の「ノルマンの征服」による征服王朝として王権が早くより相対的に強力であったことによる。スペインでは、異文化の異教徒であったイベリアのムスリムに対する「再征服」、すなわちレコンキスタの結果として絶対王政が成立していった。これも王権の力が相対的に強かったという点が、その比較的早い成立に資したのであろうと考えられる。

こうした動きに対し、一五世紀中葉以来、神聖ローマ皇帝位を事実上世襲化するに至ったハプスブルク帝国をみると、絶対王政の形成は遥かに遅れた。絶対王政成立への重要通過点は帝国内の一円課税権であるが、ハプスブルク帝国では異文化・異教の強敵オスマン帝国の攻勢に対応するための臨時税としてのトルコ税をきっかけとして、その成立が促進されたといわれる。

君主による集権化を支え、支配を維持することを可能にしたのは、何よりも「支配組織」のあり方における革新であった。なお、今日のドイツにあたる地域では諸領邦が分立し、イタリア半島でも都市国家が割拠していたため、その政治的統一は遥かに遅れ、一九世紀後半になってようやく成立することとなった。

常備軍と官僚制の成立

君主がその支配領域内の諸侯・貴族を抑え、支配領域を拡大し維持していくために何よりも重要であったのは、軍事力であった。中世西欧世界においては、国王も諸侯も領内の騎士と契約を結び、封土を与える代償として騎士たちに軍役義務を課すという封建制度によって、軍事力を調達するのが基本であった。国王は直領の騎士たちのみを自己裁量で動員しえたのみであり、諸侯とは君臣契約を結んではいるが、諸侯と契約を結んだその直臣については直に動員することができず、諸侯を通じて動員しうるにとどまった。

このため短期間に大きな兵力を動員することが難しく、早くから君主専制的・中央集権的支配組織をつくり上げ、巨大な常備歩兵軍団と在地騎兵軍を短期間で動員して君主の意のままに操ることができたオスマン帝国の攻勢に、ハプスブルク帝国は対応に苦慮することともなった。

なお、中世も後期になると傭兵集団が形成され、君主たちも本来の騎士軍に加えて、傭兵を利用するようになった。この傭兵集団は軍事指導者としての傭兵隊長の指導下にある戦闘企業集団というべきものであり、契約により日給ベースで規模と期間を定めて戦闘に従事する集団であった。そのため動員には莫大な経費を要し、戦争継続中であっても、契約期間が終了し契約延長を可能とする財源をみいだせないときには撤退するという存在であった。このような傭兵集団と同じく、オスマン帝国の常備歩兵軍団としてのイェニチェリ軍団を近代西欧の史家はしばしば「傭兵」と呼んできたが、イェニチェリ軍団は日給ベースの俸給をうけつつ終生軍役に従う常備軍であるため、「傭兵」と呼ぶのは正しくない。

もっとも、西欧世界の国王たちも、一方で一円課税権を確保し農業のみならず商工業を振興して新たな財源を確保して豊かとなっていくと、俸給制の常備軍を備えることができるようになっていった。しかもこの常備軍の中核には、一六世紀末から一七世紀にかけて、西欧世界で「軍事革命」が進行して火砲が急速に発達し、これを有効利用しうる要員が重要化していくなかで、歩兵が形成されるようになっていった。

指揮官としての将校には、貴族があてられることとなった。ただ兵員の補充が一般的徴兵によるようになり、将校の養成が士官学校により行われるようになったのは一八世紀以降のことである。

西欧世界では諸政治体の分立が常態となり、諸政治体間で抗争が続くなか、軍事技術と軍事組織は絶えず革新されていった。そして、グローバリゼーションが進行していくなかで一八世紀末までに、西欧世界は軍事面において他の諸文化世界に対し、圧倒的な比較優位を得るに至った。

軍事部門における発展と並行して、国王の文民的な支配組織もまた、国王への権力の集中と、地方に対する中央集権化の進行につれて新たな発展をとげ始めた。中央では国王に直属する諸官庁が整備され、その要員として、新たに成長しつつある市民層出身者が台頭し、組織の発展と構造分化、専門化が進行していった。

こうして君主専制化・中央集権化が進行していくなかで、近代官僚制の原型が成立していった。次第に中央集権化し、王令が支配組織の運用の柱となっていくにつれ、支配組織の担い手には大学で法学を学んだ人々が登用されるようになった。ただ、国王の支配組織を担う官僚の人員補充については、縁故情実によるところが大で、自発的参加による、広く開かれた能力競争試験による選抜制度が形成されることはなかった。「公務員の選抜試験による採用」という制度の成立をみるのは、一九世紀に入ってからのこととなる。

その点では、すでに八世紀中葉から九世紀にかけて早々に君主専制・中央集権的な支配組織が成立した「アラビア文字世界」としてのイスラム世界で、アッバース朝で成立した支配組織モデルをさらに独自に発展させ、一四世紀末から一六世紀末にかけて、支配組織の機能と軍事力において、同時代の西欧世界に対し比較優位を占めたオスマン帝国の場合も同様であった。

すでに唐代に原型が成立して宋代に完成に達し、ほとんど万民に開かれた自発的参加に基づく競争的能力試験による支配エリート選抜制度としての科挙制度を生み出した、「漢字世界」の世界帝国としての中華帝国の事例は、試験内容が儒学と詩文に偏り多くの弊害を有したとはいえ、特筆に値するであろう。

領域国家の形成と新世界秩序としての諸国家体系の成立

中世西欧世界において、国王や諸侯の支配領域は、私的な所領であった。一六世紀前半の神聖ローマ皇帝カール五世の支配領域もまた、オーストリア、南ドイツ、フランドル、スペインとその属領であるシチリアと南イタリアは、各々が独自の支配システムをもっていた。カール五世の「ハプスブルク帝国」は、同時代の「アラビア文字世界」の世界帝国オスマン帝国や、「漢字世界」の世界帝国である明帝国とは大いに異なり、ばらばらの所領からなる集合体の観を呈していた。しかし、「ラテン文字世界」としての西欧世界で君主による集権化が進行していくと、その支配空間は次第にまとまりのある一つの支配組織の下にある一つの政治体として、確たる国境をもつ領域国家となっていった。

領域国家化していく空間のなかでは、王令を中心とする法体系が形成されていった。かつては、公文書は概ねラテン文字で記されていたが、王令はその地域の地域語で発給される方向にむかっていった。

フランス王国において、一七世紀にフランス学士院が設けられ、『フランス語辞典』が編纂刊行され始めたのも、パリ地域のフランス語の王令が全国で理解されることをめざしたものであった。

こうしたなか、法体系のあり方にも変化が生じていった。それまでは領内的にも、身分や職業、都市や地域ごとに、特権に基づく法体系が存在していた。これに加えて、領内の外国人に対しては、同国人間ではその外国人の法が適用され、居留民団のリーダーたるコンスル（中世的領事）により裁判がなされる領事裁判が行われており、その法体系は属人主義的であった。これが、絶対王政下で君主による支配空間における集権化が進むなか、ある君主の支配空間においては、自国の臣民であろうと外国人であろうとその君主の法体系の裁判権の下におかれるという、法的属地主義が一般的となっていった。

他方で、西欧世界の異文化世界としてのイスラム世界においては、ムスリムについては出身国を問わずイスラム世界の世界法としての側面ももつシャリーアが適用されるが、不信心者の世界（「戦争の家」）でもある異文化世界からの来訪者については、アマーン（安全保障）を得たムスタミン（被安全保障者）として往来が許され、同宗派に属するムスタミン間の争いについてはその集団のなかで各々の法に従い裁判が行われる例であった。

オスマン帝国では来訪する西欧人に対し身体・財産の安全保障や領事裁判などの諸権利につき「キャピチュレーション」

を与えたが、これはムスリム側の君主が交易を促進するために恩恵として賦与したアマーンとムスタミンの権利義務に対する緩和措置としての特権賦与であった。

しかし、西欧世界とイスラム世界の力関係が「東高西低」から「西高東低」へと変化していくなかで、西欧世界内における法的属人主義から法的属地主義への変化は反映されず、西欧人側の一方的特権と化していった。西欧人は、他の異文化世界と交渉関係をもつときもこのモデルを持ち込み、西欧世界内の諸国家間では行われなくなった法的属人主義の受容を強要した。これが、漢字世界の中国や開国後の日本でも問題となる領事裁判権を伴う不平等条約となっていった。

絶対王政下の中央集権化の進行のなかで確たる国境と法的属地主義をもつ領域国家が成立していくに伴い、西欧キリスト教世界内における政治体間の関係とその関係を律するルールにも、大きな変化が生じていった。

中世西欧においては、政治体間の関係は君主と君主の関係としてとらえられ、そのルールとして、私人間の関係を律するローマ法が準用されるようになっていた。しかし、領域国家が確立していくなかで、政治体間の関係は国家間の関係に置き換えられるようになり、西欧世界は諸国家を構成要素とする諸国家体系としてとらえられるようになった。その原型は、都市国家が割拠するルネッサンス期イタリアで成立していったといわれる。

近代国際体系の原型をなす諸国家体系の確立は、三十年戦争（一六一八〜四八年）の終結にあたり締結された一六四八年のウェストファリア条約によるとされる。そして、諸領域国家間を律するルールは、一七世紀後半から一八世紀にかけて理論的に体系化され、それが近代西欧国際法となった。

王権の根拠としての主権概念の成立とその運命

中世西欧社会は、世襲的身分制度を基礎としつつ、様々の特権を有する諸社会集団のせめぎ合いの体系であった。そのなかから君主が権力を集中して君主専制・中央集権的な支配組織をつくり出し、諸身分の特権を次第に削減して平準化しながら領域国家を形成していく過程で、君主による支配権の根拠としての「主権」の概念が創出されていった。

こうして絶対王政下で形成されつつある領域国家は、主権を根拠として成立する主権国家であるとされ、そこに成立しつつある政治体は領域的主権国家とされるようになっていった。

この領域的主権国家は、「ラテン文字世界」としての西欧キリスト教世界における政治体のワールド・スタンダードとなった。さらに西欧世界が原動力となり他の諸文化世界を包摂しながら唯一のグローバル・システムとしての近代世界体系が形成されていくなかで、領域的主権国家はその構成要素たる政治単位のグローバル・スタンダードとなっていった。

異文化世界の様々な政治体も、領域的主権国家モデルに対応する限りにおいて、近代「国際」社会の構成員としてその中核を形成してきた近代西欧列強によって受け容れられてきた。このようにして近代世界体系を構成する諸政治体間の関係も、西欧世界で成立した、基本的に領域的主権国家間の関係を律するルールとしての近代国際法によって律せられることとなっていった。

ところが非西欧文化世界の諸政治体については、当初は「キリスト教社会」ではないという口実で、さらに宗教からの規制緩和としての世俗化が進んだ一八世紀末以降、一応はキリスト教から距離をおいた国家を装いつつ、「文明」規準を理由に西欧世界から別扱いされることとなった。これは「不平等条約」体制としてとらえられ、一九世紀後半から二〇世紀前半にかけ、「不平等条約改正」が非西欧世界の諸政治体にとって、対外関係における大きな課題となった。

「ラテン文字世界」としての西欧世界においては一六世紀から一七世紀にかけて、統治の根拠としての「主権」概念が、当初は絶対王政の国王による統治権の根拠として成立した。このとき、統治権の根拠としての主権は、神によって国王へ授けられたと主張された。これが王権神授説である。

そして法律も神によって国王に授けられた主権の発動としてとらえられ、国王の支配下の空間においては、自国の臣民であれ他国からの外国人であれ、その王国の法が適用されるという属地主義的法体系の形をとるようになっていった。国王の主権の下にある領域的主権国家の構成員はあくまで国王の「臣民」であり、国王への服従の義務を負うこととされた。

西欧世界において絶対王政が確立していくなか、基本的政治単位の西欧世界内におけるワールド・スタンダードとして、領域的主権国家の概念は一七世紀から一八世紀にかけて定着していった。しかし、国王が諸侯や貴族を抑え、君主専制・中央集権的な支配組織を形成していく際に、新たに発展しつつある支配組織の要員の重要部分を提供し、国王といわば同盟関係に入った市民層が社会経済的に発展し力を増していくと、領域的主権国家における政治的主導権をめぐって対立を生じ、それが理念的には、主権の争奪戦の様相を帯びるようになっていった。

こうして、確たる国境によって囲い込まれた空間としての領域国家とそれを支える支配組織を骨格とする「国家」の、いわば「堅い殻」の内部を満たす「柔らかい中身」としての政治体構成員のあり方が「臣民」から「国民」へと変貌を遂げる大転換が、「市民革命」の進展という形で進行していった。

そして近代西欧世界で成立し、一八世紀から一九世紀にかけて政治単位のワールド・スタンダード化し、さらに唯一のグローバル・システムとしての近代世界体系における政治単位のあり方のグローバル・スタンダードとなった、「ネイション・ステイト」モデルが成立していくこととなる。

第13章

「王権神授説」から「国民主権」へ 市民革命と立憲主義

――グローバル・モデルとしての「ネイション・ステイト」

ネイション・ステイト（国民国家）モデルの胎動

唯一のグローバル・システムとしての、近代世界体系における基本的政治単位の法的なグローバル・モデルは「領域的主権国家」である。そして、政治理念的および政治社会学的なグローバル・モデルは「ネイション・ステイト」、すなわち「国民国家」となる。ここでステイトは「国家」と訳されるが、いわば政治単位の「堅い殻」であり、支配組織を意味する。これに対してネイションは、政治単位の「柔らかい中身」、すなわち構成員である。

絶対王政の下で領域的主権国家モデルが成立していったとき、その「柔らかい中身」である構成員は「臣民」であった。しかし統治の根拠である主権をめぐり、国王と「市民」が争奪戦をくり広げ、「市民」が主権を手中にしたとき、「臣民」は「国民」となった。その「国民」がネイションであり、ネイション・ステイトは、とりあえず「国民国家」と訳される。

近代西欧世界において、基本的政治単位としての領域的主権国家のなかで、主人が王権神授説に立つ国王からその「臣民」であった市民に移り、市民が「国民」となる間に、それを正統化する理論として打ち出されたのが社会契約論であった。

一七世紀から一九世紀初頭に至る西欧世界の歴史は、政治理念的には君主と「市民」の間で行われた、主権の争奪の歴史であった。そしてこの争奪戦は、いわゆる「市民革命」として進行していった。

そもそも「ラテン文字世界」としての西欧キリスト教世界において、その「中世」は、「祈る人」としての聖職者、「戦う人」としての騎士、そして「働く人」としての都市民・農民の三身分からなる世襲的身分社会であった。また、それは同時に各々の固有の特権をもつ身分集団の力のせめぎ合いの体系でもあった。

中世後期に入ると、「アダムが耕しイヴが紡いだとき誰が領主だったか」とのスローガンを掲げた、ワット・タイラーの乱のような農民一揆が生じるようになった。都市においても、その発展と共に農村から流入した社会経済的に不安定なルンペン・プロレタリアート的存在がみられるようになり、ときに『聖書』の黙示録に由来する、メシアとしてのキリストの再臨と至福千年王国を求める争乱も起こるようになった。

こうしたなか、都市においては、封建領主による束縛を逃れる自治都市も生まれ始めた。とりわけ社会経済的に市民層が富裕化し諸政治体が分裂していたイタリアでは、ヴェネツィアのような貴族の共和国が存在した。そして、一一世紀以降には市民が君主を追放し、自ら共和国を形成する例も見られるようになる。

一五世紀には、西欧世界におけるカトリック教会の腐敗に対する批判者として、ボヘミアにフスが現れた。フスは異端の罪で焚刑に処されたが、その死とともにカトリック教会とその守護者としての神聖ローマ皇帝に対する武力闘争（フス運動）がおこり、一時は皇帝権力を排して共和国を形成するに至った。

一六世紀に入ると、ドイツではルター派による宗教改革運動の刺激の下に、農村部で農民の蜂起による「農民戦争」が始まり、都市でもトマス・ミュンツァーの宗教一揆が起こった。スイスでは、フランスからジュネーヴに逃れたプロテスタントの宗教改革指導者カルヴァンを中心としたカルヴァン派独裁の下で、カルヴァン主義の共和国が生まれた。

都市国家の分立するイタリアでも、都市の市民が領主を追うなどし、独立した市民による共和国が形成され始めた。それはルネサンスの下で古代ギリシア知識が普及していく過程において、君主政・貴族政・民主政という古代ギリシアにおける政体の三つのモデルに比せられた。

英国の市民革命と立憲主義

このような状況を背景としながら、君主が大貴族を排除しながら専制化・集権化していく絶対王政の形成を支えてきた諸社会層のうち、とりわけ「市民」のなかの中小商工業者や中小地主による、国王の権力とそれに密着する大貴族や大商人の特権に対抗する動きも生じた。

特に一七世紀の英国において、それはプロテスタントではあるが国王に密着した英国教会に対するピューリタン（清教徒）の動きと連動した。ピューリタンを主勢力とする議会が国王チャールズ一世の大権を制限しようとしたことに端を発し、英国内は反国王派の革命軍と国王派に二分され、一六四〇年から「ピューリタン革命」と呼ばれる内戦となった。一六四九年、クロムウェルの主導下に革命軍が勝利して国王チャールズ一世を処刑し、共和国が成立した。

クロムウェル没後に共和国政権が崩壊すると、一六六〇年には処刑されたチャールズ一世の王子でフランスに亡命していたチャールズ二世が英国王として復帰し、王政が復活した。しかし、チャールズ二世がカトリックに傾いて政治的に国王専制をめざし、後継のジェイムズ二世もさらに専制政治を強めたことから、反国王派は一六八八年にネーデルラント共和国からプロテスタントのオラニエ公ウィレムを招請し、ジェイムズ二世は亡命して無血による「名誉革命」が成立した。

後にオラニエ公ウィレムがウィリアム三世、その妻でジェイムズ二世の王女メアリがメアリ二世として共同王位に即位し、一六八九年に議会主権を宣言する「権利の章典」が国王の同意の下で制定された。ここに「国王は君臨するも統治せず」の原則が明確化されることとなり、立憲君主制の形をとった立憲主義が確立した。加えて、国政の政策決定過程への「下からの参加」によるフィード・バック・システムとしての議会制も成立したのである。

国民主権論の登場

同年には、絶対君主としての国王がその統治権の根拠としてきた王権神授説に対し、立憲主義を支える理念的根拠となる国民主権論が、ジョン・ロックの『統治二論』に基づいて提示された。

それは、「社会契約論」に基づく考え方であった。社会契約論においては、原初の人間は個人として個別ばらばらの存在であったことを前提とする。そのうえで、諸個人は安全を確保し共通の利益を実現するために契約を結び、社会が生まれるというのである。この社会契約論自体は、ピューリタン革命で共和国となった英国からフランスに亡命し一六五一年に『リヴァイアサン』を刊行したホッブスによっても提示された。「自然状態」すなわち原初には、「万人の万人に対する戦い」であったものが、社会契約により社会が形成され、秩序が生まれ「自然状態」が克服されるとする。ただホッブスは、その秩序を維持し社会を統治すべく、神が王に主権を与え、王は、神授された主権に基づき統治するとする。

これに対しロックは、社会とは人民が契約により立ち上げたものであり、国家の統治権の根拠となる主権も人民にあるとする。そして国王が統治するのも、主権者である人民から統治を委ねられているのにすぎず、王権には制約があり、これをこえるとき人民による革命が許されることとなる。個々人が契約により社会を形成したという思想に基づき、その社会の安全と秩序を守り社会生活を支える機能として政治が生まれ、かつ政治的統治の根拠として主権があるとの考え方や、その主権が社会を立ち上げた人民にあるという考え方は、人類の世界史上、近代西欧世界に特有のものであるといえよう。

そして、近代西欧人が原動力となり全地球上の人類社会が統合されて唯一のグローバル・システムとしての近代世界体系へと統合されていく過程において、文明の多くの分野で比較優位を占めた近代西欧世界のワールド・モデルが諸異文化世界に受容されていくなか、国民主権論と立憲主義もまた、政治の世界におけるグローバル・スタンダードとなっていくのである。

ネイション・ステイト・モデルの成立

現代世界における基本的な政治単位が、領域的主権国家であるということは前章で触れた。「領域」は、確たる「国境」で囲まれた政治空間である。また「国家」は、何よりもこの「政治空間」を外的侵略から守るとともに内的秩序を維持する構造であり、政治単位を維持する「堅い殻」ととらえられよう。

この「堅い殻」を支えるものは「国家」の支配組織であり、それは近代社会において、近代官僚制組織の形をとる。

これに対し、基本的政治単位の「柔らかい中身」というべきものが、その政治単位に帰属する人々である。この「人々」のアイデンティティーのあり方や統合のあり方、理念的位置づけについては、空間と時間と文化により多種多様であった。「前近代」のアラビア文字世界としてのイスラム世界においては、人々のアイデンティティーの基礎は重層的ではあったものの、何よりも宗教・宗派が重要であった。

西欧世界の「中世」においても、人々のアイデンティティーと統合の最も重要な基礎が宗教であったことに変わりはない。だが、カトリックのみが正統であり、わずかなユダヤ教徒のみが差別と隔離の下に許容されてはいたものの、宗教・宗派的には非常に同質的であった。母語による文化的民族意識もあったにしろ、政治的な意味での民族意識は希薄であったといえよう。支配者としての王朝・領主への帰属意識は、エリートはおくとして、民衆にとって第一義的意味をもつことは稀であったろうし、むしろ日常生活で重要だったのは血縁や地縁、そして職縁であったと考えられる。

これが絶対王政へとむかう国王の下で領域的主権国家が形成され、王令がラテン語から地域語で発信されるようになり、法律も属人主義法から属地主義法へと変容していくと、国家への帰属は新たな意味をもち始めた。しかしその意味は、支配エリートにとっても、なお部分的であった。

さらに領域国家における政治的主導権をめぐって国王と「市民」が対抗し主権を争奪するようになり、王権神授説にかわる国民主権の概念が生じて政治的実態も絶対王政から立憲政体へとむかうと、その状況に変化がもたらされた。国民主権論が発展していくなかで、ある政治体に帰属する人々は社会契約により社会を立ち上げた人々とされた。彼らは政治体における国家構成員、すなわち「国民」としての自覚をもち、「国民」として国家を担っていくことが求められるようになっていった。

こうして現代世界の基本的政治単位は、領域的主権国家であるとともに、王権神授説に支えられた国王とその臣民からなる王朝国家から、国民主権論に支えられた国民国家となっていった。そこでは、国民国家としての国家への帰属こそが、宗教・宗派に優越する政治体構成員のアイデンティティーの根拠たるべきものと考えられるようになったのである。

「国民国家」ということばは、もちろんわが国の「開国」後の訳語であり、英語ではネイション・ステイトと呼ばれる。ここでステイトは「国家」と訳され、ネイションは「国民」と訳されることとなった。

この「国民国家」としてのネイション・ステイト・モデルは、近代西欧世界で生まれてフランス革命によって確立され、ほぼ一九世紀中に西欧世界のワールド・モデルとなった。その後、西欧世界を原動力として唯一のグローバル・システムとしての近代世界体系へと諸異文化世界が包摂されていく過程において、国家としてのネイション・ステイト・モデルもグローバル・モデル化し、異文化世界に属してきた諸社会にこのモデルが受容されていくのである。

「国民」と「民族」——ネイションの二つの顔

ここで、ネイションの統合を高め、ネイション・ステイトを支えるイデオロギーとなったのがナショナリズムである。国民国家としてのネイション・ステイトを支えるイデオロギーとしてのナショナリズムは、「国民主義」と訳される。国民主義としてのナショナリズムは、一つの国民国家の構成員は国民であり、国民としての自覚をもち自らの国家を支えるべきであるという点に主眼があろう。

その意味での国民としてのネイションはある政治体構成員の総体をさすのみで、文化的にはとりあえず無色である。つまり近代西欧の政治哲学で、社会契約によって社会を立ち上げ、その主権を手中にして国家の「柔らかい中身」としての国民となるのは、この「文化的にはとりあえず無色」な人々の集団である。

しかし、ネイションということばには、実は二つの顔がある。その一つは「国民」であるが、もう一つに「民族」という顔があるのである。ネイションの語を日本語に訳すときに、このことばのもつ二つの顔を同時に表す一つの語が、あてられることはなかった。そのためネイション・ステイトというとき、それが「国民国家」なのか「民族国家」なのかは不分明であるし、ナショナリズムというときも、「国民主義」なのか「民族主義」なのかは、同じように不分明なのである。「国民」という意味でのネイションは、本来的にはもっぱら政治的で、文化的な色づけをもたない。それに対し、ネイションのもう一つの顔としての「民族」は、まずもって文化的なものなのである。

「民族」ということばを暫定的に定義するなら、「主として言語を中心に文化を共有し、長い歴史的体験と、そして多くは祖先をも共有するという意識でまとまっている人間集団」ということができるだろう。

言語については、生まれて初めて習得する言語を「母語」と呼ぶが、多くの「民族」は何よりもこの「母語」を共有する集団である。だが、後に「民族」として自覚するに至る「ユダヤ」人の場合は例外的であった。

ドイツからロシアに至るヨーロッパ北部に生きたアシュケナージムという人々は、中世ドイツ語を母体とするイディッシュを母語としていたし、イベリア出身のセファルディムの人々は、中世のカスティリャ語を母体とするラディーノを母語としていた。またイスラム世界内のアラブ圏に生きた人々は、パレスティナにおいてさえアラビア語を母語とするようになっていたのである。

ただ彼らはユダヤ教を信奉し、聖典のことばとして一方でヘブライ語を保ちながら、自らを他の人々とは異なる存在として意識していた。そして自らの母語となった様々の言語を記すとき、多くはヘブライ文字を用いた。そのアイデンティティーが宗教的なものであったのか、「民族」的なものであったのかは、一層の考究を要するであろう。少なくともイスラム世界においては、何よりもヤフディー、すなわちユダヤ教徒として、ムスリム側からはとらえられていた。

「国民国家」と「民族国家」

いずれにせよ、「民族」とは何よりも文化的なものであり、必ずしも政治的なものではなかった。そのことは、ネイション・ステイト・モデルを生み出した西欧キリスト教世界においてもあてはまる。

西欧世界において、国民国家としてのネイション・ステイト形成にむかうとき、強力な絶対王政の下で政治的統一が強力に進められていたフランスやイギリスの場合には、政治的ネイションを土台とする「国民国家」へと発展していった。しかし、政治的統一がそこまで強くなかった周辺諸社会においては、政治的ネイションとしてのきずなを強化すべく、文化的民族としてのネイションに土台を求めた。この場合には「文化的民族として成熟した民族こそ、国民国家形成の主体にふさわしい」という政治的民族主義をかかげ、民族主義に基づく民族国家としてのネイション・ステイトの形成をめざすようになったのである。西欧世界におけるこの様な動きの最も顕著な例は、「中世」以来、政治的分裂が常態化していたドイツであった。

国民主義としてのナショナリズムに支えられた国民国家としてのネイション・ステイトというモデルと、民族主義としてのナショナリズムに支えられた民族国家としてのネイション・ステイト・モデルは互いに関連し合いながら、近代西欧世界における基本的政治単位としての領域的主権国家の内実を充実していった。さらにグローバル化が進展していくなかで、もはや文化世界としての相対的自己完結性を喪失していく諸異文化世界にも、それは波及していくこととなる。

第14章

西欧世界はいかにして圧倒的比較優位を確立したか

――「産業資本主義」とイノヴェーション

経済のグローバル化

西欧人の「大航海」時代以来、三大洋五大陸を結ぶグローバル・ネットワークが形成され始め、経済活動のグローバル化も進行した。

「大航海」時代の先鞭をつけ、大西洋・インド洋航路を開いたポルトガルは、わずか二〇〇万ほどの人口のため西はブラジルまで、東は東アフリカからインド、香料諸島にまで拡がる拠点群を十分に統制しうる人員を確保しえず、一五八〇年にアヴィス朝の王統が絶えるとハプスブルク家のスペイン王国と同君連合の下におかれ、グローバル・ネットワークにおける覇権争いから脱落した。

そしてスペインも一五八八年に無敵艦隊がイギリスに敗れ、グローバル・ネットワークの覇権は、一六世紀末から一七世紀初頭に、スペインからの独立戦争を戦い一五八一年にネーデルラント連邦共和国として独立したオランダが握ることになった。

オランダは一六〇二年にオランダ東インド会社を設立し、ジャワ島のバタビア（現ジャカルタ）を拠点に、先行のポルトガルを抑えてアジア貿易の中心となり、日本の長崎にも商館をおいた。しかし一七世紀後半、オランダが数次にわたる英蘭戦争に敗れると、一七世紀末から、覇権争いは英仏間の争いに移った。

イギリスは一六〇〇年、フランスは一六〇四年に相次いで東インド会社を設立し、とりわけ一八世紀に入りインドをめぐり覇権を争ったが、一七五七年のプラッシーの戦いに勝利したイギリスが、世界のグローバル・ネットワークがグローバル・システムへと転化しつつあるなかで覇権国家の座を手に入れた。

この間、グローバル・ネットワークにおける貿易でより多くの貿易黒字を獲得するため、自国の商工業を保護すべく保護主義がとられ、商工業を振興すべく政府が広汎な統制政策をとる、重商主義の経済政策が推進された。

しかし、イギリスは産業革命で圧倒的優位にたつと、自由競争にもとづく自由貿易主義に転じ、全世界に市場を求め自由貿易を追求するに至った。

イギリスにおける「産業資本主義」システムの成立

この間、経済的生産のシステムも大きく変容していった。

他の諸文化世界と同じく、ラテン文字世界としての西欧世界においても、その「中世」においては自給自足が中心で、商品の生産も小規模な手工業生産に頼っていた。そして都市の手工業者も、ギルドの厳しい規制下にあった。

ところが中世末期になると、ギルド規制の及ばない農村などで商人が原料や道具を前貸しして加工賃を支払い、製品を受け取るとまとめて販売ルートにのせる「問屋制手工業」が発達し始めた。さらに「近世」に入ると、一定の工場に賃労働者を集めて製品を手工業的に生産させるマニュファクチュアすなわち「工場制手工業」が生まれ、ある程度の大量生産が可能となっていった。

こうして、資本と工場などの生産材を私有する資本家と、賃金の代償に労働を提供する労働者が生じていった。

一八世紀後半になると、まずはイギリスにおいて紡績と綿布織で作業機が導入されて「工場制機械工業」が成立発展し始め、大量生産が可能となっていった。さらに一七世紀末に蒸気機関が発明され、一八世紀初頭から都市給水や鉱山排水に応用されていたが、これが工場の生産工程でも利用されるようになると、さらに大規模な大量生産が可能となった。

このようななかで、資本を鉱工業や農業に投下して利潤を上げ、さらにその利潤をも加えて再投下・拡大再生産していく産業資本主義のシステムが発展していった。工場制機械工業のシステムは、一八世紀後半からの紡績工業から、一九世紀に入ると鉄鋼などの重工業、さらに科学技術の発展のなかで盛んとなる化学工業をも支配するようになっていった。

工場制機械工業の出現は、まず西欧世界内において伝統的な手工業を没落させた。そして自由貿易主義の下、唯一のグローバル・システムに包摂されつつある異文化世界においても、西欧からの安価な工業製品が、伝統的な手工業製品を圧倒していくようになった。その結果、異文化世界における「西洋の衝撃」への対応としての「西洋化」改革の試みのなかで、近代西欧の機械技術と工場制度を受容し、産業化がめざされることとなった。

近代西欧で生み出された新たなシステムが自世界のみのワールド・スタンダードから、諸文化世界が唯一のグローバル・システムへと統合されていくなかで、グローバル・スタンダード化していったのである。漢字世界における清朝の「洋務運動」での諸工場建設も、明治日本の岡谷（長野県）の製糸工場も、まさにその一例なのである。

資本の「無限再生産」はなぜ生まれたか

さて、事業を始めるときの元手は資本と呼ばれ、資本の存在は、人が起業を思い立って以来古くからある。しかし近代西欧の資本主義経済の誕生と発展のなかで、資本が利潤を生むと、その利潤もまた資本として投下されるようになった。つまり「単純再生産」ではなく「拡大再生産」がなされるようになり、資本が無限に自己増殖するシステムが生まれた。資本をもつ者としての資本家が資本の無限再生産を行う気になったのは、ドイツの社会学者マックス・ウェーバーの考えでは、西欧世界で宗教改革が始まり、そこでできたカルヴァンの説くところの影響が大きいという。カルヴァンによれば、人が救われるか否かは神により当初より予定されており、人は知ることができない。従って与えられた場で、与えられた仕事で成功し続けることにより最終的に救われるとの確信を得たいため、いくら儲けて成功してもそれに安住できず、無限の拡大再生産に励むようになったのではないか、というのである。

このウェーバーの所説はあくまで仮説であり、その当否を最終的に判断するには、さらに実証が必要であろう。ただ、資本が無限に自己増殖していく西欧起源の近代資本主義が非西欧の諸文化世界に根づくとき、何が西欧のカルヴィニズムにあたる役割を果たしたのかが問題とされるが、最初のオリジナルの誕生と、圧倒的に強力な経済システムのモデルがグローバル・スタンダードとして迫ってきたときの対応とは、区別した方がよいようにも思われる。すなわち、既にモデルが存在していたため、非西欧の諸文化世界では武器や軍隊組織、官僚組織を受容したように、資本の生かし方についても、近代西欧モデルを受容したのではないかとみることもできるのではなかろうか。

確かに、異文化世界で生まれた全く新しいモデルを受容する際には、各々の世界、各々の社会の特性により受容の主体も異なりうるのであり、難易度と受容の過程も制約されるであろう。しかし、新しいモデルを創造することと、既に成立したモデルを受容し改善することは、まったく異なることなのである。

異文化世界にも受容されていく「株式会社制度」

ここで資本についてみれば、手工業から問屋制手工業、そして工場制手工業までなら、資本家も限られており、個人ないし数人の仲間の出資をもって足りるであろう。しかし工場制機械工場の資本となると、より多くの資本をより広く集めることが必要となる。

この必要を満たしたのが、株式会社という制度であった。株式会社とは、会社を立ち上げるにあたり、出資者が株式の形で持ち分を保有し、株式の形をとった出資額の範囲で責任を負うという制度であり、すでに一六〇二年に創設されたオランダの東インド会社の資本がこの形で集められたという。

株式会社制度はとりわけ一九世紀に入り、大きな事業の資金を調達する際に多用されるようになった。この制度も西欧世界で生まれた西欧独自の資金調達制度であったが、まずは西欧世界で資金集めのワールド・モデル化し、それがグローバル化の進展に伴い、異文化の諸世界へも、その経済システムの導入とともに受容されていった。

例えばイスラム世界においては、イスラムの戒律シャリーアでは「自然人」、すなわち「人間」以外は法的行為の主体となれず、「法人」は想定されていなかった。ところが、「西洋化」としての「近代化」が進行していくなかで、何らかの便法でさしつかえないものとされ、イスラム世界においても株式会社制度が受容されていった。その証左は今日、世界で最も厳しくシャリーアを遵守している国、サウディ・アラビアにおいて、最大の産業である石油産業につき「アラムコ」という株式会社が存在していることである。

こうして「近代」「西欧」で生まれた産業資本主義と、工場制機械工業と、そして株式会社制度は、まずは西欧圏のワールド・スタンダードとなり、西欧世界を原動力として唯一のグローバル・システムとしての近代世界システムが形成され、諸異文化世界がそれに包摂されつつ、「西洋の衝撃」に対応すべく「西洋化」改革にとり組む中で、グローバル・モデルとして受容され定着していった。

二一世紀初頭には、グローバリゼーションの進展のなかで、西欧圏のニューヨーク・ウォール街の株価の変動は、漢字圏の東京・兜町や上海の株式市場の株価に瞬時に影響を与えるようになっている。この事実はグローバリゼーションの進展による、グローバル・システムの統合度の高まりを如実に示しているのである。

「経営組織」モデルの受容と変容

近代産業資本主義が成立していくなかで「企業」が形成されていくとき、資本家と労働者の二つのグループが工場内に存在することとなったが、当面は資本家とその家族、わずかな傭い員が経営に当たるだけで足りたであろう。ただその場合も、資本家がいかなる社会層出身で資本をいかなる源泉からえたかは、問われる必要があろう。それが近代資本主義の源流問題にかかわるからである。

ともあれ、産業化の進展のなかで企業規模が拡大していくと、経営組織も拡大発展していく。その場合、経営組織は家族組織から、より専門分化した組織へと発展していく。その際、目標は最も効率よく最多の利潤を挙げることとしても、西欧世界内においてさえ、社会によって経営組織の組織原理や組織員の出身・人的構成には、文化的差異が生ずるであろう。ただ、同一業種にあっては企業間競争により、比較優位を占めた組織原理が、ワールド・スタンダードとなっていく傾向があろう。

近代西欧世界から、産業資本主義と株式会社がグローバル・モデルとして受容されていくとき、経営組織のモデルもまたグローバル・モデルとして受容されていくが、各々の社会の文明と文化のあり方によって、そのモデルの選択と、受容過程による変容もまた進行するであろう。かつて日本のバブル経済期に喧伝された「日本型経営」はその一例といえよう。また西欧圏自体においても、経済発展を通じて経営組織のモデルは次第に変容・発展し、そのなかで比較優位を占めたモデルが、グローバル・スタンダードとして異文化圏諸社会に、若干の変容を伴いながら受容されていく。これもかつて二〇世紀末にバブル経済の消滅した日本において、当時の米国モデルをグローバル・モデルとして受容する動きがみられたのがその一例である。

さて、経済発展に伴い資本が拡大発展していくなかで、同一資本が単一の業種のみならず複数の業種にも進出し、諸業種にわたる多数企業を傘下におく現象が生ずる。これをとりあえず「財閥」と呼ぶとすると、「財閥」とその経営形態も、西欧圏においても社会により異なり、異文化の諸社会においてはさらに多様な姿をとるであろう。

事実、同じ漢字圏においても、経済発展において先行した日本と、それにやや遅れた中国と、そして第二次世界大戦後に発展し始めた韓国を比較した場合、発展の位相の違いを考慮に入れても、「財閥」の組織のあり方には大きな相違がみられるのである。そして、財閥の創業家と経営とのかかわりにも、大きな差異がみられる。

経営組織についてみると、まず西欧世界においても企業の規模が拡大発展していくなかで、資本家とその下の経営管理者層、そして一般労働者の三層が生じていった。また多くの場合において資本と経営の分離が進行し、専門経営者が企業の実質的経営管理にあたるようになり、さらに経営管理者も上位の経営管理者と中間管理者層の二層構造をなしていった。

そのことは、近代西欧で生まれ発展した近代資本主義モデルを受容し、近代経営組織を受容し変容させていった異文化の諸社会の場合にもいえるであろう。

「巨大組織」としての多国籍企業の登場

西欧世界以外の異文化世界における諸社会のなかで、いち早く一九世紀末に近代西欧生まれの近代産業主義を受容し、企業の経営組織を独自の形で発展させていったのが日本であった。

この日本の経営組織については、第二次世界大戦後の日本経済の急速な復興と発展に着目したアメリカ人経営学者アベグレンによって、日本的経営の独自性が強調された。その特色は、会社構成員全体を通じてみられる、終身雇用制と昇進昇給における年功序列制にあり、それは日本社会固有の特質に由来するとされた。

しかし、アベグレンの注目した一企業構成員全体の処遇の特色としての終身雇用制と年功序列制に基づく「日本的経営」なるものが成立したのは、第二次大戦後の戦後復興期においてであろう。

確かに日本において、中間管理職要員としてのいわゆるホワイト・カラーについては、すでに戦前の段階で終身雇用制と年功序列制が定着していた。しかし、ブルー・カラーと呼ばれる肉体労働者について、ホワイト・カラー処遇の原則としての終身雇用制と年功序列制が体系的に適用されたのは、急速な経済発展の中で急速に拡大していく企業が、ブルー・カラー労働者を囲い込む必要に応じてではなかったかと思われるのである。

以上は日本の事例であるが、近代株式会社モデルを受容しながら、異文化圏の各社会における経営組織もまた各々の文化と歴史的伝統をふまえ、多様な組織モデルを創り出しつつ、経済のグローバル化のなかで比較優位を得た組織モデルにも対応しながら変容・発展していくことであろう。

本書の第二章において、組織を「目的達成のための共働のシステム」と定義し、「巨大組織こそ、ヒトが創り出した最初のメガ・マシーン（巨大機械）である」とのマンフォードの言葉を引いた。

少なくとも二〇世紀初頭に至るまでの世界に存在した巨大組織は、政治の分野における支配組織と、宗教組織のみであった。そして宗教組織のみが、政治体の境界をこえて、ユニヴァーサルな巨大組織をつくりだした。「ラテン文字世界」としての西欧キリスト教世界で発展し、「大航海」時代以降、全世界に進出したカトリック教会が、まさにそれにあたる。

しかし近代資本主義経済の発展のなかにおいて、一国内においても「巨大企業」が生まれ、その経営組織は国家の支配組織に匹敵しうるものとなってきた。さらには経済のグローバル化の進展とともに、二〇世紀末からは巨大な「多国籍企業」が生まれ、その経営組織はグローバルな拡がりをもつに至っている。一国巨大企業も、グローバル巨大企業も、そのモデルを生み出したのは西欧圏であるが、異文化圏出自の一国巨大企業、そしてグローバル企業も生まれつつある。

ともあれ政治・外交の領域において、国際秩序と国際法、国際体系の基本的政治単位としての領域的主権国家、そしてネイション・ステイトというグローバル・モデルを創出した近代西欧は、経済の分野においても、産業資本主義、工場制機械工業、そして株式会社というグローバル・モデルを生み出し、それが全異文化世界の諸社会に普及していったのである。

決定的なイノヴェーション発生源としての西欧圏

「ラテン文字世界」としての西欧キリスト教世界で産業化が進展し、工場制機械工業にまで至った背景には、科学と技術の急速な発展があった。そもそも天体観においても、一五四三年にポーランドのコペルニクスが従来からの天動説に対し「地動説」を唱え、一方でそれに先立つ一五世紀にギリシア時代以来の地球球体説がイスラム世界経由で西欧世界に伝わっていた。これをコロンブスが信じ、「大航海」時代の端緒の一つともなった、大西洋を横断しインドに到達するプロジェクトを構想したのであった。

コペルニクスの地動説は、一七世紀初頭にケプラーの精緻な観察により確認されるが、その前提となったケプラーの惑星公転運動の法則はニュートン力学の基礎となり、その後ニュートン力学は近代科学の前提となった。地動説も地球球体説も、そしてニュートン力学も、近代西欧においてワールド・モデルとなり、知的な「西洋の衝撃」として、グローバル・システムに包摂されていく異文化世界に受容され、グローバル・スタンダードと化していった。ルネッサンス以来、科学と技術は相たずさえて発展し始め、そこでの知見が経済的生産分野にも応用されるようになっていった。

例えば蒸気機関の発明は、鉱山の排水や水道給水に「応用」され、さらにワットが一七六九年に回転式機関の製作に成功するとこれが紡績工場に動力として「応用」され、産業革命の原動力の一つとなった。さらに蒸気機関が一九世紀初頭に蒸気機関車として「応用」されると、蒸気機関車を動力とする鉄道が生まれ、原料と商品の輸送効率が飛躍的に向上し、それは生産と流通のさらなる発展をもたらした。ついには蒸気機関が船舶の動力機関として「応用」されるに至ると、帆船にかわって蒸気船が登場し、海のグローバル・ネットワークによる交通輸送のあり方が一新し、グローバル化がさらなる進展をとげることになった。

蒸気機関は一例であるが、科学と技術の分野において一七世紀以降、イノヴェーション、すなわち「技術革新」の主要な発生源はラテン文字世界としての西欧世界に集中し、一九世紀から二〇世紀にかけてますます集中するようになった。交通輸送手段としての蒸気機関車や蒸気船、そして自動車や飛行機、ロケットも、すべて西欧圏を発生源とする。軍事技術に関わるものでも、ダイナマイトをはじめ機関銃や戦車、潜水艦やミサイル、そして原水爆も、すべて西欧圏起源であった。また情報処理と情報伝達手段としての電信・電話、コンピューター、インターネット、エネルギーにおける本格的な蒸気や電気、石油や原子力の利用もすべて西欧圏起源であった。

異文化圏諸社会はグローバル・スタンダードとなったこれらの技術を受容し、これに「改善」は加えることはあった。この方面において非西欧の異文化圏で先鞭を付けたのも漢字圏の日本であり、その「改善」能力は際だっていた。しかし、その日本も決定的に新しい発明と、それに基づく基本特許を取るには至っていない。

決定的なイノヴェーションの源泉が西欧圏に集中していることは、少なくともマクロ・コスモスの利用・制御・開発の能力としての文明の分野において、西欧圏が圧倒的な比較優位を獲得し、それを保持してきたことを示している。

二〇世紀末から二一世紀初頭にむかい、西欧圏のイノヴェーション能力にも限界がみえ始め、その圧倒的優位は「相対的優位」へと移りつつあるかにみえる。しかし、その西欧圏に代わりうる新たな画期的イノヴェーションの創出源は、未だ現れていないようにもみえるのである。

第15章

諸「文字世界」は「西洋の衝撃」にどう対応したか

——インド、オスマン帝国、清、日本

「西洋の衝撃」とグローバリゼーションの進展

ラテン文字世界としての西欧世界を原動力とし、「大航海」時代がきっかけとなったグローバリゼーションの新たな進展は、西欧世界が「文明」の諸分野において他文化世界に対し比較優位を高めていくなかで、非西欧の諸文化世界に大きな衝撃を与えるようになっていった。

まず、「大航海」時代初期の「旧世界」では、インド洋世界とそれに連なる東南アジアにおいて、船・航海術・火砲の圧倒的優位の下、アラビア文字世界としてのイスラム世界の周辺に位置する東アフリカ・インド洋岸のキルワや、東南アジア大陸部沿海岸のマラッカのような海商に基づく港市国家がポルトガル人の支配下におかれていった。

一方で西欧人が新たに到達した「新大陸」においては、中米で独自の文字世界を形成していたアステカ帝国やマヤ文明をはじめ、南米太平洋岸において無文字文明ではあるもののかなりよく整備された支配組織と独自の文明・文化をもつインカ帝国が征服され、植民地化されていった。

それに伴ってカトリック化も進んだことから、異教の文化体系は急速に解体されていった。中米のアステカ文字やマヤ文字は解する者もなくなり、伝統的文化体系は、カトリック化していく民衆文化のなかに、破片として残存するに過ぎぬようになっていったのである。それらの固有文字が亡んだのも、異教の象徴として徹底的に排除されたところが大きいが、文字知識と文字技術を有する者がごく少数にとどまっていたという点も原因のひとつであろう。

加えて過酷な先住民支配と伝染病の大流行が先住民人口の激減をもたらし、その対策として行われるようになったのが、アフリカ大陸からの生産奴隷としての黒人の大量輸入であった。

「旧大陸」において、東アフリカ・東南アジア沿海岸のキルワやマラッカのような港市国家が容易に征服され植民地化されたのは、港市国家の場合は後背地がどの程度かにもよるが、オアシス国家と同様に港市とその周辺の秩序維持に必要な程度の軍事力をもつだけのいわば軽量国家であり、それゆえに強力な軍事力が外部から加わると、抵抗力が弱いためであろう。ただ、東アフリカ・東南アジア沿海部の場合、ポルトガル人に容易に征服され植民地化こそされたものの、住民は従来の文化の多くを保って存続し、イスラムもアラビア文字も忘れ去られることはなかった。これはやはり、東アフリカ・東南アジア沿海部と中南米では、外部からの異文化の侵入に対する抵抗力に落差があったことが大きかったのではないかと思われる。

「大航海」時代をきっかけとする、西欧世界が原動力となってのグローバリゼーションの新たな波は、アジア・アフリカ・ヨーロッパ「三大陸」の「旧世界」諸異文化世界にも次第に及び始めた。そしてそれは、諸異文化世界の根底を揺るがすものへと転じていく。こうして、訪れ始めた「西洋の衝撃」というべきものに諸異文化世界の人々は様々の対応を示し始めるが、そのタイミングとあり様は、文化世界ごとに大きく異なっていた。

英国の植民地と化したインド

「旧世界」の「三大陸」において、「大航海」時代の開始とともに西欧世界の攻勢に最も早くから影響を受け始めたのは、インド洋の東西に位置する東南アジア・東アフリカ沿海部のムスリムたちであった。

彼らはまもなくポルトガルの植民地支配の下に組み入れられていくが、梵字世界のうち東南アジアの大陸部、梵字世界の中心インドでは、その様相はおおいに異なるものとなった。

インドでは一五二六年にムスリムのムガル帝国が成立し、一七世紀にはアウラングゼーブが南端部を除くインド亜大陸の大部分を征服して、ムガル帝国は最大版図に達した。しかし、アウラングゼーブが厳格なイスラム主義をとり、一六世紀末にアクバル大帝が廃止していたヒンドゥー教徒への人頭税課税を復活したことでヒンドゥー教徒の反発が強まるようになった。一七〇七年にアウラングゼーブ帝が没すると、ヒンドゥーの争乱が生じ、中部インドではヒンドゥー系の強力なマラータ同盟が成立して、中央の地方に対する統制が弱体化していった。

ムガル帝国成立後の一六世紀、ポルトガルはゴアやディウのような拠点を得て要塞化したにとどまり、内陸部にまで浸透することを得なかった。ところが一八世紀に入ると、英仏の東インド会社がムガル帝国の分裂化に乗じて勢力を伸張しつつ、互いに争うようになり、一八世紀末には英国の東インド会社がフランス東インド会社を圧倒するに至った。

一九世紀に入ると、インドは次第に英東インド会社の植民地と化していった。一八五七年に始まった「シパーヒーの反乱」の鎮圧に成功した英国は、ムガル最後の皇帝バハードゥル・シャーを廃してビルマに流刑とし、ついに一八七七年には英女王ヴィクトリアを皇帝とする英領インド帝国を成立させ、東隣のビルマもあわせて、二〇世紀中葉まで植民地として支配下におくこととなった。

インド亜大陸では英国の植民地支配下、植民地統治のための中間管理者としての人材養成システムが形成されていった。この過程で近代西欧的な教育をうけ、近代西欧知識を身につけたエリートのなかから、アイデンティティを変革し、自治を求める人々が現れ始め、一八八五年にインド国民会議派が結成されるに至った。

ヒンドゥー系インド人に対し、他方のムスリム系インド人のなかからは、イスラム・アイデンティティを担い、ムスリムとしての自治・独立を求めて、一九〇六年にジンナーをリーダーとする全インド・ムスリム連盟が結成された。

英当局は、この事態を分割統治に資するものととらえた。こうして二〇世紀に入り、無抵抗運動を繰り拡げつつヒンドゥーだけでなくムスリムをも包み込んだ独立をめざしたガンディーらの努力にもかかわらず、一九四七年にはヒンドゥーのインド共和国と、ムスリムの東西パキスタンとして分離独立をとげることとなった。

この分割は、東西パキスタンが西のパキスタン共和国と東のバングラデシュに分裂をしたのちも、ヒンドゥーのインドとムスリムのパキスタンとの対立として今に尾をひいている。

世界史上希有な文化世界の「国民国家」化

ここで付記しておきたいのは、インドでパールシー（「ペルシア人」の意）と呼ばれる人々についてである。パールシーは「アラブの大征服」時代、ササン朝ペルシア滅亡に際し、イランからインドへと難民として流入したゾロアスター教徒に起源をもつ。

パールシーは、ヒンドゥー側からはカースト・システムの枠に収められながら、自らはヒンドゥーの戒律ダルマに縛られず、英国人の支配体制に素早く適応していった。英語を学んで英国に留学し、英語で教育を行う近代西欧モデルの学校を開き、パールシーは英国人とのビジネス関係を深め、先端的発展をとげていった。その成果は、現代インドを代表する大財閥の一つ、タタ財閥が、ヒンドゥーでもムスリムでもない、パールシー系であることにも表れている。

「梵字世界」の中核をなしたインド亜大陸を言語的にみると、大きくは北部から中部にかけての印欧系諸言語を母語とする人々と、南部を中心にインド土着のドラヴィダ系諸言語を母語とする人々に分かれる。印欧系とドラヴィダ系でも各々多数の言語に分かれ、数百の母語を異にする人々が入り混じって存在するにもかかわらず、インド亜大陸における大きな亀裂は、宗教に基づくムスリムとヒンドゥーの対立に限られてきた。

両者は英国の分割統治策もあって、ヒンドゥーのインド共和国とムスリムの東西パキスタンに分かれ、後にパキスタンからバングラデシュが独立した。だが、インド共和国が母語を異にする人々のエスニックな民族主義による分裂を避け、梵字系文字を共有するヒンドゥー教徒としてのアイデンティティを基礎に、宗教の共有をベースとするナショナリズムに立脚する「国民国家」として統一を保ってきた点は、世界史上極めて注目すべき事例である。

しかも、このインド共和国は、形式上は「国民国家」の形態をとっているものの、それは単なる「国民国家」というよりも、梵字世界の中核が「世界」としてのまとまりを保ったまま、「国民国家」の衣装をまとった存在といえる。

このような、かつての一つの文化世界が近代に入り「国民国家」の衣装をまとうに至った政治体は、漢字世界の中核をなしてきた中華帝国が「国民国家」の衣装をまとった中華人民共和国を除いて、他に例をみない。

東南アジアと「西洋の衝撃」

「梵字世界」の東半である東南アジアにおいては、今日のタイ南部からマレーシアにあたるマレー半島の大陸沿海部とその先端のマラッカ、今日のインドネシアにあたる島嶼部には、一四世紀以降イスラムが浸透し、「梵字世界」から「アラビア文字世界」へと変容していった。

しかし、今日のビルマ（現ミャンマー）、タイ、ラオス、カンボジアにあたる大陸部は一三世紀以降、新たな王朝体制が成立し、その王権の正統化のために、パーリ語正典が成立した上座部仏教をスリランカから導入し、従来のバラモン教・ヒンドゥー教と大乗仏教にかえて、パーリ語正典を有する上座部仏教社会となっていった。

文字的には、各々が梵字系の文字を用いてパーリ語正典及び自国語文献を記すこととなった。これらの文字の源流となったインド亜大陸では、梵字系文字が時代的、地域的に多様化していったが、政治的統一は長らく成立せず、中国の秦代における漢字のように文字が統一されることがなかった。このため、東南アジア諸社会の梵字系文字は、受容した時代と地域によって多様なものとなったのである。

一九世紀に入ると、東南アジア西北方ではビルマが、インドへの英国の支配力が強まるなか、三次にわたるイギリス-ビルマ戦争で敗北した。一八七七年の英領インド帝国成立後、一八八五年に英軍がマンダレーを占領してコンバウン朝が滅亡し、一八八六年には英国が上ビルマを併合した。こうしてビルマは英領インド帝国に併合されることになる。

その東方、漢字世界の西南端をなすベトナムでは、フランスが一七八七年に阮福暎とのヴェルサイユ条約でダナン、プロ・コンドールの割譲をうけたのをきっかけに勢力をのばした。その延長線上で、フランスは梵字世界東辺のカンボジアと一八六三年に保護条約を結び、保護下におさめた。その後、ベトナムも保護下におき、一八八七年には「梵字世界」と「漢字世界」にまたがる仏領インドシナ連邦が成立し、一八九五年にはラオスのルアンプラバン王国もフランスの保護権を承認することになった。

タイでは、一八五一年に即位したチャクリー朝第四代のラーマ四世モンクット王の下で、近代西欧モデルの受容による「西洋化」改革の端緒が開かれた。このモンクット王こそ、ミュージカル『王様と私』に登場するシャム国王のモデルとなった人物である。一八六八年にモンクット王が没し、その跡を継いだラーマ五世チュラーロンコーン大王の下で、タイにおける「西洋化」改革は本格的に始動することとなった。

「チャクリー改革」と呼ばれるチュラーロンコーン大王の改革では、これまで国政で大きな影響力をもってきたブンナーク家を代表とする大貴族勢力を排除し、王権を強化することが目指された。近代西欧モデルを受容しつつ形づくられた王国中央の支配組織中枢部に王族を任命し、タイ王国のいわゆる「絶対王政」が形成されていった。

法制整備においては、チュラーロンコーン大王の改革を助けた異母弟のダムロン親王とともに、東京専門学校（現早稲田大学）を出て米国で法学を学んだ政尾藤吉が日本から招聘され、多大の貢献をなした。近代西欧モデルによる教育改革も鋭意推進され、王室女子学校創設にあたっても、英国で研鑽をつみ、後に東京女子大学の創立者となる安井てつが招聘されている。また、後にこれも日本人女性が事業をひきついで完成させた。

日本の「明治改革」とほぼ同時期に進行したタイのチャクリー改革は、あくまでチュラーロンコーン大王が主導した「上からの改革」であった。その後、「下からの参加」の欲求が高まり憲法が発布されるのは、一八七六年のオスマン帝国憲法、一八八九年の大日本帝国憲法に遥かに遅れる一九三二年のこととなった。

東南アジアにおいては、タイのみが英仏の緩衝地帯として両者の勢力のバランスの下、独立を保ち続けた。チャクリー改革においては「絶対王政」下で中央集権的な支配組織とその担い手が形成されたにとどまったとはいえ、タイが独立を保ち、二〇世紀末に入って急速な発展を遂げる基礎を築いた点において、非西欧諸社会の「西洋の衝撃」への対応のなかでは特筆に値する一例といえる。ステイト（国家）のシステムの整備をふまえればこそ、柔らかい中身をなす構成員のネイション（国民）化が可能となることを、それは示していよう。

「アラビア文字世界」　オスマン帝国の「西洋の衝撃」

「アラビア文字世界」としてのイスラム世界は、近代西欧人を原動力とするグローバリゼーションの新段階の進展のなかで、自己完結性と独自の世界秩序を失いつつ、イスラム圏として唯一のグローバル・システムである近代世界体系へと包摂されていった。

この過程で、「アラビア文字世界」の東南片をなす東南アジア沿海部・島嶼部、そしてムスリム支配下にヒンドゥーが存在する二重構造をなしていたインド亜大陸は、西欧勢力の植民地支配下におかれることとなった。

また、その東北端をなすタリム盆地は、新疆省として清朝の支配下に入り、カザン、クリミア、アゼルバイジャンから中央アジアに拡がる地域は、一六世紀中葉から一八八〇年代までの間に、ロシア帝国の植民地支配下に入った。イスラム圏の西南部をなすアフリカ西北部のモロッコ、アルジェリア、チュニジア、そしてサハラ以南のアフリカ沿海部もまた、西欧諸国の植民地と化した。西欧諸国、ロシアの植民地となったこれらの広大な地域においては、植民地支配の下、まずは植民地宗主国の利害にそった形で「西洋化」改革が進行し、一方ではそれに対する反発としての、独自の自己変革の試みも進行していくこととなった。

前近代のイスラム世界のなかで完全な政治的独立を保ったのは、スンナ派による最後のイスラム的世界帝国というべき存在となったオスマン帝国と、シーア派の大国だったカージャール朝イランのみであった。

このオスマン帝国こそ、「西洋の衝撃」の下、ローマ帝国の遺産とその核としてのキリスト教を西欧世界と共有する東欧正教世界北方の雄ロシアに続いて、異文化諸社会のなかで近代西欧モデルの受容による自己変革の試みとしての「西洋化」改革にとりくんだ事例であった。

一九世紀に入り、ユーラシア大陸の東端に位置する漢字世界に「西洋の衝撃」が遥か遠方から青天の霹靂の如く現れた状況とは全く異なり、オスマン帝国にとっては一八世紀初頭、それは近接し常に和戦両様の密接な関係にあった世界との、力関係の急速な変化として訪れた。一七世紀末から一八世紀初頭にかけては西北方のハプスブルク帝国との、そして一八世紀初頭からは北方の、異文化世界において最も早く「西洋化」改革に着手して強国化したピョートル大帝以降のロシアとの、オスマン帝国の力関係は激変していった。

こうした事態を、既存支配組織のパフォーマンスの不備とのみとらえるのはもはや不可能であり、システム自体の「比較劣位」化によるととらえる者が、オスマン帝国中央における支配エリートの開明的な部分に生じた。そこから、オーストリアと講和した一七一八年のパサロヴィッツ条約締結によりハンガリーを完全に喪失して以来一七三〇年まで続く、第二三代アフメット三世下における「対西欧不戦策」の時代が訪れた。

マフムート一世下で始まった「西洋化」改革

アフメット三世時代が一七三〇年に軍の反乱から崩壊し、その跡を継いだ第二四代マフムート一世の時代になると、近代西欧の比較優位が最も明らかである兵器、軍事技術と軍事組織、それに関連する用兵において、近代西欧モデルの受容による「西洋化」改革が開始されることになった。

しかし、軍事組織のなかで中核を占め、一六世紀にはオスマン軍の精鋭であった常備歩兵軍団イェニチェリは対西欧戦力として劣化が著しいにもかかわらず、帝都における最大の暴力装置にして巨大な既得権集団と化していたことから、改革の対象となることはなかった。対象は常備軍団の周辺に限られ、西欧に対して比較劣位の著しい「砲兵」改革のかたちをとり、イスラム世界では最初となる、近代西欧モデルの受容による「西洋化」改革が始まった。

この改革を指導したのは、フランス出身のド・ボヌヴァル伯爵であった。彼は西欧世界で名の知られた軍人であったが、圭角のある性格でフランス王から遠ざけられ、ハプスブルク皇帝に仕えた。だがここでも不和となり、オスマン帝国に亡命したのである。

ハプスブルク皇帝はオスマン帝国にド・ボヌヴァルの引き渡しを求めたが、彼はイスラムに改宗して「アフメット」を名乗っていたため、オスマン帝国は引き渡しを拒否した。帝都イスタンブルに残った「アフメット」は有力者たちの知遇をえて、その一人で大宰相となったトパル・オスマン・パシャの推挙により、改革の指導にあたることとなった。

ド・ボヌヴァルは砲兵軍団のなかでも周辺に位置するフンバラジュ（臼砲兵軍団）で砲兵改革にあたり、その功をもって総督待遇をえてパシャの称号を与えられ、フンバラジュ・アフメット・パシャとなった。彼は神秘主義のメヴレヴィー教団に帰依し、イスタンブルの金角湾北のガラタ地区にある、メヴレヴィー教団の修道場の墓地に葬られることとなった。

ド・ボヌヴァルによる砲兵改革の成果は、一七四〇年から四二年の対ハプスブルク戦の勝利と、ドナウ渡河の要衝ベオグラードの奪回にも資したかと思われる。

一八世紀を通じオスマン帝国では、砲兵を中心とする改革が開明派と守旧派の政権が交替するなかで、断続的に続けられた。そして一八世紀も後半に入ると、亡命者ではなく契約による「お雇い外国人」として西欧から専門の軍人が招かれて改革にあたり、砲兵教育のために工学校が開かれるに至った。この工学校は今日、イスタンブル工科大学として存続している。

軍事改革と守旧派の抵抗

一七八九年四月、オスマン朝第二八代としてセリム三世が即位すると、おりからのフランス革命の嵐のなかでオスマン側に圧倒的不利に推移していたロシア・ハプスブルク両帝国との露土戦争を終結させ、「ニザーム・ジェディード」（新秩序）を掲げてイスラム世界で最初の体系的な「西洋化」改革に着手した。

この「新秩序」の名の下に、近代西欧モデルの新常備歩兵軍団（ニザーム・ジェディード）が創設され、それを財政的に支えるべく「新秩序財源」が用意された。また帝都イスタンブルには、ヨーロッパ列強が一方的に常駐在外公館をおいていたが、相互性に基づきオスマン側が情報収集と親善強化のため英仏墺プロシアに常駐大使を派遣するに至ったことも、この改革のひとつであった。この間はフランス革命後の混乱の時期にあたり、一七九八年にはインドでのフランス勢力の再興をめざすナポレオンがエジプトに侵攻し、一八〇六年には露土戦争が新たに始まった。

こうしたなか、きっかけを掴んだイェニチェリ軍団を中心とする守旧派勢力がクーデターを敢行し、一八〇七年にセリム三世を廃位して後宮に幽閉し、第二九代として従弟をムスタファ四世とし、新軍隊を解散した。これに対し、改革派の一部は地方に下り、地方有力者を説いて兵力を集め巻き返しに成功した。セリム三世は後宮で暗殺され、ムスタファ四世を廃し、一八〇八年その異母兄弟を第三十代マフムート二世として擁立した。

しかし、守旧派が再び実権を掌握する事態となり、改革派は殺害放逐され、マフムートは廃帝ムスタファ四世を処刑して、オスマン家で唯一の直系男子として辛うじて敵中を生き延びた。以降一八年にわたり隠忍しつつ、イェニチェリも利用して自立化した地方有力者を討伐して再集権化を進め、人事権も次第に握って信頼に足る人物を要職に据えつつ、時期を待った。

この間、ナポレオン侵攻で混乱したエジプトでは、アルバニア人非正規兵の副隊長として今はギリシアに属するカヴァラからエジプトに赴いていた、メフメット・アリーが次第に力をえていった。その後、実力でエジプト総督となり、実権を掌握してムハンマド・アリー・パシャとなったが、彼はマムルーク朝以来、現地支配の要となってきたマムルーク集団を潰滅し、一八一一年に近代西欧モデルの新式軍隊を創設した。

その財源としては西欧での第一次産業革命時代ゆえ、需要の多いエジプトの特産品綿花専売の利をあてて、改革を進めていった。そして、オスマン中央の要請で、スンナ派のイスラム原理主義ワッハーブ派を奉ずるサウド家によるアラビア半島のメッカ、メディナ占領や、一八二一年に始まったギリシア独立戦争鎮圧に力を発揮した。

洋装を受け入れたマフムート二世

一八二六年にようやく体制が整ったマフムート二世は、イェニチェリ軍団を母体にエシュキンジュという新軍団を創設し、新式の訓練を施すこととした。

これを不服としてイェニチェリ軍団は蜂起したが、ボスボラス東西両岸の守備隊や、元来は常備軍団の一翼を担う砲兵や砲車兵、さらに一般市民からイスラム学院の学生にまで、宮廷の武器庫を開いて攻勢に出たところ、イェニチェリは総崩れとなった。ついに軍団は廃止されて反乱者は処刑され、その波は地方在住のイェニチェリにまで及んだ。

それはエジプトのマムルーク討伐、またロシアのピョートルによる銃士隊撃滅や、明治維新期の日本における彰義隊鎮圧に比しうる争乱であった。その後、ただちに近代西欧モデルの新軍隊が創設され、名称は伝統性を装い「ムハンマド常勝軍」と名づけられ、この兵員補充のために徴兵制を採用していった。

改革は服装にも及び、ターバンにトルコ服という従来の軍装を廃し、マフムート二世自ら範を示しつつ洋装化を断行した。ただターバンにかえては洋帽でなく、フェスすなわち「モロッコ帽」を採用している。このモロッコ帽はヨーロッパで「トルコ帽」と称されたことから、明治日本にもこの名で流入した。また陸軍の士官養成には、フランス・モデルを導入して一八三四年、陸軍士官学校を開いた。

オスマン帝国の支配組織中枢においては、大宰相を頂点に省庁制を採用して、外交の中心にあった書記官長を外相、首席財務長官を蔵相、内政にあたってきたサダーレット・ケトヒュダス（大宰相公用人）を内相とするなど体制を整えた。ただ新省庁の人員補充・訓練については大学、試験採用は導入されず、伝統的なコネ採用、徒弟制訓練が続くこととなり、明治日本での帝大・高文（文官高等試験）システムとはまったく異なるかたちをとった。

中央官僚に必要とされる学問としては、近代西欧知識と仏語が追加された。エリート要員のための仏語教育については、かつてギリシア系特権階層（ファナリオット）が担ってきた仏語通訳をギリシア独立運動勃発以降、ムスリムに担わせるために創設された翻訳局が、これにあたることとなった。

外交については、セリム三世改革の常駐大使制が、なし崩しで廃絶されていたものを、あらたに近代西欧国際法に基づく完全な近代西欧方式で再派遣することとした。その際、かつて大国であったことから、ヨーロッパ諸国がイスタンブルに「大使」を常駐させていたのに対応し、当初から「大使」を派遣した。明治日本や清国が当初は、諸外国と公使のみを交換し始めたのとは対照をなす。

「タンズィマート改革」の進展

マフムート二世は、一八三九年、ギリシア独立運動鎮圧の恩賞をめぐりエジプトのムハンマド・アリーと争いとなり、ムハンマド・アリー軍が中央政府軍を破ってアナトリアに進撃する危機のなかで没した。両者の力の差は、オスマン側の不備というより、むしろムハンマド・アリーが新式軍を一五年早く創設した時間差であったとするべきであろう。

この危機に際し、オスマン帝国は、「ギュルハネ勅書」で改革の意思を内外に表明し、列強もエジプトの強力化を好まず介入したため収拾をえた。一方のムハンマド・アリーは軍備を制限されただけでなく、財源としての綿の専売も撤廃させられ、当初の勢いを失いつつも「西洋化」改革はその後も進められた。

しかし一八三九年以降、イスラム圏における「西洋化」改革で主導的地位にたったのはオスマン帝国であった。一八三九年に始まり、一八七六年のオスマン帝国憲法発布に至る改革は「タンズィマート改革」と呼ばれ、日本の「明治改革」、タイの「チャクリー改革」に相当する。タンズィマートとは「組織化」を意味する。マフムート二世による改革は、君主専制下の「独り改革」だったため、側近政治たらざるをえなかった。だがマフムート二世は人材養成にも力を尽くし、タンズィマート改革はマフムート二世下で育った改革派官僚・軍人らによる集団指導となった。

その際、一八五〇年代半ばまでの前期については、文官で外交官として活躍したムスタファ・レシト・パシャと、宮廷の小姓出身であるが「ムハンマド常勝軍」の第二代司令官（セラスケル）となり、事実上の陸相としてオスマン陸軍の基礎を築いたヒュスレウ・パシャの二人が、対立しつつも中心をなした。この二人は、日本の明治改革における伊藤博文と山縣有朋に比しうるであろう。これに対し後期の中心は、ムスタファ・レシト・パシャの育てた、文民で外交官のアリ・パシャと、フゥアト・パシャであった。

タンズィマート改革期を通じ政治・軍事・外交改革が定着していく一方で、教育改革も進んだ。ただオスマン帝国では中等・高等教育改革が中心をなし、明治日本の学制改革のごとく初等教育の全面展開には至らず、フランスのグランゼコール・システム（高等職業教育機関）が手本とされた。そのため日本のような大学の発展は遥かに遅れ、二〇世紀初頭に入りようやく本格的に進行し始めた。これと並んで、イスラム教学を学ぶ伝統的イスラム学院（メドレセ）は存続した。タンズィマート改革期を通じ、官庁を中心に建物調度の「西洋化」も進み、模範街区として西欧式のペラ大通りが整備され、その周辺には、欧州からの賓客用の西洋式ホテルやレストラン、カフェが開かれた。また近代西欧の文学、演劇、音楽も導入された。特に音楽では、新軍隊創設と共に洋式の軍楽隊が導入された。新体詩、西洋演劇は「下からの参加」を求める立憲主義運動とも密接に関係し、文学者と政治の関係は密接であった。

オスマン帝国の立憲主義運動

そして一八六〇年代に入ると、マフムート二世以来の「上からの改革」に対し、君権の制限と下からの参加を求める立憲主義運動が、「新オスマン人」運動として出現した。ただ、これは社会階層的にも空間的にも大きな拡がりを見せた明治日本の「自由民権」運動とは異なり、帝都イスタンブルのエリートやエリート候補を中心とした運動にとどまり、弾圧により一時下火となった。この状況は清朝末期の変法運動に似る。

オスマン帝国の立憲主義運動の場合、リーダーの多くは西欧に亡命し、仏文の著作・新聞・雑誌を刊行して、国外で教宣活動を展開し、本国にも治外法権の外国郵便局を通じ出版物を送り込んで活動した。これも日本の自由民権運動とは大きく異なり、むしろロシアのケースに近いといえよう。この立憲主義運動は、近代西欧で生まれたネイション・ステイトの理念とナショナリズムが、少なくとも「国民主義」に支えられた「国民国家」の理念としてオスマン帝国内に浸透するきっかけとなった。

そして、外圧が強まるなかで、オスマン政府中枢にも立憲主義支援者が現れるに至り、一八七六年「基本法」（カヌーヌ・

エサースィー）の名の下にオスマン帝国憲法が発布され、一八七七年には制限選挙ながらも下院選挙が行われて第一議会が開かれた。

新文学運動と民衆啓蒙のため言語にも関心がむけられ、トルコ語の再評価から文化的民族主義の芽も現れたが、タンズィマート期の改革者たちがめざしたのは、あくまで統合とアイデンティティの基軸を宗教・宗派におき、多宗教・多宗派帝国としてのオスマン帝国における、宗教・宗派をこえた帝国臣民としての平等に基づく、帝国再統合の試みとしてのオスマン主義であった。民族主義としてのナショナリズムは、一九世紀末に入りようやく萌芽を見るにとどまる。

イランの「西洋化」改革はなぜ遅れたか

こうした状況は、オスマン帝国と並んでイスラム圏の「西洋化」改革の先端をなしたエジプトもかなり似通っていた。ただエジプトの場合、人口の圧倒的多数はアラビア語を母語とし、その九〇％近くはスンナ派のムスリムであった。人口の一〇％近くを占めるキリスト教徒のコプト教徒はアラビア語を母語としているが、アラブか非アラブかにおいては微妙な立場にあった。エジプトでアラビア語を母語としながらアラブ人意識を明確にもたたぬのはユダヤ教徒のみであった。このため政治・社会の再統合のコストが、エジプトについてはオスマン帝国に対し遥かに小さかったことは留意すべきである。

イランのカージャール朝の場合は、イラン社会において「再遊牧化」の影響の下、遊牧民が武力で王朝をたち上げ、都市の官僚・学者がこれを補助し農村を支配するという構造が根づいており、強力かつ恒常的な中央集権的支配組織が成熟していなかった。それによりイランでは近代西欧モデルの受容による「西洋化」改革が大幅に遅れ、一九世紀後半に入りオスマン帝国のタンズィマート改革の影響下に進み始めたものの、その歩みは遅々としていた。

そして外国資本の特権獲得に対する抵抗運動として一八九〇年代に入りタバコ・ボイコット運動がおこり、一九〇六年にはいわゆるイラン立憲革命がおこった。しかしそれらの運動の主体はウラマー（イスラム教学者）とバザール商人であり、近代西欧の影響下にある新中間層は、ぜい弱なままにとどまった。このような特質は現代にまで尾を引き、一九七九年のイラン・イスラーム革命においてもその中心をなしたのはウラマーとバザール商人、そして人口の急増する農村から流入してきた都市の「新貧民」に限られ、近代西欧型の新中間層・知識人は革命の周辺にとどまったのであった。

こうした状況は民族主義としてのナショナリズムの浸透を遅延させたが、人口の七割超を占めるイラン人の民族主義はカージャール朝崩壊後に発展し始め、トルコ系のアゼリー・テュルクや、印欧系だが全く異なる文化をもつクルド人の民族主義もまた、二〇世紀に入り発展し始めることとなる。

漢字世界と「西洋の衝撃」――清帝国――

「旧世界」東端の漢字世界に対しては、「大航海」時代が始まって半世紀もへない一五五七年、その中核をなす明代中国にポルトガル人がマカオに拠点をえて交易が始まった。

対中国交易では、スペイン経由で中国の特産物である絹と茶の買いつけのために大量のメキシコ銀が明帝国に流入するようになった。それが財政の根幹をなす農地課税制度の銀納化をもたらして一条鞭法が成立し、続く清朝で継承・発展され地丁銀制度となった。しかし、明帝国の支配体制は強固であり、交易も限定された形で行われたため、西洋の政治的・軍事的影響は僅かであった。

西洋の軍事的比較優位において重要な位置を占める火砲も一六世紀中に伝来するが、その真価が発揮されたのは明最末期のことで、後に清朝となる満洲族のヌルハチによる攻勢に対し、カトリック宣教師の指導の下に火砲を用い攻勢を一時くいとめている。一六四四年には李自成の農民反乱軍が帝都北京を落とし、明朝最後の崇禎帝が自殺して明朝が滅びた。その復仇を称して清軍が入関すると一時は混乱したものの、清軍入関に呼応した呉三桂らのおこした「三藩の乱」が一六八一年に鎮圧されると、清朝の支配体制が根づき始めた。

西欧人の影響は一八世紀末まで、さして感じられることもなかった。一方のギリシア・キリル文字世界としての東欧正教世界の雄で、「西洋化」改革で強国化したピョートル大帝のロシアも、シベリアを貫通して康熙帝の清軍と闘ったが勝利することをえず、一六八九年ネルチンスク条約を結んだ。その後長らく清朝にとっては、ロシアもさしたる脅威とはならぬままにとどまった。一八世紀において、清帝国は漢字世界の中核を占める世界帝国であり、中国歴代の王朝中、モンゴルによる元朝を除けば最大の版図を有していた。人口も経済も、地球上で最大の規模を占めていた。

さらには一六六一年から一七二二年まで続く康熙帝の長い治世の間に、宋から明にかけて確立した君主専制・中央集権的な、内政向きではあるが持久力に富む支配組織に加えて、宋・明両朝に欠けていた瞬発力と機動力に富む満蒙八旗を中核とする軍事組織をもあわせもち、清帝国はおそらく中国の歴代王朝中、最強の王朝であった。

その軍事力の中核をなす八旗軍の人員補充は世襲によったが、支配組織の軍事部門では武科挙も行われ、とりわけ文治部門では科挙制度が励行された。科挙制度については、試験の中心をなす儒教と詩文の現実離れや合格した科挙官僚の腐敗などからその否定的側面が強調されがちであるが、やはり広く国内外に開かれた自発的個人参加に基づく能力試験による支配エリートの人員補充方式の定着は、中国という巨大な政治体の統一と、それを支える膨大な人口を擁する定住社会の持続を可能たらしめた文明要素として再評価されるべきであろう。

英国の干渉とアヘン戦争

一七二二年に終わる康熙帝の長い治世に続く、わずか一三年間の雍正帝時代に支配組織の綱紀粛正が遂行され、一七三五年から一七九五年に至る第六代乾隆帝の時代は、まさに清帝国の最盛期であった。その治世最末期の一七九四年には、唯一のグローバル・システムと化しつつあった近代世界体系の中枢において、フランスを退け覇権国家となりつつあった英国の使節マカートニーによる通商要求を退け得たのであった。

乾隆帝が自ら退位し太上皇帝として実権は握りつつ、嘉慶帝を即位させた一七九六年になると、弥勒信仰を奉ずる白蓮教徒の反乱が始まった。一七九九年に乾隆帝が没し嘉慶帝の新政が始まるが、アヘン輸入は増加の一途をたどり、一八一五年にはこれを公式に禁ずるも、密貿易はさらに増大していった。

翌一八一六年に英国使節アマーストが北京に至ったが、「三跪九叩頭の礼」（皇帝の前で臣下が頭を床につけて行う礼）を拒否して退去させられる。内外が騒がしくなり始めた一八二〇年に嘉慶帝が没し、第八代道光帝が即位した。

道光帝時代になってもアヘン流入はやまず、一八三九年に欽差《きんさ》大臣となった林則徐がアヘンの没収焼却を開始した。これに対し英国は出兵を決定し、一八四〇年アヘン戦争が事実上始まった。一八四一年に清朝が対英宣戦するや、翌年には英軍が攻勢にでて南京に迫ったため、清朝は屈服して英国と南京条約を結んだ。これにより清朝は五港の開港と領事裁判権を持つ領事の駐在、香港割譲、対等文書交換などを認めさせられ、ここで西欧諸国とロシアに対しては、華夷思想に基づく朝貢体制が崩れることとなった。

一八五〇年代に入り国内的には捻匪の乱に加えて、キリスト教の影響をうけた太平天国の乱がおこるなかで、一八五六年には英仏とのアロー号戦争がおこった。一八五八年には英仏軍が広州を占領し天津に迫ったため一旦は天津条約により終結したものの、再び戦争となり、一八六〇年に英仏軍が北京を占領するに至って北京条約が結ばれた。清朝は九龍半島先端部の英国への割譲、天津開港、そして北京への外交使節常駐を飲むこととなり、斡旋に入ったロシアもウスリー江以東の四〇万平方キロメートル近くをえた。

この間、国内では太平天国の乱が激化して士大夫層を「妖」と称して殺戮するなどし、清の正規軍もこれに対抗しえず、地方官僚、士大夫層が民間義勇軍というべき「団練」を組織して討伐にあたった。

科挙官僚で、地方にあって湘軍を組織した曾国藩や淮軍を組織した李鴻章らはこのとき、英軍人ゴードンの率いる常勝軍などの活躍をまのあたりにし、近代西欧の軍事技術の圧倒的優位を実感したのだった。

周辺部から始まった近代西欧モデルの受容

こうして近代西欧の武器輸入や武器製造機械の輸入による武器の国産化、さらには武器製造機械の国産化から西欧の軍事技術と武器を扱う人材養成のための学校建設や海外留学生派遣などが始められ、次第により広く近代西欧技術を導入しての殖産興業に及んでいった。これらの動きは地方大官の沿海部の上海や天津での試みに始まり、後に帝国中央に波及していった。

とりわけ李鴻章は内乱鎮圧の過程で、自らの率いる准軍を近代西欧モデルに倣って組織化し、西欧から輸入した武器で装備していった。後に、准軍を天津に集中してドイツ軍人を軍事教官として招き、一八七六年には士官をドイツに留学させた。武器も、ドイツからクルップ砲などを導入した。

さらに一八八五年には、近代西欧の軍事学を学ばせるための陸軍士官学校として天津武備学堂を創設し、後の北洋軍の幹部はここで養成された。洋式の士官学校としての武備学堂は、各地に開設されていった。

海軍についても、すでに一八六〇年代に閩浙総督となった左宗棠がフランス人将校の協力をえて福州船政局（官営造船所）を創設し、近代西欧モデルに基づく海軍建設に着手していた。しかし、左宗棠は一八六六年、陝西総督に転じて内陸部ムスリムの反乱鎮圧にあたることになったため、その後、一八七四年の日本による台湾出兵の衝撃の下、陸の北洋軍を築いた李鴻章が一八七五年から北洋海軍建設に着手した。一八八〇年には海軍士官養成のため天津水師学堂が設立され、一八八八年には北洋艦隊が編成され、その拠点として旅順軍港が建設された。

帝国の中央においても、対ヨーロッパ列強との対外折衝にあたるべく総理各国事務衙門が外政機構として創設され、近代西欧の国際法を学ぶべく、総理衙門によりホイートンの『国際法』の漢訳が『万国公法』として刊行された。一八六六年になると、西欧諸国視察のための使節団が派遣された。すでに北京にはヨーロッパ列強が常駐在外公館を置き、公使が常駐していたのに対し、一八七七年には清朝からも各国に常駐在外公館を開き、公使を派遣することとなった。皇帝の謁見儀礼については、従来は「三跪九叩頭の礼」を求め、一八世紀末には英国使節接見の儀礼をめぐり争いも生じていたが、一八七三年に「鞠躬五回」に改められ、同年五カ国公使の謁見が行われた。

「漢字世界」の中核としての中国的世界秩序観に基づく朝貢と冊封のシステムも、西欧世界の国際法の前に崩壊をよぎなくされた。一八七九年には琉球王国が日本領として沖縄県となり、一八八五年には清仏戦争に敗れたベトナムが仏の保護領に、一八八六年にはビルマが英領インド帝国に併合された。そして一八九五年には日清戦争で敗れ、李氏朝鮮王朝が清の朝貢国から離れて完全独立ののちに大韓帝国となり、清朝は完全に朝貢国を失った。

清帝国の「西洋化」改革の特徴

このような状況下で、外領的存在として理藩院（藩部管理事務機関）の管轄下にあった蒙古、新疆、チベットについては、属国として列強に干渉されるのを恐れ、直轄領化をめざすこととなった。

近代西欧モデルの受容による「西洋化」改革にあたっては、お傭い外国人の他に、英語や仏語を解し西欧事情に通じた中国人の協力が必要であったが、「西洋化」改革期のオスマン帝国や明治日本と異なり、改革政治の中心を占めることはなく、有力な科挙官僚のアドバイザーにとどまった。米国のイェール大学で法学を学んだ容閎も、駐米公使となりえたにとどまり、フランスで法学を学んだ曾国藩の子息曾紀沢も、駐英公使にして駐仏、駐露公使を兼ねたにとどまった。

「漢字世界」の中心としての清帝国における近代西欧モデル受容による「西洋化」改革は、あくまで漢人の科挙官僚主導の体制内改革として進行し、体制変革としての「維新」をへた明治改革とは対照をなした。その改革は「洋務運動」、ないしはこの時代の年号をもって「同治中興」とも称されるが、「洋務」はかつて「夷務」と呼ばれ、本来は「夷狄」としてのヨーロッパ列強との外交事務を意味した。

体制内改革としては、イスラム世界の世界帝国的存在であったオスマン帝国の「西洋化」改革に似るが、オスマン帝国の場合、近代西欧語を解し近代西欧事情に通じた新人材が大宰相や外相、陸相などとして改革の中心を担ったのに対し、自らは西欧語を解さぬ科挙官僚の開明派が「洋務運動」において中心的役割をはたした点で、大きく異なった。

改革のなかで創成された近代西欧モデルの新軍隊も、オスマン帝国や日本では国軍として統一的新軍隊となったが、清帝国の場合、有力官人の私的軍隊的性格が強く、真の統一国軍からは程遠い存在であった。

また経済面においては、「洋務」の一端として「殖産興業」がはかられはしたが、「官督商弁」（官民合営）で国家・官僚の関与が深く、明治日本におけるような個人的ビジネスとしての産業の発展は遥かに遅れることとなった。

清帝国下の洋務運動における伝統的規制の強さは、服装の改革に端的に表れている。官僚・軍人のターバン・トルコ装を禁止し、洋装・トルコ帽を強制し君主自ら洋装に徹したマフムート二世以降のオスマン帝国や、全士族に廃刀令、全臣民に断髪令を下して天皇自ら断髪・洋装に徹した日本に比べ、清帝国においては皇帝・官人はもとより、新式軍隊につい てさえ、弁髪・伝統装が保たれたのである。

ベトナム、朝鮮半島と琉球王国

次に、「漢字世界」における中国の古くからの朝貢国であった朝鮮半島とベトナム、そして明清期に朝貢国であった琉球王国についてみてみたい。

ベトナムでは一八〇二年に成立した阮朝ベトナムの下、一九世紀を通じフランスの進出に対して反仏政策がとられ、カトリックの宣教師が弾圧された。近代西欧のモデルと技術を導入した体系的な「西洋化」改革が進まぬなかで、一八八二年にフランス軍が北ベトナムに出兵して一八八四年の清仏戦争に至った。

それは一旦終結したものの戦闘が再開され、一八八五年にベトナムは阮朝が存続した形をとりながらもフランスの保護国と化し、フランスによる植民地支配の下で近代西欧モデルの導入による「西洋化」が進行し始めることとなった。そして、この流れの中で旧「漢字世界」における「西洋化」改革の先進例とみられるに至った日本にも、一時はベトナムから留学生が来訪することとなった。

朝鮮王朝と「西洋の衝撃」

朝鮮王朝では一八六三年に第二五代哲宗が王子を残さずに没したため、傍系である興宣君の子が擁立されて第二六代高宗となった。朝鮮王朝の最後から二番目の君主であり、一九〇七年に日本の圧力で退位させられた後は、李太王と呼ばれた人物がこれである。

即位時、まだ一〇代の少年であったため哲宗の前任・第二四代憲宗の父翼宗の妃の大王大妃が垂簾聴政（摂政政治）を行うこととなったが、実際には高宗の実父である興宣君が大院君の尊称の下に実権を掌握した。大院君は自派を築いて権力を集中すると共に、正学としての朱子学を奉じ内外の邪教を排するとして「衛正斥邪」をかかげ、内では民間信仰の東学の教祖崔済愚や、またカトリックを弾圧すべくフランス人神父も処刑した。外国船に対しても、開国通商を求めて遡江して平壌にいたった米商船シャーマン号を焼沈し、フランス人神父処刑に対し来航したフランス極東艦隊やシャーマン号事件を口実に来航した米艦隊をも撤退に追い込んだ。

日本との交渉においては、従来は対馬の宗家があたってきた。一八六八年に対馬藩の使節が日本の王政復古（明治維新）を伝えに来航したが、従来の格例に反する辞句があるとして書面の受領を拒んだ。日本では一八七一年に廃藩置県が行われ外交関係は外務省の管轄するところとなり、外務大臣が軍艦とともに来航し、釜山の旧対馬藩の在朝鮮事務所というべき倭館を公館とする仕事に着手したが、これを批判する掲示をもって応じた。

そうこうするうちに、大院君の専制政治への批判が高まり、高宗もこれに乗り、大院君は退陣し王妃閔妃の一族が実権を握った。しかし日本との交渉は難航し、一八七五年には日本軍艦を砲撃して日本海軍が江華島に上陸占領する江華島事件がおこった。これをきっかけに日本は軍艦と共に黒田清隆を全権として送り、軍艦による威嚇の下で日鮮修交条規が調印され、朝鮮王朝は「開国」した。さらに付属条約・文書が交換されたが、これらの内容は領事裁判権を含む不平等条約であった。その後は米英独各国とも修好通商条約が結ばれていった。

そのようななか、一八八〇年には二回目となる修信使を日本に派遣して日本や世界情勢を調査し、また在日清国公使館の黄遵憲から開国自強を勧める『朝鮮策略』を贈られ、その影響下で閔氏政権は開化政策へと転じ、統理機務衙門を創設して外交と開化政策を推進することとなった。このなかで金玉均や朴永孝ら「開化派」が力を持ちはじめた。「開化派」の多くは上層階層出身者からなっていた。

この開化政策に対しては反発もあり、一八八二年に兵士たちが支給米への不満からおこした反乱（壬午軍乱）により閔氏政権が倒れると大院君が政権に復帰し、開化政策の否定にのり出したものの、これに日清はすぐに介入して大院君は清軍に連行され、反乱兵士は鎮圧されて閔氏政権が復活した。そして高宗は「東道西器」、正しい道は守るが西洋技術はうけ入れる方針を示した。

清朝による宗主権が強まるなか、開化派は清に協調的な穏健派と清からの独立をめざす金玉均、朴永孝らの急進派に分かれ、日本の竹添公使も加わって急進派が一八八四年にクーデターを決行し権力を握ったが、清軍の出動で失敗に帰し金玉均、朴永孝らは日本に亡命した（甲申政変）。その後、開化政策は徐々に進んでいったが、高宗と閔妃は清の影響力に反抗すべくロシアに接近し始めた。これに対し清は大院君を帰国させ、袁世凱を漢城に駐在させることとした。

この間、かつて大院君に教祖を処刑された東学が影響力を強め、一八九四年ついに蜂起し（甲午農民戦争）、農民軍は勢いをました。自力で対処しえない閔氏政権は清に鎮圧のための出兵を求め、日本もこれに対し大規模出兵を行い、ついには日本軍が王宮を占拠して閔氏政権を倒し、大院君を復活させた。こうして豊島沖海戦で日清両軍は開戦し、日清戦争が始まった。清国軍は海陸で日本軍に敗れ、一八九五年四月一七日の下関条約によって終結し、朝鮮は完全独立となった。

この間には、日本に修信使として派遣されたこともある金弘集が政権を握り、内政改革のための軍国機務処を所轄して、甲午改革が始められた。

しかし日本の影響力の増大に対し閔妃を中心にロシア接近の動きが生じたため、一八九五年に日本公使三浦梧桜らが宮廷を襲い王后閔氏を殺害した。三浦公使らは本国に召還され、裁判にかけられたが無罪とされた。日本で閔妃事件として知られるこの一件は、閔妃の父が第一九代粛宗の妃父の子孫である閔致禄であり、閔致禄の継嗣の閔致久の娘が大院君夫人であったことから、名門出身の王妃の外国人暴徒による暗殺事件として朝鮮王朝の人々にとっては大事件であり、実際に「国母復讐」をとなえて反乱が起こったほどであった。

その翌年、反乱鎮圧のすきをつき高宗をロシア公使館に避難させ、親露派が金弘集政権を倒して新政権を成立させた。高宗は一八九七年に慶運宮に移ると、元号を「光武」とし、国号を「大韓」と改めて皇帝となった（大韓帝国成立）。この間、民間では独立を守り改革を進めることをめざす独立協会が結成され、純ハングルの『独立新聞』を創刊し、下からの参加を求めるべく運動が進められたが、高宗らによって弾圧された。

その後、高宗は皇帝専制下の改革をはかったが財政がひっ迫し、改革は滞った。この間、一九〇〇年の清での義和団事件をきっかけにロシアが満洲を占領すると、朝鮮をめぐるロシアと日本の対立が深まって日露戦争が一九〇四年に始まり、朝鮮地域も戦場となった。日本は朝鮮の内政に干渉を強めつつ、日露戦争がロシアの敗北におわり一九〇五年九月にポーツマス条約が調印されると、日本の韓国保護国化が承認された。こうして同年一一月に日本軍の威嚇の下で韓国政府は保護条約に調印させられ、大韓帝国は日本の「保護国」となった。朝鮮半島は一九〇六年におかれた統監府の下で植民地支配下に入り、一九一〇年の「韓国併合に関する条約」により、完全に日本の植民地とされることになる。

日本における「西洋の衝撃」

漢字世界東端の日本は一七世紀中葉以来、いわゆる「鎖国」体制下にあった。もっとも、まったく外に門戸を閉じた訳ではなく、漢字世界内では朝鮮王朝と国交があり、対馬の宗氏が形式上、朝鮮王朝に臣従する形で釜山の倭館を拠点に交易が行われた。将軍の代替りには朝鮮より通信使が派遣され、それが文化交流の場ともなっていた。

西欧諸国との関係では、まず布教に熱心だったカトリック諸国が追放された。残ったプロテスタントのオランダと英国のうち、英国は競争に敗れて退去し、オランダのみが東インド会社を通じて、長崎のオランダ商館を拠点に幕府の特別な許可をうけた商人との交易を行なった。

明から清にかけての中国とは正式な国交はついに開かれず、中国からの商人が来港するかたちで貿易のみが行われた。また一七世紀初頭、琉球王国を属国化した薩摩藩を通じ、琉球国王の朝貢貿易のかたちで交易が行われた。北方では、蝦夷地経由で事実上の交易が行われていた。

しかし一八世紀末になるとロシアが、次いで一九世紀に入ると英国がそれぞれ交易を求め始めた。

こうして英仏露三国が西方でクリミア戦争に入る一八五三年一〇月に先んじ、同年七月に捕鯨船のための薪水補給地を必要とする米国がペリー提督麾下の艦隊を派遣して開国を迫り、これへの対処をめぐって日本国内は紛糾し始めた。

近代西欧の台頭については、すでに一八世紀後半から先覚者が警告し始めていたが、実際に西欧技術を用いての改革が試みられたのは、一九世紀前半の老中水野忠邦の「天保の改革」において、高島秋帆が「西洋砲術」を幕臣に講じたのが嚆矢をなす。以後、開国をめぐる混乱のなかで、幕府中央においては「西洋化」改革に乗り出すどころではなく、一方で薩摩、長州、佐賀などの西南雄藩がこれに先んじて軍事力の「西洋化」改革にとりかかった。

その成果は、薩英戦争の砲撃戦で英艦隊に予想外の被害を与えたことや、第二次長州戦争において長州軍が幕軍に対し圧勝するというかたちで現れた。幕府中央においても対列強外交のため外国奉行がおかれ、また重要文書行政を担う奥右筆にも外交担当がおかれて、オランダ語、英語を解する人材の抜擢が始まった。

日本の軍事・支配組織改革

軍制においては、一八六二年に、近代西欧モデルに基づく幕府直属の新式軍隊として、フランスの指導の下に「歩兵」と「騎兵」が創出された。それは維新により中絶するが、明治新政府の下で初めて近代西欧モデルの近代陸軍が成立することとなり、一八七四年には将校養成のための陸軍士官学校が開かれ、兵の人員補充を目的として一八七三年に徴兵制度がしかれた。

海軍については幕府時代に長崎海軍伝習所が開かれ、フランスの援助の下で横須賀に造船所が設けられた。また幕府では海軍奉行が新設され、海軍の養成も始まった。この幕府海軍の一部は榎本武揚の指揮下、函館にむかい反乱に加わった。維新後は明治政府が旧幕府時代の海軍とその要員を引き受けつつ、英国による指導の下で近代西欧モデルの海軍創設が進められ、海軍士官養成のために海軍兵学校が江田島で創設された。

このようななかで、マフムート二世の官僚・軍人のターバン・トルコ装禁止令の如く、廃刀令と断髪令が出された。廃刀令は武士層に向けたものであったが、オスマン帝国のターバン・トルコ装廃止が官僚、軍人のみに限定されたものであったのに対し、日本の断髪令は全臣民を対象とするものであった。

「西洋化」改革の担い手養成のためには、一八六九年に幕府時代以来の洋学研究教育機関であった開成所を源流として大学南校が開かれ、これが一八七七年には東京大学、ついで東京帝国大学となった。また上級官僚の人員補充のために一八八七年、高等文官試験が始められた。これに対し、下部の実務に従事する下級官僚については、傭いから本官へと昇る属吏があてられた。

軍人についても、士官学校をへずに将校となるためには下士官の昇任試験があったが、その出身者は尉官クラスに昇任しうるのみにとどめられた。これもオスマン帝国では、士官学校出身者が中心をなしていたが、兵出身者が、功績により将官にまで出世することも認められていたのとは対照をなした。このような高文官僚と属吏の差別は旧中国の科挙官僚と胥吏の関係に近く、オスマン帝国のように、見習いから徒弟制をへて高級官僚となる道は閉ざされていた。

日本の「西洋化」改革の特徴

他方で初等・中等教育の「西洋化」改革においては、何よりも臣民全体のボトム・アップがめざされ、一八七二年には学制令が発せられ、小学校教育の義務化が表明された。高等教育においては昌平坂学問所や諸藩の藩校はあったものの、オスマン帝国におけるイスラム教学者養成のためのメドレセ（イスラム学院）の伝統や、清帝国における科挙の伝統の如きものを欠くため、日本ではドイツの近代大学制度をモデルに、まずは国立の東京帝国大学へと整備が進んだ。

また近代西欧の最新知識を迅速に導入すべく、「お傭い外人」として欧米人の教授陣が高給をもって招聘され、英語による授業が行われた。そしてそこで育った人材のうち選ばれた者が海外留学に派遣され、彼らの帰国をまって、徐々に教授陣の「国産化」が進められることとなった。

国立大学については、一八九七年に第二の帝国大学として京都帝国大学、一九〇七年に東北帝国大学、一九一一年に九州帝国大学が開かれた。これに加えて、新分野の人材養成のための高等専門学校や専門学校、その教師養成のための師範学校と、師範学校の教師養成のための高等師範学校、女子高等師範学校が開かれた。さらに高等師範学校の教師を養成すべく文理科大学が一九二九年東京、広島に設置された。

私的な高等教育機関としては、幕末に福沢諭吉が洋学を伝えるために開いた慶應義塾や、明治以降に大隈重信による後に早稲田大学となる高等専門学校、英法学校（後の中央大学）や専修学校（後の専修大学）などの専門学校が開かれ、これらを一九一八年の「大学令」によって帝国大学と同等の大学として認めることとなり、「近代化」を担う人材養成に貢献した。維新当初より、明治新政府の目標とするところは西欧列強に追いつくことであり、そのためにめざされたのが「富国強兵」であった。しかし、オスマン帝国や清帝国においては「富国」よりもっぱら「強兵」に軸足が置かれたため、その経済的基礎づくりがおろそかとなって財政難に陥ったのに対し、明治日本においてはまず「富国」にウェイトを置き、そのために「殖産興業」が追求された。

この殖産興業の成功には、維新新政府の中枢を占めたのが下級士族出身者であり、すでに徳川時代に官僚化し藩財政を支えるべく行われた経済改革としての藩政改革の経験を積んでいたことが資したかと思われる。こうして明治日本の場合、近代西欧モデルの産業の振興がめざされ、渋沢栄一のように、それを支える金融制度の創成を担う人材も現れた。日本における明治改革の進展には、国内市場を主たる対象とする「プロト国民経済」がすでに成立していたことや、その上でもの作りに重点をおく伝統経済が発展していたこと、また近代市場経済に容易に適応しうる市場運営技術とその担い手が十分に蓄積されていたことなどが背景にあるが、それについては後述したい。

最後に「漢字世界」の諸社会の中で、琉球王国については、一七世紀初頭以来、薩摩藩の事実上の保護国となりながら、他方では清朝の朝貢国としてその正冊を封じ、朝貢貿易の形で対清交易を行ってきた。

しかし明治維新後、廃藩置県にならって「琉球処分」が行われ、琉球王国を廃して、大日本帝国の直轄領とされた。琉球国王は、後に近代西欧モデルの華族制度が制定されると、尚侯爵家となった。

なお「琉球処分」の際には、これに反対する琉球王国の高官の一部が北京に至り、清朝を動かしてこれを阻止しようとしたが、清朝は動かず企てに失敗したといわれる。

第16章

二つの革命と大戦 帝国主義時代と共産主義体制の登場

――「五大文字世界」すべてがかかわる戦争の到来

「革命」モデルの成立 ――ピューリタン革命と名誉革命――

近代西欧世界においては、すでに絶対王政の下で、政治単位として確たる国境とそれに囲まれた確たる領域をもつ領域的主権国家が成立し、それを支える官僚制と常備軍をもつ強力な支配組織が形成された。

そして、圧倒的な比較優位を占めるに至った近代西欧の軍隊・軍事技術と、それを支える官僚制を中核とする支配組織のモデルは、グローバリゼーションの進展のなかでグローバル・スタンダードとなり、異文化世界の諸社会においても受容されていくことになった。

一方、近代西欧世界で成立した政治的基本単位としての領域的主権国家の内部においては、主権は神によって与えられたとする絶対王政下の国王に対し、臣民の側から社会経済的発展のなかで台頭してきた人々が「下からの参加」を求め、実力をもって政策決定を握ろうとする動きが生ずるようになる。

その先駆となったのが、一七世紀の英国におけるピューリタン革命と名誉革命であった。

一六八八年の名誉革命により、英国においては「国王は君臨すれども統治せず」の原則の下、議員内閣制が確立し政党政治が始まった。そして絶対王政下の王権神授説に対する国民主権論が成立し、政治単位の「柔らかな中身」をなす構成員は、「臣民」から「国民」となり、国民国家としてのネイション・ステイトの原型が誕生した。こうして、政策決定を「下からの参加」による議会によってフィード・バックするシステムの原型もまた、成立したのである。

さらに、その英国の植民地であったアメリカで、「代表なくして課税なし」の主張の下、一七七五年に独立戦争が始まり、翌年に独立宣言が公布された。戦争終結から五年後の一七八八年にアメリカ合衆国憲法が発効されると、世界で第二の国民国家としてのネイション・ステイトとなった。米国の場合、革命は独立戦争として進行した。

しかしアメリカ合衆国の市民は白人のみであり、大量の黒人奴隷が存在していた。加えて、今は「ネイティブ・アメリカン」とも呼ばれる先住民のインディアンも市民の外にあった。一九世紀中葉の南北戦争で奴隷制度は廃止されたが、法律上の差別が完全に撤廃されたのは一九六〇年代の公民権運動によってであった。それでも、社会的差別は今に残っているのである。

「フランス革命」の胎動

英国と対立関係にあり、そのアメリカ独立戦争を支援したブルボン王朝下のフランスでは、アメリカ合衆国憲法が発効してその初代大統領にジョージ・ワシントンが就任した一七八九年の七月、国内で大きな混乱を迎えようとしていた。それは、「フランス革命」の始まりであった。

フランスの社会経済は発展しつつあったが、度重なる戦争の出費にアメリカ独立戦争への援助と凶作も加わり、国家財政が逼迫してついに従来免税特権の与えられてきた貴族と聖職者に課税しようとした。

特権貴族の拠る高等法院はこれに反対し、王は身分制議会である三部会の召集を求めた。食糧危機に直面していた民衆も、別の思惑からこれを支持した。ところが開かれた三部会では、第二部会による貴族たちが改革に反対する。ついに、平民からなる第三身分は、第一身分の聖職者と第二身分の貴族にも合同を呼びかけ、六月には「国民議会」を名のった。ルイ一六世もその合流を認めざるをえず、のちに「憲法制定議会」と呼ばれることになった。

しかし王が軍隊を集結させ始めると、これに対抗して武器を得るべく、七月にバスティーユが民衆に制圧された。それでも、一挙に争乱へと突入した訳ではない。議会は翌月に「人権宣言」を採択し、国民主権の原則が示された。

だがルイ一六世は、これを認めようとしなかった。国民議会で憲法審議が続いていた一七九一年六月、ルイ一六世は一家とともに逃亡し国外亡命をはかったが、逮捕されパリにつれ戻された。

同年九月に、ようやく立憲王政の憲法が成立した。議会は一院制であったが、参政権はフランス人男性のみに与えられ、それも厳しく制限された間接選挙制であった。参政権者は、さらに高額納税者の選挙人を選べるだけで、選挙人も、さらに加えて高額納税者の議員候補を選べるのみであった。

こうして立憲王政の憲法はできたものの、国外逃亡をはかった国王は民衆の信望を失った。

一七九二年に入ると、国外の反革命の動きに対し戦争で先手をとるべくハプスブルク帝国と開戦すべしとの論が高まり、四月にルイ一六世の宣戦布告を議会が認め戦争が始まったが、戦局は不利に推移した。プロイセン軍まで国境に迫りつつあるという危機のなか、八月に民衆が蜂起し、議会は王権停止と新憲法制定を決議して国民公会を召集した。

同年九月、国民公会で王政が廃止され、共和政が宣言された。国王は裁判にかけられることとなり、国民公会で有罪死刑の判決が下り、翌年一月に処刑された。

「立憲主義」のグローバル・モデル化

絶対王政が立憲王政へと推移した英国の名誉革命が、革命の「軟着陸」モデルになったとすれば、フランス革命はその

「強行着陸」のモデルになったといえるだろう。しかし、革命進行中の危機においては議会によるフィード・バックなど効かぬことがロベスピエールの恐怖政治で明らかとなり、ナポレオンの第一帝政、王政復古、七月王政、第二共和政、ナポレオン三世の第二帝政とめまぐるしく政体が変化していった。その後、一八七〇年の普仏戦争の敗北と第三共和政の成立でようやく共和政が定着し、議員内閣制ではなく大統領制タイプの共和国となった。

フランス革命は、ナポレオンの革命戦争とあいまって、西欧の中枢部に広く影響を及ぼした。さらにそれは、アメリカ合衆国の独立との相互作用からその周辺部にあたるラテン・アメリカ諸国にも影響を及ぼし、一八世紀末から一九世紀前半にかけて本国に対する独立運動が始まり、次々と独立が実現していった。それは西欧圏のみならず、東欧正教圏にも広汎な影響を与えた。

グローバリゼーションが進展し、西欧圏のワールド・モデルの多くがグローバル・モデルと化していくなかで、政治参加拡大の動きと連動しながら、英仏の二つの革命は、立憲君主制と共和制という立憲主義の二つのモデルとして、異文化世界としての諸文字世界の諸社会にも大きな影響を与えることとなった。

それはまず、ギリシア・キリル文字圏としての東欧正教圏のロシア、さらにはアラビア文字世界としてのイスラム世界のオスマン帝国、そして漢字世界としての東アジア儒教・仏教世界の日本、清朝にも及んだ。ただ日本の明治維新に関してはオリジナルの「革命」という側面も強かったが、その後の自由民権運動と憲法制定過程には、この二つの革命が大きな影響を与えた。

ただ西欧圏において産業資本主義が発達し、労働者の搾取が問題となるなかでは、これへの新たな対処が求められることになった。そこでは「協調と参加と革命」、すなわち社会政策と社会民主主義と、そして共産主義が生まれ、革命としては「共産主義革命」という新モデルが生まれる。共産主義革命は資本主義が発達した先進国において成り立つモデルであるはずが、それが最も後進的なロシアにおいて、一九一七年の十月革命として実現することとなった。

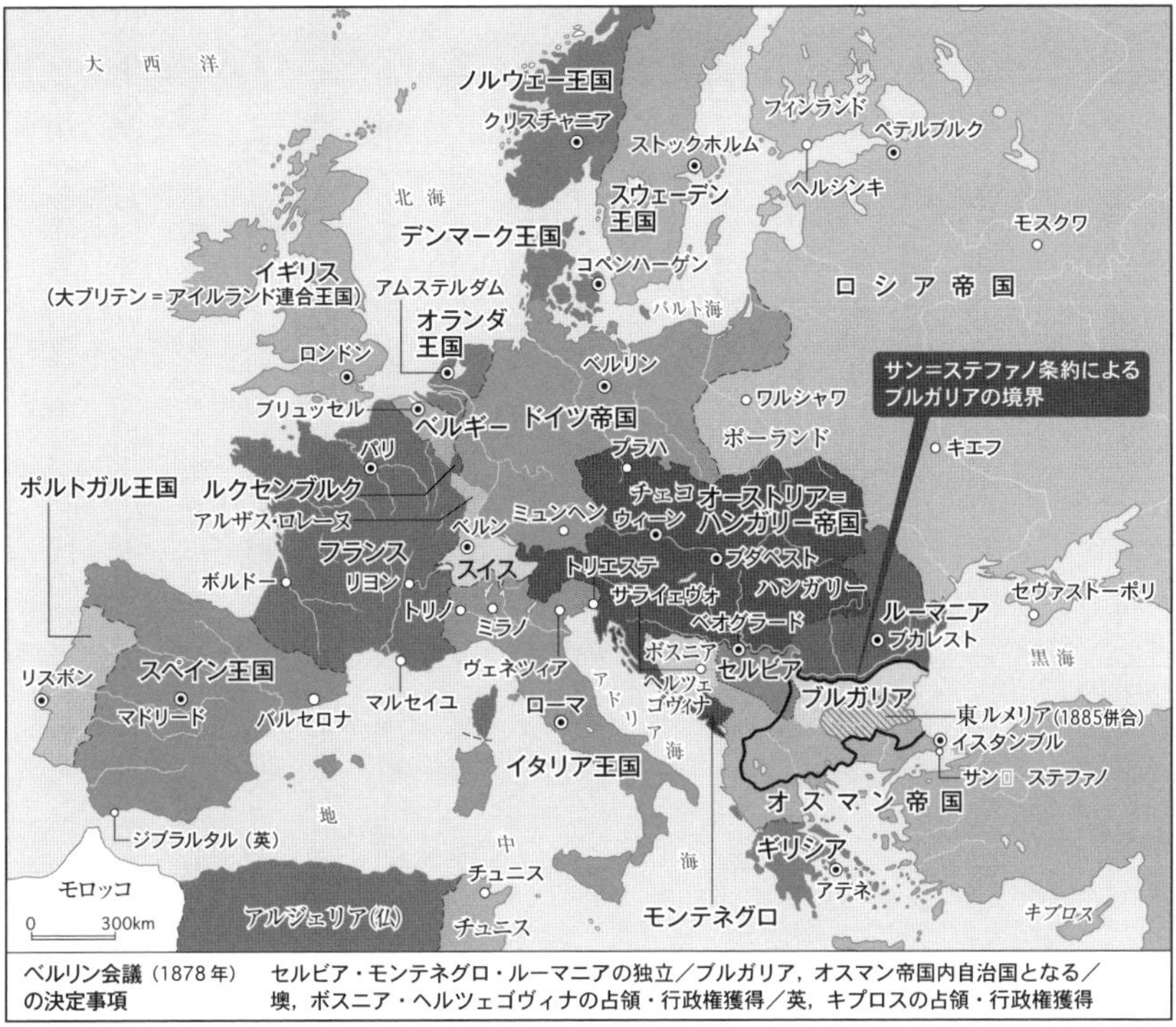

1870年代のヨーロッパ

帝国主義時代の到来

フランス革命の勃発とその結果として、王権神授説に基づく絶対王政の下のブルボン朝にかわり、国民国家としてのネイション・ステイトであるフランス共和国が成立したことは、その担い手としての市民層の台頭を意味し、市民層の台頭は近代資本主義の発展の結果であった。

近代資本主義は「ものづくり」を志向する産業資本主義として発展し、製品の市場と原料の生産地を求めて、海外へと進出していく。とりわけ一九世紀中葉までの時期においては、次第に人口の多くを占めていく労働者はもっぱら搾取の対象として扱われ、製品に対する内需の増加は限られていたことから、海外市場の獲得は死活の問題であった。

さらに資本が国内投資をこえ、市場と原料供給地に加えて資本の投資先を求めるようになると、政治的に次第にネイション・ステイト化していく西欧世界の列強は、熾烈な競争を繰り拡げるようになっていった。

これがいわゆる「帝国主義」時代の到来である。このようななかで、一九世紀において最も先進的であった英国は、国民総生産において一八八〇年代に米国に抜かれるに至る。

一方で普仏戦争後の一八七一年にようやく統一を達成したドイツ帝国は、その後発性を利しながら化学工業において英国を抜き、鉄鋼業や武器産業でも目ざましい発展をとげ、英国を脅かすようになった。そして一八九〇年、ドイツ帝国創生の立役者で「鉄血宰相」と呼ばれたビスマルクが退場し、「カイゼル」の異名でしられる若年のヴィルヘルム二世がドイツ皇帝として主導権を握ると、当時の覇権国家・英国に対抗すべく、対外政策を展開し始めた。

ナポレオン戦争でフランスにプロイセンが敗北し、普仏戦争ではプロイセンがフランスに勝って以来の独仏の確執に加え、近代世界体系における当面の覇権国家である英国と、その覇権に挑戦しようとするヴィルヘルム二世の新興ドイツとの対立は、いつの時点かで戦争に至る危険性をひめていた。

グローバル化する戦争 ——第一次世界大戦——

それが、少なくとも時期的には誰もが想定していないタイミングで現実化したのが、一九一四年に始まった第一次世界大戦であった。この戦争の規模と拡がりは人類史上、かつて例を見ぬものとなった。

これまでの大規模戦争としては、まず古くはアレクサンドロス大王の東征があげられよう。だがその空間的拡がりは、ほぼアケメネス朝ペルシア帝国の西端から東端に限られていた。七世紀中葉から八世紀中葉に至る約一世紀間に断続的に続いた「アラブの大征服」はアレクサンドロスの東征より遥かに広い拡がりをもち、東は今日のキルギスから西は今日のスペイン、モロッコに及んだが、これも「旧世界」の「三大陸」の中枢部に拡がるにとどまった。

「前近代」における最大規模の戦争は、おそらくチンギス＝ハンが開始し六〇年ほど続いた「モンゴルの大征服」である。

それは東の日本と朝鮮半島、中国から、西はポーランド、アナトリア、シリアに及び、北は中央アジアから南はジャワ、インド地域に至る「旧世界」のアジア・ヨーロッパ両大陸に拡がった。

第一次世界大戦の場合、主戦場こそ西欧の中枢部から東欧のロシア、イスラム世界の中枢たる中東に限られ、これに東アジアでの日本の参戦による青島攻略や、アフリカの植民地における戦闘がつけ加わるくらいではある。だが列強の戦争には植民地の人員・物資までもが動員され、さらに北米大陸の雄、アメリカ合衆国も後に参戦し、まさにグローバルな戦争の観を呈した。この意味で、一九一四年から一八年に至る戦争は「世界大戦」と呼びうるであろう。

この第一次世界大戦が、世界史における初めての「総力戦」となったことは特筆に値する。この時点で、戦争はもはや軍隊同士の戦いから、ネイション・ステイトの全成員を巻き込み、ネイション・ステイトの営みのすべてを賭けた闘争と化したのである。

そしてこの「総力戦」という新しいタイプの戦争は、その後の第二次世界大戦で全面的に開花するのである。

局地戦から想定外の「大戦」へ

第一次世界大戦は一九一四年六月二八日、バルカン半島西北部のボスニアで起こったサラエヴォ事件をきっかけに勃発した。この日、サラエヴォを閲兵のため訪れていたハプスブルク帝国の皇位継承権者、フェルディナント夫妻が暗殺されたのである。

犯人は、ボスニア在住のセルビア人民族主義者であった。オスマン帝国の主権下にあったボスニアに対し、ハプスブルク帝国は一八七八年以来、その行政権を握るようになっていた。さらに一九〇八年、オスマン帝国における青年トルコ革命の混乱に乗じハプスブルク帝国がボスニアを併合したため、これに憤って暗殺を決行したのである。バルカンへの南下を長らく狙い続けてきたハプスブルク帝国と、セルビア人が多く住むボスニアもセルビア領であるべきとする「大セルビ

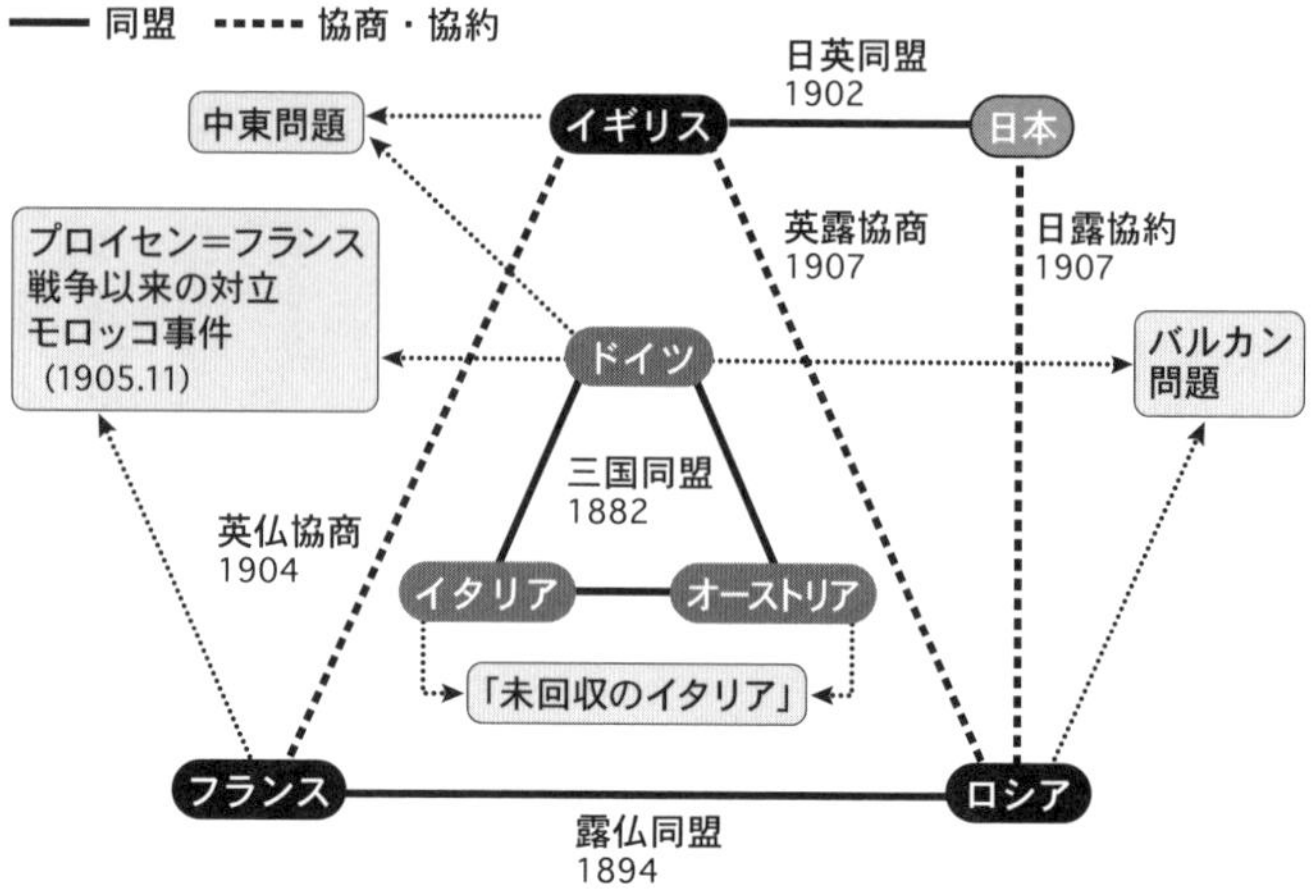

第一次世界大戦前の国際関係

ア主義」をめざすセルビア民族主義過激派との対立が、ついに「暗殺」というかたちで暴発したのだった。

ハプスブルク帝国はセルビアに最後通告をつきつけ、セルビアも多くを認めたが妥協に至らず、事件の一カ月後の七月二八日、ハプスブルク帝国軍はセルビアに宣戦を布告した。

ハプスブルク側はセルビアを短期で制圧できると考え、ロシア帝国が参戦するとしても局地戦で終わるつもりでいた。サラエヴォ事件が勃発した六月二八日の時点では、口火を切ったハプスブルク帝国やこれに組して参戦することになるドイツ、独墺に対抗して参戦するロシア、そして英仏というヨーロッパ列強は、「大戦」の勃発を全く想定していなかったのである。

ロシアは、同じくスラヴで東欧正教圏に属しかねてから関心をもってきたバルカンの国セルビアを助けるべく、総動員を開始した。また以前から英仏に対抗し覇権を求め始めていたヴィルヘルム二世下のドイツは、ハプスブルク帝国を支援すべくロシアに宣戦するとともに、ロシアと同盟関係にあったフランスに侵入した。

その際、中立国であったベルギーを経由してドイツが侵攻したことを理由に英国が対独参戦するに至ると、独墺による短期戦の想定は崩れ、四年に及ぶ長期戦へと突入していくこととなった。

「五大文字世界」すべてが関わる世界初の戦い

一九一四年一一月には、異文化圏であるイスラム圏の大国オスマン帝国も、ドイツの誘導でかつての宿敵ハプスブルク帝国と共に戦うこととなった。これに加えて、同じく異文化圏である漢字圏東端の新興国・大日本帝国も、中国にあるドイツの拠点青島の制圧をめざして参戦した。英仏独露は、世界に拡がる各々の植民地から人員と物資を動員した。

この戦争の主役は独墺対英仏露で、基本的には欧州大戦というべきであろうが、戦場とこれを支える人員・物資動員の対象となった地域はグローバルに拡がった。それは、ラテン文字圏としての西欧圏とギリシア・キリル文字圏としての東欧正教圏のみならず、イスラム圏のオスマン帝国と漢字圏の大日本帝国も加わり、梵字圏の中核をなすインドも英植民地支配下で人員・物資の供給源として大きな役割を果たしたことから、世界の「五大文字世界」としての五大文化圏のすべてが深く関わる、世界史上最初の戦争となったのである。

一九一七年四月に、すでに一八八〇年代に経済力で英国を抜いていた米国が対独宣戦したことで、この戦争の大勢は決することとなる。一九一八年一〇月にオスマン帝国が降伏し、同年一一月にハプスブルク帝国とドイツが休戦協定に調印して、大戦は独墺側の敗戦に終わった。

これにより、前近代以来の伝統をうけついできたハプスブルクとオスマンという二つの帝国は解体を余儀なくされた。ハプスブルク帝国領では、大戦中に米国大統領ウィルソンの提唱した民族自決原則に従い、多数の民族国家としての国民国家が誕生した。これに加えて同じく敗戦国となったドイツ帝国も、東プロイセンが新たに独立したポーランドの領土となり、一八七〇年の普仏戦争でドイツ領となった独仏人混在のエルザス・ロートリンゲンは仏領に帰し、アルザス・ロレーヌとなった。本来なら戦勝国となったはずのロシア帝国では、一九一七年一一月の「十月革命」をへてソ連邦となったため、その西方の領土の一部も独立国となった。

しかし、ウィルソンの民族自決原則に則り民族国家としての国民国家となって完全な独立を達成したのは、ほぼ東西両キリスト教圏に属する国々に限られた。オスマン帝国領に属したイスラム圏の南半をなすアラブ圏諸地域は英仏に分け獲りされ、独立を達成しえなかった。ロシア帝国領となっていたコーカサスから中央アジアに拡がるムスリム地域もまた、ソ連邦の新たな植民地支配体制の下につなぎとめられたのであった。

ロシア革命　――世界史上初の共産主義国の誕生――

第一次世界大戦の前後において、世界では五つの帝国が崩壊した。

その一つは第一次大戦の主役で、英国の覇権に挑戦しようとした新興のドイツ帝国であった。敗戦国となったドイツは、東プロイセンやアルザス・ロレーヌなど周辺部は失ったものの中核部は維持し、やがて「第三帝国」をめざし、後の第二次世界大戦において再び主役として登場することとなる。

残る四つの帝国は、「前近代」以来の伝統をうけつぐ多文化帝国であった。

その一つ、「漢字世界」の中核をなしてきた中国の清帝国は、第一次世界大戦に先んじる一九一一年に始まる辛亥革命で滅亡した。それは「一治」の終わりを意味し、中華民国政府や軍閥などの諸勢力に日本も加わって「一乱」の時代に入ることとなった。ただこの「一乱」は清朝の版図内でのものであり、やがて第二次大戦後に中華人民共和国の下で、辛亥革命時の版図のほとんどを保ちつつ、「一治」が回復されることとなる。

それに対し、神聖ローマ帝国の系譜を引く「ラテン文字世界」のハプスブルク帝国は完全に解体され、多くの民族国家としての国民国家が生まれ、本体は小国オーストリアとしてようやく存続を全うした。

アラビア文字世界としてのイスラム世界における、最後のスンナ派による世界帝国的存在であったオスマン帝国も解体され、その中核は世俗的民族国家としての国民国家・トルコ共和国となった。しかし残るアラブ・ムスリム圏の諸地域のほとんどは英仏の植民地、半植民地と化し、第二次世界大戦後に独立を達成するものの、多くの問題が残されることとなった。

そして五つめ、これも前近代からの伝統を受け継ぎ、ビザンツ帝国の衣鉢をつぐ「ギリシア・キリル文字世界」の超大国ロシア帝国は、連合国側に立ち戦勝国となるはずであった。ところが大戦終了前の一九一七年に勃発した革命により帝政が倒れ、「二月革命」に続く一一月七日の「十月革命」によって、共産主義体制が成立した。

こうして誕生した「ロシア社会主義共和国」は干渉戦争を耐えぬき、若干の周辺部は失いながらも、中核部のみならず黒海沿岸から中央アジア、シベリアに拡がる「陸の植民地帝国」の版図を、一九九一年にソ連邦が解体するまで保ち続けることとなった。世界史上初の共産主義国の誕生は、二〇世紀の世界史に決定的な影響を与えることとなった。

「下からの参加」を求める運動と『資本論』

ロシア帝国においてはピョートル改革以来、支配組織、とりわけ軍事組織における近代西欧モデルの受容が進み、一八世紀に欧州列強に数えられるに至った。軍事組織の「西洋化」改革の進展とともに、陸軍士官学校をはじめ近代西欧型のエリート、サブ・エリート養成のため教育の「西洋化」改革も進行し、近代西欧志向の「新中間層」が徐々に形成されていった。

こうした「上からの改革」に対し、「下からの参加」を求める動きが生じたが、その実現は著しく遅れた。一九〇五年一月、皇帝への請願を求めた民衆に軍隊が発砲した「血の日曜日」をへて、ようやく一九〇六年に憲法が発布され、第一議会が開かれるにとどまった。この間、「下からの参加」を求める運動は一九世紀中葉から過激化の傾向をみせ、無政府主義が台頭して一八八一年にはアレクサンドル二世が暗殺された。

一九世紀後半に入ると社会主義も力を持ち始めるようになり、一八八三年にはマルクス主義団体も現れ、一八九六年にはマルクスによる『資本論』のロシア語訳が刊行された。一九〇一年には社会革命党、一九〇三年にはマルクス主義政党としてのロシア社会民主労働党が結成され、レーニンらによるボリシェヴィキ（多数派）とプレハーノフらのメンシェヴィキ（少数派）両派の分裂も進行していた。ロシア帝国における経済は、資本主義経済として徐々に発展し、一八九一年にはシベリア鉄道に着工し、一九〇三年には東清鉄道が開通をみていた。

しかし社会経済の進展具合は、一八六一年にようやく農奴解放令が出されたものの、遅々としていた。加えて一九一四年からの第一次世界大戦への参戦は、膨大な兵員と軍費、軍需物資や糧食を必要とするようになり、ロシアの民衆に大きな負担を強いることとなった。また初戦において続いた敗戦は、民衆の間に厭戦気分をあおることにもなった。

こうしたなか、一九一七年の国際婦人デーにおいて、ペテルブルクの繊維工業に従事する女性労働者がパンを求めてストライキに入ったのをきっかけに、帝都で大規模なデモが始まった。デモ鎮圧のため軍隊が発砲したが、軍内においても下士官と兵の命令拒否、そして反乱が生じていった。そして、まずメンシェヴィキが権力機関としてソヴィエトを創設し、兵士と労働者の結集をはかった。

議会で多数を握る立憲民主党と社会革命党は、立憲民主党のリヴォフ公を臨時首相とし、軍も同意してニコライ二世に弟のミハイル公への譲位を迫ったが、ミハイル公がそれを拒否して帝政は終焉した。こうして労働者兵士の支援するペトログラード・ソヴィエトと、官僚と軍将校の支援する国会という、二つの権力の核が対立し、二重権力状況が出現した。臨時政府体制の下で「下からの参加」の自由が認められるようになると、様々の集団や運動が出現し、首都から地方へと波及していった。一方では民衆の望む終戦をめざすペトログラード・ソヴィエトと、戦争継続をめざす臨時政府の対立が深まっていった。

共産主義革命の理論と歴史的現実

このような状況下、ボリシェヴィキのリーダー、レーニンが亡命中のスイスからドイツの支援の下「封印列車」で敵国ドイツを通過しながらペトログラードへと帰還することに成功し、あくまでソヴィエト政権をめざすことを明らかとした。臨時政府側は社会革命党のケレンスキーが首相となったが、戦争継続を目指して最高司令官コルニーロフが起こした反乱を鎮圧するにあたり、ボリシェヴィキ指導下のソヴィエト兵士が活躍したことから、政治的主導権はボリシェヴィキへと移った。これにより一九一七年のロシア暦一〇月二四日（西暦一一月六日）、ソヴィエト派の結成した「赤衛軍」が首都を制圧し、翌二五日に議会は解散された。ケレンスキー首相は逃亡して臨時政府も崩壊したため、ここでようやく二重権力状態が解消し、ソヴィエトが権力を掌握した。

そして暫定政府として人民委員会議が創設され、議長にレーニン、外務人民委員にトロツキー、民族問題人民委員にスターリンがついた。こうしてロシア革命はボリシェヴィキによる十月革命によって終結し、ここに共産主義ソヴィエト政権が誕生したのである。

マルクスの共産主義理論によれば、資本主義が高度に発達した社会では資本家とプロレタリアートとしての労働者に二分化して社会的矛盾が増大し、やがてプロレタリアート革命の達成により、私有財産が棄揚されて搾取のない共産主義社会が誕生するはずであった。

しかし歴史的現実においてはヨーロッパ列強中、資本主義の発達が最も遅れたロシアで共産主義革命が達成された。しかもその達成は労働者によってなされたというよりも、とりわけ兵士の支持を得た、支配体制に対峙するごく少数の対抗エリートが指導する革命組織によってなされたのであった。

以後、二〇世紀において、内発的・自発的な共産主義革命はマルクスのいう高度資本主義社会においてではなく、資本主義化の遅れた非西欧諸社会において達成されていくこととなったのである。

ロシア十月革命の指導者レーニンやトロツキーは、ロシアでの革命は今後起こるべき一連の共産主義革命の先駆であり、資本主義諸社会で次々と革命が続き、世界革命が達成されることを期待していた。

しかし、歴史的現実はその期待を裏切るものとなる。第一次世界大戦後の一九一九年一月、敗戦国となったドイツでマルクス主義団体のスパルタクス団が蜂起したものの、鎮圧されて指導者カール・リープクネヒトとローザ・ルクセンブルクは虐殺された。また三月にはハンガリーでクン・ベーラらがソヴィエト共和国を樹立したが、八月に政権は崩壊した。

強力な国家権力による経済発展

こうして世界革命の展望も破れ、一九一九年三月に世界革命実現をめざして創設した共産主義インターナショナル、すなわちコミンテルンが残ったが、スターリンの下で一国社会主義が目指されるなか、それはソ連の対外政策機関と化していった。

そもそも、国家とは支配階級としてのブルジョワ階級によるプロレタリアート支配の道具であり、共産主義革命により私有財産も搾取も棄揚された後には、階級支配の道具としての国家は死滅するとマルクスは考えていた。

だがこれもロシア革命後の歴史的現実においては、ツァーリの支配組織にかわって共産党を中核とする強力な支配組織が創成され、国家権力により農民の犠牲の下で資本の原始的蓄積が強行されたのだった。こうして蓄えた資本を国家権力主導の下で重工業に投下し、その発展が目指されたのであるが、少なくともスターリン体制の下で国家は死滅するどころか、国家権力による経済発展が進められることとなったのである。

西欧圏における資本主義経済の発展のなかで生じた社会経済的矛盾に対し、ドラマティックな形でこれをフィード・バックするための理論として現れたマルクスの共産主義は、このように共産党を中核とする強力な国家権力による、強圧的な産業化のシステムを生み出した。

資本主義経済を発展させた諸社会においては、政治的政策決定における「下からの参加」によるフィード・バック・システムが発展したが、革命後のソ連でそれは、名目上の「民主主義」と名目上の参加システムに留まり、発展することを得なかった。それればかりか、実質的には「上からの革命」を進める独裁体制を生み出すことになったのである。

しかし、労働者による資本主義体制の棄揚を目指す共産主義の発展と、ロシアにおける共産主義革命の成功は、資本主義諸国の人々に大きな衝撃を与えた。

その衝撃は東西ヨーロッパ圏の諸社会のみならず、非西欧文化圏の諸社会にも及んだ。漢字圏の中核となってきた中国では一九二一年に中国共産党が結成され、同じく漢字圏で近代西欧モデル受容による「西洋化」としての「近代化」の最先端に立った日本でも、一九二二年には日本共産党が結成され、一九二五年に共産主義運動を弾圧するため治安維持法が制定された。

「戦間期」の世界

第一次世界大戦の終わった一九一八年から第二次世界大戦の始まる一九三九年までの約二〇年間は、しばしば「戦間期」とよばれる。「戦間期」は、カイザー、ヴィルヘルム二世が亡命して一九一九年二月に社会民主党のエーベルトが初代大統領となったドイツ共和国と連合国との間で、同年六月にヴェルサイユ講和条約が調印されたところから始まった。

一八世紀、プロイセン王国はフリードリッヒ二世下で台頭した。その後ビスマルク指導下でハプスブルク帝国を破り、ドイツ語話者圏のうちオーストリアを排除した「小ドイツ主義」の下、ドイツ帝国は一八七〇年の普仏戦争でフランスを破った末の翌年に成立したばかりだった。この新興帝国は、ヴェルサイユ条約によって東プロイセン、西のアルザス・ロレーヌを失った上に、膨大な戦争賠償金を課せられて呻吟することとなった。

このとき、近代として唯一のグローバル・システムにおける覇権国家は、英国から米国へと移りつつあった。

だが米国では、アメリカ大陸以外のことにはかかわらないモンロー主義が根強かった。世界大戦の再来を防ぎ国際紛争の平和的解決をめざして米国大統領ウィルソンの提案により創設された国際連盟に、米国は上院の反対により参加せぬことなった。

大戦中に同じくウィルソンの提唱した民族自決原則が、ほぼ旧ハプスブルク帝国領と旧ロシア帝国領のキリスト教徒諸地域にのみ適用され、ハプスブルク帝国と同じく解体された旧オスマン帝国領のムスリム諸社会が英仏の植民地支配下におかれたことは先に記した。このことは、第一次世界大戦終了時においてもキリスト教とヨーロッパを中心とする志向がなお根強く、国際政治の主導権が欧米列強の下にあったことを示している。

ただオスマン帝国解体の後、自力でアナトリア分割を阻止し、トルコ系ムスリムが中心の新たな国民国家として誕生したトルコ共和国が列強によって承認されたことは、新たな傾向の表れであった。

また新たに創設された国際連盟の常任理事国には当初英・仏・伊・日の四カ国、一九二六年には英・仏・独・伊・日の五カ国が選ばれた。当時の日本人は世界「五大国」の一角に日本が加わったことを誇りとしたが、漢字圏の新興帝国・日本がラテン文字圏諸国と肩を並べたことは、近代世界体系の中枢における「非西欧」異文化圏台頭の先例となった。

復興から「大恐慌」へ

英国にかわってグローバル・システムの覇権国家となりつつあった米国は、大戦に参戦して大きな役割を果たしたものの、本国は戦場から遠く離れ、戦争被害は軽微だった。

それでも、労働争議は頻発した。折から一九一七年のロシア十月革命による共産革命への恐怖から、社会主義抑圧がはかられた。また海外からの移民を制限する方針がとられ、一九二四年には移民法が成立した。

まもなく不況は克服され、米国は大衆消費社会へと向かっていった。かつて高価であった自動車も、フォードが流れ作業による大量生産を開始すると価格も急落して普及が進み、新しい大量工業生産方式も生み出された。

同じ戦勝国のうちフランスは、アルザス・ロレーヌを奪還し、ドイツからの賠償金もえて比較的順調に経済が回復した。

英国の回復は、労働運動の激化もあり、植民地での解放運動も高まり、やや遅れることになった。

戦勝国となるはずだったにもかかわらず、十月革命で内戦と資本主義諸国の干渉が続いたロシアでは、ソヴィエト政権が戦時共産主義政策をとり、農村から食糧を強制徴収し、他方では工業の国有化を進めた。だがこれらの政策は弊害が大きく、一九二一年にはネップ新経済政策がとられ、食糧徴発は廃止され現物税制度にかえられた。国家体制としても連邦制が目指され、一九二二年にソヴィエト社会主義共和国連邦が成立した。

一九二四年にレーニンが没すると、後継指導者の地位をめぐり、革命に際し大きな役割を果したトロツキーと、党中央委員会書記長となり党組織を抑えていったスターリンが対立するようになる。結局一九二七年にトロツキーは除名され、二九年に国外へ追放された。レーニンの後継指導者となったスターリンは一国社会主義を目指し、農村で集団農場化をはかりつつ、農民の犠牲の下に重工業に重点をおく工業化を進めていくこととなった。

戦勝国の一つであるイタリアでは戦後不況の下、工場のみならず農村でもストライキが頻発した。こうしたなか、社会党機関紙の編集長も務めたが大戦中に右旋回したムッソリーニが「戦士のファッショ」を結成し、その武装行動隊も創設され、農村部で社会党や組合を襲撃して支持者を急増した。

これを統制するため、ムッソリーニは全国ファシスト党を創設し、農村のみならず都市でもテロ活動を続けながら、与党連合に加えられる機会を得て、議席も有するに至った。政治が混乱するなかで、ムッソリーニは一九二二年に武装行動隊のローマ進軍を決行し、国王によりムッソリーニは首相とされ、選挙法を改訂し二四年の選挙で勝利した。一九二八年に独裁体制が確立されると、そのファシスト体制の下で経済も回復し始めた。

ドイツにおけるナチの台頭

一方で敗戦国となったドイツについて振り返ると、遡ること大戦中の一九一八年一一月、ドイツ大洋艦隊出撃作戦に反対しこれを阻止した水兵がキールで蜂起し、革命運動が陸軍兵士、さらには労働者も組み込みながら各地に拡がり、講和と皇帝退位を求める労働者・兵士評議会を結成していった。

首都ベルリンで大規模デモが始まると、皇帝の退位が発表され、共和制が宣言された。さらに社会民主党と独立社会民主党からなる人民委員会政府が成立し、敗戦を受け入れて休戦協定が調印された。

一九一九年一月に国民議会選挙が行われ、二月には社会民主党のエーベルトが初代大統領に選ばれ、ワイマールで開かれた国民議会で憲法が制定された。「ワイマール憲法」と呼ばれるようになったこの憲法は、当時最も民主的な憲法といわれた。この間、一九一九年六月にドイツはヴェルサイユ講和条約に調印し、こうしてドイツにとっての戦後が始まった。

しかし賠償金の一部として実物賠償で膨大な重要物資が引きわたされると、ドイツ国内では物資不足から一九二〇年に入りインフレが始まった。一九二三年一月に賠償金支払いが滞ったことを理由にフランスがルールを占領すると、インフレは猛烈に加速した。このインフレは、二三年中に不動産等の収入レンテを担保に、一兆旧マルクを一新マルクとする交換比率の下でレンテン・マルクが発行されたことにより、ようやく収束した。そして、ドイツ経済も復興にむかった。

すでにワイマール憲法公布の頃から、労働者が左傾して独立社会民主党や共産党に向かい始めたため、市民層は労働者の台頭を脅威と受け止めた。一九一八年一二月、旧将校を中心に「義勇軍」が結成されて反革命活動を始め、一九一九年一月にはスパルタクス団のカール・リープクネヒトとローザ・ルクセンブルクを殺害した。「義勇軍」は一九二〇年三月にカップ一揆をおこし、労働者のゼネストで四日天下に終わったものの、一時は権力を掌握した。

このようななか、一九一九年にはミュンヘンでドイツ労働者党が結成され、一九二〇年にはナチ党、すなわち民族社会主義ドイツ労働党となった。一九二一年にはアドルフ・ヒトラーが同党の全権を握り、一九二三年一一月にミュンヘン一揆をおこしたが、失敗して入獄した。しかしこの間、ヒトラーは獄中で『我が闘争』を著し、一九二五年から合法的政党としての活動を始め、一九二八年には一〇万をこえる党員を擁し、暴力装置として突撃隊を組織した。

こうした不安定な要素を抱えながらも、第一次世界大戦後の戦後体制が一応安定し、戦勝国のみならず敗戦国も経済復興に向かいつつあった。だが一九二九年一〇月、ニューヨークの株式市場ウォール街を襲った「暗黒の木曜日」とよばれる株価大暴落が引き起こした「大恐慌」は、米国のみならず全世界に拡がっていくこととなった。

米国の不況対策

大恐慌の発生源となった米国では、一九三〇年代初期に株価は六分の一となり、一九三三年の国民総生産は実質でピーク時の七割にまで縮小した。とりわけ工業生産はピーク時の四割に落ち込み、失業者は一二〇〇万人をこえることとなった。これへの対処として、米国は国内産業の保護を目指し、関税を引き上げた。各国も同様に保護主義をとり始め、さらにイギリスのスターリング・ブロック、フランスの金ブロックなど、世界経済のブロック化が進行していった。

米国では失業者の急増に加え賃金引き下げが進行したため、銀行預金がとりくずされ、それが銀行の破産をひきおこした。これに対し、時のフーヴァー大統領は一九三二年復興金融公社を立ち上げて銀行に資金を貸し付け、救済をはかった。また失業対策事業として公共事業にも取り組み始めたが、それはごく小規模なものにとどまった。

本格的な不況対策は、大統領選挙でフーヴァーを破り一九三三年三月四日に米大統領となった民主党のフランクリン・ローズヴェルト政権下で始まった。

ローズヴェルトはまず金融の安定化をめざした。全国の銀行を一時休業とし、緊急銀行法で銀行の安全性を保証した上で再開させることにより銀行の信用を回復し、これをふまえてさらに銀行法を成立させた。株式についても証券法を制定し、証券取引委員会を創設して株式取引の安定化をはかった。

さらに失業対策として連邦緊急救済法を制定した。これに加え、総合的な地域開発モデルとしてのテネシー渓谷開発会社（TVA）や、公共事業庁、市民事業庁を発足させて失業対策を一層拡大した。また急落していた農産物価格上昇をめざした農業調整法や、工業を中心とする産業の調整のための全国産業復興法（ＮＩＲＡ）を制定し、その中で労働者の団結権・団体交渉権を保障した。

国際経済については、金本位制を停止したうえでフーヴァー時代の保護主義にかえて、関税を引き下げるべく互恵通商協定法を制定し、貿易振興のために輸出入銀行を設立した。一九三五年からは社会保障法が制定され、老齢年金と失業保険も制度化された。ローズヴェルトの大統領就任以来、これらの一連の施策は「ニュー・ディール」と呼ばれる。

一九三七年一月に再選された後の同年八月には再び不況が襲い、これは財政支出の増額で何とか対応したが、結果的に財政赤字をもたらした。これは一九二九年の大恐慌と比較すれば影響はわずかであったが、失業者は九百万人を超えた。一九二九年の大恐慌以来の不況の本格的克服は、第二次世界大戦到来をもってようやく達成されることとなる。

ドイツの不況対策と反ユダヤ政策

一方のドイツにおいて一九一九年に成立したワイマール共和国では、政治的不安定が続いた。とりわけ一九二五年に初代大統領となった社会民主党のエーベルトが急逝すると、その後任の第二代大統領には、大戦中のドイツ軍参謀総長であった保守派のヒンデンブルクが就任した。

一九二八年五月の総選挙では、社会民主党が多数の議席を得て大連合政府を組織したが、保守派右翼に加え、共産党も社会民主党を「社会ファシズム」として攻撃し始めた。一九二九年に大恐慌の影響がドイツにも及ぶと、一九三〇年三月に大連合政権が倒れ保守派のブリューニング内閣が成立し、同年九月の総選挙でナチ党が第二党となった。

失業者は五百万人をこえ、ナチ党の突撃隊をはじめ様々な暴力組織が衝突をくり返すようになった。このようななか一九三二年の大統領選で再選をはたしたヒンデンブルクは、翌年にヒトラーを首相に任命し、一一月にヒトラー内閣が成立した。

ただこの時のナチ党は議会では少数派であり、ナチ党員の閣僚はヒトラーの他は二名にすぎなかった。閣僚の圧倒的多数は保守派の人々であり、彼らはナチ党を共産党に対する「用心棒」的存在と考えていた。

ヒトラーは一九三三年二月に総選挙にふみきり、大々的に選挙干渉を行ったが、単独では過半数も得られなかった。しかし共産党議員を逮捕し、全権委任法を通過させたことでワイマール憲法は存続するも空文化し、ここにナチ党独裁政権が成立した。翌一九三四年六月に、ヒトラーは突撃隊を掌握するレームを親衛隊を率いて襲撃、殺害し、ナチ党内の対抗勢力を一掃した。そして同年八月にヒンデンブルク大統領が死去すると、首相権限に大統領権限をあわせ、ヒトラーは独裁者となった。

ヒトラーは軍備拡大をはかるとともに大々的な公共事業を行い、失業者は急減し景気は回復した。輸入の増加が外貨不足をもたらしたため、ヒトラーはアウタルキー（自給自足経済）をめざしたが、これは達成しえなかった。

ヒトラーはドイツ人の誇りを強調し、一九三五年のニュルンベルクでのナチ党大会、そして一九三六年八月にはベルリン・オリンピックと趣向をこらしたイヴェントを企画開催し、イメージ戦略によるドイツ民族の「一体性」涵養に努めた。反面では反ユダヤ政策を強行し、抑圧追放を進めた。一九三五年のニュルンベルク法でユダヤ人の公民権を奪い、一九三八年の「水晶の夜」では、突撃隊がユダヤ人の教会・商店・住居を打ち壊し、少なからぬ人々を殺害した。

スペイン内戦

ドイツでナチ政権が成立するころ、ソ連のスターリンは社会民主党を「社会ファシズム」として敵視する方針を転換し、一九三五年七月のコミンテルン第七回大会で、ファシズムに対抗すべく共産主義者・社会主義者・自由主義者の統一戦線を結成すべしとの戦術が採択された。

この戦術は王制への不満が高まるなか、その王制を支えるべく一九二三年のクーデターでプリモ・デ・リベラ将軍による軍事独裁政権が樹立されたスペインにも波及した。

この軍事政権が一九三一年に倒れ、国王アルフォンソ一三世が国外に亡命した後に成立したスペイン第二共和制の下では、一九三六年一月に人民戦線が結成され、同年二月の総選挙で人民戦線内閣が成立した。

フランスでも一九三五年七月に人民戦線がすでに結成されていたが、翌年五月の総選挙第二回投票で人民戦線が勝利し、社会党のブルム首相率いる人民戦線内閣が成立した。しかしスペインでは人民戦線政権を打倒すべく軍部の保守派将軍たちが謀略を企てており、総選挙後にそれらが各地で反乱をおこした。これがスペイン内戦の始まりである。反乱の指揮は、かつて参謀総長の要職に就きながらも人民戦線内閣ではカナリア諸島の守備隊長に左遷されていたフランシスコ・フランコがとることとなった。

反乱軍に対してはムッソリーニのファシスト政権が援助を開始し、加えてヒトラーのドイツも援助を始めた。スペイン人民戦線政府はフランス人民戦線内閣に救援要請を行ったが、この件につき英国と協議したブルム首相は英国の否定的態度に押され、英国とともに不干渉を明らかとした。

ブルムとしてはスペイン人民戦線政府を援助すべく、英仏に加えてドイツ、イタリアもメンバーに入れた不干渉委員会を設置し、独伊の干渉を制御しようとした。しかし現実には独伊による反乱軍への多大の援助が続けられ、米国は不干渉を表明した。

結局、国家としては主としてソ連が不干渉の網をくぐりぬけつつ人民政府側に実質的援助を続け、これに農地改革を断行したカルデナス大統領のメキシコが、いくばくかの援助を続けるにとどまった。

フランスでは一九三七年六月にブルム内閣が総辞職し、人民戦線は事実上崩壊へと向かった。スペインではフランコ率いる反乱軍が独伊の援助の下で着々と優位を固める一方、人民戦線政権内ではソ連の影響力の下で共産党の力が増大し、社会主義者やスペインで有力であったアナーキストとの抗争と粛清が進行していった。

人民戦線政権は一九三九年初頭まで持ちこたえたが、前年九月に英仏がナチス・ドイツとミュンヘン協定で妥協するに及び、英仏からの援助開始の望みも断たれた。

その後一九三九年一月に、フランコ率いる反乱軍の勝利が確定し、スペインではフランコによる軍事独裁の時代に入ることとなった。

フランコは日独伊防共協定に参加したものの、独伊とは距離をとりながら英国に接近した。第二次世界大戦が始まると一変して中立をとり、その独裁は、一九七五年にフランコが没するまで続くこととなった。

この二年八カ月に及んだスペイン内戦において、不干渉原則にしばられたフランスやソ連の方針もあったが、広く欧米各地から有志者が人民戦線軍支援のため義勇兵として参加し、国際義勇兵団が活躍したことは注目に値する。そこには、日本からの参加者までみられたのである。

当時の進歩的知識人の目には、民主主義の運命はスペインにかかっていると感ぜられたのであり、このことはもはや、東西ローマ帝国の衣鉢を継ぐ「ラテン文字圏」と「ギリシア・キリル文字圏」の文化的籬《まがき》を越え、漢字圏の辺境から近代西欧モデル受容による「西洋化」としての「近代化」の先頭に立った日本の進歩的知識人にまで共有されるに至っていたのである。

清帝国滅亡後の中国

唯一のグローバル・システムの下における一つのサブ・システムと化した漢字圏についてみれば、その中心をなしてきた中国では、第一次世界大戦前の一九一一年から一九一二年にかけての辛亥革命により一九一二年二月に最後の清朝皇帝・宣統帝が北京で退位し、漢字世界における最後の中華的世界帝国としての清帝国が滅んだ。

それに先立つ一九一二年一月、南京では孫文が臨時大総統となり、中華民国成立を宣言した。その後、北京において北洋軍閥の長たる袁世凱が孫文に代わって臨時大総統に就任した。

一九一五年に袁世凱は自ら皇帝となって帝政を敷こうとしたが、日英露三カ国の反対や国内の反発などから帝政復活を断念し、まもなく没した。一方でこの間の一九一二年に中国では国民党が結成されたが、翌年一三年には弾圧を受けて解散をよぎなくされた。一九一四年、孫文が亡命先の日本で中華革命党を結成するが、この党が一九一九年一〇月に中国国民党と改称することとなる。

中華革命党は袁世凱打倒を目指し、一九一五年一二月に上海で蜂起したが、失敗に終わった。その後孫文が一九一七年九月、広東省広州で軍政府を樹立すると中国では南北両政府が対峙することとなり、この間に各地で軍閥が割拠し始めるようになった。孫文は一九二五年三月に北京で没するが、まもなく広州で国民党政府が樹立され、翌二六年七月に北伐が開始された。

こうしたなかの一九二一年、上海租界において中国共産党が結成された。孫文在世中の中国国民党はソ連との関係も緊密で中国共産党にも宥和的であったが、孫文没後に国民党政府と共産党との関係は悪化した。一九三〇年には双方による武力衝突が始まり、危機に陥った中国共産党軍は一九三四年一〇月、それまでの拠点・瑞金を捨てて「大長征」を開始した。翌一九三五年末に陝西省に到着した共産党軍は、そこに新たな拠点を築くこととなった。

日本の中国大陸進出

中国中央部において続く内紛は、その周辺部にも影響を与えていった。

長らく清朝の支配下にあってようやく一九一六年に自治が認められた外モンゴルでは、一九一九年に自治が取り消されるとこれに反発し、ソ連革命の影響を受けて一九二一年にモンゴル人民政府が樹立された。これをソ連が承認して一九二四年にモンゴル人民共和国が成立し、ソ連外における最初の共産主義国家となった。

中国領に残っていた内モンゴルでは、日本がモンゴルの有力者徳王を推戴して一九三六年、内蒙古自治政府を樹立させて影響力の浸透を目指し、一九三九年には蒙疆連合自治政府を創設した。

そして旧「満洲」、今日の中国東北地方については、一九〇五年の日露戦争後、日本の勢力圏に組み入れられていくこととなった。一九〇六年には南満洲鉄道株式会社が設立され、一九一九年に関東庁が創設されると、その防備を名目に関東軍がおかれた。関東軍は大日本帝国による満洲侵略の拠点となり、一九二八年に有力軍閥の領袖・張作霖を爆殺し、さらに一九三一年に柳条湖事件をおこして満洲事変が開始された。

天津にあって復辟を狙っていた清朝最後の皇帝、廃帝溥儀を執政に推戴し、日本は傀儡国家・満洲国を立ち上げた。日本は満洲国を承認し、一九三四年に溥儀は皇帝とされた。

中国国民政府の提訴をうけ、国際連盟はリットン調査団を派遣した。が、その報告書において、一連の軍事行動を自衛行動とし満洲国建国も自発的自治運動であるとする日本の主張が退けられると、これを不満とする日本は一九三三年に国際連盟を脱退した。

この間、日本は争乱の続く中国本土への進出を試み、一九二七年から翌年にかけ二次にわたる山東出兵を行った。さらに一九三二年には第一次上海事変をおこし、一九三七年七月の盧溝橋事件をきっかけに華北に出兵した。日本軍は続いて上海に侵出して第二次上海事変となり、一二月に南京を占拠して、いわゆる「南京事件」をひきおこすなど、戦線はさらに拡大していった。これに対し、国共内戦下にあった中国側は一九三六年一二月、爆殺された張作霖の子息・張学良が蒋介石を捕らえて抗日統一を強要し、一九三七年九月に国共合作が成立した。蒋介石は一〇月に首都を四川省重慶に移し、徹底抗日戦が続けられることとなった。

漢字圏の新興帝国・日本の状況

第一次世界大戦後の日本国内においては、大正デモクラシーの進展で原敬による政党内閣が成立し、男子の普通選挙が実現した。経済では大戦中の戦時景気も冷め、戦後恐慌、そして一九二七年に金融恐慌に相次いで見舞われていた日本にも、米国を震源とする世界大恐慌が直撃することとなった。まさに全世界が統合され一つのシステムとなっていくグローバル化の進展が、大恐慌の波及にも端的に現れてきたのである。

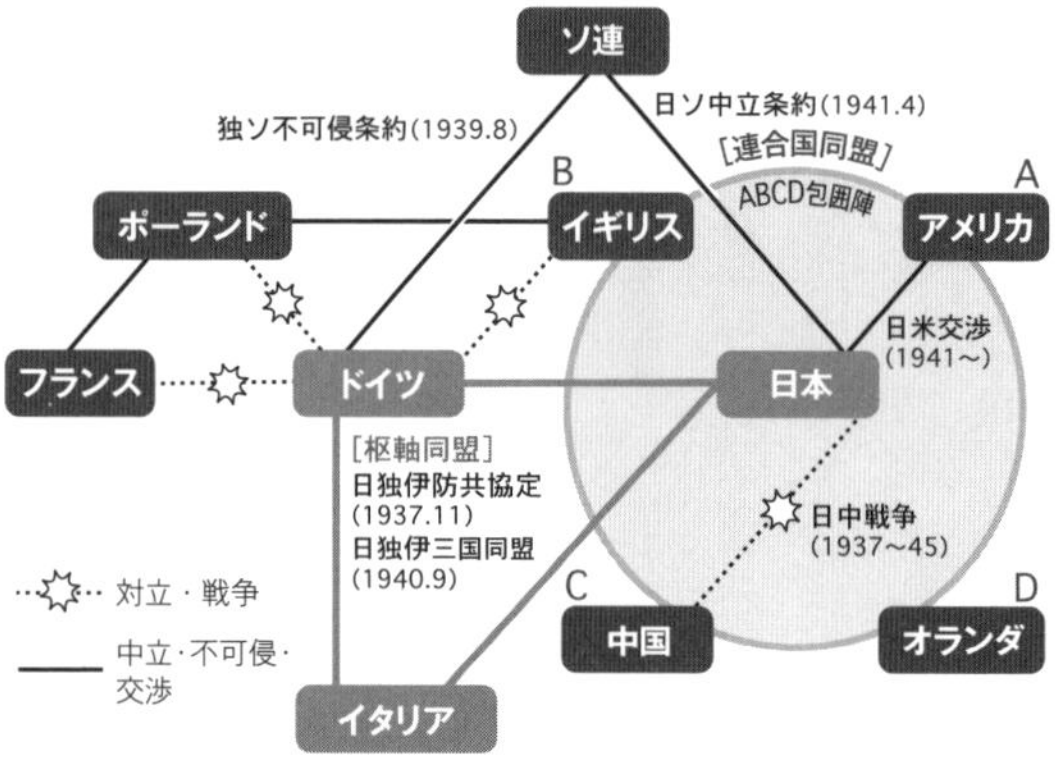

第二次世界大戦前の国際関係

この突然の不景気に政府が有効に対処しえず、また出先の関東軍をはじめ軍部も制御できぬうちに、井上日召の指導する血盟団が一九三二年二月に井上準之助前蔵相、三月に三井財閥の団琢磨三井合名理事長を射殺する事件をおこした。

そして五月には海軍将校らが時の犬養毅首相を官邸で射殺する五・一五事件がおこり、いよいよ軍部・右翼の力を押さえられなくなった。一九三六年二月には陸軍青年将校を中心とするクーデターである二・二六事件が勃発し、要人が暗殺されるに至る。この事件に対しても政府が有効に対処しえないまま、広田弘毅が首相となり、同年一一月にヒトラーのナチ党政権下ドイツと日独防共協定が締結された。このようななかで満洲辺境でのソ連との対立が激化し、一九三八年には張鼓峰、翌三九年五月にはモンゴル・中国国境近くのノモンハンで日本軍がソ連軍と衝突し、戦争の技術力に優るソ連軍に大敗した。ドイツを仮想敵国に技術革新をおこらなかったソ連軍と、技術的に大きな比較劣位にあった当時の中国軍のみを念頭におき日露戦争以来、技術革新を怠ってきた帝国陸軍との間の、軍事技術分野における格差がここに明白なものとなったのである。

海軍については明治以来、太平洋での西進をめざす米国を念頭に、西太平洋で米英艦隊を迎撃撃破することをめざし、技術革新に力を入れてきたため、少なくとも昭和初期に至るまでは、圧倒的な比較劣位にたつことはなかった。しかし、一九二〇年代後半以降、空母戦闘機が主力となっていく技術的趨勢を海軍主流は十分理解せず、大艦巨砲主義に固執したことにより技術的比較劣位に陥り、のちに太平洋戦争中のミッドウェー海戦で米海軍に大敗することとなった。

新興の大日本帝国では、対外的に世界大の視野をもち現実に即した「大戦略」をもてぬまま軍部が近視眼的に中国大陸侵略を進め、国内的には政府が軍部や右翼的勢力を有効に制御しえず、政党間での党派争いが続いていた。

そうしたなかで、防共協定の当の相手国ドイツが一九三九年八月、ソ連と独ソ不可侵条約を締結した。

これに政府は驚愕し、かつて社会主義者弾圧のための「大逆事件」でっち上げの中心人物となった平沼騏一郎首相が辞任する混乱のなか、ヒトラーのドイツ軍がポーランドに侵攻し、第二次世界大戦に突入することとなった。

この時点では、日本は同盟国ドイツと共に大戦に加わることはなかった。

ドイツの侵攻と第二次世界大戦

ヒトラーの本来の母国であり、一九世紀プロイセンのビスマルクがドイツ統一をめざすなかで唯一ドイツから切り離されたオーストリアでは、一九三二年にドルフスが独裁政権を確立していた。その後ナチス勢力の影響が強まり、一九三八年にドルフスが暗殺されると、三月にドイツ軍がオーストリアに進駐し、オーストリアはドイツに併合された。ドイツ軍のウィーン進攻は、同地に数多く在住するドイツ系市民から熱狂的に歓迎され、その歓迎のたいまつ行列は、ノーベル文学賞作家となったユダヤ系のエリアス・カネッティに強烈な印象を与え、『群衆と権力』執筆の原点ともなった。

ヒトラーはさらに、大きなドイツ人人口を擁するチェコスロヴァキア領ズデーテン併合をめざした。これに対し、ヒトラーよりもソ連とその共産主義を恐れる英仏は、一九三八年九月のミュンヘン会談でズデーテン併合を認めた。

一九三六年の日独防共協定は、翌一九三七年にイタリアがこれに加わり日独伊防共協定となり、さらに三九年にはハンガリー、加えて同年に内戦を終結させ反乱軍を率いたフランコが政権を握ったスペインがこれに参加し、国際的影響力を拡大した。ところが、防共協定の仮想敵国のはずのソ連と独ソ不可侵条約を結んだドイツは一九三九年九月ポーランドに侵攻し、英仏両国が対独宣戦を布告した。

ここに、第二次世界大戦が始まったのである。

ソ連は、これを好機にポーランド東部へ、さらに翌年七月にはバルト三国に侵入してこれを勢力下に治めた。また一九三九年一一月にはフィンランドにも進攻したが、強力な抵抗により同国は独立を維持することとなった。

ドイツ軍は初戦破竹の勢いで侵攻し、一九四〇年五月にはオランダ、ベルギーが降伏した。六月にはパリを占領し、七月にフランスでドイツの傀儡であるヴィシー政府が成立した。

独ソ戦とソ連の反攻

イタリアは、これをみて一九四〇年六月に英仏に宣戦を布告し、ドイツ側にたって参戦した。この時点においての大戦は欧州に限られ、米国は参戦を念頭にしつつもその前年に中立維持を宣言しており、日本もまた中国侵略を続けながら大戦には参加していなかった。

ただ日本は東南アジア進出の橋頭堡を獲得すべく、一九四〇年九月にフランス領北部インドシナに進駐し、同月には日独伊三国同盟が調印された。そして、南進の間の北方を守るべく、一九四一年四月日ソ中立条約を調印し、七月には南部仏印に進駐した。ナチス・ドイツは、ルーマニア、ブルガリアを日独伊三国同盟に加入させつつバルカンを南下し、一九四一年四月にはギリシアのアテネを占拠した。

しかし一九四一年六月、不可侵条約を結んでいたソ連に突如侵攻し、独ソ戦争が始まった。スターリン独裁の下で進められた大粛清で、一九三七年にはトハチェフスキー元帥はじめソ連軍の中央幹部が粛清され、ソ連軍は弱体化していた。これに加え、スターリンはこの独ソ戦を全く想定していなかった。

このため初戦はドイツ軍に圧倒された。一九四一年にはレニングラードと改称されたかつての帝都サンクト・ペテルブルクが包囲され、翌年には大攻撃の下、九月にはロシア南部のスターリングラードで激烈な攻防戦が展開された。

しかし冬が迫った一九四二年一一月、ソ連の赤軍はスターリングラードで反撃を開始した。激寒の中での戦いで独軍は甚大な損害を被り、翌一九四三年二月、ついにスターリングラード攻略にあたっていたドイツ軍は降伏した。イタリアでも、一九四三年ムッソリーニ政権が一時倒れ九月に連合軍と休戦協定を結んだが、ドイツ軍がさらにローマに入り、ムッソリーニ政権が復活した。

太平洋における日米の戦い

この間、漢字圏内での覇権をめざす戦いにおいて日本は、国共合作の下で抗戦する中国軍との間の日中戦争で泥沼にはまりこんでいた。日本は近代戦に必須の軍需物資である石油を欠くため、石油資源の豊かなインドネシア、当時の蘭領東インドをめざそうとしていた。

その際、最大の問題は三国同盟などから対日姿勢を硬化させていた米国との関係であった。対米関係を打開すべく努力は続けられていたが妥協に至りえず、一九四一年九月に御前会議で対米英蘭戦に備える「帝国国策遂行要領」が決定され、一二月八日、日本海軍がハワイの真珠湾攻撃を決行した。

この開戦にあたり、攻撃前に宣戦布告文書が米国政府に交付されるはずであったが、在ワシントンの駐米日本大使館でその翻訳に手間どり、真珠湾攻撃後にようやく宣戦布告文書は米国側に引き渡された。これが米国側に「だまし討ち」ととらえられ、米国内で対日戦への戦意をかきたてる結果となり、大戦後も米国人の対日イメージに大きな汚点を残した。

開国以来、日清・日露の両戦争を除き宣戦布告を伴う近代西欧ベースの国際法に基づく国際法上の正式な戦争を日本は経験したことがなく、日本にとってその実態は大戦争であった日中戦争でさえ、事実上の戦闘として「支那事変」と称していた。「大日本帝国」にとって、近代西欧で成立しグローバル・モデル化した近代国際法の諸原則への理解が、異文化的理解にとどまった側面があったのであるまいか。

当時の「大日本帝国」において「大東亜戦争」と呼ばれるようになったこの戦争は、初戦こそ日本軍優位のうちに進行するかにみえた。もっとも肝心な空母群を逃しながらもまず真珠湾奇襲に一応の成功をおさめると、一九四一年一二月には日タイ攻守同盟を締結した。翌一九四二年一月には、当時米領であったフィリピンのマニラを占領し、蘭領東インド（今日のインドネシア）に侵攻した。二月にはシンガポール、三月にビルマのラングーンを相次いで占領し、五月には米軍の司令官マッカーサーの拠点であったフィリピンのコレヒドール要塞も陥落した。

しかし一九四二年以降になると、その勢いもかげりを見せる。まず六月にミッドウェー海戦で大敗を喫したあと、八月にガダルカナル島へ米軍が上陸し、翌四三年二月には膨大な損害を出したうえで日本軍は撤退に追い込まれた。同年四月には連合艦隊司令長官山本五十六が、事前に米側に動静についての暗号情報を解読されていたため、ソロモン上空で撃墜された。一九四四年に入ると、戦局は悪化の一途をたどった。三月には英領インドのベンガルをめざし、ビルマからインパール作戦が開始され七月まで続いたが、近代戦のロジスティック、すなわち物資補給をまったく無視したこの作戦は多大の損害を生じた上で失敗に終わった。

日独伊の敗北と第二次世界大戦の終結

一九四四年六月には米軍がマリアナ諸島サイパン島に上陸し、日本軍守備隊は全滅した。一〇月にはレイテ海戦で帝国海軍主力が壊滅するに至り、翌四五年二月には米軍が硫黄島に上陸し、激戦の末に占領された。

これだけ無策の敗北が続くなかで、「臣民」には虚報のみを伝え、なお終戦を決断しえず、本土防衛の捨て石とすべく沖縄死守がめざされた。四月に沖縄本島に上陸した米軍との激烈な戦いは六月二三日に日本軍守備隊の全滅で終了したが、その間沖縄住民の四分の一が死亡するという大惨劇を現出した。

それでも「大日本帝国」政府中枢は終戦を実現しえず、八月六日の広島、八月九日の長崎における世界史上初の原爆の投下とその惨害をへて、ようやく八月一四日の御前会議でポツダム宣言の受諾が決定された。こうして八月一五日、妨害を排して終戦の玉音放送が流され、無条件降伏としての「終戦」が実現したのであった。

一九四三年からはヨーロッパ戦線においても枢軸国が守勢に転じるようになり、先述のようにスターリングラードでは独軍が降伏した。九月にはムッソリーニ政権が倒れバドリオ政権下のイタリアは降伏するが、独軍がローマを占領してムッソリーニを首班とする傀儡政権を樹立した。連合国側に立つ政権として成立したバドリオ政権はドイツに対し宣戦し、翌年六月には連合軍がローマを奪還した。レジスタンスの蜂起も相次ぎ、一九四五年四月にはムッソリーニが捕らえられ、処刑された。

ドイツにおいては、一九四五年四月にソ連のベルリン作戦が開始され、同月三〇日にヒトラーが自殺し、五月にドイツは降伏した。こうして第二次世界大戦のヨーロッパ戦線は終結するに至った。そして残った太平洋戦線において、日本が一九四五年八月一四日に無条件降伏を受け入れたことで、六年近くにわたる第二次世界大戦は終結することとなった。

「第二次世界大戦」の世界史的意義

一九三九年から一九四五年に至るこの大戦は、一九一四年から一八年に至った大戦に対し、後に第二次世界大戦と呼ばれることとなった。

先の第一次世界大戦は全世界をまき込みはしたが、真の主役は英米仏独墺露と東西ヨーロッパ圏に限られ、アラビア文字圏としてのイスラム圏のかつての超大国・オスマン帝国が「準主役」的立場で参戦し、漢字圏周辺の新興国・日本がわずかに関与したにとどまった。

一方の第二次世界大戦では、西欧圏の英米仏独と東欧圏のかつてのロシア帝国、ソ連が主役であったが、戦線は太平洋西部に延び、そこでの主役は米国と日本であった。ラテン文字圏諸国と並び、漢字圏の周辺に位置する新興帝国がついに世界大戦の「真の主役」のひとつとして躍り出たのであった。その意味で第二次世界大戦は、グローバル化の進展過程のなかで、近代西欧モデルの受容による「西洋化」改革が、欧米列強と並ぶ強国をつくり出しうることを示したのであった。それ故にこそ、この大戦は真の「世界」大戦の称にふさわしい広がりをもったのであった。

また第一次世界大戦は、東欧正教圏で「ロシア革命」と、世界最初の共産主義国としての「ソ連」を生み出した。そして第二次世界大戦は、長らく漢字世界の中心として続いてきた中国において、「共産革命」が成立する前提条件をうみ出すこととなった。

戦争と社会経済とのかかわりからいえば、第一次世界大戦中に進められた「総力戦体制」の決定的な発展が、第二次世界大戦においてみられた。科学技術でも、人類のエネルギー利用の発展において画期をなす原子力を利用した原子爆弾が発明され、この第二次世界大戦で実際に日本に投下されてその実用化をみたのであった。さらに二一世紀になって革命的な技術革新をもたらすこととなるコンピュータ技術が、高射砲の着弾比率を高めるべく、弾道計算を行うための技術として著しい発展をみたのであった。

国際政治的にみれば、第一次世界大戦の戦後処理にあたり、ウィルソンの民族自決原則が掲げられたにもかかわらず、現実に民族自決を認められ真に独立の「民族国家」としての国民国家となったのは、東西ヨーロッパのキリスト教諸国を除けば自立で独立を守ったトルコ共和国にとどまった。

しかし、第一次世界大戦後に掲げられた民族自決が果たされなかった、非キリスト教圏とキリスト教圏諸国の植民地支配下におかれた諸社会にとって、第二次世界大戦は次々と自治を獲得し、独立していくきっかけとなったのであった。

また大戦の惨禍に鑑み、第一次世界大戦後に創出されたが十分に役割を果たしえなかった国際連盟にかわって、第二次世界大戦後に国際連合が立ち上げられた。さらに西欧圏においては、領域的主権国家と民族主義としてのナショナリズムに基づく民族国家としての国民国家の主権と国境の籬《まがき》を制限して押し下げる、今日のEUに通じる試みも推し進められ始めたのであった。他方で、西方におけるソ連の東欧中欧への進出と東方における中華人民共和国の登場は、「東西冷戦」という国際関係緊張の新しい局面を生み出したのである。

第17章

「普遍的」イデオロギーから「特殊的」ナショナリズムへ「東西冷戦」体制とその終焉

――新たな「歴史の始まり」

ヨーロッパの東西分断

一九四五年にナチス・ドイツが敗北すると、それまでナチを共通の敵として戦ってきた米英とソ連の対立が直ちに始まった。ソ連軍は対ナチ戦線において、ポーランドを突っ切ってドイツに向かい、一九四五年五月ベルリンを陥落させた。

他方でソ連軍は、早くも一九四一年から南下してバルカンに向かい、一九四四年八月末にはルーマニアのブカレストに入り、九月にはブルガリアに侵攻した。北方では一九四五年一月に赤軍がワルシャワに入城し、翌月にはブダペスト、四月にはハンガリー全土を制圧した。同じ頃にスロヴァキアの中心都市ブラティスラヴァが陥落し、五月にはプラハもソ連軍の支援のもとで解放された。

ユーゴスラヴィアでは一九四一年四月、ティトーの主導下で共産主義・連邦主義をめざす人民解放戦線による対独パルチザン活動が始まり、四四年一〇月に自力でベオグラードを解放した。アルバニアでも抵抗組織を統合した民族解放戦線が独軍と戦い、四四年に自力でティラナに入城した。

バルカン半島南端のギリシアでは、進駐した独軍への抵抗運動のなかから、共産主義者が組織した、民族解放戦線の下の「ギリシア人民解放軍」が有力化していった。一九四四年九月に独軍の大多数が撤退すると、共産主義勢力と反共の政府軍との間での対立が激化し、内戦が本格化した。共産主義勢力は当初ペロポネソス半島の大半をはじめ優勢を示したものの、一九四九年に入ると政府軍の反撃などから劣勢となり、一〇月に共産主義勢力は敗北した。

こうして、ソ連軍は第二次世界大戦のヨーロッパ戦線において、バルカンでは反共闘争に勝利したギリシアと自力解放を実現したユーゴスラヴィアとアルバニアを除き、ルーマニア・ブルガリアの全土を制圧した。

これに加えてソ連はすでにナチス・ドイツのポーランド侵攻後の一九四〇年、一八世紀にスウェーデンから支配をうけながら一九一八年に独立したエストニアとラトビアを併合していた。また、元来はポーランドに属していたがポーランド分割に際しロシアの領土に加えられた後の一九一八年に独立したリトアニアと、ポーランド東北部も同様であった。

ソ連はさらに対独戦でポーランド全域をも占領し、歴史上初めてドイツ本土へと進出してナチス・ドイツの「第三帝国」の首都ベルリンを含むドイツ東部と、ウィーンを含むオーストリア東北部をもその占領下においた。ただ、ベルリンとウィーンについては米英仏との共同管理とし、当面は東半を占領下においた。

「東欧」＝「東」陣営の形成

このうちオーストリアについては、大戦後に米英仏ソの四カ国による共同管理下に置かれたものの、一九五五年五月に国家条約が調印されて主権を回復し、ソ連支配下に入ることをまぬがれ、中立の独立国となった。

しかしソ連軍占領下に入った他の地域では、事態は全く異なっていた。ソ連と米英仏ソが分割占領したドイツでも、米英仏占領下の西部では一九四九年五月にドイツ連邦共和国憲法が発布され、ソ連占領下の東部は同年一〇月にドイツ民主共和国となり、東西ドイツが並立することとなった。米英仏ソの四カ国共同管理下にあったベルリンも東西に分割されたままで残り、四九年五月に解除されたとはいえ、四八年六月にソ連によるベルリン封鎖が始められさえした。こうしてドイツの東西分割は、ソ連邦崩壊まで続くこととなった。

ソ連が完全に占領下においた諸地域では、ナチス・ドイツからの解放後、当面は非共産党政権が成立するなかで共産党の力を伸張させ、後にはいずれの国でも共産主義政権が成立していった。これらの国々では事実上の共産党一党独裁の下で、企業の国有化と計画経済、農業の集団化が強行され、ソ連の利害にそったかたちでの工業化とその分業化が進められた。

ソ連及びその支配下に入った共産主義国は、一九四七年から熾烈化する、いわゆる「冷戦」の中で「東」陣営と呼ばれた。「東」陣営に属する地域は、「東西冷戦」の文脈の中で、資本主義陣営に属する「西」の「西欧」に対し、しばしば「東欧」とも呼ばれた。しかしこの文脈での「東欧」は、あくまで「ヨーロッパ東半の共産圏」の意味で、文化的には「ギリシア・キリル文字圏」としての東欧正教圏と、「ラテン文字圏」としての西欧キリスト教圏が混在する地域であった。冷戦下の「東」、「東欧」のその後の運命にとって、この二つの文化圏の存在は、少なからぬ意味をもってくる。

冷戦下の「東」、「東欧」に属した諸国は、実態は共産党独裁下にあり、「下からの参加」による政策決定のフィード・バックのシステムという意味での「民主政」とはかけ離れた権力構造の下にあった。にもかかわらず、正式国名においては「民主」共和国などと名のっていたことは、近代西欧起源の近代民主政とそれをよしとするイデオロギーとしての民主主義が、実態はさておき、プラス・シンボルとして定着していたことを示すのであろう。

東西冷戦のはじまり

両世界大戦ともに第一の主戦場であったヨーロッパにおいて戦後、共産主義圏としての「東」「東欧」が形成されていくなかで、資本主義圏としての「西」、すなわち西ヨーロッパの大半及び米国との対立が明白化していくこととなった。

「冷戦」という呼称は米国のジャーナリスト、ウォルター・リップマンによる一九四七年の著書の題名としてまず現れたというが、実態としての資本主義陣営としての「西」、共産主義陣営としての「東」の対立は、ナチス・ドイツという共通の敵を克服し、戦後処理をどう進めていくかをめぐって進行した。

それは一九四七年三月、時の米国大統領トルーマンが「トルーマン・ドクトリン」と呼ばれるようになる所信を表明したことでとりわけ明白化した。その所信とは、米国は共産主義に対し自由世界を守る責任をとるというものであった。

同年六月には米国務長官マーシャルが世界大戦の災禍からのヨーロッパ復興計画を表明し、ソ連がこれを共産勢力の封じ込め政策の一環とみたことが、「トルーマン・ドクトリン」の表明と相まって「東西」の対立を深め、「冷戦」化が進行していくのである。実際にソ連はマーシャル・プランに対抗し、一九四七年九月に各国共産党の統制のためコミンフォルムを創設した。

さらに「西」側諸国が一九四九年に集団防衛機構としてNATO（北大西洋条約機構）を設立し、一九五四年一〇月に主権を回復した西ドイツがこれに加盟すると、ソ連を中心とする「東」陣営は一九五五年五月にNATOに対抗するワルシャワ条約機構を設立した。「冷戦」下、米ソはまず核開発を進めて原爆から水爆へと進み、その運搬手段として大陸間弾道弾の開発がめざされ、ロケット技術を発展させるべく人工衛星打ち上げ競争も進行した。巨大破壊兵器の開発は一九六二年のキューバ危機などをもたらしたが、兵器の圧倒的破壊力を前提にあくまで「冷戦」にとどまり、「熱い戦争」にはついに発展することはなかった。

しかし「東西」の「冷戦」がグローバル・システム全域に拡がるなかで、周辺における対立紛争では「熱い戦争」を呼び起こした。とりわけ第二次世界大戦後に「民族自決」原則の実現が非ヨーロッパの異文化圏に及んでいくと、イスラム圏の中核をなす中東やアジアの漢字圏で、「熱い戦争」は宣戦布告を伴わない戦争として勃発した。

「漢字圏」では、第二次世界大戦の太平洋戦線で主役となった大日本帝国が敗北すると、一九一〇年以来植民地化されていた朝鮮半島が、日本の植民地支配から解放された。

しかし朝鮮半島もまた、第二次世界大戦後における「東西」の「冷戦」に巻き込まれ、その発火点の一つとなる。そして「漢字圏」の古くからの中心であった中国情勢とも、深くかかわることとなるのである。

漢字圏における「熱い戦争」——朝鮮戦争

第二次世界大戦が大日本帝国の無条件降伏によって終結する間際、ヤルタ協定をふまえて一九四五年八月八日にソ連が日ソ中立条約の存在にもかかわらず日本に対し翌九日に対日開戦することを宣言し、「満洲」に侵攻した。これを席捲するとさらに南下を続け、大日本帝国の植民地であった朝鮮半島に入り、八月下旬には平壌に達した。

他方、米軍もまた朝鮮半島に入り北上した。GHQ司令官マッカーサーは、九月に米ソ両軍による朝鮮半島分割占領政策を明らかにし、米軍司令部が南部における軍政を布告した。ソ連の進駐した北と米軍軍政下の南との境界は、北緯三八度となった。南朝鮮では一九四八年八月一五日に「大韓民国」が樹立され、李承晩が初代大統領に就任した。

一方の北朝鮮では一九四八年九月九日に「朝鮮民主主義人民共和国」が樹立され、戦前より反日抗戦運動に加わりソ連軍に擁せられて北朝鮮に入った金日成が首相となった。こうして朝鮮半島は南北に分断され、「東」の共産主義陣営と「西」の資本主義陣営が「三八度線」を境ににらみ合う場となった。

この間、中国の北の辺境、モンゴル高原ではすでにロシア革命の影響の下で一九二四年にモンゴル人民共和国が成立しており、一九四六年には中国がモンゴルの独立を認めた。ただし内モンゴルは中華人民共和国成立の一九四九年に、「内モンゴル自治区」となった。ちなみに、内モンゴル自治区では、古代ウイグル文字を起源とするモンゴル文字が継承されたが、ソ連影響下のモンゴル人民共和国ではモンゴル文字にかえて、キリル文字が採用された。

中国内部では国共合作による協力体制をとっていた抗日戦争が終わると、蔣介石指導下の中華民国と、抗日戦争中に力を伸ばした毛沢東指導下の共産主義勢力による対立が表面化していった。一九四六年に入ると国共内戦が激化し、結局は共産軍が勝利して一九四九年一〇月一日、中華人民共和国が成立した。敗れた「国民政府」は台北への遷都を決定し、一九五〇年には蔣介石が台湾で総統に復帰し、中国大陸の「中華人民共和国」と台湾の「中華民国」が、「二つの中国」として対峙することとなった。

まもなく一九五〇年六月二五日、「朝鮮戦争」が勃発した。北朝鮮軍が「三八度線」をこえて韓国に侵攻すると、三日後には大韓民国の首都ソウルを攻略するにいたった。敗勢の韓国軍を支援すべく、国連軍指揮権を与えられた米国はマッカーサー元帥を国連軍総司令官とし、九月一五日には米軍を中心とする国連軍が仁川に上陸して戦局を逆転させた。国連軍は一〇月に「三八度線」をこえて北朝鮮に侵攻したが、これに対し中華人民共和国で結成された中国人民義勇軍が鴨緑江をこえて朝鮮半島に入り、一二月に平壌を、翌五一年一月にはソウルを攻略した。三月に国連軍が再びソウルを奪回すると戦線は膠着化し、一九五三年七月には朝鮮休戦協定が締結された。しかしその後も南北の対立と分断が続き、二一世紀初頭にいたっているのである。

この朝鮮戦争は「朝鮮特需」として、復興努力中の日本経済に大きな影響を与え、経済的復興のバネとなった。一方で一九五一年にサンフランシスコ講和会議が開催され、九月八日に対日講和条約と日米安全保障条約が調印されたことで、日本はGHQによる占領下から主権を回復して国際社会へ復帰することになった。この講和条約については、ソ連も含む全面講和か単独講和かの論争となったが、単独講和に決した。

漢字圏における「熱い戦争」——ベトナム戦争

大戦後の「冷戦」の下で、「漢字圏」においては東端の朝鮮半島で南北の分断国家が生まれた。また南西端のベトナムにおいても、南北ベトナムの分断国家が生まれることとなった。

ベトナムは清仏戦争後の一八八五年以来フランスの保護国、そして仏領インドシナ連邦の一角となってきたが、そのなかで文字としての漢字・チュノムは廃され、完全にラテン文字化した。ただベトナム人は仏印の植民地支配においては中間管理職として利用されていた。仏印に属する梵字圏のカンボジア、ラオスとは異なり、すでに一一世紀以来、科挙制度を受容して中国モデルの支配組織を発展させ、それを運営する「組織技術」が蓄積されてきていたこととの関係が注目されよう。

第二次大戦前の日本軍の仏印進駐に対しベトナムでは対日対仏抵抗運動が組織化され、日本の敗戦直前から全土で武装蜂起が始まり、九月に入ってベトナム民主共和国が独立を宣言した。しかし、植民地支配の回復をめざす仏軍がサイゴンを占領すると、次いで中国軍が北部に進駐した。こうしたなか、一九四六年にベトナム・フランス暫定協定が調印されたが、一二月にハノイでベトナム軍と仏軍が衝突する事態となり、第一次インドシナ戦争が始まった。

一九五〇年から中華人民共和国がベトナム援助を開始すると戦況は次第に仏軍不利に傾き、一九五四年に始まった人民軍のディエンビエンフー作戦は仏軍の大敗に終わった。こうして第一次インドシナ戦争は終結したが、ベトナムは南北に分断され、一九五五年には南ベトナムでゴ・ディン・ジエム大統領の下「ベトナム共和国」が成立して独裁政治が始まった。

これに対し一九六〇年に北ベトナムの支援を受けて南ベトナム解放民族戦線が成立すると、南政府軍との内戦が拡大していった。南政府軍を支援すべく、フランスにかわり米国が介入を本格化させ、一九六五年には米空軍が「北爆」を開始し、南ベトナムの地上戦でも米軍が直接介入するにいたった。

しかし南ベトナムにとって戦況が好転しないまま、一九七三年にパリでベトナム和平協定が調印されてベトナム駐留米軍が撤退すると、ベトナム人民軍がサイゴンに入り、南政府は無条件降伏した。こうしてベトナムは一九七六年に南北が統一され「ベトナム社会主義共和国」が成立し、同年一二月には労働党がベトナム共産党と改名した。

このベトナム戦争は「宣戦布告なき戦争」であり、またベトナム民主共和国正規軍との協同の下でベトナム解放民族戦線の展開したゲリラ戦が、深いジャングルにおおわれた地形と民衆の支援に支えられ、第二次世界大戦後の世界体系における超大国・米国の巨大な軍隊を破ったことは、世界史に一期を画したのである。

サイクス・ピコ協定による「歴史的シリア」の分割

中東のパレスティナにおいても、「冷戦」のはざまで、断続的なかたちで「熱戦」が炸裂していた。「中東」とは西はモロッコからエジプト、アラビア半島、シリア、イラク、北はトルコ、イラン、アフガニスタンを包摂する地域で、「アラビア文字世界」としてのイスラム世界の歴史的中核をなしてきた地域である。

そしてモロッコからシリア、アラビア半島、イラクにいたるその南半は、アラビア語を母語とするアラブ人が圧倒的に多いアラブ圏であり、パレスティナはそのアラブ圏に位置している。

ここは古代イスラエル王国の地で、その首都がイェルサレムであった。しかし紀元前七〇年にローマ軍によってイェルサレムは破壊され、その地を追われたユダヤ人はディアスポラ（流離の民）となって各地に四散した。ただ、イェルサレム以外のパレスティナには、ユダヤ人が多く残留していた。

パレスティナは六三八年、「アラブの大征服」によりアラブ・ムスリム支配下に入った。だが先述したようにユダヤ教徒は「啓典の民」としてズィンマ（保護）をうけたズィンミー（被保護民）となりユダヤ教を保ちながら、母語が次第にアラビア語化しつつも存続していた。パレスティナには多くのアラブ・ムスリムが移り住み、さらにユダヤ教徒からの改宗もあり、アラビア語を母語とするムスリムが圧倒的多数を占めるようになっていた。

一二五〇年にエジプトでマムルーク朝が起こると、パレスティナの地はその支配下にあったが、一五一六年にオスマン帝国領となり、第一次世界大戦中までその支配下にとどまった。

しかし一九一八年にオスマン帝国が第一次世界大戦の敗戦国となると、英仏露間で大戦中に結ばれていたサイクス・ピコ協定に基づき、パレスティナもその一角をなす「歴史的シリア」(大シリア)は南北に分割され、北半はフランスがとり、さらにこれを東西に二分して西をレバノン、東をシリアとし、国際連盟の委任統治領として支配下においた。

同様にイギリスはエジプトとスエズ運河の保守のためもあろう、その南半を支配下においたが、一九二三年にヨルダン川を境に西部のパレスティナとその余の地に分け、後者をトランス・ヨルダンと名づけた。その理由は、第一次世界大戦中のバルフォア宣言(一九一七年)で言及されたユダヤ人の財政援助に対する見返りとして、パレスティナにおけるユダヤ人の「ナショナル・ホーム建設」を実現するためであった。

中東戦争とパレスティナ

すでにオスマン帝国時代の一九世紀末以来、ユダヤ人ないしユダヤ教徒の聖地としてのシオンの地(パレスティナ)へ戻ろうというシオニズム思想の下、パレスティナへは主にロシアからユダヤ人が流入しつつあった。その後イギリスの委任統治領となってから流入が増加するようになり、とりわけ一九三三年にドイツでヒトラーが政権を獲得してユダヤ人迫害が始まって以来、ユダヤ人の流入は急増した。

パレスティナへ流入したユダヤ人の多くはロシアを中心とする東欧、そしてポーランドとドイツ出身で元来は中世ドイツ語をベースとしヘブライ文字で綴る「イディッシュ」を母語とする人々であったが、ヘブライ語を日常会話の言語とすべく近代ヘブライ語に再編しこれを用い始めた。そして、ヘブライ語で教育を行うヘブライ大学をイェルサレムで立ち上げさえした。一九三九年に第二次世界大戦が始まると、ナチス・ドイツ軍から逃れて各国からさらに多数のユダヤ人が流入したが、パレスティナの人口の多数はなおアラビア語を母語とするアラブ・ムスリムと、アラブのキリスト教徒が占めていた。一方でシオニストのなかではパレスティナにユダヤ国家を建設する動きが生じ、その一部には委任統治領の英当局に対しテロ活動を行う過激分子も出てきた。また、これに対してアラブ側の反発も高まり、一九三六年から三九年にかけては「アラブの反乱」さえ生じた。

イギリスは第二次世界大戦後の一九四七年にパレスティナ問題を国際連合に付託し、同年一一月には国連総会でパレスティナをユダヤ人国家とアラブ人国家に分割しイェルサレムを国際管理下におくことが決定され、翌一九四八年五月にイギリスは委任統治を終了した。この間シオニスト過激派は対アラブ・テロ活動を展開し、デイル・ヤースィン村の住民虐殺などを起こしながら、イギリス委任統治終了日にイスラエルの独立を宣言した。

アラブ諸国はこれに反発してパレスティナへと侵攻し、第一次中東戦争が始まった。その後も中東戦争は四度にわたり繰り返されたがいずれもアラブ諸国軍の敗北に終わり、イスラエルはイェルサレムとシナイ半島、ガザ、ゴラン高原、ヨルダン川西岸を占領した。これらの争いのたびに多数のパレスティナ難民が生じることとなり、彼らはヨルダンやレバノン、シリアへと逃れた。この間、全世界のユダヤ人の支援に加え、米国は中東におけるソ連勢力浸透に対抗する橋頭堡としてイスラエルに多大の援助を与え続けた。

イスラエル当局はヘブライ語に加え、アラビア語も公用語としていた。しかし、アラブ系住民は差別下におかれている。さらに難民流出でアラブ人人口を減少させるとともに、人口比率上昇をめざし、諸外国からユダヤ人の招致に努めている。このような状況下、ようやく一九六四年にＰＬＯ（パレスティナ解放機構）が結成され、六九年以降はアラファト議長の下でパレスティナ解放運動が進められた。そして一九八七年には、イスラエル占領地で「インティファーダ」と呼ばれるパレスティナ・アラブ人の蜂起が生じ、世界各国のジャーナリストがイスラエル軍による苛酷な鎮圧作戦を報道して、世界世論にも影響を与えた。

また、この蜂起の間にイスラム原理主義運動としてのハマスの影響力が強まった。他方、パレスティナはこの争乱による関心の高まりを背景に一九八八年、パレスティナ独立を宣言し、ＰＬＯのアラファト議長がテロの放棄を明言したため、米国もＰＬＯを交渉相手に認定した。

こうして一九九一年の湾岸戦争をへた一九九三年、ノルウェーの仲介の下でオスロ合意に到達した。相互の共存をうたうこの合意により、イスラエル軍は占領下のヨルダン川西岸地区とガザ地区から撤退し、パレスティナ側は暫定自治政府を立ち上げ、五年後に最終的に和平することとし、九月ワシントンで調印が行われた。

パレスティナ問題の本質

しかし一九九五年にイスラエル側の指導者ラビン首相が和平に反対するユダヤ教過激派により暗殺されると、オスロ合意の実行は困難な状況となり、ハマスによる対イスラエル・テロなどに対する、イスラエル側の締めつけが現在まで続いている。これに加え二〇一八年には、米国のトランプ大統領がイェルサレムをイスラエルの首都と認め、これまでテルアビブにおいてきた米国大使館をイェルサレムに移すと表明したことで、状況はさらに混沌としている。

そもそもパレスティナを、歴史を通じ「紛争の大地」であったかのように論じ、厳しい一神教のユダヤ教とイスラム教、そして古い歴史をもつユダヤ民族とアラブ民族の宿命の対決の地であるなどと論じた者もあるが、これは妄語である。パレスティナの地は七世紀中葉にアラブ・ムスリムの支配下に入ったが、その後もパレスティナのユダヤ教徒とキリスト教徒は、既述のように唯一神を奉じその啓示の書をもつ「啓典の民」として不平等の下ながら許容され、イェルサレムにもイスラムの共同礼拝所であるモスクのみならず、キリスト教会もユダヤ教のシナゴーグも共存しており、大きな宗教的・民族的紛争は生じていなかった。

その状況を一変させたのは、オスマン帝国が解体され、英国がパレスティナをユダヤ人の「ナショナル・ホーム」としたことをきっかけとする。これによりこの地に多量のユダヤ人が新たに流入し、一九四七年に国際連合がユダヤ人に不当に広い地域を認めた分割決議を行ったことに加え、ついには一九四八年、シオニストたちが一方的に独立を宣言したことにより、パレスティナの地は「絶えざる紛争のちまた」と化したのだった。

また米国が「東西冷戦」下でイスラエルに大々的な援助を続けてきたことや、自らのかつてのユダヤ人迫害への罪悪感と、かつて西欧世界への最大の脅威であったイスラムへの嫌悪感から、西欧圏の人々がイスラエルにおけるパレスティナのアラブ人への圧迫と、周辺国におけるパレスティナ難民の悲惨な状況に目を向けなかったことが、問題解決をほとんど不可能としてきたのである。そしてこのような膠着状態を背景に、過激なテロに走るイスラム原理主義のハマスもまた生まれ、力を得てきたのである。

現代の目でみれば不平等という本質的な問題をかかえていたとはいえ、「前近代」の条件下においては、歴史の長い期間にわたってそれなりに機能してきたイスラムの伝統的な「統合と共存」のシステムが、西欧の外圧の下に破壊され、それにかわりうる平等と参加の原則に基づく、新たな「統合と共存」の秩序が生み出されていないことこそ、パレスティナ問題の本質なのである。

米ソの冷戦と緊張緩和

東西ヨーロッパのうち第二次世界大戦をきっかけにソ連の支配下におかれた「東欧」は、ソ連の鉄のカーテンに囲い込まれ圧制の下におかれた。

周辺では既述したような「熱い」内戦や紛争が続くなか、東西「冷戦」の主役である二つの超大国、米国とソ連の間では、一九五三年におけるソ連の独裁者スターリンの死後、緊張緩和のきざしがみえ始めたのであった。

スターリンが没すると、フルシチョフが共産党第一書記に選出され実権を掌握し、一九五六年の共産党大会でスターリン批判を行い、資本主義陣営との平和共存路線を表明した。フルシチョフは西ドイツがＮＡＴＯに加入したのに対し、ワルシャワ条約機構を結成する一方で、西ドイツと国交を回復した。

内政においてはこの年に発生したハンガリー動乱で締めつけを強めるも、一九五九年にフルシチョフはソ連の最高指導者として初めて米国を訪問した。一九六一年には「ベルリンの壁」が築かれ、翌年にはキューバ危機が発生して米ソ間に緊張がもたらされる局面もあったが、米国のケネディ大統領との交渉でフルシチョフがキューバからのミサイル撤去を決断し、核戦争の危機は回避された。一九六三年の部分的核実験禁止条約の締結は、米ソ間の「デタント」を象徴する出来事となった。

フルシチョフは一九六四年に党第一書記と首相を解任され、ブレジネフが後任の第一書記となったが、平和共存路線は続けられ、米ソの提出した核拡散防止条約は一九六八年に国連総会で採択された。また一九六九年から米国ニクソン大統領の下で始められた第一次戦略兵器制限交渉(SALTⅠ)が一九七二年に合意に達した。

その後一九七九年にソ連軍がアフガニスタンに進攻したことにより「緊張緩和」は停滞し、一九八一年に米国大統領となったレーガンはソ連を「悪の帝国」と呼び、新たな戦略防衛構想を発表した。

ゴルバチョフの登場と「ソ連邦」の解体

ソ連では一九八二年にブレジネフが没した後、共産党書記長にはアンドロポフ(~一九八四年)、チェルネンコ(~一九八五年)が続いた。チェルネンコの死後、一九八五年に共産党書記長となったのがゴルバチョフである。

ソ連と米国との関係は一九七九年のソ連軍のアフガニスタン進駐以来緊張し、翌一九八〇年にはモスクワ・オリンピックを西側諸国がボイコットした。しかし米ソ両国も早くから核戦争の脅威は認識しており、一九七二年にはミサイル制限条約が結ばれ、第二次戦略兵器制限交渉(SALTⅡ)も新たに始められていた。

一九八〇年代に入ると中距離核戦力(INF)全廃に向けた新たな交渉などを展開していくが、ソ連空軍による大韓航空機撃墜事件(一九八三年)などをめぐる緊張から時に中断を余儀なくされた。

チェルネンコ書記長時代の一九八四年にはロサンゼルス・オリンピックを東側諸国がボイコットした。レーガンはこの年、これまで個別に交渉してきた各種兵器の削減・撤廃交渉を関連させながら進める新たな包括的軍縮交渉を提案してもいる。このような状況下で迎えた一九八五年に、ゴルバチョフがソ連共産党書記長に就任したのだった。

ゴルバチョフは、「グラスノスチ（情報公開）」と「ペレストロイカ（建て直し）」改革路線をかかげ、米国のレーガン大統領と会見するなど、対外的にも信頼関係を築き始めた。そして翌一九八六年に、世界中の核兵器を二〇〇〇年までに全廃することを提案した。この年には米軍によるリビア爆撃や、ソ連のチェルノブイリ原発事故が起こり混乱も生じたものの翌一九八七年末、ワシントンで中距離核戦力全廃条約の調印にこぎつけた。

国内的にもゴルバチョフは自由化を進め、一九八七年には反体制派一四〇人を釈放し、一九八八年には最高幹部会議長を兼任した。そして一九九〇年三月にはソ連邦の初代大統領となり、翌一九九一年、新連邦条約に基づき国民投票を実施し、その結果をふまえて新たな「ロシア共和国」大統領にエリツィンが選ばれた。

同年八月には反ゴルバチョフ側の共産党保守派がクーデターをおこしたが、エリツィンの活躍もあり、短期間で失敗に帰した。これを受けてゴルバチョフは共産党解党を勧告し、書記長を辞任した。その後「ソ連邦」解消が宣言され、ロシア、ベラルーシ、ウクライナのスラヴ系三共和国に中央アジア諸国を加えた独立国家共同体（ＣＩＳ）創設が宣言された。一九九一年一二月二五日ゴルバチョフはソ連邦大統領を辞任し、こうして「ソ連邦」は名実ともに消滅することとなった。

世界史上で初めて、近代西欧で生まれた近代資本主義とそれを支える私有財産制度に対し、その私有財産を棄揚して搾取なき共産主義体制を実現しようとしたソ連の実験は、わずか七四年の歳月で消滅することとなった。

だが共産主義の出現とロシア十月革命は、資本主義の負の側面としての労働者の搾取のシステムに対する、資本主義体制下のフィード・バック機能の創出と発展に資したことは疑いがない。その点においては、人類の文明史上重要な役割を果たしたといえよう。

「東欧」諸国の動向　――ポーランド

第二次世界大戦後にソ連圏に包摂された「東欧」の諸社会は、中心国家「ソ連」中央におけるゴルバチョフのペレストロイカ改革が進行するなかで再び自由と解放を求めて動き始め、マルクスの観点からすれば「逆転現象」となるであろうが、「共産主義国家」から、民族主義としてのナショナリズムに基づく「国民国家」としての「ネイション・ステイト」をめざすこととなった。

そのなかでも、比較的早期に「ソ連」型社会主義システムに対する反発が暴動のかたちをとって噴出したり、体制内改革がめざされた地域があった。それはポーランドとハンガリー、チェコスロヴァキアであった。

まずポーランドにおいては全領域がソ連の占領下におかれたのち、ソ連当局が非共産党系の対抗レジスタンス指導者をソ連に連行し、「森の人」として抵抗を試みた者を制圧していった。

この間にポーランドでは共産党が検察権・検閲権を握っていき、一九四七年の立法議会選挙で親共産党勢力が圧倒的多数を得た。こうして共産党のビエルトが大統領となると、急速な国有化と経済計画が進められ、一九五二年には国名を「ポーランド人民共和国」とした。ビエルト政権は国民の大多数をなす信徒に大きな影響力をもつカトリック教会に対しても、枢機卿をはじめ高級聖職者を逮捕し、教会の人事監督権を押さえ、聖職者に国家への忠誠誓約をさせることとした。

しかし一九五六年六月、ポズナンで手当未払いをめぐる労働者のデモが反政府暴動と化し（ポズナン事件）、鎮圧に軍隊が投入されて多数の死傷者を出すにいたった。この事件をめぐり党員・知識人が街頭活動を始めたため、ポーランド駐在のソ連軍投入がはかられたが、当時すでに権力を握っていたフルシチョフがワルシャワに入り、軍事介入は避けられることとなった。

ポーランド側では、一九四八年に集団化に反対し投獄追放されていたゴムウカを復権させ第一書記とし、事態収拾にあたることとした。ゴムウカは拘束中の聖職者を釈放し、教会の叙任権を返還した。選挙についても、候補者名簿方式は保ったが、複数候補者から選択しうるようにした。また西側の経済的援助も受け入れるようにするなど、諸改革を進めていった。

ただゴムウカは、一九七〇年に発生したグダニスクとグディニャの造船労働者による暴動を鎮圧すべく戦車を投入したことが問題となって解任され、ギエレクが共産党第一書記となった。ギエレクは経済改革で事態を解決しようとしたが成功しえず、労働者が自信をもったことが将来に運動の新展開をもたらすこととなった。

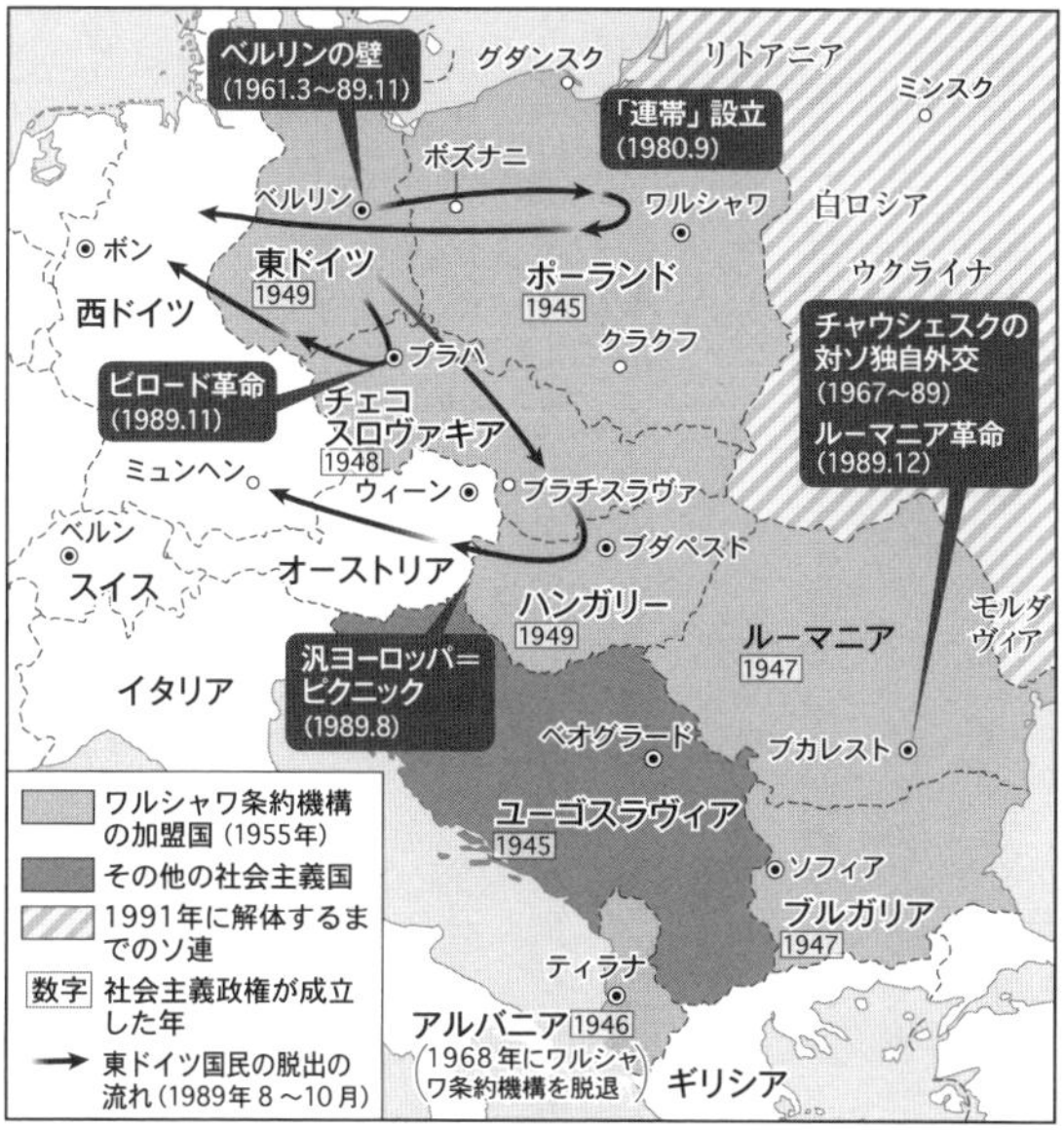

東欧革命

「東欧」諸国の動向　——ハンガリー

一九四五年にソ連軍によって全土を解放されたハンガリーは、翌年に王制を廃止して「ハンガリー共和国」となった。

ところが「冷戦」の激化はハンガリーに大きな変化をもたらすこととなる。一九四七年の総選挙では共産党を筆頭とする左派が多数を占め、翌年には事実上の共産党による一党独裁が成立した。まず学校国有化法が採択され、これに反対していたミンツェンティ枢機卿が逮捕されて終身刑が宣告された。

ついには一九四九年から大粛清が始まり、大企業だけでなく中小企業の国有化も進められ、さらに農村の集団化も強行された。

このようにハンガリーでは共産党による一党独裁の下で粛清が吹き荒れ、国有化・集団化が強行されていったが、一九五三年のスターリンの死去を転機とする「非スターリン化」のなかで、穏健派のナジ・イムレが首相となった。保守派の捲き返しでナジは一時解任されたが、一九五六年の改革を求める市民らのデモに対してソ連軍が介入し、ナジ・イムレは再び首相に復帰した。ナジは一党制の廃止など改革を進めようとしたものの、ハンガリーの中立化を宣言するにいたってはソ連の怒りを買い、再びソ連軍が侵攻してナジ政権は崩壊し、カーダールが革命労農政府を樹立した。市民は抵抗戦を継続したが、結局ハンガリーの民衆の抵抗は鎮圧され、ナジもソ連に連行されて処刑された。ハンガリーではカーダールの下で三カ年計画が採択され、共産党独裁体制が若干の修正が加えられつつ続くこととなった。しかし、このいわゆる「ハンガリー動乱」は、国際的に大きな影響を与えた。

「東欧」諸国の動向　——チェコスロヴァキア

この「ハンガリー動乱」から一二年をへた一九六八年、「鉄のカーテン」内に閉じ込められた諸国のなかで最も先進的な社会の一つであったチェコスロヴァキアが主役として登場することとなる。同国では一九四六年の総選挙で共産党が第一党となって以降、共産党が次第に力を強め、ソ連型の共産主義体制へと向かっていった。

一九六〇年に国名を「チェコスロヴァキア社会主義共和国」とするが、国内ではこの一九六〇年代、「雪解け」の進行とともに文学者たちの体制批判が高まっていった。これを機に一九六八年、共産党第一書記となったのがドプチェクであった。

ドプチェクがめざしたのは「人間の顔をした社会主義」であり、検閲廃止やスロヴァキアの自治を認めるなど諸改革を進めようとした。そのなかで知識人たちの「二千語宣言」なども提出され百花斉放の観を呈し、「プラハの春」と呼ばれる状態が現出した。

しかしブレジネフの保守体制の下、ソ連はチェコスロヴァキアの改革の行き過ぎを恐れ、ワルシャワ条約機構軍の軍事演習を同国で行うことで軍事的圧力をかけた。それでも改革はとまらず、ついに同年八月、五〇万をこえるワルシャワ条約機構軍がチェコスロヴァキアに侵攻し、ドプチェクら指導者はソ連に連行された。

市民の抗議活動はみられたが、「ハンガリー動乱」の際のような武力抵抗は呼びかけられず、またなされなかった。ドプチェクらはソ連共産党首脳部との会議をへて母国へ返され、事態を収拾することとなった。ソ連軍の一部はチェコスロヴァキア領内に駐留し続け、改革を支えた多数の共産党員は除名され、改革に参加した知識人は排除された。「五輪の花」と称された女子体操選手ベラ・チャスラフスカもその一人であった。

一九六九年、ドプチェクは解任され、かわってフサークが第一書記となり独裁体制を敷いた。ただ、ドプチェクがまだ第一書記在任中の一九六九年にスロヴァキア人の年来の願望が実現され、新憲法の施行とともに「チェコ社会主義共和国」と「スロヴァキア社会主義共和国」に分かれ、従来のチェコスロヴァキア社会主義共和国の名の下で連邦制を取ることとなった。

共産圏諸国の自由化　――ポーランド

「プラハの春」抹殺後の沈滞のなかで、まず新たな動きが見え始めたのはポーランドであった。

ソ連軍に「プラハの春」が抹殺されて二年もたたない一九七〇年、ゴウムカ政権下での食料品価格値上げの発表に対し、グダニスクを中心に港湾都市の労働者がストライキに入り、デモが発生し、これを鎮圧すべく軍隊が出動した。デモは先鋭化し、軍隊の発砲で五〇名近くの死者と多数の負傷者が生じると、反政府運動として全国に拡散した。このとき、指導力を発揮して造船所スト委員会の委員長に選出されたのがグダニスク造船所の電気工、レフ・ワレサであった。ワレサは次第に反体制運動の指導者として台頭し、一九七八年には非合法労組運動支援組織による機関誌の地下出版に取り組み始めた。

この一九七八年は、いま一つ決定的な動きの出た年であった。それはクラクフの大司教で枢機卿のヴォイティワがローマ教皇に選ばれ、ローマ教皇ヨハネ・パウロ二世となったことである。この史上初の「ポーランド人」教皇の誕生は、ポーランド国民の圧倒的多数を占めるカトリック教徒を力づけ、翌一九七九年の第一回帰国巡礼に始まる帰郷と支援がポーランド情勢に大きな影響を与えた。ポーランドの自由化の過程は、ワレサの「連帯」をはじめポーランド国内の国民運動と、ポーランド一国の枠をこえたカトリック教会の動きが連動しつつ進行していたのではあるまいか。

一九八〇年に政府の食肉値上げに反対してストがおこると、グダニスクではレーニン造船所のみならず周辺工場の労働者も組織すべく工場間ストライキ委員会が結成され、ワレサが議長となった。同年八月には自由労組を認めるグダニスク協定が政府と結ばれ、九月にはギエレク第一書記の退任とともに、独立自由労働組合「連帯」が発足し、ワレサが議長に選任された。

「連帯」では一九八一年の第一回大会をへて、一二月に「連帯」委員会から国民投票などの諸要求が出された。この間、ソ連は介入の機をうかがっていたが、ついに一二月一三日に「戦争状態」、すなわち「戒厳令」が宣言され、ワレサをはじめ「連帯」活動家六七七四人が拘束された。翌年に「連帯」は非合法化されたが、水面化で運動は継続された。ワレサらは同年末の戒厳令停止とともに釈放され、その三カ月後、外からの支援の一端としてワレサにノーベル平和賞が授与された。

一九八五年にゴルバチョフがソ連共産党書記長となり改革路線を掲げると、ポーランドでも翌年、公然組織として「連帯」暫定評議会が発足した。政権側も「上からの改革」を打ち出したが国内の不満を抑えられず、共産党政権の存続に対する危機感も拡がりはじめた。こうして一九八九年、政権側と野党「連帯」側の「円卓会議」が実施され、憲法改正などの国政における基本原則や「連帯」の合法化などを含む合意文書が調印された。その後、この合意をふまえた憲法改正案と選挙法が国会で採択された。

同年六月に実施された総選挙では上院・下院「無党派」枠ともに「連帯」市民委員会が圧勝し、一二月の国会で憲法が改正され、共産党の指導的役割が廃止された。また基本的人権と政治的自由が保障され、国名も「ポーランド人民共和国」から「ポーランド共和国」へと改称した。

さらにワレサが一九九〇年一一月の大統領直接選挙で勝利し、翌年には第二次世界大戦後初となる完全に自由な総選挙が行われた。一九九三年九月に旧ソ連軍が完全に撤退し、こうしてポーランドは共産主義体制から完全に離脱した。

共産圏諸国の自由化　――チェコスロヴァキア

一九六八年の「プラハの春」の舞台となったチェコスロヴァキアでも、一九七七年には改革派知識人らによる「憲章七七」が公表され運動として拡がったが、政府による強い弾圧を受けた。

民主化を求める市民デモも、ようやく一九八八年に登場する。翌年には一九六九年のソ連の軍事介入に抗議して焼身自殺した学生の追悼集会をきっかけとしておこった大規模なデモが警官隊と衝突し、反体制派リーダーで「憲章七七」発起人の一人でもあった作家のハヴェルも逮捕された。

この事態に国内のみならず、国外からも非難の声が上がった。六月末には、釈放されたばかりのハヴェルも含めた「憲章七七」のメンバーが、政府に請願書を提出し、カトリック教会も対話を呼びかけた。さらに八月に入ると、政府の禁止にもかかわらずワルシャワ条約機構軍介入への抵抗を記念する集会が開かれ、一一月には三万人近いデモが組織されるなど、集会参加者は増え続けていった。またこの間にはハヴェルらが民主化をめざす「市民フォーラム」を結成した。政権側もついに共産党指導部全員が辞任して新書記長を選出したが、運動は収まることなく全土でゼネストが執行された。

この事態を受けて、連邦議会は憲法の共産党の指導性条項を削除した。こうして複数政党制が復活したのちも政権が共産党主導の内閣をつくろうとしたが市民フォーラムが拒み、ここで非共産党員中心の「国民連合」内閣が成立するにいたった。

これによりすでに共産党書記長を退いていたフサークが大統領職をも辞し、連邦議会はかつて一九六八年の体制内改革を主導したドプチェクを連邦議会議長に、そして市民フォーラムを率いるハヴェルを共和国大統領に選出した。こうしてチェコスロヴァキアも、「鉄のカーテン」のくびきから完全に解放されることとなった。

共産圏諸国の自由化　——ハンガリー、東ドイツ

一九五六年の「ハンガリー動乱」以来、反政府的な動きが押さえつけられてきたハンガリーでも、一九八六年になるとかつての動乱に対する意味づけの見直しの動きが生じるようになった。

政権側も、事実上の私的企業を認めるなど一連の経済改革をはかるとともに、「西」側諸国への旅行の自由化、さらに結社法を定めた。だが一九八八年には三〇年を超える長期政権を敷いてきたカーダールが書記長辞任をよぎなくされ、グロースが後任となった。一方ではこの前年に、ソ連のゴルバチョフ政権による改革路線の追い風を得て知識人ら改革派が結集し「民主フォーラム」を立ち上げた。

これまで慎重だったカトリック教会も政治的に活発化するようになり、一九八九年にローマ教皇ヨハネ・パウロ二世を政府とともに招待した。そして五月、オーストリアとの国境に設けられた鉄条網の撤去が始まった。これを機会に、西ドイツ移住を求める東ドイツ市民が旅行者としてハンガリーに入り続々とオーストリア領内に流れ込むこととなった。

六月には、ハンガリー動乱時の首相でソ連により処刑されたナジ・イムレの「名誉回復」としての埋葬式が行われた。この年には支配政党である労働者党が解体されて「ハンガリー社会党」となり、国会では憲法改正案が可決され、国名も「ハンガリー人民共和国」から「ハンガリー共和国」となった。

ヨーロッパで唯一分断国家となり「東」側に組み入れられていた東ドイツでは、まずオーストリア国境を開いたハンガリーから、大量にオーストリア経由で西ドイツへと東ドイツ市民が流出していった。チェコにも流入が続き、東ドイツ政府の了解の下、一九八九年には鉄道で西ドイツ移送を開始した。

東ドイツ国内でもこのころから改革要求が高まりデモが定期的に行われるようになり、これを受けソ連に忠実だった第一書記のホーネッカーが失脚した。同年一一月七日、東ベルリンではデモ参加者が一〇〇万人を超え、ついに三日後の一一月九日夜、ベルリンの壁が解放された。その後、東ドイツは西ドイツに対し、当面のところ東西ドイツで「条約共同体」をつくることを提案した。西ドイツのコール首相はアメリカ、ソ連そしてフランスと交渉を重ね、その合意を得たうえで一九九〇年七月にまず通貨を統合し、そして九月、西ドイツに完全主権を与える最終文書が調印されて東西ドイツの統一が完了した。

次に、「ソ連」下にあったバルト三国の自由化過程について触れておきたい。

一九三九年、ドイツ軍がポーランドに侵入して第二次世界大戦が始まったとき、「独ソ不可侵条約付属秘密議定書」とその後結んだ「独ソ国境・友好条約」でソ連の勢力圏とされたバルト三国にソ連軍が侵攻し、ソ連邦に包摂された。リトアニア、ラトヴィア、エストニアのバルト三国でもまた、ソ連のゴルバチョフのペレストロイカ改革が始まると、自由と独立をめざす動きが活発化していった。「独ソ不可侵条約付属秘密議定書」調印から五〇周年の一九八九年八月、バルト三国が共同して、三つの首都を「人間の鎖」で結ぶ示威運動が行われた。

それぞれの国内では「秘密議定書」やソ連による併合に異を唱える運動が拡大していった。またソ連邦下では三国ともロシア語を公用語としていたが、いずれの共産党内でも改革派が主導権を握るようになると、相次いでそれぞれの母語を公用語とするようになった。

三国は連携しつつソ連と独立に向けた交渉を進めたものの、ソ連側の強い抵抗を受けた。そして一九八九年にはまずリトアニア共産党がソ連共産党からの独立を宣言し、またラトヴィアでは一九九〇年に独立回復を宣言するなどの動きが生じると、ソ連は経済制裁や軍の派遣といった強硬措置に踏み切った。しかし一九九一年八月、モスクワでのクーデター失敗を機に三国は相次いで独立を宣言するにいたり、翌月にはソ連がバルト三国の独立を承認することとなったのである。

異なる「自由化」の諸相

これまでみてきたポーランド、ハンガリー、チェコスロヴァキア、東ドイツ、バルト三国に対し、「東欧」諸国のうち、ソ連のペレストロイカの影響を受けるまで比較的共産主義体制が安定していたといえるのはバルカン諸国である。スターリンの「最良の弟子」というべきブルガリアで民主化要求デモが発生したのは一九八九年で、共産党一党独裁制が崩壊したのは一九九〇年であった。

残るバルカン諸国はユーゴスラヴィア、ルーマニア、アルバニアであるが、これらはいずれも共産主義体制をとりながらもソ連から距離をおく国々であった。

このうちアルバニアは一九九〇年に複数政党制を導入し、翌年に国名も一九七六年以来の「アルバニア社会主義人民共和国」を「アルバニア共和国」に変更して、一九九二年には共産化以後初めての非共産主義政権が成立した。

一方のルーマニアはチャウシェスク体制下、ソ連のゴルバチョフ改革後の一九八七年にハンガリー系住民の多いブラショフで大暴動が起こるも、チャウシェスクは治安部隊を動員して徹底的に弾圧し、さらに国土開発計画なる大規模な村落破壊と住民の強制移住に着手した。しかし反政府デモは拡大の一途をたどり、一九八九年に逮捕されたチャウシェスク夫妻は即決裁判により銃殺刑に処せられ、その状況がテレビで公開されると世界に衝撃を与えた。こうしてルーマニアも共産主義体制を離れた。

ユーゴスラヴィアは長らくチトーによる共産主義一党独裁体制が敷かれてきたが、ソ連とは一線を画し、インド、エジプト、ガーナなどと共に非同盟諸国のリーダーとして活躍したほどであった。そのチトーが一九八〇年に没すると、集団指導体制をとったユーゴスラヴィアも一九九〇年、一党体制が崩壊した。

「東」陣営諸国では共産党独裁体制の崩壊後、チェコスロヴァキアだけがチェコとスロヴァキアの二国家に分裂したが、ポーランド、ハンガリー、バルト三国は、バルト三国のロシア系住民を除けば民族・宗派構成が比較的斉一的で、従来の国家枠組を保ったままで自由化した。またバルカンでも、宗派構成は複雑だが民族構成は斉一的なアルバニア、そしてかなり複雑な民族的・宗教宗派的マイノリティーを抱えているルーマニア、ブルガリアも、従来の国家領域を保ちながら自由化していった。

これに対しユーゴスラヴィアは、元来が第一次世界大戦後にセルビアを中心に成立した国家であり、民族的にはスラヴ系が多数をなすが、言語的にも宗教・宗派的にも複雑な構成を有していた。チトー体制成立後も、一九四五年に「ユーゴスラヴィア連邦人民共和国」、一九六三年に「ユーゴスラヴィア社会主義連邦共和国」と改称しながら連邦制をとり、民族・宗教・宗派対立を内包してきたのだった。

この点は、その民族・言語・宗教・宗派を異にする人的構成を包括してきたソ連邦に類似している。ソ連邦ではゴルバチョフの下で一党独裁体制がゆらぎ始めると、一九八九年頃から解体が始まり、ついに一九九一年ソ連邦が消滅した。ユーゴスラヴィアにおいても、一党独裁体制が崩壊する前後から連邦所属の諸共和国が分離独立に向かった。

まずスロヴェニアが一九八九年に憲法を改正して連邦離脱を明記し、一九九一年にはクロアティアと共に独立した。その後ボスニア・ヘルツェゴビナとマケドニア（現マケドニア旧ユーゴスラヴィア共和国）が相次いで独立し、ついでモンテネグロが二〇〇六年に独立すると、ユーゴスラヴィアは「セルビア共和国」となった。

東欧の「文字世界」

ここまで「東西冷戦下」の「東欧」諸国共産圏の状況について多少紙幅を尽くしたのには理由がある。これらを、ここであらためて「文字世界」として可視化してみたい。

まず、「ソ連」型共産主義体制に対する反発が比較的早くから生じてきた地域、つまりポーランドとハンガリー、チェコスロヴァキアはいずれもカトリックが多数を占める、元来「ラテン文字世界」に属してきた社会であった。また第一次大戦後のウィルソンによる民族自決原則で独立したバルト三国も、元来プロテスタント系が多く占めるラトビアとエストニア、そしてカトリックが多数を占めるリトアニアのいずれも「ラテン文字世界」に属してきた。

さらにユーゴスラヴィアから最初に独立したスロヴェニアとクロアティアもまた、スラブ系ではあるが、カトリックが多数を占める「ラテン文字世界」に属する社会だったのである。ベルリンの壁の崩壊後、西ドイツに統合された東ドイツについては、プロテスタントが多数を占める「ラテン文字世界」であることはいうまでもないだろう。

これらの社会はビザンツの衣鉢を継ぐ「ギリシア・キリル文字世界」としての東欧正教世界に属さない。つまりその北方の雄たる「旧ソ連の中核」ロシアは、これらの諸社会にとって「異文化」世界だったのである。

一方でバルカンは、歴史的にはほぼかつてのビザンツ帝国領であった。ブルガリアとルーマニア、そしてソ連とは独自路線をとったユーゴスラヴィア内のセルビア、マケドニア、モンテネグロについては正教徒が多く、ロシアと同じ東欧正教世界としての「ギリシア・キリル文字世界」に属する社会であった。ただルーマニアのみ、大多数が正教徒ながら、一九世紀に文字としてはラテン文字を採用して今日にいたっている。

一方、ユーゴスラヴィアに属していたボスニア・ヘルツェゴビナはムスリムとカトリック、正教徒が混在する社会であった。ソ連邦に対しこれも独自路線をとったアルバニアのみが、ムスリムが多数を占め、ついで正教徒、一部にカトリックを含む社会であった。

アルバニアはかつてオスマン帝国の支配下でイスラムへの改宗者が増加し、人口の多くがムスリムとなり「アラビア文字世界」の一端をなした。またアルバニア人が進出して多数を占めるに至ったコソヴォもまた、ユーゴスラヴィア、そしてその解体後はセルビアの一部をなしてきたが、後に独立を宣言した。これも住民構成からいえば、アルバニアと同じく文化的には「ギリシア・キリル文字圏」ではない。

こうして「文字世界」で「東西冷戦下」における「東欧」諸国を可視化してみると、「ギリシア・キリル文字世界」諸国と「ラテン文字世界」諸国とでは、ソ連型共産主義体制の受容・定着・反発において、明らかな文化的差異が生じていたようにみえる。さらには共産主義体制から脱した「東欧」諸国のうち、「ラテン文字世界」に属する国々はいち早くEU（ヨーロッパ連合）への加盟を果たすことになるのである。この動きについては次章で詳しく触れたい。

「歴史の終わり」か、新たな「歴史の始まり」か

以上の如く、一九八五年からのソ連のペレストロイカ改革から一九九一年のソ連邦の解体に至る過程のなかで、第二次世界大戦後の「東西冷戦」は最終的に終結した。これにより冷戦下の「東欧」もまた消滅し、共産主義体制は崩壊して、非共産主義の多数のネイション・ステイトが析出した。

この事態は、確かに「西」側、すなわち「資本主義陣営」の共産主義陣営に対する勝利であり、資本主義対共産主義というイデオロギー的対立も、少なくともヨーロッパ方面では解消し、対立と抗争の「歴史の終わり」が到来したかにみえた。しかし、「東西」対立の終わりは、決して「歴史の終わり」ではなく、新たな「歴史の始まり」であり、新たな「対立と紛争の時代」の「始まり」でもあることが判明したのであった。

考えるに、資本主義と共産主義というこの二つのイデオロギーは共に「ラテン文字圏」としての近代西欧圏で生まれたものであり、文化の違いをこえた普遍的な側面を有していた。

もっとも、少なくとも東西両ヨーロッパ方面での、冷戦中のいわゆる「東欧」における共産主義体制の定着とそれへの反発についてみると、「ギリシア・キリル文字圏」としての東欧正教圏に比べて、元来は「ラテン文字圏」としての西欧圏に属してきたポーランド、チェコスロヴァキア、そしてハンガリーにおいて、より明確であったようにみえる。それは、共産主義独裁体制への抵抗運動が他よりはやく生じて盛り上がったのがポーランドにおける「連帯」運動であり、チェコスロヴァキアにおける「プラハの春」であり、そしてハンガリーの「ハンガリー動乱」であったことからもうかがえよう。

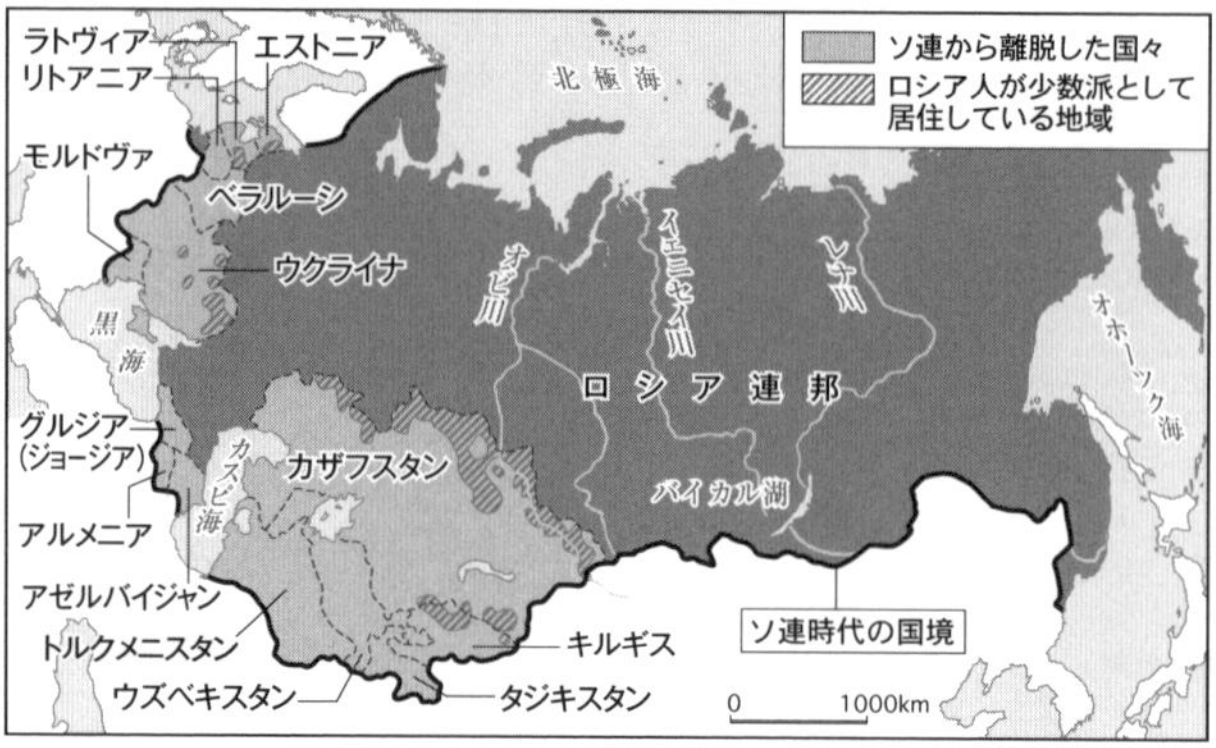

分裂したソ連

そもそも、「東西冷戦」とその終結により、全地球を包摂する唯一のグローバル・システムとしての近代世界体系における世界秩序が大きく変動することとなった。

「東西冷戦」の間は、米国を中心とする資本主義陣営の諸国と、ソ連を中心とする冷戦下『東欧』諸国が、二大陣営として緊張をはらみながら対峙していた。そして核兵器の存在を前提として、ときに朝鮮戦争やベトナム戦争のような、宣戦布告を伴わぬ局地的な「熱い戦争」が勃発し、またキューバ危機のような全面的核戦争にいたるかもしれない危機も生じたが、米ソ二強の下で一定の世界秩序が成立していた。

一九九一年のソ連邦の崩壊とその前後の「東欧」諸国の自由化とともに、米国が一強として覇権国家となり、全世界は領域的主権国家としての「ネイション・ステイト」からなる単一のシステムの下で、対立も紛争も解消するかにみえた。

フランシス・フクヤマが、冷戦後の世界を「歴史の終わり」といったのは、このような世界の到来を想起していたのではあるまいか。

揺らぎはじめた「ネイション・ステイト」

しかし歴史的現実において、一方では覇権国家としての米国の「一強」性は次第に揺らぎ始めた。そして他方では、第一次大戦後から第二次大戦後にかけて成立していた領域的主権国家としての「ネイション・ステイト」の枠組みも揺らぎ始めた。「ラテン文字世界」としての近代西欧世界で生まれ、非西欧圏にまで受容されていった「普遍」主義的なイデオロギーとしての共産主義が資本主義に敗れた後の世界体系のなかで、同じく近代西欧世界で生まれた「特殊」主義的イデオロギーとしての、「民族主義」としてのナショナリズムが、新たに噴出し始めたのである。

「冷戦」中にも「民族主義」としてのナショナリズムに由来する紛争には事欠かなかった中東では、東西ヨーロッパから流入したシオニストの樹立したイスラエルと、パレスティナのアラブとの「パレスティナ紛争」が、第二次世界大戦終焉後まもなくから続いてきた。

トルコのトルコ人やイラクのアラブ人と、クルド人との紛争もまた、断続的に続いてきた。またサハラ以南の「黒アフリカ」においては、植民地支配から独立した新興諸国で、しばしば民族ないしは部族間の対立紛争が暴発した。それでも「冷戦」終焉まで、それらの紛争は既存の領域的主権国家の枠組みの崩壊・解体を引き起こすにはいたらなかったのである。

しかし、ソ連邦の崩壊と「東」陣営の自由化とともに析出した領域的主権国家が「溶解」する現象がその後、生じ始めた。

その一つは先に触れた旧ユーゴスラヴィア解体後の激しい内戦である。一九九二年に独立を宣言したボスニア・ヘルツェゴビナには、ともに南スラヴ語系の「セルボ・クロアティア語」を母語としながら正教徒でキリル文字を用いる「セルビア人」と、カトリックでラテン文字を用いる「クロアティア人」、そして「ムスリム」が混在していた。

この地でセルビア人が「セルビア人共和国」としての独立を宣言すると、ユーゴ連邦軍がセルビア人側に立って介入したことで激烈な内戦に突入し、「民族浄化」が進行した。一九九四年に入るとNATOが介入してセルビアの空爆を開始し、翌年にはボスニア・ヘルツェゴビナの首都サライェヴォ周辺のセルビア人勢力に対する空爆も行われた。ようやく一九九五年に包括和平協定が調印され、既述のようにボシュニャク(ムスリム)とクロアティア人が中心のボスニア・ヘルツェゴビナ連邦と、セルビア人中心のスルプスカ共和国の二主体からなる一国家ボスニア・ヘルツェゴビナ連邦・スルプスカ共和国の形を取ることになった。

さらに、セルビア民族の歴史にとっては一三八九年のコソヴォの戦いの戦場として、オスマン帝国に対する抵抗のシンボルであるが、現況ではムスリムのアルバニア人が圧倒的に多くなりセルビア人が少数派となっているコソヴォでは、アルバニア民族主義者のコソヴォ解放軍が一九九七年から武装闘争を強め、対するセルビア治安部隊が掃討作戦を開始した。一九九八年にはNATO軍がセルビアを空爆するにいたり、その結果、和平案をユーゴも受諾し、一九九九年にユーゴ連邦軍のコソヴォからの撤退が完了した。

しかし紛争は断続的に続き、結局二〇〇八年にコソヴォ共和国の独立がセルビアの承認なしに一方的に宣言され、セルビアとロシアが承認しないなかで、米英仏独伊、ベルギーに加えてクロアティアまでが、独立を支持することとなったのである。こうして、第一次世界大戦後の一九一八年に「セルビア人・クロアティア人・スロヴェニア人王国」として建国され、第二次世界大戦後の一九四五年からは「ユーゴスラヴィア連邦人民共和国」となったこの多民族・多宗教・多宗派国家は、激しい紛争をへて完全に分解し、一つの複合国家と六つの民族国家となってしまったのであった。

ナショナリズムと宗教の台頭

ロシア連邦内のチェチェン共和国はチェチェン人の大多数がムスリムであるが、一九九一年にロシア連邦からの独立をはかったためロシア軍が侵入し、一九九七年に政治的地位を決めぬままで和平協定が成立した。しかし、一九九九年にモスクワ他でのテロをチェチェン人によるものとしてロシアが再び侵攻し、二〇〇一年には首都グロズヌイが破壊された。これに対し二〇〇二年にはチェチェン人がモスクワで劇場を占拠し、多数の死傷者が出た。チェチェン武装勢力の動きには、民族主義ばかりでなく、イスラムとのかかわりが生じてきた。

またソ連邦が解体したのちに析出した諸共和国のうち、今日ではジョージアと国名を変更したグルジアは、その母語のグルジア語が南カフカース諸語に属し、グルジア正教を奉じ「キリル文字圏」に属する。西カフカース諸語に属するアブハース語を母語としムスリムも多いアブハジア、印欧系のオセット語を母語とし正教徒とムスリムからなるオセット人の南オセティアではグルジアからの分離独立運動があり、これにロシアが介入して武力紛争となったことは記憶に新しい。

こうして近代西欧起源の共産主義という世俗的で普遍的なイデオロギーの枠内で抑えられてきた諸社会では、その体制崩壊後、まずは、これも近代西欧起源の世俗的イデオロギーである民族主義としてのナショナリズムを掲げる運動が激発し、多くの紛争をひきおこしてきた。さらには一九世紀末から二〇世紀中葉にかけて、近代西欧起源の世俗的民族主義の下に押さえ込まれてきたかにみえる、普遍的な宗教の活発化さえ生じてきた。

それは「冷戦」に勝利したはずの資本主義圏としての西欧圏においても、スペインのカタロニア独立への動き、そして今日EUを離脱せんとしている英国におけるスコットランド独立の動きとして生じている。

ただ領域的主権国家の主権性と民族主義としてのナショナリズムの克服をめざして形成されたEUの下、政策決定のフィード・バック・システムとしての民主制の制度化が進んでいるため、これらの動きは当面のところ非暴力的かつ住民投票といった制度化された手段によってはいる。

しかし、資本主義体制下における搾取を克服すべき革命をめざしたマルクスの共産主義が「棄揚」された「冷戦」後において、まさに資本の論理の発現によって、大きな社会経済的格差が生じつつある。そのなかで、自らが社会経済的に不遇と感ずる人々を受け皿に、政治的ポピュリズムが諸社会で生まれつつある。

そして、ポピュリズムにおけるシンボルとして、より攻撃的な民族主義としてのナショナリズムが台頭してくる可能性がありうるであろう。そのことは、二〇一一年におけるシリアの政治的液状化によってムスリム系アラブ人の難民がEUに大量に流入してくるなかでの、難民の流入を拒否するハンガリーやポーランドの政権の主張のなかに、ほの見えつつある。

新たな「歴史の始まり」

大量のシリア難民が流出しつつある「アラビア文字圏」としてのイスラム圏の西南部を占めるアラブ圏では、すでに第二次世界大戦直後からの世俗的民族主義としてのナショナリズム「シオニズム」と、これに対抗すべく形成されたパレスティナ人の「アラブ民族主義」との対立が激化してきた。

そのなかで、アラブ・ムスリム側ではイスラム原理主義的なハマスが台頭し、これに照応するようにシオニスト側でも、世俗的民族主義に対するユダヤ教原理主義ともいうべき、宗教的シオニストの台頭が顕著となった。

そして一九七九年のソ連軍によるアフガニスタン侵攻への抵抗運動のなかでは、隣国パキスタンに亡命したマドラサ、すなわち「イスラム学院」の学生らが組織した「ムスリム全学連」とでも称すべきタリバーンが台頭した。

これに加えて、いわばムスリム国際義勇軍として参戦した人々のネットワークに支えられ、自らも参戦したオサマ・ビン・ラーディンが組織したアル・カーイダは対米国際テロを次々と実行し、ついには二〇〇一年九月一一日のアメリカ同時多発テロ事件をひきおこすとともに、とりわけアラブ・ムスリム圏に大きな影響を与えた。

そして二〇一一年一月にチュニジアで始まった、いわゆる「アラブの春」の影響下で、世俗的民族主義に立つチュニジアのベン・アリー政権、エジプトのムバラク政権が次々と倒れた。さらにリビアのカダフィー政権、イエメンのサーレハ政権も倒れ、世俗的アラブ民族主義に立つシリアのアサド政権も揺らぐようになると、イスラム主義系の諸組織が前面に現れはじめた。

その好例が、イラク紛争後のサダム・フセイン政権倒壊以来、安定しないイラクで生まれイブラーヒム・アル・バグダーディーをカリフと仰ぐに至った「イスラム国（ＩＳ）」運動であった。

少なくとも一時はシリアとイラクにまたがる広大な地域を実効支配下においたが、その後シーア派のイランの革命防衛隊や、アメリカとソ連の参戦も得て、イラクとシリアにおけるイスラム国の実質的支配領域はほとんど消滅しつつあるかにみえる。

しかし、空間としてはエジプト領シナイ半島やリビアに足場を築くとともに、四大正統カリフ初代の名にちなみアブー・バクルと改名したカリフのインターネットを通じての呼びかけは、バングラデシュやインドネシア、さらに仏独英米など西欧圏の中枢をなす諸国のムスリム系国民、居留民にも反響を呼び、この呼びかけに応じる個別テロさえ発生し始めている。

この状況はかつての一九世紀の世俗的革命思想としてのアナーキズムやマルキシズムの影響に対比しうるであろう。

こうして、近代西欧起源の「普遍的」イデオロギーである資本主義と共産主義の対立が資本主義の勝利におわり、「歴史の終わり」を迎えたかにみえた後には、同じく近代西欧起源の「特殊的」な世俗的イデオロギーである「民族主義」としてのナショナリズムと少なくともシンボル的にはそれに依拠する運動と紛争を激発させつつある。

これに加えて、世俗主義に真っ向から対立する宗教に依拠する非西欧起源のイスラム原理主義の台頭とその影響のグローバル化さえもたらしている。

それだけではない。米国においては、西欧圏起源のプロテスタントの福音主義教会の台頭が、すでに以前から「ティー・パーティー」運動などとして見え始めていたが、二〇一七年の大統領選挙で勝利し、二〇一八年一月から大統領として執務を開始したトランプ大統領の支持層は、世俗的には既存産業の衰退により生じた「さびつき地帯（ラスト・ベルト）」での格差の下におかれた労働者を中核としつつ、宗教的には福音主義教会の影響下の人々が多いといわれる。ここでは、宗教がポピュリズムと結びつきつつ台頭しているのである。

こうして、「普遍的」な世俗的イデオロギーと社会経済体制の対立としての「東西冷戦」終焉後の世界は、「特殊的」なイデオロギーとしての民族主義としてのナショナリズムの噴出に加えて、宗教的なイデオロギーの再台頭さえ呼び出し、「新しい歴史」の時代が始まろうとしているのである。

しかし、確かに、このような動きに対し、安定とフィード・バックを求める努力もまた、新たな段階に入ろうとしているかにみえるのである。

第18章

「ネイション・ステイト」と「ナショナリズム」を克服する試み

――「ヨーロッパ統一」の実験とイスラム世界

ヨーロッパ統一の夢

第一次世界大戦は、ロシア革命を生んだ。レーニンは世界革命を夢み、共産主義の下に、階級も、階級支配の装置としての国家も棄揚することをめざした。しかし、この世界革命の展望はまもなく閉ざされ、スターリンの下で一国社会主義路線がとられたため、かえって国家権力主導による工業化が進められることになった。

第二次世界大戦の後は、共産主義陣営と資本主義陣営の対立する「東西冷戦」の時代を迎え、結局は一九九一年のソ連邦消滅により、共産主義の下の階級も国家もない世界の夢の残骸も消えさることとなった。

しかし、多大の犠牲者を生んだ第一次世界大戦は、グローバル・システムにおける覇権をめざした領域的主権国家としてのドイツによる覇権国家・英国への挑戦を背景に、ハプスブルク帝国領に併合されたボスニアに住む、民族主義としてのナショナリズムにつき動かされたセルビア人青年がおこしたサラエヴォ事件をきっかけに生じたものであった。

世界史上、未曾有の惨禍を生んだ第二次世界大戦は、第一次世界大戦に敗れヴェルサイユ体制の下で多くの領土と誇りを失い苦しむドイツ国民が、ヒトラーの過激な超民族主義としてのナチズムにつき動かされたところに原因があった。

共産主義者のレーニンが夢想した国家なき世界に対し、一方ではより現実的なヨーロッパ統合への動きも生じた。とはいえ、東西冷戦が進展するなかでのヨーロッパとして、とりあえずは西欧圏のうち西側陣営下にある諸国家が想定されていた。そもそも、カトリックを奉じ、ラテン語を共通の文化・文明語として共有し、ラテン文字を用いるようになった西欧キリスト教世界においては、政治的分裂の現実のなかでも「ローマ帝国の統一」の夢は残り続けた。

フランク王国のカール大帝一代におわったが、九六二年にオットー大帝がローマ教皇によりローマ皇帝の帝冠をさずけられた。これはカール大帝シャルルマーニュは西暦八〇〇年、ローマ教皇よりローマ皇帝の帝冠をさずけられて以降、神聖ローマ皇帝の帝冠は存続し、政治的分裂の現実のなかで、キリスト教世界における普遍性の政治的シンボルとなりつづけた。

政治的現実において、神聖ローマ皇帝を戴くキリスト教的普遍帝国が実現されることはなかったが、西欧世界では中世から近世にかけても、普遍的キリスト教世界としてのカトリック世界統一の夢は抱かれ続けた。一四世紀後半には、フランスの法律家ピエール・デュボワが国家連合としてのキリスト教共和国を構想した。また一七世紀前半には、フランス王アンリ四世の家臣であったフランス人シュリー公爵がハンガリーを除く「ラテン文字世界」としての西欧世界のすべてを包摂する国家連合を、「大計画」として提出した。さらに一八世紀前半、フランス人神父のサン・ピエールが、全西欧キリスト教世界に加えてロシアをも包摂するヨーロッパ連合を提案し、一九世紀前半にはフランス人サン・シモンが、ヨーロッパ議会に支えられたヨーロッパ連邦構想を提示した。

そして二〇世紀に入り、第一次世界大戦の惨禍を体験した西欧圏では、パン・ヨーロッパ運動が始まった。この流れのなかで、ハプスブルク帝国の伯爵であり、日本人の母をもつクーデンホーフ・カルレギーが、全世界を米国、英国、ロシア、東アジア、ヨーロッパの五つの勢力地域に分かち、英国を除く西ヨーロッパの二六カ国でパン・ヨーロッパ会議を創設し、パン・ヨーロッパ連合の実現をめざした。

しかし中世から近世をへて二〇世紀前半に至る、「ラテン文字世界」としての西欧キリスト教世界によるヨーロッパ統一の夢はついに実現されることなく終わり、一九三九年から四五年の第二次世界大戦を迎えることとなった。

「ラテン文字世界の統合」としてのEC、EU

第二次世界大戦をへて一方では東西冷戦が始まったが、他方では西欧圏の資本主義陣営に属する部分において、より実質的な統合への試みが始まった。

その第一歩が、一九五二年のヨーロッパ石炭鉄鋼共同体（ECSC）の発足である。それは単に石炭と鉄鋼という近代産業の要にかかわるだけではなく、第一次及び第二次世界大戦の大陸における中心となった西ドイツとフランスの和解と協力をめざすものであり、ヨーロッパ統一への志向を秘めたものであった。その原加盟国は、第二次世界大戦の当事国である西ドイツ、フランス、イタリアに、ベルギー、ルクセンブルク、オランダのベネルクス三国を加えた計六カ国からなっていた。

その成功をふまえ、一九五七年にはローマ条約により、ヨーロッパ経済共同体（EEC）へと発展した。その原加盟国も西ドイツ、フランス、イタリアとベネルクス三国であった。そこでは、EEC加盟国間における「ヒトとモノとサーヴィスと資本の移動」の自由が実現された。

さらに一九六七年になると、それがヨーロッパ共同体（EC）へと発展した。これには一九七三年に英国、アイルランド、デンマーク、一九八一年にはギリシア、そして一九八六年にはスペイン、ポルトガルが加盟した。加盟国中、ギリシアのみがかつてのビザンツ世界に起源をもつ、「ギリシア・キリル文字圏」としての東欧正教圏に属する国家であり、他はすべて、「ラテン文字圏」としての西欧キリスト教国に属する諸国であった。

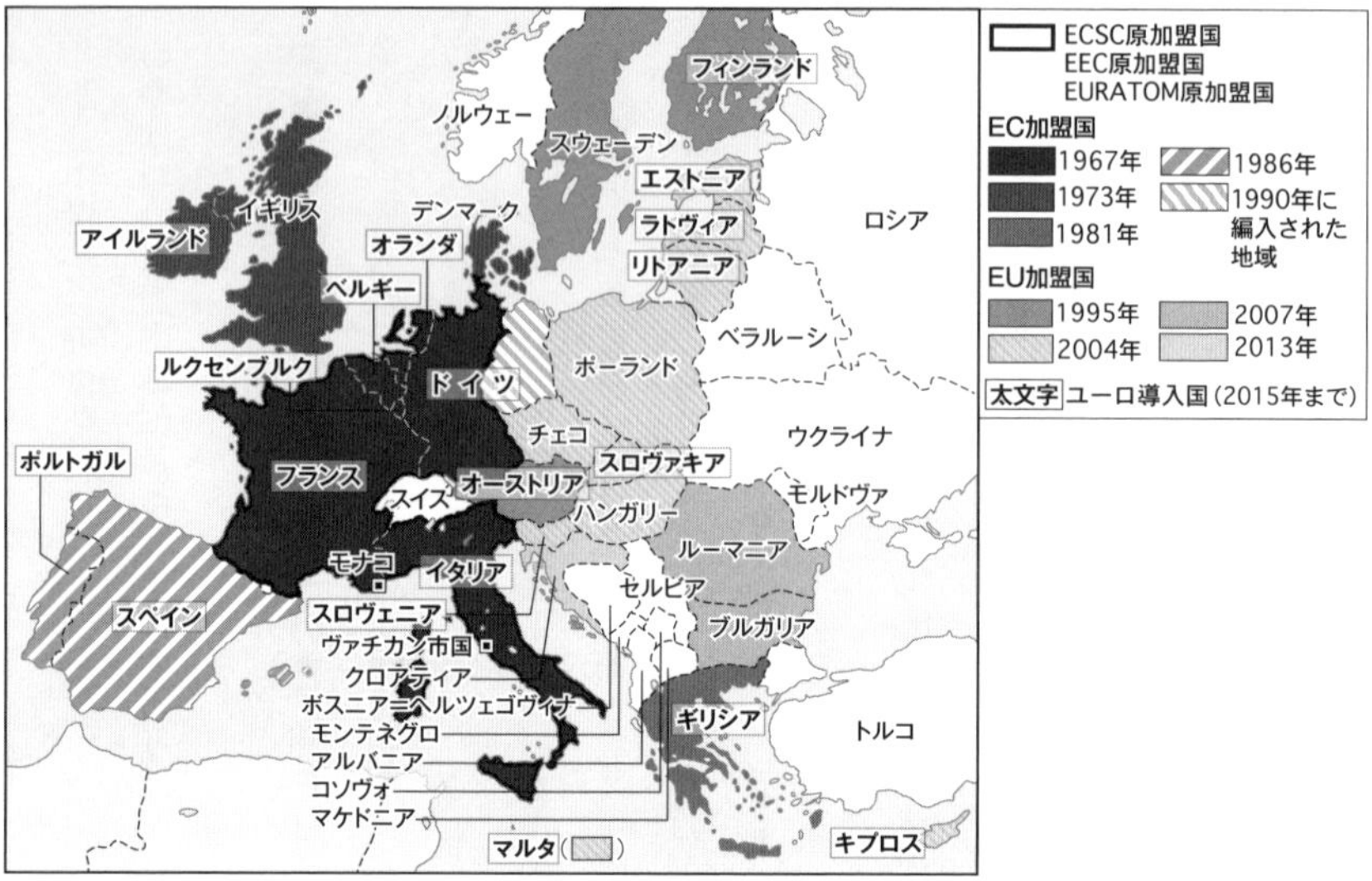

西ヨーロッパの地域連合

当初はまだソ連が存続しており、ギリシアは東西冷戦下、東欧正教圏のなかで共産ゲリラとの闘争を克服し資本主義陣営にとどまった唯一の国家であった。ギリシアはバルカン半島南端にあって、アドリア海とエーゲ海の地中海への出入口を制する位置にあり、しかもルネッサンス以降、西欧世界の精神的起源と目されてきたこともあずかっていたであろう。

その後、西ヨーロッパ統合への歩みは続き、一九九二年にはマーストリヒト条約が結ばれ、翌一九九三年にEUすなわち欧州連合が成立した。そして、EUの大統領にあたるものとして首脳会議常任議長と行政機関として欧州委員会、さらに加盟国の人口比に応じて定員が割り当てられ、加盟各国の議会が選出する議員からなる欧州議会が創設された。

一九九九年には欧州単一通貨としてユーロが導入され、ドイツ、フランス、イタリア、ベネルクス三国、スペイン、ポルトガル、オーストリア、フィンランドが導入し、二〇〇一年にはギリシアも加わって、二〇〇二年にはユーロ紙幣・硬貨が一二カ国で流通し始めた。

この間、一九八九年に「鉄のカーテン」が破れ始めソ連邦の解体が始まり、一九九一年一二月二五日に、ソ連が消滅した。これをうけて東独は西独に併合され、一九九五年に「東」陣営に属していなかったオーストリア、スウェーデン、フィンランドがEUに加入したのに続き、二〇〇四年にはマルタ、そして西側に属するものの「ギリシア・キリル文字圏」に属しギリシアと深い関係をもつ南キプロスに加えて、東西冷戦下では「東」陣営に組み入れられていたポーランド、チェコ、スロヴァキア、ハンガリー、スロヴェニア、リトアニア、ラトビア、エストニアが加盟した。

これらの諸国はソ連の勢力下に入ったため「東」陣営に組み入れられていたが、元来は「ラテン文字世界」としての西欧キリスト教世界に属してきた国々であり、東欧というよりも「中欧」というべき国々であった。

二〇〇七年に到ると、バルカン半島のルーマニアとブルガリアが加盟した。ルーマニアは一九世紀に入り文字としてはキリル文字にかえてラテン文字を採用したが、二国ともに元来は「ギリシア・キリル文字世界」としての東欧正教世界の国々であった。もともと「西」陣営に属してきたギリシアとキプロスを例外とすれば、共産圏解体後のEU加盟においても、元来「ラテン文字圏」に属してきた国々が優先され、かつて「ギリシア・キリル文字圏」に属した国々は加盟に後れをとったのであった。

ナショナリズムを克服する世界史的な試み

そして二七カ国の加盟国を数えるに至ったEUはついにラテン文字圏の枠を超えて、同じくローマ帝国に淵源をもち、同じキリスト教圏ではあるが互いに異文化の世界とみていた「ギリシア・キリル文字圏」の国々まで包摂し始めるに至った。二〇一三年には元来は「ラテン文字圏」に属するが、バルカンにあってユーゴスラヴィアの一部をなし「東」側に近かったクロアチアも加わり、もはや「ラテン文字圏」でEUに未加盟なのはノルウェーと永世中立国スイスのみとなった。そして、元来の「ギリシア・キリル文字圏」としての東欧正教圏の本体に属する国々としては、その中核というべきロシア、ベラルーシ、ウクライナを除けば、バルカンのセルビア、モンテネグロ、マケドニアを残すのみとなった。

そしてこの間、二〇〇九年には欧州憲法にかわるリスボン条約も発効するに至った。

経済的な面からのみ論じられがちであるが、そもそもヨーロッパ石炭鉄鋼共同体、ヨーロッパ経済共同体結成以来、その真の役割は、一方では経済活動の活発化のために、そして他方では二次にわたる世界大戦の勃発に鑑み、絶対的存在であった近代世界体系における政治的基本単位としての「領域的主権国家」の主権を制限し、国境の籬《まがき》を下げるところにあったのである。

それは国家権力の象徴の一つである貨幣について、共通通貨としてユーロを創設したことにも端的に表れている。そして、その究極のねらいはある程度実現されているのであり、そのことは、各領域的主権国家の上部に覆いができたために、各国における民族問題がスコットランドやカタルーニャの独立運動として露出しやすくなったことにも表れている。つまりそれは、民族主義に基づく民族国家としての国民国家の、民族性の籬にも変化が生じたことを示している。

元来はラテン文字圏に属さぬ諸国のなかで最初にEUに加入を許されたギリシアから、二〇〇九年に債務危機が発生し大きな問題となった。そのあとは、難民問題をきっかけとして、EU不要論が喧伝され始めた。二〇一七年には英国のEU離脱が提案者である当時のキャメロン首相の意図を超えて国民投票で承認され、EUの危機が喧伝されてもいる。

確かにEUは現今、困難な時代に入りつつあるかにみえる。しかし、EU成立による領域的主権国家の主権と国境の絶対性の制限は、国民国家としてのネイション・ステイトが確立するに至った、一七八九年のフランス大革命にも匹敵する大事件であったといえる。

それだけでなく、EUは民族主義としてのナショナリズムに支えられた国民国家としてのネイション・ステイトがはらむ、民族主義としてのナショナリズムの弊害を抑制する試みとしても、重要な意味をもっているのである。

この数世紀、唯一のグローバル・システムとしての近代世界体系形成の原動力となり、その覇権を握ってきた西欧世界が自ら生み出し絶対的な存在と化してきたナショナリズムを克服する試みが、その発生源であるラテン文字圏としての西欧圏で始められたことは、人類の未来にとっても注目に値しよう。

国際法上の「正式」な戦争はなぜ減ったか

二次にわたる世界大戦の発生源となったラテン文字圏としての西欧圏では、究極的には国家間の戦争を抑止すべく、EUによる実験が続けられてきた。そして確かに西欧圏においては、一九四五年の第二次世界大戦終了から七〇年以上にわたり、国家の交戦権の発動としての戦争の発生をみない。このような事態は四七六年、西ローマ帝国が滅亡しラテン文字世界としての西欧キリスト教世界が形成され始めて以来、極めて稀なケースに属するのである。

だが、全世界大にみると状況は大きく異なる。戦争防止については、第一次世界大戦後に国際連盟が結成された。その主唱者だったウィルソン大統領の米国は、議会の反対により加盟することをえず、日本のおこした満洲事変にも実効的な処理をなしえずに、ほとんど無力に終わった。

第二次世界大戦後には国際連合が結成され、米国も加わった米英仏ソ中の五大国を常任理事国とする安全保障理事会も成立し、国際紛争の抑止がめざされた。しかし、東西冷戦下では、朝鮮戦争、ベトナム戦争をはじめとする代理戦争が相次ぎ、国連はその解決に貢献しえなかった。東西冷戦終了後も地域紛争、民族紛争は続発し、さらには国際テロも頻発している。これをみれば、国際連合も無力であるようにみえる。

ただここで留意したいのは、第二次世界大戦終了後に国家が正式に宣戦を布告して戦った、国際法上における「正式」な戦争が、英国とアルゼンチンによる一九八二年のフォークランド紛争に限られるという点である。その余は、宣戦布告のない、事実上の軍事的衝突であった。それは朝鮮戦争についても、ベトナム戦争についても、湾岸戦争についても、イラク戦争についてもいえる。

なぜ、宣戦布告に基づく国権の発動としての戦争がほとんど行われなくなったのであろうか。

第二次世界大戦までは、国権の発動としての戦争を国家の当然の権利と考える「思想」がなお支配的であった。それに対し、第二次世界大戦後も国際法上では戦争が全面的に禁じられてはいないにもかかわらず、その「思想」そのものが後退してきていることが大きな理由であろうと思われる。つまり戦争を悪とみる潮流が遅々としているとはいえ成長し、それが、正当な権利としての宣戦布告に基づく戦争を諸国家が行うことを抑止している面があるのではなかろうか。その点は、西欧世界において「近世」から「近代」へとむかうなかで個人の暴力の発動としての「決闘」がまずは法的に禁ぜられ始め、社会的にも許されなくなってきた過程と対比しうるのではなかろうか。

少なくとも紛争を武力により解決することを当然としないという心理的規制が、絶対的存在とされてきた領域的主権国家の行動にも及び始めている点については、人類文明の進展を意味していよう。

イスラム世界における民族主義を超える試み

西欧圏における、領域的主権国家と民族主義としてのナショナリズムを克服する試みとしてのEUの形成も、そして国際連合の存在も、基本的には西欧圏の枠組みのなかから生じた試みである。国家と階級の棄揚によって新たな世界秩序をめざした共産主義のインターナショナリズムが崩壊した後、新しい世界秩序を求める道はこれしかないかにみえる。

しかし一方で、民族主義をこえて新たな世界秩序をめざす試みが、非西欧の文化世界に立脚した価値体系からも生み出されようとしている。

普遍的なイスラム主義の源泉であるイスラムにおいては、人間は信心者としてのムスリムと、不信心者としての異教徒しかない。またその世界も、ムスリムの支配下にあって神の教えの十全に行われる「イスラムの家」と、まだムスリムの支配下に入らず多くの不信心者による共同体が相争っている「戦争の家」からなる。

「イスラムの家」は本来、預言者ムハンマド在世中は預言者ムハンマドの下にあり、その没後は全世界の信徒による共同体「ウンマ」の唯一のリーダーにして、「イスラムの家」における唯一の支配者たるべきカリフの下にある、単一の政治体であるべきものとされる。

歴史的現実において、「イスラムの家」の統一は早くも八世紀中葉には崩れ始め、以来、「イスラムの家」の再統一が果たされることは遂になかった。が、ムスリムは同信者として民族・言語・人種等々の相違を超えて同胞であるべきだという、『イスラムの家』は一つ」の理念は残った。それが、「西洋の衝撃」にさらされ始めた近代において、これに対抗すべきパン・イスラム主義の運動を導き出したのである。

パン・イスラム主義と「イスラム国」運動

このパン・イスラム主義は、無神論者であるソ連軍のアフガニスタン侵攻に対抗するための有志者たちを国籍・地域を問わず各地から参集させ、抵抗運動に加わらせる原動力となった。そしてソ連軍がアフガニスタンから撤退した後も、その抵抗運動で出会い結ばれた同志たちのネットワークは残った。それを活用してグローバルに反米テロを敢行したのが、ビン・ラディンの指導するアル・カーイダであった。そして、アル・カーイダの影響下で各地にイスラム主義の戦闘者集団が生まれた。

その一つこそが、イラク戦争で液状化したイラクに生まれ、「アラブの春」後に内戦状態となったシリアへと進出し、二〇一五年六月、イスラム暦第九月の断食月ラマダーン月の到来を期して、カリフを名のり国家樹立を宣言した、イブラーヒム・アル・バクダーディーの「イスラム国（ダウラトゥル・イスラーミーヤ）」であった。

カリフとしては四大正統カリフ初代の名にちなみアブー・バクルを称したバクダーディーは、イラクに進出して北部をおさえ、一時はシリアとイラクにまたがる広大な支配領域を実現した。バクダーディーが唱えたのは、第一次世界大戦中にオスマン帝国の解体をめざして異教徒の欧州列強が定めたサイクス・ピコ協定に基づき、中東に引かれた国境の無効化と、カリフ時代の再興であった。

その後は米国と、シリアに軍事基地を有し同国における利権喪失をおそれるロシアに加え、スンナ派過激主義の拡大をおそれるシーア派のイランの参与の下、「イスラム国」は次第に支配領域を失い、二〇一八年初めにはイラクとシリアにおける支配空間は殆ど失われたとされる。

しかし、この「イスラム国」運動は地域と国境をこえイエメン、リビア、そしてエジプト領のシナイ半島にも支持者をえて拠点を築いている。彼らはインターネットを通じて全世界のムスリムに呼びかけ、欧米諸国にあって格差と差別に不満を抱くムスリムたちに呼応者を見いだし、テロが頻発している。

甚だ過激な形をとっているが、「イスラム国」運動もまた、異文化に起源をもつ普遍主義に基づく、領域的主権国家と民族主義の克服をめざす運動とはいえよう。

第19章

よみがえる「巨龍」中国と「巨象」インド、そして日本

——近未来の「世界史」

当初は「東西キリスト教圏」が中心の「民族自決」

第一次世界大戦後の戦後処理の原則の一つとして、米国大統領ウィルソンの「民族自決」の原則が登場した。それは、民族主義としてのナショナリズムに支えられた「民族国家」としての「国民国家」が近代西欧で成立し、政治的基本単位のグローバル・スタンダードとなった時代にふさわしい原則であった。

しかし第一次世界大戦後の現実において、「民族自決」が適用されたのはほぼ「東西キリスト教圏」が中心となっていた。同大戦に敗れて崩壊したハプスブルク帝国からはハンガリー、チェコスロヴァキア、ポーランドなどが相次いで分離独立した。その民族的起源をみれば、ハンガリー人はアジアから西遊した騎馬民族で、チェコスロヴァキアやポーランドなどは、いずれもスラヴ系だがほとんどすべてカトリックを奉じ、ラテン文字を用いる人々であった。

バルカンで生まれたユーゴスラヴィア王国は、ほぼスラヴ系の人々からなっているが、セルビア人やモンテネグロ人のほとんどは正教徒、クロアチア人やスロヴェニア人はほとんどがカトリックで、ヨーロッパの東西キリスト教圏に属して

いた。

ウィルソン原則に従い独立をえたのは、民族こそ様々ではあったが、ヨーロッパにおける東西キリスト教徒たちの社会にほぼ限られていたのであった。アジアやアフリカの非ヨーロッパ系社会のほとんどは欧州列強の植民地ないしは半植民地と化しており、ここには、ウィルソン原則は適用されなかったのである。このようななかで、独力で自立を確保したのは、敗戦国となり解体されたオスマン帝国の後身であるトルコ共和国くらいであった。しかし民族自決原則の登場は、植民地ないしは半植民地化した非ヨーロッパ系諸社会の自治、さらには独立を求める動きにはずみをつけた。

「アジア・アフリカの世紀」の到来

とりわけ植民地であっても、第一次世界大戦中に宗主国の戦争遂行への貢献の大きかった諸社会では、そうであった。典型は、梵字圏の中核でありながら英領インド帝国にされてしまっていたインドであった。

インドにおいては、一九世紀後半には自治と独立をめざして国民会議派が生まれ、梵字を用いてきたヒンドゥー教徒の運動と、主にアラビア文字を用いてきたムスリムの運動へとその後次第に分裂しながらも、着実に歩みは続いた。

ヒンドゥー教徒が主体となった国民会議派では、非暴力を唱えるガンディーによる運動の効果は大であった。そしてこの運動は第二次世界大戦をへて、ヒンドゥー教徒を中心とする独立国家、インド共和国の成立につらなった。

大多数がヒンドゥー教を奉じ梵字系の文字を用いているとはいえ母語については印欧系とドラヴィタ系と全く言語系統を異にし、そのなかでさらに多くの言語を抱えているにもかかわらず、異なる言語を母語とする人々の各々が自らの「民族国家」を求めるには至らなかった。

ガンディーは、ヒンドゥー教徒のみならずムスリムをも含めてすべてが「一つのインド」として独立することをめざしたが、ヒンドゥー教徒過激派の青年により暗殺された。そしてヒンドゥーを中心とするインド共和国と並んで、印欧系の言語を母語としながらアラビア文字を用いるムスリムの大半が東西両パキスタンとして、分離独立することとなった。インドは、全体としてイギリスにより植民地化されたかつての一つの文化世界の中核が、ムスリム部分が分離したとはいえ、まとまりをほぼ保ったままで独立し、「国民国家」として一つのネイション・ステイトの衣をまとったのであった。

このようなケースはまれであるが、植民地化された非西欧諸社会における自治、さらに独立を求める運動は「戦間期」を通じて進行し、一九四五年に第二次世界大戦が終結した後に、一応はそのほとんどが独立を達成することとなった。こうしたなかで第二次世界大戦終結後の一時期、「アジア・アフリカの世紀」が唱えられた。

一方で独立達成がなされなかったのは、とりわけかつてのロシア帝国による陸の植民地となり、ソ連邦の支配下に残った諸社会であり、その独立が一九九一年のソ連邦の解体消滅過程にまでもちこされたことは、一七章ですでに述べた通りである。

民族主義としてのナショナリズムの時代

ここで、インドとパキスタンの分離独立に話を戻す。

ヒンドゥー中心のインド共和国の公用語としてはヒンディー語と英語が、一方のムスリムを中心とするパキスタンでは、ウルドゥー語が公用語となった。ヒンディー語とウルドゥー語の両言語は、文法的にはほぼ同一言語である。

ところが、ヒンドゥー教徒の用いるヒンディー語は梵字系のディーヴァナーガリー文字で綴られ、サンスクリット系の語彙を中心とするのに対し、ムスリムの用いるウルドゥー語はアラビア文字で綴られ、アラビア語とペルシア語の語彙を多く含むところに、大きな違いがある。

宗教の違いがほぼ同一の言語の綴り字を異なるものとし、地理的なインド亜大陸を梵字圏に属するヒンドゥー中心のインド共和国と、ムスリム中心のアラビア文字圏に属する東西パキスタンとに分かったのである。

とりわけパキスタンはイスラムを国是とし、イスラム主義を軸に、ほぼ印欧系言語ではあるが母語を異にする様々の人々の統合をはかった。ただ、初期のパキスタンのイスラム主義にはイスラム近代主義の色彩が強く、イスラムも、多分に操作主義的な統合のシンボルとして用いられる面があったかにみえる。

インド共和国の場合、言語的には、印欧系とドラヴィタ系という全く異なる言語系統に属する数百の言語を母語とする人々を包摂するのみでなく、全人口の一割近いムスリムまで擁していたが、当初は国民議会派の支配の下で、ヒンドゥー主義よりもむしろ国民主義としてのナショナリズムの下に、統合が図られた面が強いように思われる。

しかし文字を共有する宗教シンボルの下で独立運動が進められ独立を達成したインド亜大陸の場合は例外的であり、「アジア・アフリカの世紀」を担った諸社会の圧倒的多数の独立運動を支えたのはナショナリズム、とりわけ民族主義としてのナショナリズムであった。それ故、「アジア・アフリカの世紀」は、「アジア・アフリカのナショナリズムの世紀」でもあった。

アラビア文字圏としてのイスラム圏の中核をなす中東の場合、政治的独立を守り得た北半のオスマン帝国の後身であるトルコ共和国と、パフレヴィー朝下のイランは、すでに第一次世界大戦後、それぞれ民族主義としてのナショナリズムの下で「西洋化」による「近代化」をおし進めた。中東の南半をなすアラブ圏でも、一九一四年一二月にオスマン帝国から切り離されて英国の保護領となり、一九二二年二月に独立しムハンマド・アリー朝の成立していたエジプトで、一九五四年ナセルが権力を掌握し、世俗的アラブ民族主義の下で改革を進めた。

ナセルは、自らのアラブ民族主義をエジプト一国アラブ主義とせず、アラビア語を母語とする全アラブ民族の連帯をめざすパン・アラブ主義をかかげ、アラブ諸国全体に大きな影響を与えた。そして四年もへずに解消したとはいえ、一九五八年にはシリアと合邦してアラブ連合共和国を樹立さえした。

一九五三年にダマスクスで結成されたバース党、すなわちアラブ復興社会主義党も、本来はパン・アラブ主義をめざす世俗的民族主義政党であり、シリアでは一九六三年以来、イラクでは一九六八年からサダム・フセイン政権崩壊まで権力を掌握してきた。そしてチュニジアとアルジェリアも、世俗的民族主義者の指導下に独立闘争をたたかい、フランスから独立を勝ちとった。

「第三世界」の状況

東南アジア島嶼部で蘭領東インドとなっていた地域の場合は、第二次世界大戦後、スカルノの指導下に独立を達成した。この地はかつて「梵字世界」からイスラム世界に包摂されたが、オランダの植民地支配下で「ラテン文字圏」となった地域であった。言語を異にする多くの集団が暮らす地域であり、人口の多くを占めるジャワ島のジャワ語ではなく、誰の母語でもないものの、スマトラなどで商業に用いられ共用性の高い一種のマレー語をバハサ・インドネシア、すなわち「インドネシア語」として国語化し、広大なインドネシア共和国として出発した。

インドネシアの人口の多くがムスリムであるため、イスラムも「唯一神への信仰」として建国五原則（パンチャシラ）にとり入れたものの、むしろ世俗的な国民主義としてのナショナリズムを軸に、多様な地域と人間集団の統合と共存をはかる国民国家をめざした。

「漢字世界」に属してきたベトナムと韓国は第二次世界大戦後に独立を達成したが、使用する文字には変化があった。ベトナムではフランスによる植民支配の下でラテン文字を採用するようになり、朝鮮半島では日本からの独立後にハングル文字化していった。この両国はともに「東西冷戦」状況下、北が共産主義陣営に、南が資本主義陣営に分かれた。ただベトナムは宣戦布告のない長い「ベトナム戦争」の後に南北統一が実現したのに対し、朝鮮半島は二一世紀初頭に至った後も分断状態が続くこととなった。

そして、かつて「漢字世界」の中心であり続けた中国もまた、大陸部を制した共産主義を奉ずる中華人民共和国と台湾に拠る中華民国に分断されて「二つの中国」となり、二一世紀初頭に至ってもその将来をめぐり「一つの中国」か、台湾の自立かが争点となっている。

第二次世界大戦後の一時期は、アジア・アフリカで続々と新興独立国が生まれ、ＡＡＬＡ（アジア・アフリカ・ラテン・アメリカ）の連帯が叫ばれた。東西冷戦のなかで、インドやエジプト、ユーゴスラヴィアなど、どちらの陣営にも属さない「非同盟諸国」が国際的に一定の影響力をもつこととなった。また、資本主義世界の「第一世界」、社会主義世界の「第二世界」に対し、第二次世界大戦後に独立したアジア・アフリカの新興諸国は「第三世界」をなすともいわれた。「第三世界」とされた諸国は、いずれも発展途上国であった。そして、その多くは共産主義か、社会主義か、「開発独裁」かの、いずれかの形をとることとなった。それらの社会のあり方は、文化的伝統によっても、色合いを異にしていた。

文化世界の周辺から始まる「改革」

非西欧の諸文化世界が「西洋の衝撃」の下、文明の多くの決定的に重要な分野において圧倒的な比較優位を占めるに至った近代西欧モデルを受容しながら、「西洋化」による「近代化」をはかるにあたっては、各々の社会、各々の文化世界において前近代に成立していた「伝統」のあり方が大きな意味をもった。

伝統的な文明のインフラが未成熟なところでは、「近代化」の進行は困難となった。例えば一九六〇年に独立したコンゴ民主共和国の場合、一八八五年にベルギー国王の私的植民地として創設され、一九〇八年にベルギー政府に移管されたものの、資源の収奪を主として近代的インフラづくりがなおざりにされ、諸部族の社会にとどまったため、独立後まもなく動乱の時代に入った。

一方で伝統の支配力が強すぎることもまた、改革の障害となりうる。とりわけ一つの文化世界の中心をなしてきた社会では、伝統の桎梏《しっこく》は大きくなる。その典型例としては、高度の伝統的インフラを達成していながら、「西洋の衝撃」に対する対応において著しく後れをとった、清朝支配下の中国をあげえよう。

これに対し高度の伝統的インフラの存在が、桎梏ともなりながらも比較的速やかな「西洋化」改革の進行に資したのは、「アラビア文字世界」としてイスラム世界最後の、スンナ派の世界帝国というべき存在であったオスマン帝国であろう。ただ、そのオスマン帝国の場合でも、「西洋化」改革は早くも一八世紀前半に始まったが、一八世紀末までは軍事改革に限られており、それも甚だ部分的なものにとどまっていた。しかも、その限られた改革ですら一八〇七年には一旦挫折したのであった。

これに対し、イスラム世界の中核に位置しながらもオスマン帝国の一州にとどまったエジプトでは、実力で総督となったムハンマド・アリーが、オスマン中央に先んじて一八一一年に体系的かつ本格的な「西洋化」改革に着手し、それを推し進めえたのであった。

オスマン中央では、それより一五年遅れてようやく一八二六年のマフムート二世改革として、本格的で体系的な「西洋化」改革が改めて開始され、持続的に進行することになった。このことは、一つの文化世界において、伝統の桎梏の強力な中央よりも、インフラさえ十分に整っていれば、周辺社会の方が革新を進め易いことを示していよう。

それは「漢字世界」の中心たる清朝支配下の中国においても同様の傾向があり、洋務運動と称された「西洋化」改革が帝国中央からではなく、上海など地方で始まったことは明らかである。この、革新が中心よりも周辺で進行し易いという傾向の好例こそが、「漢字世界」としての東アジア・儒教・仏教世界の周辺社会にあった日本であろう。

清帝国における洋務運動よりもやや遅れて「西洋化」改革が開始された日本において、体系的な「西洋化」としての「近代化」の試みが清帝国よりも遥かに急速に進行したことに、それは端的に示されている。さらに日本国内においても、本格的な「西洋化」改革が政治的中心であった幕府においてではなく、周辺にあたる薩摩や長州、佐賀で進行し始めたのだった。

政治的統合のコストが小さかった日本

日本の場合、その独自の文明・文化の発展の早い時期から中国の文明・文化の影響下に入り、漢字と漢文を受容しながら漢字世界の一員として多くの漢語も受容した。ところが、漢字世界の辺境であるうえに中国語とは言語系統を異にするため、日本語を表記するのに漢字をベースにしながらも、万葉仮名にとどまらず平仮名と片仮名という二種の独自の表音文字を案出し、日本ではこれが広く用いられるようになった。

中国で唐が衰えると遣唐使も中止され、交流も疎遠となり、律令こそすでに受け容れていたものの、漢字世界大陸部の周辺社会である朝鮮半島やベトナムと異なり、唐代に確立した支配エリートの人員補充システムとしての科挙制度は受容しなかった。このため、中国などでは権力の正統性の根拠となり、支配組織の中枢を担う支配エリートの必須知識ともなった儒教が、わが国では受容はされながらも社会に深く浸透するには至らなかった。

さらに一二世紀以降、日本の支配エリートとしては地方で台頭した武士層がその中心を占めるようになった。この武士層は江戸時代、二世紀半近くにわたって対外戦争はもちろん対内戦争もないなかで、実質的には軍人というより「文民官僚化」しながら、明治維新まで支配権を握り続けた。

また空間的にも、平安末期までには今日の日本の国土のうち、北海道と沖縄を除く全土が包摂されることとなり、北海道の全域も一七世紀に確保され、一六〇九年には島津家の出兵により琉球王国が中国・明の朝貢国の形は保ちつつ、薩摩の属国となった。つまりは国土の空間的統合が、少なくともその中核地域においては早期に成立していた。これは漢字世界の他社会についてもいえる点である。

これに加え、少なくとも平安末期までに統合された空間に分布する住民は、少なくとも書きことばとしては「やまとことば」を共有し、同一の文化を共有する者としてのアイデンティティを醸成していくこととなった。

こうして幕末までには、日本語とは系統を異にするアイヌ語を母語とする北海道（蝦夷地）のアイヌと、日本語には属するが早くに分化した沖縄（琉球）語を母語とする沖縄人を除けば、プロト・ネイション（ネイションの原型）がほぼ成立していた。

これらを理由として日本の場合、「西洋の衝撃」の下でネイション・ステイト・モデルを受容するに際し、廃藩置県という困難は伴ったものの、空間と人的構成においてそれを支えるべき政治的統合のコストを最小限にとどめることを得たのであった。また江戸時代の日本では、鎖国のために内需中心ではあったが、今日の北海道から、南端の薩摩の保護国化した琉球王国までを包摂する大阪を中心とした流通網が形成され、プロト国民経済も成立していった。

政治体制としてのいわゆる幕藩体制は、幕府側の集権傾向と大名領国の分権傾向の混交したシステムをなしており、支配エリート、サブ・エリートとしての武士層は中央のみならず地方の大名領において支配組織の運営にたずさわり、かなり高度の組織技術を有するに至っていた。

加えて一六一五年に大坂夏の陣で豊臣氏が滅亡し、戦乱が終結した「元和偃武」以来、戦争を封ぜられたことから諸藩の競争もまた経済競争の形をとるようになった。こうして幕府・諸藩においても、元来の幕臣・藩士の中核をなした軍事担当の番方はプレスティッジ（威信）こそ高かったものの機能的には第二義的存在と化し、身分上は番方の下に位置づけられながらも財政・行政を専門とする役方が、実質的な役割を果たすようになっていた。

対外的には、ヨーロッパ列強による進出の最大の目標が中国であり、日本は周辺的対象にとどまった点も見逃し得ないであろう。それは軍事的侵略と戦争の災厄から免れさせ、内的好条件を生かしつつ、日本が「西洋の衝撃」に対応する際に有利に働いた。加えて内需中心ながら生産主義的経済の伝統をもっていたことから、近代西欧で発展しグローバル・スタンダード化しつつある産業化モデルを、日本は比較的容易に受容し発展させることを得たのであった。

日本の経済的台頭と「アジアの四小龍」

一八九四〜九五年の日清戦争までに日本は第一次産業革命をほぼ終え、日清戦争での勝利で台湾を近代に入って最初の植民地とし、清朝の朝貢国でその強い干渉下にあった朝鮮王朝の完全独立を認めさせた。

一方で鉄道を敷設して中国東北地方を抑えさらに朝鮮半島進出をめざすロシア帝国に対し、ロシアの南下と海への進出を恐れる英国と日英同盟を結び支援を確保したうえで、一九〇四〜〇五年の日露戦争に勝利した。この結果、かつて樺太・千島交換条件で全土がロシア領となった樺太（サハリン）の南半を第二の植民地とし、さらに大韓帝国と称し始めていた旧朝鮮王朝を保護下におき、一九一〇年には朝鮮半島を第三の植民地とするに至った。

この頃までには第二次産業革命をもほぼ達成し、日本はかつての非西欧文化世界で非キリスト教圏に属する社会として体系的な「西洋化」改革を急速に遂行していった。そして政治、軍事のみならず経済においても「近代化」をほぼ成し遂げ、東西キリスト教圏の列強と競合しうる段階に達した。さらに第一次世界大戦による西欧からの輸入の途絶を好機として多品目の国産化を進め、大戦後の国際連盟では、一応、英仏独伊と並ぶ「五大国」となった。

しかし、国内的には、いわゆる寄生地主制がさらに苛酷化して農村は超低賃金労働のほとんど無制限の供給源となり、経済的には少数の財閥が金融支配を通じて独占的優位を保った。

政治の領域においては大日本帝国憲法の下、大正期には政党政治が定着するかにみえたものの、昭和期に入ると政策決定過程におけるフィード・バック機能が作動しにくくなり、軍部の政治的台頭を招いた。その後日本は満洲事変から日中戦争、そして太平洋戦争と、十分な経済的・技術的基礎を欠くにもかかわらず、相次ぐ戦争へと突入した。

一九四五年の敗戦によってすべての植民地を失ったが、ソ連の進出による分断国家に陥ることを免れ、米国中心のGHQ（連合国軍最高司令官総司令部）の下、徹底的な戦後改革が図られた。そこで真にめざされたのは、日本が再び軍事大国となることを阻止することにあったのかもしれない。しかしGHQ主導のいわば「外からの革命」によって、超低賃金労働者の供給源は徹底的な農地改革で消滅し、経済を寡占化し活性化の障害となっていた財閥が解体されたことで日本経済の本格的発展の最大の桎梏が取り除かれると、折からの「朝鮮特需」にも助けられて急速に発展することとなった。

国費の多くを消費しながら、海軍と異なり産業に転用しうる技術革新をほとんどもたらさず、国政に多大に干渉して敗戦を招いた「帝国陸軍」の解体により、国費の民生への潤沢な投資が可能になったことも、社会経済の発展に資したといえよう。こうして、「追いつけ、追い越せ」の目標の下、低賃金にも支えられて欧米「先進国」との比較優位を追い上げ、一九六〇年代には資本主義国のＧＤＰで米国に次ぐ第二位に達し、一九八〇年代末には少なくとも統計上、米国に肉迫するに至った。

この間、終身雇用と年功序列制を基礎とする、集団主義的な「日本的経営」の効用が喧伝された。それはおそらく幕藩体制以来の起源を有し、明治以降に正社員の雇用形態に転化しながら、第二次世界大戦後の経済成長に対応して労働力を囲い込むべくブルー・カラー労働者全体に及んだものだが、確かにこの時代の日本経済の発展にとり、日本的に特化した経営システムが有効性を発揮したのであろう。

ところがバブル崩壊後は経済の一層の「グローバル化」が進行し、かつて米国が日本にキャッチ・アップされたように、今度は日本が韓国や台湾、そして中国にまず比較的低技術の製造業において低賃金を武器にキャッチ・アップされ、日本経済は停滞期に入った。

それまで喧伝された「日本的経営」に対し、「グローバル化」の名の下に米国経営モデルの受容がそれを機に叫ばれるようになった。しかし一九九〇年代から二一世紀初頭に喧伝された「グローバル化」は、この局面で圧倒的な比較優位を占めた米国モデルを受容すべしとの論で、人類史とともに進行する真のグローバリゼーションの須臾《しゅゆ》の一位相にすぎない。

非西欧の諸文化世界に起源をもつ諸社会のなかで圧倒的にグローバルな比較優位を占め、近代西欧モデルの受容による「近代化」で突出しついに世界第二位の経済大国に日本が上りつめた後、次に台頭したのは同じ「漢字世界」に属してきた「アジアの四小龍」、すなわち韓国、台湾、香港、そして地理的には東南アジアに属しながら華人国家であるシンガポールであった。このうち後三者は、中国人ないし華人によって担われ、中国的な家族システムに基づく経営形態によるところが大であったと思われる。ただ韓国の発展にはこの局面で、韓国独自の家族システムをふまえた韓国的財閥とその経営形態に支えられるところが大きかったといえる。またベトナム戦争特需という機会を得たことも追い風になった。

しかし、それも二一世紀に入り限界をみせる局面に入っているかにみえる。

臥龍転じて昇龍となる　――中国

一方で、一八四〇〜四二年のアヘン戦争までは「眠れる獅子」とみられ、以後一九四九年の中華人民共和国の成立に至るまで、欧米の列強に加えて「欧米化」した日本の侵略と内戦の渦中にあったかつての漢字世界の中心たる中国は、二一世紀に入り、急速に発展をみせている。

毛沢東指導下の計画経済による「大躍進」政策の失敗や、シンボル操作による権力闘争であった文化大革命から生じた大きな痛手を克服しながら、鄧小平の開放改革政策が少なくとも、経済発展の上では功を奏したのである。看板としては共産主義をなおかかげながらその中味は資本主義という形で、一世紀半以上も停滞してきた中国経済は、一二億を超える人口を背景にとりわけ二一世紀に入り急速な成長をとげ、二〇一〇年にはＧＤＰベースで日本を抜き、世界第二の経済大国となった。そして二一世紀、一世代の間に経済規模で米国を抜くであろうといわれている。

確かに米国の四倍を超える人口を擁しながら、米国に比すれば遥かに低賃金にとどまっていることを考えれば、賃金水準が現在の一・五倍になっただけで、内需の額は米国をしのぎうるであろう。そうなれば一九八〇年代末、バブル期に米国に日本が追いすがった頃、経営組織モデルとして「日本的経営」がもてはやされたように、「中国的経営」が喧伝されうるであろう。

確かに中国が一世紀半近い停滞をへて急速な経済発展の軌道にのった背景には、漢字世界の中心として伝統の桎梏にあえいできた面もあるが、四千年をこえる歴史の中で積み重ねられてきた伝統は、人材や組織技術の面で、少なくとも発展の今の位相では有効に機能しているのであろう。

ただ、人民の貧富の格差、そして都市と地方の巨大な格差は、大きな問題である。また、共産党中央による一党独裁の政治システムは、政治過程への人民の真の参加を拒み、政策決定に対するフィード・バック機能が働き難くなっている。

とりわけ共産党一党独裁体制に対する「下からの参加」と、フィード・バック・システムの希求としての「民主化」の動きは、清朝の「一治」につづく辛亥革命以降の「一乱」をへて、中華人民共和国の成立により迎えた「一治」の時代が、再び「一乱」の時代に向かわせる恐れさえ秘めている。

おそらく中国史上最強の王朝であった清朝の下で版図に確保され、モンゴルを除いて中華人民共和国がほぼそのまま受け継ぐことを得た、清朝下で理藩院の管轄下にあったチベットと内モンゴル、そして一九世紀末に左宗棠により確保された新疆ウイグル自治区の将来における帰趨には、定かならざるところがあるかもしれない。

しかし本土一八省に加え、清朝の淵源であった「旧満洲」の東三省は「中国東北地方」としてほぼ完全に中国化され、その圧倒的多数の住民は中国語を母語とし、漢族としてのアイデンティティの下にある。圧倒的多数の人間からなる中国本体部分の統合は四千年の歴史を通じて醸成されてきたのであり、その統合のコストは、崩壊し去ったオスマン帝国やハプスブルク帝国、そしてソ連として七〇年生き延びたロシア帝国のそれに比して、圧倒的に小さい。

急進する経済では、幾度もの揺り返しが生ずるかもしれず、政治体制の変動は「一乱」の時期をもたらすかもしれない。しかし、たとえそうであっても、少なくとも中国の本体は「一治」に収まるであろう。そして、多年にわたって蓄積されてきた文明の伝統をふまえつつ、前進を続けるであろう。

おそらく二一世紀中葉には、米国を抜くのみならず、米国やＥＵとならぶ世界の核の一つとなるであろう。

ローマ帝国は、西欧キリスト教世界と東欧正教世界を生む母体となったが、滅びさって久しい。しかし、漢字世界の中核となってきた中国は、原初以来の文字たる漢字をも保ちつつ生き続け、一時の雌伏にも耐えて、新たな興隆をみせようとしているのである。

中華人民共和国は、国連においても一国としての権利をもつにすぎない。しかし実体において、それは一つの「世界」なのである。臥龍として雌伏してきた巨龍はまさに羽ばたき、昇龍となろうとしているのである。

「東アジア共同体」は実現するか

ただ「巨龍」中国が「昇龍」となるとき、歴史的に「漢字世界」の周辺社会であった大陸部の朝鮮半島とベトナム、島嶼部の日本の命運にとり、それはゆゆしきこととなりかねない。

一つには、ベトナムまでは視野の及ばぬことが多いかもしれないが、少なくとも中国・日本・朝鮮半島を構成要素とする「東アジア共同体」構想が論ぜられることがある。それは一方ではEC（ヨーロッパ共同体）の発展形態としてのEU（ヨーロッパ連合）、他方ではASEAN（東南アジア諸国連合）をモデルとしているかにみえる。

しかし、EUをモデルにとることは難しいようにみえる。というのは、EUが成立し得たのは独仏が中心をなすとはいえ、加盟国中に突出した「超大国」が存在せず、いわば「ドングリの背比べ」であったからであろう。その点においてEUは、同じく超大国をもたないASEANに近いのではなかろうか。

とにかくEU諸国は、多かれ少なかれかつてのローマ帝国の衣鉢を継ぐ国々からなる。かつて「オイクメネ　人の住む世界」をおおった超大国であったローマ帝国は滅びさって久しいが、ローマ帝国が死滅したが故に、現在のEUが成立し得たのである。

しかし「東アジア」の場合、我々のいる「漢字世界」の生みの親であり、かつては自らを「天下」と同一視した超大国である中国は、紆余曲折をへながら生き残り、再び昇龍たらんとしている。それをふまえ、構成国がいわば「どんぐりの背比べ」であるEUや、事情の似るASEANのようなかたちでの諸国家共同体の成立は果たして可能であろうか。

たとえ「東アジア共同体」が成立しても、その構図はどうしても「一強三弱」となりかねない。これを防ぐには「一強」の中国に対し、日本・ベトナム・朝鮮半島が連携を密にして「超大国」中国とのバランスをとるしかないが、日本と朝鮮半島の間には、今のところ密なる対中国連携が成り立ち難い状況がある。

我が国が当面密なる連携のパートナーとしうるのは、漢字圏でいえばベトナムのみであろう。とするなら、漢字圏よりの「東アジア共同体」が、日本にとり有益なかたちで成立することは二一世紀初頭の現状でははなはだ難しいようにみえる。

ただ「東アジア共同体」論には、これにASEAN諸国も加えていわば「東アジア・東南アジア共同体」とする構想もあるようである。もしこれが実現すれば、中国とそれ以外の加盟国との人口、経済力のバランスは、かなり近いものとなりうる。

ただその場合、少なくとも中国側からすれば、加盟国の大半がかつての中華帝国の朝貢国であったようにみえるかもしれない。実際に中国は主導権を握ろうとするであろうから、日本としてはすべてにつき善隣友好関係を保ちつつ、バランスをとって中国を牽制しながら、「非中国」諸国のリーダーシップをとれれば最良であろう。しかしそれには、日本人があまり得意ではない外交的妙技を絶えず発揮していくことが必要とされる。

それが難しければ「漢字世界」で中華帝国が華やかであった時代以来、我が国がとってきたように、適度に距離をおきながら友好関係を保っていくしかなかろう。その場合、日米関係に頼り切りというわけにはいかず、米国については重要な友好国の一つとしていく必要があろう。

もっとも、「東アジア・東南アジア共同体」をさらに拡大して、インド、スリランカも加え、いわば「漢字圏・梵字圏共同体」ないしは若干のアラビア文字圏も加わっているから「東アジア・東南アジア・南アジア共同体」にまで発展させ、日本もその一員となることも考ええよう。そうなれば、東の超大国に加えて西の超大国インドも加わっているから、中国に対するバランス・シートはより安定しうる。しかし、二強となる中国とインドのバランスを確保するのは、互いに主導権を目ざすであろうからはなはだ困難となろう。そして、東西の二強の間での日本の立場を確保することも、なかなか簡単なことではない。

いずれにせよ、日本の立場を保っていくには、経済力と技術力で常にイノヴェーションを生み出し、活力を保っていくことが肝要であることはいうまでもない。これに加え、文化的発信力を飛躍的に高めていかねばならない。もはや「文明」においても、「文化」においても、「先進国」の「追いかけ」ではなく、自らもすでに「先進国」の一つとなっているのであるから。

巨象も再び歩み始める　――インド

非西欧・非キリスト教の諸文化世界のうち、次に「梵字世界」について考察してみたい。

その淵源にして中核をなす南アジア・ヒンドゥー圏としてのインドは一六世紀中葉以降、ムスリムのムガル帝国の支配下に包摂されていき、一九世紀中葉以降は英領インド帝国として英国による植民地支配の下におかれることとなった。インドの影響の下に梵字世界に組み入れられ東南アジア仏教圏となったインドシナ半島のうち、漢字世界に属することとなったベトナムを除く諸地域もまた、タイを除いて英仏の植民地となった。

英仏の緩衝地帯として辛うじて独立を保ったタイでは、一九世紀初頭にチャクリー朝が成立し、その第四代ラーマ四世モンクット王の時代に「西洋化」改革をめざす動きが始まった。そして一八六八年、日本の明治天皇に一年遅れて即位した第五代ラーマ五世チュラーロンコーン大王の下で、近代西欧モデルの受容による体系的な「西洋化」改革が開始された。

このチャクリー改革の基本は、国王への権力の集中をはかり、それを支える新モデルの支配組織とその担い手を養成するところにあった。つまり「上からの改革」であり、それはタイの「絶対王政」を生み出した。

しかし、その下では近代西欧モデルによる教育システムの受容が進められ、近代西欧知識をもつ新しい新中間層も育ち始めた。一九三二年には立憲革命がおこり、曲がりなりにも憲法制定や議会開設が行われ、権力に対するフィード・バックのシステムが根づき始めた。とはいえ、第二次世界大戦後においても、権力は選挙に基づく政権交替よりも、クーデターによる軍政が担うことが常態化していた。社会経済的発展も、なお歩みは遅かった。

しかし二〇世紀末に入るとタイ経済の発展は加速化し、二一世紀には漢字世界に起源をもつアジアの「四小龍」につづく、新興工業国と化しつつある。

これに対し、梵字世界の淵源にして中核をなしてきたインドは、一九四七年に英国の植民地支配から解放された。結局、ムスリムの東西両パキスタンと、ヒンドゥー教徒中心のインド共和国として分割され独立したことは先に触れたが、インド共和国内にはとりわけ北部を中心に一億をこえるムスリム人口をかかえており、その数はアラビア文字圏としてのイスラム圏において歴史的に中核をなしてきた中東の三大国、エジプトとイランとトルコのいずれの国の人口よりも大きい。

インドが実現した国民国家としての安定性

しかし、一三億人をこえ、二一世紀初頭に中国を抜いて人口世界一になると予測される、インドの人口全体に占めるムスリムの比率は、一〇パーセントをこえない。この巨大なインド共和国には、北部から中部は印欧語族、南部には膠着語系のドラヴィダ語族という全く言語系統を異にする二大集団が存在し、この二つの語族のなかに、さらに多数の言語集団が含まれている。

しかし印欧系・ドラヴィダ系とも、その圧倒的多数はヒンドゥー教徒であり、文字として梵字系諸文字を用い、多くのサンスクリット系語彙を共有する。またヒンドゥーの戒律たるダルマを共有し、ジャーティすなわちカーストの強い規制の下にあった。

このような事情の下で、ラテン文字圏をなすヨーロッパ大陸の西半にほぼ等しい広大な国土を有し、多様な地域と、そして言語も民族も異にする様々の人間集団を包摂しているインドは、ヒンドゥーという宗教を軸に統合を実現しているのである。ただそれだけに、世俗的な国民主義としてのナショナリズムがゆらぐとき、ヒンドゥーという宗教に基づくナショナリズムが台頭する恐れが秘められている。

中華人民共和国では国共内戦で勝利をえた共産党による一党独裁の下で成立し独裁政治が続いているのに対し、インドの場合は英領下の自治そして独立を求める運動の末に独立している。憲法は政治権力をある程度制御する機能をはたし、選挙による政権交替が一応定着し、一度も本格的な独裁やクーデターを経験することなく、「下からの参加」に基づく政策決定に対するフィード・バック・システムが一定程度、機能しているといえる。

そして、政権運営にあたる支配組織を担う支配エリートとしても、英領時代に中間管理者たるべく養成された、近代西欧的な知識と組織技術を修得したインディアン・シヴィル・サーヴィス、すなわち「インド公務員」が確たる社会層として成立し、これが支配組織上層部の運営にあたってきた。

このように、政治的・行政的インフラにおいては植民地時代の遺産も受け継ぎながら、第二次世界大戦後植民地から新たに独立した諸国のなかでも、インドは顕著な安定性を実現しているかにみえる。ただ経済についてみると、独立後も長らく顕著な発展は始動していなかった。しかし、二一世紀に入り、インド経済はめざましい発展をとげ始めた。膨大な人口と広大な国土からして、二一世紀中葉には、インド経済は中国に続いて、世界経済の第四の核となるであろう。インドもまた中国同様に、国民国家の衣をまとった「世界」なのである。

近未来の三文化世界・四大主柱

一五世紀末に始まる西欧人の「大航海」時代をきっかけとして、ラテン文字世界としての西欧キリスト教世界は、世界に進出してグローバル・ネットワークを形成した。そして一八世紀以降、地球上における唯一のグローバル・システムとしての近代世界体系を生み出す原動力となり、文明の諸分野において達成した比較優位をふまえながらグローバル・システムにおける覇権を握っていった。

一九世紀中葉から二〇世紀中葉までの一世紀は、まさに「西欧の世紀」であり、「海の西洋による、陸のアジアへの支配」の時代であった。

しかし、この形勢は二〇世紀後半に入り、変化しつつある。そして二一世紀中葉に至れば、米国を含めた西欧の優位はゆらぎ、漢字世界の中心をなしてきた中国と、梵字世界の中心をなしてきたインドが台頭するであろう。

二一世紀中葉の世界においては、グローバル・システムにおける圧倒的な覇権こそ失ったものの依然として西欧圏の二大中心である米国とEU、そして他方ではともに復調してきた、漢字世界の中核・中国と、梵字世界の中核・インドが、世界経済の四大主柱となるのではあるまいか。

かつてはソ連邦として共産主義に基づく新たなグローバル秩序の形成をめざした、ギリシア・キリル文字世界としての東欧正教世界の雄・ロシアはどうであろうか。

ソ連邦崩壊後のロシアは二一世紀初頭、もはやその経済規模については日本の三分の一以下となっている。その輸出を圧倒的に占めるのは石油であり、「北のサウディアラビア」と化しつつあるロシアが将来、今日の力と威信を保つことは困難となるであろう。

経済協力開発機構（OECD）レポート
“Looking to 2060”（2012年）による
2060年の予想GDPシェア

中国	27.8%
インド	18.2%
米国	16.3%
ＥＵ	8.8%
日本	3.2%

かつてのアラビア文字世界であったイスラム圏では、人口比が圧倒的に東遷しつつあり、インドネシア一国で中東三大国（エジプト・イラン・トルコ）の人口の合計を超え、これにパキスタン、バングラデシュが続いている。イスラム圏では東のインドネシアと西のトルコが、個別の一国としてはさらなる経済発展をとげていくであろう。しかし、かつての「アラビア文字世界」としてのイスラム世界の一体性と力を復活することは、現状ではこれも困難であろう。

自然環境と政治体の特性

米国・EU・中国・インドの四つの主柱に加え、近代に入り地域的関係の密接化した旧アラビア文字圏のインドネシアとマレーシア、旧漢字圏のベトナムそして華人国家シンガポール、梵字圏のタイ、ビルマ（ミャンマー）、ラオス、カンボジアは、ASEAN（東南アジア諸国連合）としてのつながりを深めていくであろうが、そこには国家統合をめざすEUの試みを可能にした文化的基盤を欠いている。またラテン文字圏ではあるがEU・米国とも距離をおくラテン・アメリカと、アフリカの運命がどうなるかは、将来に委ねられるように思われる。

かつての「ラテン文字世界」としての西欧世界は、米国とEUが世界経済の二つの核として残るだろうが、西欧世界の圧倒的優位はもはや保たれない。西欧の覇権の成立以前において、文明と文化の面で圧倒的な比較優位を占めていた「漢字世界」の中心たる中国と、中国についで古い伝統をもち存続してきたかつての「梵字世界」の中心インドが、やがては米国とEUをしのぐ世界経済の二大主柱となるであろう。

二つのキリスト教世界の源泉となったローマ帝国は滅んだが、巨龍と巨象は生き延び、再生するのである。数千年の年を経て再生しつつある巨龍と巨象を、滅亡したローマ帝国と比較してみると、印象論的感想ではあるが、「旧大陸」中央部から西部に拡がる乾燥地帯で牧畜と深いかかわりをもつ人々と、ユーラシアの東部で地理的に孤立的な地形に守られ主に湿潤なモンスーン気候の下で農業と深く関わる漢字世界・梵字世界とでは、その政治体の特性に大きな違いがあるようにみえる。

乾燥地帯の人々の組織は遊牧民を原型として、機動力と瞬発力に秀れている。そして、その力を利用して、比較的短期間に広大な地域を征服することがある。

しかし、その後の推移をみると、とりわけ遊牧民の帝国は、持久力を欠いて永続し難いようにみえる。その好例はモンゴル帝国であり、半世紀余で広大な帝国を実現したが、その後一世紀もたたずにそれらの帝国は崩壊し、帝国の版図にはモンゴル語もモンゴル文字もほとんど痕跡を残さなかった。

西の「動物的世界」、東の「植物的世界」

これに対し「漢字世界」や「梵字世界」の人々は、持久力と耐久力に富んでいるようにみえる。「漢字世界」の中心となってきた中国の場合、モンゴルの元による支配を耐えぬき、漢民族的な明帝国をへて、満洲人の支配する清帝国の時代を迎えた。この半農半猟の満洲人による清についても、満洲人の故郷であった満洲すなわち東三省をも含めて次第に「漢化」し、結局は吸収してしまったかにみえる。

「梵字世界」の中心であったインドでは、政治的には分裂を続けながらムガル帝国の下、異教徒ムスリムの支配下におかれ、これに続いて英国の植民地となった。だが、その文化的同一性を保ちながら独立を果たしてインド共和国となり今日、再び目覚め「巨象」として歩み始めつつある。

こうしてみると、「旧世界」中央から西にかけての世界は「動的な世界」、いわば「動物的世界」で、巨大なローマ帝国も死滅してしまった。

そもそもローマ帝国は、大英帝国やヴィルヘルム二世下のドイツ帝国のような一国家ではなく、それは「オイクメネ」、すなわち「人の住む世界」の中心部分を包摂する世界帝国ないしは「世界」そのものであった。その意味で、ローマ帝国イムペリウムは、漢字世界の中心をなす中国が「天下」であったのに相似している。

しかし漢字世界の「天下」としての中国は、たび重なる騎馬民族、遊牧民族の来襲、征服にもかかわらず存続し続け今日に至っている。そして今また活力を取り戻しつつある。これに対し「人の住む世界」オイクメネにほぼ等しいと観念されたローマ帝国は成立後、五世紀をへずして東西に分裂したまま二度と統一を取り戻さず、西半をなす西ローマ帝国は四七六年に滅びさって別の文化世界となってしまったのである。ローマ帝国は大きな遺産を残したが、ローマ世界は存続しえなかった。

これに対し、「旧世界」東部の漢字世界の中心たる中国と梵字世界の中心たるインドは、動きに乏しい「静的な世界」、いわば「植物的世界」であるが、数千年という樹齢を保つ巨樹のように、比較劣位の下におかれた長い試練の時代をへて、再び芽ぶき花咲こうとしているかのように思われるのである。

こうみてくると、ギリシア・ローマ世界をモデルとして文明の歴史をとらえようとしたアーノルド・トインビーは、最晩年の『図説世界の歴史』ではさすがにギリシア・モデルと中国モデルとを対比してはいるが、やはり自身の文明観はギリシア・モデルに頼るところ大であり、中国モデルをその変異型としてとらえている嫌いがある。やはり、正統な古典教育をうけた「古き良き西欧人」としての限界を感じさせるのである。

第20章

「多文化共存」の新たなモデルを求めて

グローバリゼーションによる「文明」の平準化

一五世紀末からの西欧人の「大航海」時代を機に形成が始まった「三大洋五大陸」を結ぶネットワークは、人類史におけるグローバリゼーションの新段階をもたらした。それは一八世紀から一九世紀にかけて地球上唯一のグローバル・システムとしての近代世界体系の形成をへて、二〇世紀末以降、さらに進展したかにみえる。

そこでは、ニューヨークのウォール街の株価の変動が、瞬時に東京・兜町の株価を動かす。地球上の全人類社会は共通の文明のシステムに組み入れられ、その枠組みのなか、共通の基盤の上で目標が追求され、技術的比較優位をめぐって熾烈な競争が繰り拡げられる。企業活動もまた、創業された地域・国家をこえて、全地球上に拡大していくことをめざし、覇権を争う。もはや「多国籍企業」は、当然の存在となったのである。

このようなグローバリゼーションの過程で進展するのは、平準化である。地球上の全人類社会は、全地球をおおう共通の文明基盤を有することとなり、その意味では、かつて相対的に自己完結的な文化世界が併存していた時代に対して、著しく平準化されたといえよう。

ただその際、平準化していくとともに、個々の地域・社会、個々の社会内の社会層、さらには個人間の格差も、比較の基準が「斉一化」されていくなかで拡大していく。またこの平準化は、イノヴェーション（技術革新）の源泉としても、圧倒的に重要なものとなっていった。

全地球をおおうグローバル・ネットワーク、そしてグローバル・システムの形成過程において、主としてモノを扱う「ハード技術」のみならず、組織やコミュニケーションなどに関わる「ソフト技術」といった文明の技術的側面についても、西欧世界は圧倒的に多くの分野で急速な発展をとげ、かつ比較優位を得てきた。

グローバリゼーションの進展のなかで、西欧世界自身も次第に相対的自己完結性を失い、文化世界から大文化圏へと転化していったが、同じく相対的自己完結性を失い大文化圏化していった非西欧の諸文化圏もまた、文明の基準の平準化のなかで、近代西欧の技術に学びつつ、自己変革をとげていった。そして、今や文明の多くの分野で圧倒的な比較優位を占めてきた西欧圏の様々の分野における圏内モデルが、グローバル・モデルとして受容されていく。

服装の受容にみる「文明」と「文化」

また文明の重要分野において、西欧世界のワールド・モデルがグローバル・モデルとして非西欧の諸文化世界に受容されていくことにより、文化の側面についても変化が生じていくことになる。

近代西欧の先進的武器を導入すれば、それを最も機能的に活用しうる新しい軍隊編成と戦術もまた導入される。さらには、新しい装備の軍隊の成員が機能的に活動しうる服装もまた必要となる。

衣服は、身体を外気から守る機能においては文明の一環であるが、衣装の形は様々でありえ、それは文化の重要な一要素でもある。そこで、新軍隊編成においても、服装はこれに機能的に適応しうればよいのであり、必ずしも近代西欧の軍服まで受容することは必要ではない。

実際、清朝で一九世紀後半、洋務運動で創成された新軍隊は、清朝の伝統的装束の延長線上の衣装をまとっていた。幕末日本の場合も、江戸幕府がフランスの指導の下に創成したフランス・モデルの新軍隊としての「歩兵」は筒袖にズボン風の姿であったが、頭には陣笠をまとっていた。

戊辰戦争時の「官軍」も、装備こそ英国製の新式大砲・小銃をたずさえてはいたが、指揮官は頭に西洋式の軍帽ではなく、歌舞伎における鏡獅子の頭のような「しゃぐま」を被っていた。

しかし、軍装は便利さだけでなく象徴的な意味をもちうる。実際、一八二六年に始まったオスマン帝国のマフムート二世改革により、近代西欧モデルの軍隊の制服は、洋服となった。かぶり物についてだけは、ターバン等は廃したものの、おそらく「不信心者の帽子」として刺激の強すぎることをおもんぱかって、西洋式の軍帽ではなくフェス（モロッコ帽）にかえた。西欧人や我々がトルコ帽と呼ぶものである。

これと同時に、君主たるマフムート二世も洋装にフェスという服装に切りかえ、宗教関係者を除く文民官僚も同様の服装が強いられることになった。こうして洋服は「西洋化」改革が進むにつれ、軍人官僚のみならず「西洋化」に関心をもつ人々にも伝わっていった。

明治日本でも、新式軍隊の編成とともに、洋装に加えて軍帽が制度化され、明治天皇自身も、以降、洋装に徹することとなった。そして、文官も少なくとも、公式の服装としては大礼服が制定され、洋装し洋帽をまとうこととなった。文明領域における近代西欧モデルの受容による「西洋化」改革は、文化における近代西欧モデルの受容による、文化の「西洋化」をも併発していくのである。

グローバル・スタンダードと化した「西洋文化」

もちろんそれは服飾だけにとどまらない。軍営・官庁といった建築物の「西洋化」に伴い、オスマン帝国や日本では、床に座しての執務だったものが机と椅子というスタイルになり、これが官庁・軍営のみでなく、民間の居住空間にも拡がっていくことになった。

生活文化の三大基礎をなす「衣食住」のうち、食の変化はより僅かではあるが、オスマン帝国でも一九世紀後半になると西洋料理がトルコ料理とならんで料理書のレシピに登場するようになった。また洋食を供するレストランやカフェも、まずは外国からの訪問者用に開かれ、ここにオスマン帝国の臣民の中でも、西欧文化に関心をもつ人々が少数ではあるが加わるようになる。

肉食を忌んだ幕末明治の日本でも、最後の将軍となる徳川慶喜は、既に幕末に「西洋人」にならって豚肉を食したことから、江戸の庶民から「豚一様」、すなわち「豚肉を召し上がる一橋様」と呼ばれたという。

明治に入ると「文明開花」の一端として肉食も解禁となり、牛鍋がはやり出した。肉食は、すみやかに蛋白質を摂取するという意味では「文明」の一端であるが、日本において伝統的な蛋白源であった魚にかえて、禁止されてきた牛肉をあえて食するのは、「文化」の西洋化の一端でもあった。

このように、文明の多くの分野で近代西欧が比較優位を確立しグローバル・システムとしての近代世界体系のなかで覇権を握ったことにより、非西欧の諸文化世界においては、グローバル・スタンダードとなった近代西欧モデルを受容しつつ対抗しようとする「西洋化」改革が進行した。

だがそれは「文明」にとどまらず、「文化」においても近代西欧モデルが流入し、文化の「西洋化」をも伴うことになる。

洋服や洋風建築、そしてかなり遅れるが洋食も、文字圏としての文化圏の境をこえて受容されていった。衣食住だけでなく、文学では新体詩と近代小説が文字・言語の違いを超えてスタンダード化していったし、洋楽もまた共有され、クラシックからジャズ、ポップス、ロックまでが文字圏の枠を超えて楽しまれるようになっていった。さらには演劇や音楽から美術工芸に至るまで、「西洋化」の波は世界に及んでいったのである。

西欧文化もまた、グローバリゼーションの進展のなかで文化におけるグローバル・スタンダードと化し、近代西欧起源の文化の多くの要素が、全世界で共有されるようになっていった。服飾におけるジーンズの普及も、食文化における、マクドナルドのハンバーガー、ケンタッキー・フライド・チキンの東京、北京進出やイスタンブル進出もまた、その流れのなかで実現した。

西欧もまた異文化を受容する

こうしてみると、近代西欧が比較優位を得るに至った「文明」の諸分野において、まず近代西欧モデルがグローバル・スタンダードとして全地球上に拡がっていったことがわかる。

それに続き、今度は「文化」の面においてさえ、多くの分野で近代西欧モデルが受容されてグローバル・モデル化し、その普及においてグローバル・スタンダード化していった。「文明」と「文化」の斉一化が、こうして文字圏としてのかつての文化世界の籬《まがき》を超えて進行していく一方において、諸文化世界の伝統服や伝統食、伝統芸術工芸の衰退もまた進んでいったのである。

グローバリゼーションの進展とともに、文字世界としての文化世界は相対的自己完結性を失い、文字圏としての大文化圏と化した。それにより文化的障壁は弱まり、文化圏間の接触が増加していくこととなった。交易と旅行を通じ、また職務上の駐在を通じて、現地での異文化接触も増大していく。さらには人間の往来と情報の交換も進展していくこととなる。ある文化的環境のなかに他の異文化の諸要素が流入する頻度が増していくことにより、異文化への抵抗も比較的小さくなり、その受容も進展するようになる。

それは文明の諸領域において圧倒的な比較優位を占め、文化の諸領域でもグローバル・スタンダード化していった西欧圏ですら例外ではない。とりわけ西欧列強は文化圏をこえて異文化圏に多くの植民地を有していた。産業革命の進展にともない船舶による往来が増えるとその乗務員として異文化国の人々も乗船するようになり、植民地に駐在したり、労働力として移住する者も増えていった。

他方ではグローバル・スタンダードとなった西欧の科学技術や学問を学ぶべく、異文化圏からの留学生が西欧諸国に滞留するようにもなった。

こうしたなかで、異文化の「食」も受容されていくこととなった。例えばインドを植民地とした英国では、インドの現地食であったカレーが受け入れられた。この英国化したカレーが、今度はグローバル・スタンダードの最先端であった英国海軍から、それを範とした日本海軍に伝わり、「漢字世界」の周辺国であった日本に「日本」化されながら広く受容されることになったのである。

ちなみに同じ文化世界としての漢字世界に属していたにもかかわらず、日本では近代に至るまで中国料理に触れることがほとんどなかった。もちろん禅の僧堂の生活を受容するなかで、江戸時代を通じて住持が中国からの渡来僧であった京都万福寺の「精進料理」や、対中国貿易の中心となった長崎の「卓袱料理」、そして一六〇九年に琉球王国を属国化した薩摩が、琉球化した中国料理の一部を受容したことなどはあるが、これらは例外というべきであろう。

日本における中国料理の本格的な受容は、明治時代に入ってからのこととなる。とりわけ日清戦争後、文明の諸分野で近代西欧モデル受容に成功した同じ漢字圏の日本に、これを学ぼうと清国からの留学生が多く来訪するようになった。これら留学生に母国の料理を提供すべく東京の神田などに中国人によって中華料理店が開かれ、そこに日本人も訪れて食するようになったことから、次第に日本でも中華料理が受容され拡散していったのである。

一方においては近年、日本の江戸前鮨が海外に広く紹介され、二〇世紀末からは魚の生食体験をほとんどもたなかったアラビア文字圏としてのイスラム圏にさえ伝わるようになった。少なくともイスラム圏における大都市の新中間層にとって、それはさほど奇妙なものではなくなりつつある。

「多文化共存」のための新たなモデルを求めて

だが近代西欧モデルの圧倒的比較優位の下で、諸文字社会の「文明」と「文化」がそれ一色になってしまったわけではない。一方では、その比較劣位によって退場を迫られた伝統的遺産の価値が再検討されるケースも出てきている。

その好例といえるのは、漢字世界の中心・中国において発展し、漢字世界の周辺諸社会にも波及し共有されてきた漢方医学であろう。

非西欧諸社会のなかで「西洋化」改革の先陣を切った明治日本においては、近代西欧医学のみが「正統」な医学として認められ、伝統的な漢方医は医師免許を与えられず、漢方療法と漢方薬は民間療法として辛うじて細々と生き残ることとなった。確かに劇症の病気などに対して、近代西欧医学に基づく化学医薬品と外科医術は、漢方のような漢字文化世界起源の伝統医術に比べ、その有効性において圧倒的であった。

しかし近年になり、体質の改善を視野に入れた長期的療法などで漢方医学の有効性が認識され始め、かつては漢方医学を過小評価してきた日本においても、正規の医学教育を行う医学部に、漢方を専門とする教科が開かれるに至っている。

さらには中国でも、数千年にわたる膨大な伝統的成果の集積として受け継がれてきた漢方薬について、その薬効の新たな見直しを続けてきた中国人女性医学研究者がノーベル生理学・医学賞を授与されるに至っている。このような例に限らず、「文明」においても非西欧諸文化世界の伝統が再評価され、近代西欧の科学や技術の要素が見直されうる可能性が開かれつつある。

一方でグローバリゼーションの進展とともに異文化間の交渉が拡大し、多様な異文化の担い手が混在するようになると、異文化集団間の文化摩擦もまた生ずる。

とりわけこれが経済的利害と関わるとき、摩擦が深刻化するケースもある。ドイツにおける、元来は出稼ぎ労働者として移住したトルコ人集団に対する排斥運動などは、その一例であろう。

加えて政治状況がそこに関わるようになると、深刻さはさらに増大する。アラビア文字圏としてのイスラム圏で生じた「イスラム国」出現により、難民問題と各国内におけるテロ問題が生ずるなかで、EU諸国においてはイスラム圏からの難民受け容れの是非が政治上の大問題となり、難民・移民を排斥する政治勢力が台頭した。

EUの理念の一原点をなすハプスブルク帝国の後身、オーストリアにおいてさえ、二〇一七年末には、難民・移民を排斥し、EUによる西欧統一に反対する自由党が、連立政権の一翼を担うに至った。一方の米国においても二〇一七年、イスラム国からの難民を拒絶し、異文化としてのイスラムに敵意をもつかにみえるトランプ大統領が誕生した。

しかし、グローバリゼーションのさらなる進展のなかで、半世紀ないしは一世紀という長期的タイム・スパンでみれば、一方では「文明」と「文化」の斉一化が今後も進展していく過程とともに、他方では一つの社会内において文化的に多様な要素が共存していく方法が見いだされ、それが定着していくだろう。

もちろんそのためには、困難なことではあるが、「文明」において攻撃衝動の抑制がより高められ、より多くの人々を規制し、「文化」においては異文化への理解と関心を高めていく必要があるだろう。

そうした人類の努力の結果として、多文化共存の新たなモデルと、近代西欧文明のデメリットを補う文明の新側面もまた、切り開かれうるのではなかろうか。

乾隆帝（清）
上・伝統装　下・軍装

光緒帝
（清）

孫文夫妻
（中華民国）

明治天皇（日本）
左・伝統装　右・洋装

ラーマ５世（タイ）
洋装

シャー・ジャハーン
（ムガル帝国）

「文字世界」でみる君主・指導者の服装の変遷

東↑

「旧大陸」東半

漢字世界

太宗（唐）

万暦帝（明）

遊牧民

フビライ＝ハン
（モンゴル帝国）

梵字世界

アショーカ王
（マウリヤ朝）

↓西

アラビア文字世界

スレイマン１世
（オスマン帝国）

マフムート２世　左・伝統装　右・洋装

ユスティニアヌス１世
（ビザンツ帝国）

ギリシア・キリル文字世界

イヴァン４世（雷帝）
（ロシア）

ラテン文字世界

カール５世（神聖ローマ帝国）
左・伝統装　右・軍装

モンテズマ（アステカ）

マンコ・カパク（インカ）

「文字世界」でみる君主・指導者の服装の変遷

東↑

「旧大陸」西半

↓西

楔形文字世界

ダレイオス１世
（アケメネス朝）

ヒエログリフ世界

ツタンカーメン
（エジプト）

ギリシア・ラテン文字世界

デモステネス
（アテネ）

アウグストゥス
（ローマ帝国）
上・伝統装　下・軍装

新大陸

マヤ人の王

あとがき

本書では、人類の文明と文化の歴史をたどるための、一つの新しい見方を提出してみた。
ところで、私が今のところ主たる専門としているのはイスラム世界の歴史、それも「前近代」のイスラム世界の歴史の後半における超大国・オスマン帝国の歴史である。それなのになぜ、世界史の見取り図を書いてみようと思ったのか、不思議に思われるかもしれない。

私にとって、実は比較文明史・比較文化への関心こそすべての出発点だった。はるか昔、小学校高学年だった頃、岩波新書から泉靖一先生の『インカ帝国』という本が出版された。歴史好きだった私はさっそくこの本を読み、巨大な帝国がわずか一握りのスペイン人コンキスタドールによってあっけなく征服されてしまったことを知り、衝撃を受けた。以来、西欧人の「大航海」時代を境に、西洋と東洋の力関係がなぜ逆転していったのかに関心を持った。その際、西欧人が三大洋を制覇しつつあった一六世紀に、そのお膝元で彼らを脅かし「トルコの脅威」を引き起こしたのがオスマン帝国であったことに、とりわけ興味をひかれた。

それに加えて「大航海」時代に始まる、西欧人の世界進出と覇権獲得に対し、「アジア」諸社会のなかでこれに対抗してまず台頭したのが日本であることから、日本の幕末維新とその歴史的前提条件を知りたいと思った。また、日本の「旧師」であり続けた中国と、新しく「師匠」となった西欧とだけではなく、いわば「同級生」である非西欧の諸社会のケースとも比較しながら検討してみたいと思うようになった。

その後、日本とはまったくの異文化世界であるイスラム世界に属しながら、日本と同じく政治的独立を保ち比較的すみやかに近代西欧に学びつつ「近代化」を進めたのがトルコであることを知り、トルコの「近代化」の試みがその前身であるオスマン帝国時代から始まっていたことも知った。そこで、とりあえずオスマン帝国のケースを比較の対象としながら、日本の明治維新とその後の改革の進展、そしてその歴史的前提としての江戸幕府のシステムについて研究してみたいと思い始めた。

このような比較史にとりくむためには国史、東洋史、西洋史と三分されている文学部より、比較政治史・比較政治というかたちで研究した方が便利なように思われ、大学進学にあたっても法学部に進んだのであった。この選択は、さして間違っていなかったように思う。

ところがまず比較の対象にしようと思ったオスマン帝国史にとりくんでみると、対象は巨大で奥行きも深く、いまだに本来の目的であった比較史に本格的にとりくむに至っていない。

しかし、常に文明と文化の比較を念頭に研究を進め、人類の文明と文化の歴史を考えていくなかで、文明と文化についての新しい概念と、文明と文化の拡がりを「文字」を目安として区分していくという発想にたどりついた。本書では、このような視点からの世界史のスケッチを試みたのである。

なお、本書執筆の直接のきっかけは、朝日カルチャーセンター新宿教室で「世界史」を講じてみないかと当時、新宿教室におられた担当者の石井洋子さんに勧誘されたことだった。そして、その講座に来ていた山川出版社の萩原宙さんから、これを書籍にしないかと誘われたのである。お誘いから完成に至るまで五年近くかかってしまったが、萩原さんは辛抱強く待ってくれ、いろいろと便宜を図ってくれたことにあらためて謝意を表したい。

読者の皆さんに、本書が、この世界と世界の歴史についての新しい見取り図を提供できれば、望外の幸せである。

なお、私の学芸のささやかなる庇護者であった私の老母、鈴木文が本書第二版刊行後に一〇七才を迎えたことを祝し、さらなる長寿を祈り本書第三版以降を献じたい。

二〇一八年一〇月

鈴木　董

〔著者紹介〕

鈴木　董（すずき・ただし）

1947年生まれ。東京大学法学部卒業、同大学院法学政治学研究科博士課程修了。法学博士。専攻はオスマン帝国史だが比較史・比較文化にも深い関心を持つ。83年より東京大学東洋文化研究所助教授、91年より同教授、2012年より東京大学名誉教授。トルコ歴史学協会名誉会員。

著書に、『オスマン帝国の権力とエリート』、『オスマン帝国とイスラム世界』（ともに東京大学出版会）、『ナショナリズムとイスラム的共存』（千倉書房）、『図説　イスタンブル歴史散歩』（河出書房新社）、『食はイスタンブルにあり―君府名物考』（ＮＴＴ出版）、『世界の食文化　第9巻　トルコ』（農文協）、『オスマン帝国―イスラム世界の「柔らかい専制」』（講談社現代新書）、『オスマン帝国の解体―文化世界と国民国家』（講談社学術文庫）など多数。

※カバーデザイン素材は『世界の文字の図典』（世界の文字研究会編、吉川弘文館）によった。

文字《もじ》と組織《そしき》の世界史《せかいし》―新《あたら》しい「比較文明史《ひかくぶんめいし》」のスケッチ

2018年8月31日　第1版第1刷発行　　2018年10月31日　第1版第3刷発行

著　者　鈴木　董

発行者　野澤伸平

発行所　株式会社　山川出版社

〒101-0047　東京都千代田区内神田1-13-13

電話　03(3293)8131(営業)　03(3293)1802(編集)

https://www.yamakawa.co.jp/

振替　00120-9-43993

企画・編集　山川図書出版株式会社

印刷所　株式会社太平印刷社

製本所　株式会ブロケード

装　幀　マルプデザイン（清水良洋）

本　文　梅沢　博

ISBN978-4-634-15058-4 C0022